織田信長文書の世界

永青文庫 珠玉の六〇通

公益財団法人永青文庫／熊本大学永青文庫研究センター〈編〉

勉誠社

はじめに

永青文庫《えいせいぶんこ》は、肥後熊本五四万石を治めた細川家に伝わる文化財を保存・公開する美術館（公益財団法人）として、東京・目白台の細川家下屋敷跡に所在しています。戦後間もない昭和二十五年（一九五〇）、私の曽祖父にあたる細川家一六代当主・護立《もりたつ》（一八八三〜一九七〇）によって、文化財の散逸を防ぐ目的で設立されました。所蔵品は、細川家伝来の美術工芸品や歴史資料、そして護立の蒐集品等で構成され、国宝八件・重要文化財三五件を含む約九万四千点にのぼります。そのなかでも歴史資料「細川家文書」（熊本大学附属図書館寄託）は約五万八千点と膨大な量を誇り、熊本大学永青文庫研究センターを中心に日々調査研究が進められています。

細川家は南北朝時代の頼有《よりあり》（一三三二〜九一）を始祖とし、近世細川家初代藤孝《ふじたか》（幽斎《ゆうさい》、一五三四〜一六一〇）と二代忠興《ただおき》（三《さん》斎《さい》、一五六三〜一六四五）が大名家の礎を築き、三代忠利《ただとし》（一五八六〜一六四一）より二四〇年にわたって熊本藩主をつとめた家柄のため、長い年月を経て蓄積された歴史資料は実に多彩です。特に細川藤孝・忠興が仕えた織田信長によって発給された五九通の文書群は、信長直筆であることが確実な一通が含まれる点や、室町幕府滅亡から本能寺の変に至る過程を網羅する史料的価値の高さから、重要文化財に指定されています。二〇二二年には、熊本大学永青文庫研究センターとの調査により、さらにもう一通の信長文書が新たに発見され、コレクションは合わせて六〇通となりました。これは一か所に伝来する数としては最大のものです。

本書は、そうした新出文書を含め、永青文庫が所蔵するすべての織田信長文書を改めて日本史に位置付けようと企画されたものです。二〇一四〜一五年にかけて開催した「信長からの手紙」展（熊本大学文学部附属永青文庫研究センター（当時）、熊本県立美術館、永青文庫共催）の研究成果を基盤としつつ、日々進展する信長研究の最新の知見が多く盛り込まれています。日本史研究者はもちろんのこと、多くの方に親しんでいただけるよう、熊本大学永青文庫研究センターの稲葉継陽教授、福岡大学の山田貴司准教授にご尽力いただき、すべての文書に詳細な解説と翻刻文、現代語訳を付し、中世・近世史研究の第一人者の皆様には、専門の論説を多数ご寄稿いただきました。改めまして、本書の刊行にご尽力いただいた関係各位に厚く御礼申し上げます。

「細川家文書」は長い歴史の中で幾度か散逸の危機に直面したといいます。しかしながら、いつの時代にも散逸を防ぎ次世代へ繋いでいこうと情熱を傾けた人々の存在がありました。それは信長文書も例外ではありません。本書を通して、そうした人々の営みに想いを致すとともに、本書が日本史研究のさらなる発展に寄与することを切に願っています。

二〇二四年九月

公益財団法人永青文庫理事長　**細川護光**

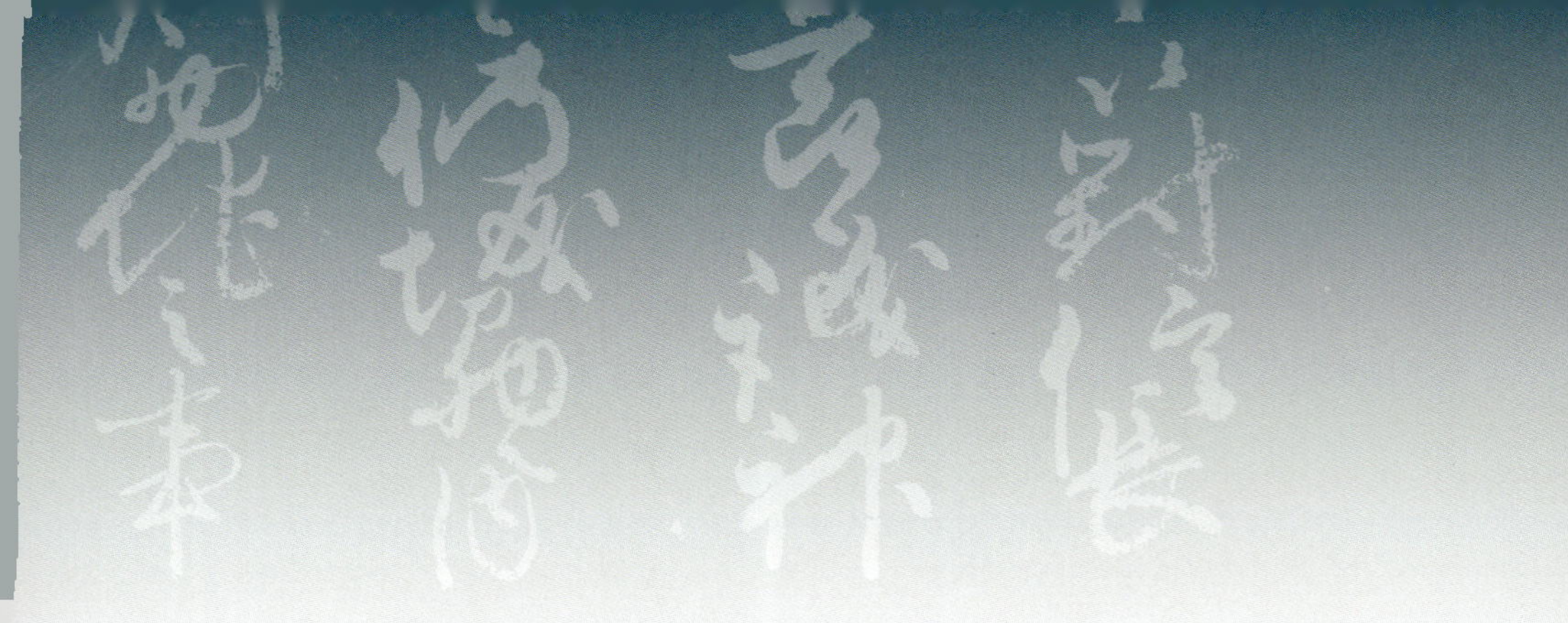

織田信長文書の世界

永青文庫 珠玉の六〇通

凡例

一　本書には、肥後細川家＝公益財団法人永青文庫に伝来した織田信長発給文書全六〇点、それに関係文書一六点、合わせて七六点を収録した。

一　収録文書七六点を、Ⅰ～Ⅶのテーマで区分し、テーマごとに概ね年月日順で収録した。

一　収録文書に通番号を付し、一点ごとに図版、書誌、翻刻文、現代語訳、解説文を掲載した。

一　書誌の末尾には、永青文庫の所蔵番号を注記した。

一　翻刻文は以下の原則によって作成した。

㈠本紙の内容を翻刻した。

㈡原則として当用漢字を用い、虫損・破損・汚損等の理由によって判読困難な文字は□で示し、推測可能な場合は括弧書で注記した。

㈢人名・地名等には、必要な範囲で括弧書の注記を加えた。

㈣細川藤孝・忠興らは、天正元年（一五七三）から元和元年（一六一五）までは「長岡」の苗字を名乗っていたが、本書における文書名や注記等は「細川藤孝」「細川忠興」に統一した。

一　翻刻文・現代語訳の作成および編集には、伊藤千尋（公益財団法人永青文庫）、稲葉継陽（熊本大学永青文庫研究センター）、後藤典子（同前）、山田貴司（福岡大学人文学部）があたった。

一　収録文書の解説文は、稲葉継陽、山田貴司が分担執筆し、各文章末に執筆者の苗字を括弧書きで示した。

一　本書に関連する永青文庫所蔵の美術工芸品一〇点の図版と解説文を収録した。作品情報末尾に、永青文庫の所蔵番号を記した。解説文は伊藤千尋が執筆した。

一　文書・美術工芸品の法量の単位はセンチメートルで示した。

一　文書・美術工芸品の解説文執筆にあたって参照した文献は、本文中には注記せず、二五一～二五三頁に一括して掲げた。

一　永青文庫所蔵の信長文書群および関係文書群全体を俯瞰するために、本書冒頭に「総論」を置いた。

一　各テーマの理解を深めるため、論説一六本を適宜の箇所に配置した。

一　総論、解説文、論説の中に本書の収録文書を引用するに際しては、通番号を「№01」のごとく示した。

一　巻末に収録文書・美術工芸品目録、関連地図、本書収録文書による略年表、細川家略系図を収録した。

総論　珠玉の六〇通――織田信長文書の魅力

稲葉継陽

伝来と概要

織田信長（一五三四〜八二）の死去から五七年が経過した寛永十六年（一六三九）、細川藤孝（幽斎、一五三四〜一六一〇）の孫にあたる熊本藩主細川忠利（一五八六〜一六四一）は、本書に収録されている藤孝宛の信長感状の数々を目にして喜悦し、それらを大名仲間たちに示しながら、こう言い放ったという（No.74）。

祖父の幽斎は歌道ばかりの人物だと世間では評されているが、信長の感状をこれほどの数、獲得した武将は他にあるまい。

信長直臣として大名に取り立てられた多くの家は、家老の柴田や佐久間、信長に最も信頼された明智光秀（?〜一五八二）、そして秀吉（一五三七〜九八）の豊臣家までが滅亡し、彼らが信長から受け取った文書群は灰燼に帰していた。すでに江戸時代初期には、信長発給文書をまとめて伝えているのは稀有なこととなっていたのである。

しかし忠利は五〇歳を過ぎたこのときまで、祖父にまつわるこれほど多くの信長文書が現存するとは想像だにしていなかったようだ。実際それらは、忠利とは不仲な細川一門や、家老、それに関係寺院などに何点かずつ分け置かれている状態であった。忠利が先祖の武功に関心を抱いたのは、前年の島原・天草一揆で細川家が軍功をあげたのがきっかけだった。その時から寛永十八年（一六四一）三月に死去するまで、彼は信長文書の熊本への収集に執念を燃やしつづけ、それは後継者の細川光尚（一六一九〜四九）へと受け継がれた（No.73〜76）。

かくして、江戸時代前期の肥後細川家には、稀有の信長発給文書コレクションが形成されることになった。その数じつに六〇通。現在確認されているすべての信長文書原本は約八〇〇通に過ぎない。ひとところに伝来する数としては比類がない。六〇通の大半は廃藩後も熊本で管理され、第二次大戦後に永青文庫の所有、熊本大学への寄託となって、現在に至っている。

六〇通の宛所を［表1］に示した。藤孝・忠興父子に宛てた文書の数が突出しているのは当然としても、明智光秀宛が六通あるのが注目される。さらに、宛所に表れずとも本文中に光秀の名が記される文書は一二通もある。細川父子が光秀や荒木村重（一五三五〜八六）らとともに織田政権の「畿内衆」を構成していたことにもよるが、豊富な光秀関係文書の存在は特筆されるべき点である。

次に六〇通の発給年次分布を［表2］に示した。元亀三年（一五七二）から四年（天正元年）までの六通は、将軍足利義昭・信長の幕府体制が崩壊する最終段階に、藤孝に相次いで送られた書状と、義昭の京都没落時に、信長が藤孝を山城西岡の領域支配者として正式に地位保障した朱印状である。

翌天正二年（一五七四）から三年にかけての文書の大半は河内・摂津・伊勢長島・越前方面での対一揆戦に関するもの。ただし天正三年の№23〜26は、「長篠合戦」の状況について前線の信長が京都の藤孝に刻々と速報した朱印状・黒印状だ。天正四年から七年までの文書は大坂、紀伊、大和、丹波、丹後、播磨と、戦線を拡大しつづける信長が、藤孝や忠興に与えた朱印状・黒印状それに著名な自筆感状からなる。

大坂本願寺炎上後の天正八年（一五八〇）八月以降の文書は、山陰攻略のために丹後に国替えとなった藤孝らに、信長が与えた朱印状・黒印状であり、藤孝による検地をはじめとする丹後支配のあり方、山陰方面に対する軍略、そして明智光秀の政治的地位の高まりを窺わせる文書を含んでいる。

以下、主要なトピックについて、永青文庫の織田信長文書群の魅力の一端を紹介しよう。

信長の「天下」と戦争

永禄十一年（一五六八）に信長は足利義昭とともに五畿内「天下」の幕府体制を樹立したが、五年ともたずに義昭の京都没落をもって崩壊する。そこに行き着くまでの過程を知る上でじつに貴重な情報を載せるのが新発見の№01、元亀三年（一五七二）の八月十五日付細川藤孝宛信長書状だ。それによれば、対立は義昭と信長との軋轢というより、義昭奉公衆（側近衆）と信長のそれとして激化したこと、しかし、奉公衆の中で藤孝ただ一人が信長に通じ、信長は藤孝を介して畿内の領主らを調略してみずからの基盤確保につとめていたことが明らかとなる。

表1　永青文庫信長発給文書の宛所

細川（長岡）藤孝宛	四六通
細川（長岡）忠興宛	四通
藤孝・忠興宛	一通
藤孝・明智光秀宛	三通
明智光秀宛	二通
藤孝・一色五郎宛	一通
羽柴秀吉宛	一通
滝川一益宛	一通
藤孝・丹羽長秀・滝川一益・明智光秀宛	一通

表2　永青文庫信長発給文書の年次分布

元亀三年（一五七二）	一通
元亀四年（天正元年、一五七三）	五通
天正二年（一五七四）	六通
天正三年（一五七五）	八通
天正四年（一五七六）	四通
天正五年（一五七七）	七通
天正六年（一五七八）	四通
天正七年（一五七九）	三通
天正八年（一五八〇）	三通
天正九年（一五八一）	一一通
天正一〇年（一五八二）	二通
年次比定不能	六通

翌年二・三月の№07～10は、奉公衆主導のもとでついに「公儀御逆心」へと至るも、なお藤孝と情報を共有しつつ義昭との和睦＝「天下再興」を追求する信長の姿を示す、重要な史料群である。

将軍義昭と幕府体制を失った信長は、それと引き換えに得た藤孝・明智光秀・荒木村重らを畿内衆に編制して、敵対する一揆勢力との戦争を継続した。№12～22は、一向一揆との熾烈な戦い、すなわち藤孝らによる大坂本願寺攻めと、信長自身による伊勢長島や越前攻めの現場の様相を示すものだ。ある時は和睦交渉を拒否して敵を「根切」にし、降参した一揆勢の首さえ切った信長が、ある時は本願寺に籠城した男女を助命するという。また雑賀衆攻めに際しての№28・29には、内通者を確保した慎重な進軍を期す信長の姿がみえる。

戦に関する信長発給文書で特筆するべきは、「長篠合戦」の現場で書かれた№23以下の四通である。自分が不敗なのは「天」の与えるところであり、鉄砲隊を組織して武田軍を「根切」にし、信玄以来の武田家への「鬱憤を散じた」、という信長の真実のせりふが並ぶ。そのインパクトには、どんな小説や映画のそれも及ぶまい。

主従の愛と裏切りと

天正五年（一五七七）十月二日、信長は若冠一五歳の細川忠興（一五六三～一六四五）に戦功を賞した自筆感状（№03）を与えた。翌日付の藤孝宛感状（№32）は右筆書であるにもかかわらず、信長は忠興には特別に、個性全開の筆致を料紙いっぱいに表現したのであった。ここには、信長がこの若武者を愛でる感情が溢れ出ているように思える。

一方、藤孝との主従の儀礼は、信長にとって安息の機会であっただろう。在番が長引いた藤孝に信長は薬種としても珍重された鯨肉を贈り（№34）、藤孝は節句のたびに信長に帷《かたびら》や袷《あわせ》、ときには鯉を贈ったが（№40～43、45～46）、それは藤孝が義昭奉公衆だった時代から、二人の無二の関係を象徴する行為として続けられてきたのであった（№01）。

しかし信長は、義昭没落時に藤孝や光秀とともに自分を選んだ荒木村重に裏切られる。しかも村重は毛利氏や本願寺、雑賀衆などの敵対勢力と深く結び付いていった。信長は藤孝・光秀に頼って村重に対処するほかなかった（№33～38）。

信長の「天下」のゆくえ

天正八年（一五八〇）八月、村重・大坂本願寺との決着をようやく付けた時点で、信長の「天下」は五畿内を根拠に東国・西国へと拡大する可能性を得た。そして、天正十年（一五八二）四月の武田攻め（№27）、次いで同年六月二日に信長自身が西国出馬へと動き出した時点で、明智光秀の謀反となる。

No.47〜60は、光秀の台頭過程と、丹後国で藤孝が施行した近世的な石高制検地および知行配分への光秀の関与ぶりを示す史料群である。わけてもNo.51以下は、光秀が畿内近国における権力構築にかかる権限を信長から委任され、それを根拠にして、信長からの自立性を獲得しつつあった状況を示唆しており、重要である。なおNo.05は光秀が信長殺害の意図を語った唯一の貴重史料である。

No.62〜66は、特に「本能寺の変」前年の山陰攻略において藤孝・忠興とその家老の松井康之（一五五〇〜一六一二）が羽柴秀吉との関係を深めていた事実を示してくれる。この関係を前提にしてNo.05、68〜71を読めば、天正十年（一五八二）六月二日からの約二ヵ月間に、信長から光秀、そして秀吉へと権力の中心が激しく移りゆくのに、藤孝・忠興・康之がときには一日刻みで対応し、ついに秀吉の「天下」づくりを支える地位を得るに至ったことが、リアリティをもって理解できるだろう。

本書の特色

本書は以上のような永青文庫の信長文書群の伝来と内容的な特色を踏まえて、六〇通と関係史料の合わせて七六通を、七つのセクションに分けて排列・収録している。

特色の第一は、全文書の解説・翻刻文とともに、現代語訳の掲載に挑戦したことだ。第二に、多くの論説を収録していることである。信長文書が示す重要テーマや信長周辺の人物を深掘りする論説、文書の行間や文書と文書との間をうめて信長権力の特質を描く論説、信長の筆跡や信長文書の料紙の特徴から信長の権力や人物像にせまる論説など、多彩である。そして第三に、関連する永青文庫の美術品等の図版と解説を掲載している。

読者のみなさんには、一点一点の文書と論説とを併せて味読されることで、時空を超えて信長の真の声を聞くかのような感覚にひたっていただけたなら、執筆者の一人としてこれ以上の喜びはない。

参考文献

稲葉継陽「細川家伝来の織田信長発給文書」（森正人・稲葉継陽編『細川家の歴史資料と書籍』吉川弘文館、二〇一三年）
熊本県立美術館編『重要文化財指定記念　信長からの手紙』（熊本県立美術館・公益財団法人永青文庫、二〇一四年）
公益財団法人永青文庫『季刊永青文庫No.一一〇　新・明智光秀論　細川と明智　信長を支えた武将たち』二〇二〇年
滋賀県立安土城考古博物館『平成一二年度秋季特別展　信長文書の世界』（図録、二〇〇〇年）

永青文庫細川家の新発見文書と自筆文書

I

No.1～5

永青文庫細川家に織田信長の手紙が五九通伝来していることは、かねてからよく知られていたが、「五九通」という数字は、いま「六〇通」に書き換えられることになった。室町幕府最末期、信長包囲網が形成されて政治情勢が風雲急を告げる元亀三年（一五七二）の八月に細川藤孝に宛てた信長書状が発見されたのである。

それに、天正五年（一五七七）に信長が若き細川忠興に珍しくも自筆で与えた感状、「本能寺の変」の七日後に明智光秀が丹後の藤孝・忠興父子に発した三ヵ状の覚は、貴重な自筆文書として知られる。これらに加えて、天正初年に比定される藤孝の家臣宛自筆書状も新たに発見された。

こうした新発見文書、自筆文書によって、「室町幕府の滅亡」や「本能寺の変」の歴史的意味を読み解き、さらに筆跡分析によって、信長の人物像にせまる。

01

織田信長書状《おだのぶながしょじょう》

（元亀三年〈一五七二〉）八月十五日

新発見！　六〇通目の信長文書

二〇二二年、公益財団法人永青文庫の所蔵品調査で発見された六〇通目の織田信長文書、細川藤孝宛書状である。年次は、細川の苗字を名乗っていることから、八月初旬から長岡を名乗るようになる元亀四年（一五七三）より前であること、そして内容からみて、信長と足利義昭奉公衆との対立が深まった元亀三年（一五七二）に特定してよいだろう。信長の花押の形状も元亀四年に比定される二月二十九日付の№09と大きな差はない。

従来、永青文庫の信長文書は元亀四年に年次比定される№07を最古とする五九通であり、わけても№07～10は、対立勢力に包囲された信長と、その勢力を組織していた足利義昭との、交渉の最終段階の様相、そこでの藤孝の役割を示すものとして注目されてきた。本書状はその前年、義昭奉公衆と信長が対立し、信長包囲網が成立する時点での、信長と藤孝の関係を教えてくれる。

なんといっても生々しいのは、「今年は義昭奉公衆（「京衆」）のうち自分に音信してくるのは藤孝だけだ。山城・摂津・河内方面（「南方辺」）の領主たちの組織化を頼む」というくだりだ。まさに義昭奉公衆のうちからただ一人信長を選択した藤孝にとって、信長と京都周辺の領主たちとをつなぐ活動が、元亀三年八月から義昭没落までの一貫した役割となっていたのである。（稲葉）

細川兵部大輔（藤孝）宛／紙本墨書　もと折紙　掛幅装／武井夕庵筆／縦一三・七　横八四・四／永青文庫蔵／6420

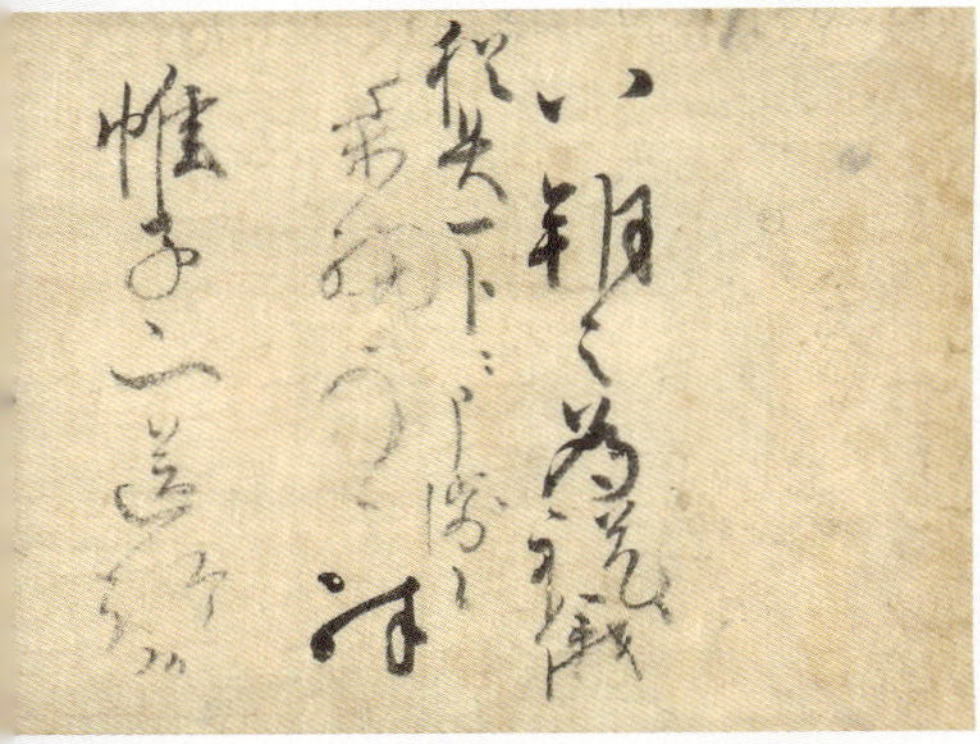

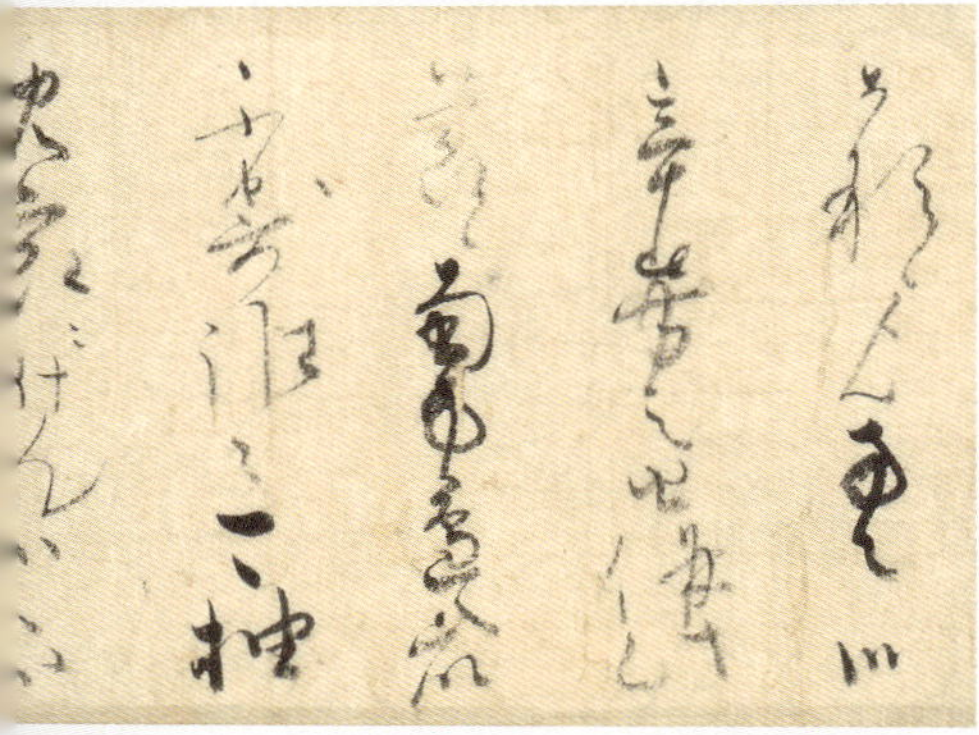

猶具一トニ申渉候、
八朔之為祝儀
委細承候、殊
帷子二送給候、
懇切祝着之至候、
当年京衆何も
無音之処、初春も
太刀・馬給之候つる、

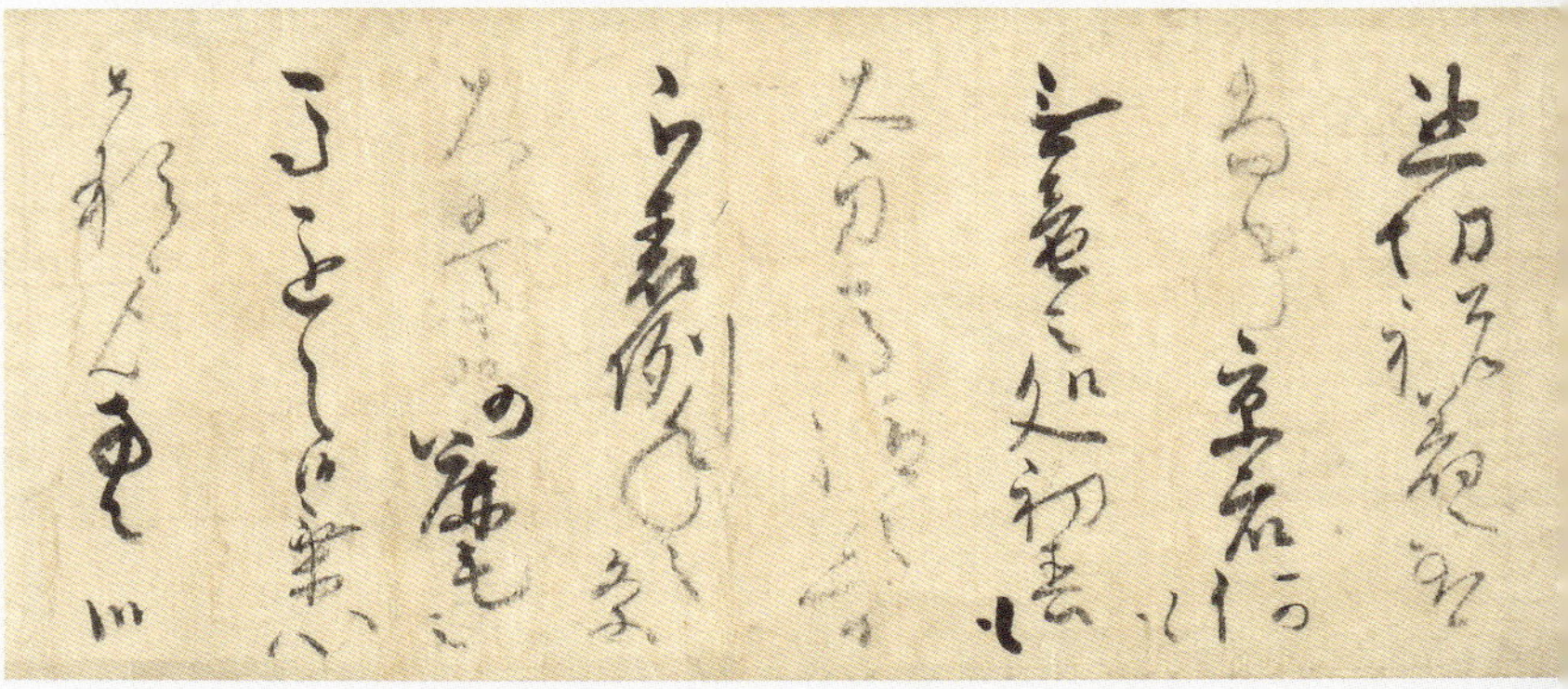

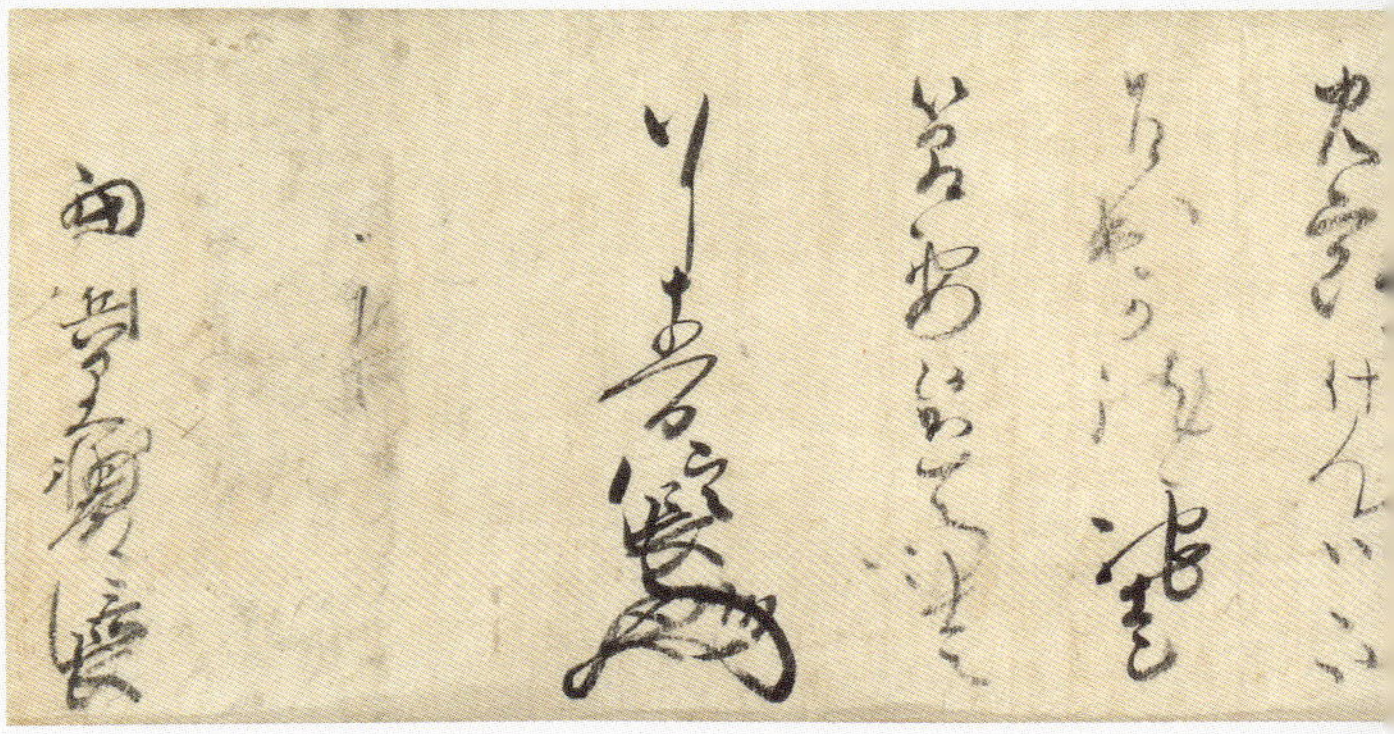

被表例年之条、
大慶候、仍鹿毛之
馬進之候、乗心
如形候歟、方々御
辛労之由、併此
節候、南方辺之衆
不寄誰々、可抽
忠節ニ付てハ、被
召出可然候、馳走
簡要候、恐々謹言、
（元亀三年）八月十五日　信長（花押）
（切封上書）「（墨引）
細□（川）（藤孝）兵部大輔殿　信長」

現代語訳

八朔の祝儀の詞を承りました。わけても帷《かたびら》二着を送っていただき、その懇切ぶりに感謝します。今年は「京衆」（義昭奉公衆）からは誰一人として音信してきません。その中にあって（あなたからは）、初春にも太刀と馬とをお贈りいただきました。例年どおりにお付き合いくださり、この上なくめでたいことです。鹿毛の馬を贈ります。乗り心地は悪くないと思います。あなたには方々で骨を折っていただき心苦しいのですが、いまこそ大事な時です。山城・摂津・河内方面の領主たちを、誰であっても、信長に忠節してくれるのであれば、味方に引き入れてください。あなたの働きこそ重要なのです。

なお、具体的には他の案件と一緒にお伝えします。

「室町幕府滅亡」の実像——新発見の信長書状をめぐって

論説

稲葉継陽

本書で初めて公開された№01の書状で、信長は八朔の祝儀の礼を細川藤孝に述べるとともに、こう伝えている。

今年は「京衆」からは誰一人として音信してこないが、その中にあってあなたは、初春にも太刀と馬とをお贈りいただき、例年どおりにお付き合いくださる…あなたには方々で骨を折っていただき心苦しい限りではあるが、いまこそ大事な時だ。山城・摂津・河内方面（「南方辺」）の領主たちを味方に引き入れて欲しい。

「京衆」には「京都の人々」という一般的意味があるが、本書状の内容の政治性と、「京衆」に当の藤孝をも含むことからみて、信長が具体的に足利義昭の奉公衆（内衆）を指して用いた表現であることは明らかだ。

本書状の年次だが、藤孝は義昭没落直後の天正元年（元亀四＝一五七三年）八月二日には苗字を細川から長岡へと変えていることが確認される（志水家文書ほか）から、八月十五日付の本書状の年次は元亀三年以前となる可能性が極めて高い。そして、花押型は元亀四年二月の№09のそれと同一ではないが類似し、元亀二年に比定される信長書状（革嶋家文書ほか）のそれとは大きく異なっている。さらに、「今年は信長と義昭奉公衆との音信が断絶した」と伝えるその内容からみても、義昭没落前年にあたる元亀三年に比定するのが適切である。なお、同年八月中旬の信長は浅井攻めの最中であり、藤孝も北近江の陣中にいたようだ。

本書№07〜10の藤孝宛信長書状は、元亀四年二月〜三月段階での義昭の信長への「御逆心」と両者の交渉、さらに藤孝をつうじての「畿内諸侍」の信長方への組織化の具体像を示すが、本書状はその前段階の状況を伝えるものだ。いわゆる「室町幕府の滅亡」（元亀四年七月）に関する最新の研究成果（本稿末の参考文献）のうちに、本書状を位置づけてみよう。

将軍宣下をうけた義昭と彼を推戴する信長が永禄十一年（一五六八）に京都に樹立した政治形態は、「天下」＝五畿内を基盤に諸国大名に発せられる将軍停戦令の形態・内容といい、「天下」の「成敗」権を義昭が信長に委任して「天下静謐」を実現・維持する権力構造といい、戦国期の幕府体制そのものであった。近年の諸研究は、こうした理解を前提に、守旧的な義昭と革新的な信長が必然的に反目して「室町幕府の滅亡」に至るとみる通説を、ほぼ克服している。武田信玄宛義昭御内書の年次比定や、信長から義昭への一七ヵ条の意見書の提出時期が見直され、元亀三年から義昭が「第二次信長包囲網」を組織したとの通説は退けられているのである。また元亀四年二月二十六日付藤孝宛朱印状（№08）で、信長が義昭との講和交渉を継続しながら、「いま義昭様に思い直していただければ、天下再興となるのだが」と述べ、同じく二十九日付の書状（№09）で「天下を再興するのが自分の本望だ」と明言しているように、信長は伝統的な幕府体制を克服の対象とは最後までみておらず、むしろその立て直し（「天下再興」）こそが、京都に権力を保持する現実的条件だと考えていた。むろん義昭にとっても、上洛以来、自身を将軍たらしめてきたのが信長の実力であるという厳然たる事実は、否定しようもなかった。では、なぜ両者は決裂してしまったのか。その経緯を総合的に検討した久野雅司の研究などによってみよう。

「御逆心」へと至る端緒は、元亀三年七月からの信長による浅井長政攻撃であった。本書状が授受された当時、信長と藤孝はこの浅井攻めに直面していたわけだ。しかし信長の攻撃は、浅井・朝倉・本願寺・比叡山による反信長連合を形成させてしまう。しかもその直前の五月には、三好義継・松永久秀が義昭から離反し、畿内情勢は急を告げていた。

義昭は危機に対応するため、八月、本願寺顕如と姻戚関係をもち信長とも良好な関係にあった武田信玄に、信長と本願寺との調停を依頼した。これが「天下」の政治に信玄を引き込み、義昭自身の意図とは無関係に、信玄と信長を対立させる画期となり、朝倉義景・本願寺の誘引による十月三日の信玄出陣へと帰結する。ところが、連携の核であった義景は長陣の末に十二月初め、越前に帰国してしまう。これをうけた信玄は、ここではじめて義昭本人の擁立をはかる。信長から義昭への一七ヵ条の意見＝諫言は元亀三年末の段階でなされ、こうして翌年二月十三日、ついに義昭は信長への「御逆心」（No.07）、すなわち信長から信玄を含む大名・領主連合への乗り換えに踏み切ることになったのである。

義昭の意思決定に多大な影響を与えたのは、義昭奉公衆であった。特に有力な者に上野秀政、一色藤長、一色昭秀、曽我助乗、飯川信堅、それに三淵藤英・細川藤孝兄弟などの存在が知られる。わけても上野秀政は信玄を信長排除に引き入れた張本とみられ、宣教師の著述や細川家記『綿考輯録』では、義昭への取次として信長と並ぶ発言力を保持し、元亀三年初めの段階で反信長の立場から藤孝と露骨に対立したとされている。

そして、信長自身が義昭の自分への「御逆心」は藤孝以外の奉公衆のしわざによるものだと認識していたことは、次のような一次史料で確認される。

(a)（元亀四年）二月二十六日付細川藤孝宛信長朱印状（No.08）

奉公衆内不聞分仁躰、質物之事被下候様にと申候、此内ニ其方之名をも書付候、可被得其意候、…今般被聞召直候へハ、天下再興候歟、

(b)『尋憲記』元亀四年二月二十八日条

京都へハ自信長サう《（左右）》可被吉、明智召上、依如何様子細信長ヲ御テキニ被臥候哉、是上意ニハ不可有御存知候、則水渕《（三淵）》兄弟ハ不存儀候、其外内衆仕事候条、悉以可致成敗トテ、人数五千斗有之由也、

(a)で信長は藤孝に、奉公衆のうちで和睦に納得しない者から人質を出すよう義昭サイドに求めたが、自分と藤孝との内通関係をカモフラージュするため、人質提出対象者名簿に藤孝をことさらに加えておいたので承知するよう伝えて、いま義昭が思い直してくれれば「天下再興」がなるのだが、と述べている。さらに(b)で奈良の大乗院門跡尋憲は、信長が事態を収拾するため明智光秀を京都から岐阜に召喚して義昭逆心の事情を聴取したこと、その結果信長は、これは「上意」によるのではなく、三淵藤英・細川藤孝兄弟を除く義昭「内衆」（奉公衆）が画策したことだと断定して、「成敗」のため軍勢五〇〇〇で上洛する、との情報を記している。

以上を総合すると、新発見のNo.01は、「室町幕府の滅亡」へと帰結する過程のうちに次のように位置づけられる。

①信長と義昭奉公衆との絶交・対立、信長と奉公衆の一人細川藤孝との内通は、遅くとも元亀三年の初めには決定的となっていたこと。②藤孝をつうじての信長方への畿内領主層のオルグは、義昭が信玄に信長・本願寺の調停を依頼した直後の元亀三年八月頃から本格化し、半年以上に及んでいたこと。本書状は、これらを示す信頼すべき一次史料である。

とりわけ②は、義昭挙兵が畿内領主層の糾合が不充分だったために不発となった事実を考える上でも、重要である。

信長は、義昭奉公衆・反信長諸領主連合との対立、そして調略の結果、将軍足利義昭を失ったかわりに、幕府体制の中から細川藤孝、明智光秀、荒木村重の三人を得た。彼らはそれぞれの立場から、信長の「天下」のために戦い、かつ離反・謀反し、「天下」を豊臣政権へと橋渡しして、織豊期の政治史を動かしていくことになる。

参考文献

・稲葉継陽「織田信長研究の最前線」（公益財団法人地方経済総合研究所『KUMAMOTO地方経済情報』五三、二〇一六年）
・金子拓『織田信長〈天下人〉の実像』（講談社現代新書、二〇一四年）
・鴨川達夫『武田信玄と勝頼』（岩波新書、二〇〇七年）
・神田千里『戦国時代の自力と秩序』（吉川弘文館、二〇一三年）
・神田千里『織田信長』（ちくま新書、二〇一四年）
・滋賀県立安土城考古博物館『平成一二年度秋季特別展 信長文書の世界』（図録、二〇〇〇年）
・久野雅司『足利義昭と織田信長』（戎光祥出版、二〇一七年）
・久野雅司『織田信長政権の権力構造』（戎光祥出版、二〇一九年）
・水野嶺『戦国末期の足利将軍権力』（吉川弘文館、二〇二〇年）

02

細川藤孝自筆書状《ほそかわふじたかじひつしょじょう》

（天正二年〈一五七四〉カ）八月八日

細川藤孝の新発見自筆書状

No.01と同様に、本文書も二〇二三年の永青文庫における調査で発見・確認された細川藤孝の自筆書状である。軸装されて「光尚公御書翰」と墨書された木箱に収納されていたため、長年にわたって藤孝書状とは認識されず、今日に至ったと思われる。差出の「藤孝」の文字のくずしが一見すると「光尚」と読めてしまうのが、箱書の誤謬の原因だろう。

宛所の「的甚」はこの時期の藤孝家臣に的場甚右衛門の名がみえ（永青文庫蔵『先祖附』）、「岡□」は未詳ながら、本書状の内容から、二人とも藤孝の作事奉行とみられる。

本書状の署名・花押を一体とみたときの形状は、確実に天正二年（一五七四）に比定されるNo.17の九月二十九日付藤孝自筆書状とほぼ同様である。また藤孝の居所から的場らのところに使者が「上る」という表現からみて、京都で作事にあたっている的場らに藤孝が遠隔地から出した書状であることがわかる。天正元年（一五七三）なら藤孝はおそらく在京中、天正二年なら大坂方面に在陣中、翌三年なら越前出陣の直前にあたり、京都近辺にいた可能性が高い。以上から、本書状の年次はひとまず、天正二年に比定される。藤孝が急ぐよう指示している家作事は、居城・勝龍寺城（京都府長岡京市）のそれであった可能性がある。

論説「細川藤孝への古今伝授——新発見の藤孝自筆書状をめぐって」で、本書状をこの時期の藤孝の活動の中に位置づけてみたい。（稲葉）

的甚（的場甚左衛門）・岡□宛／紙本墨書　もと折紙　掛幅装／藤孝自筆／縦一一・五　横五七・四／永青文庫蔵／3462

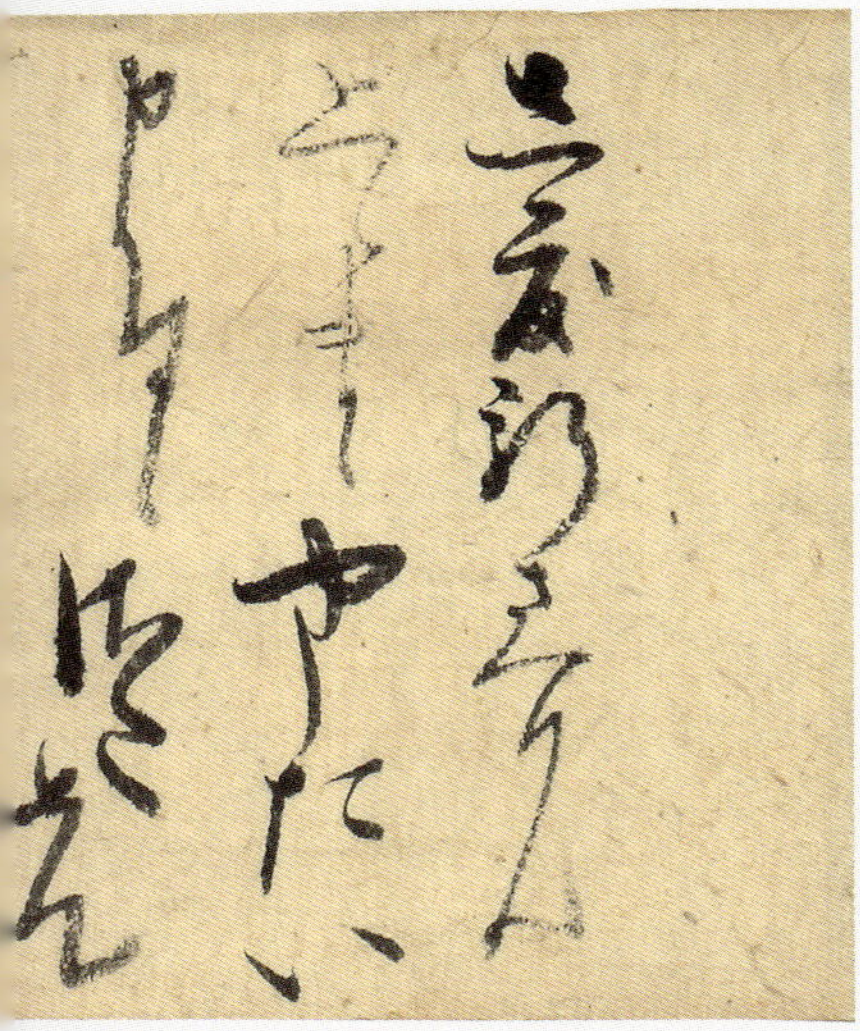

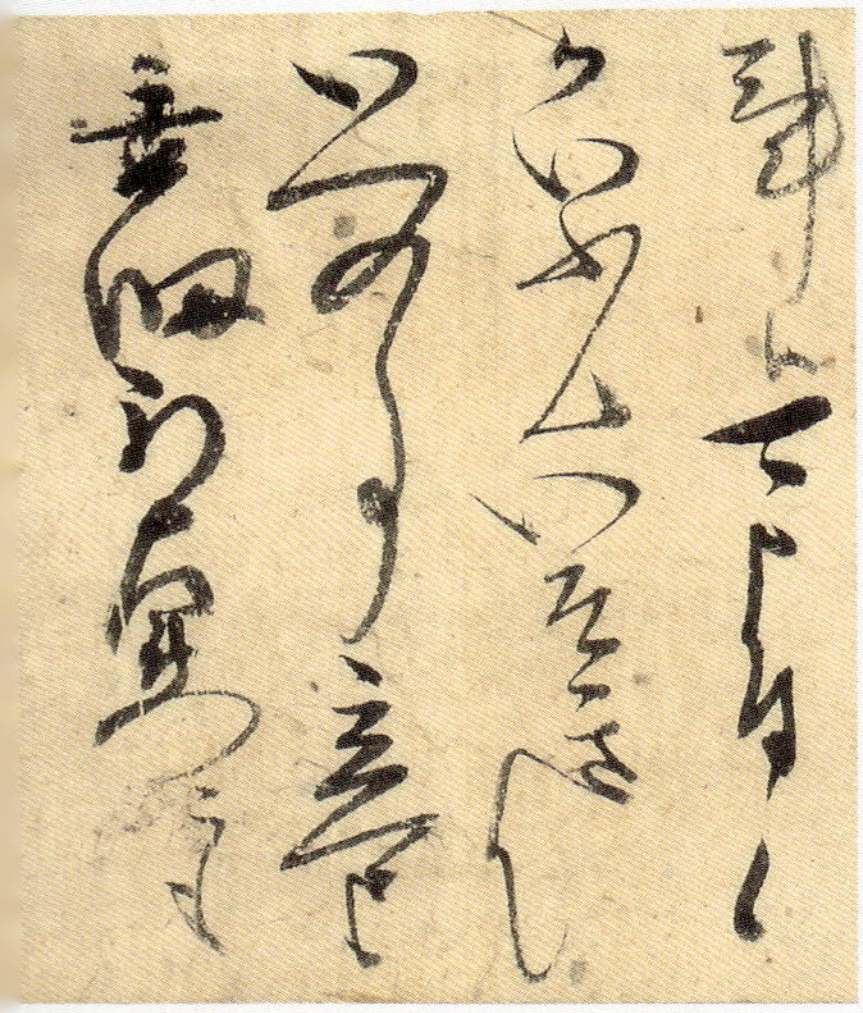

先度新さへもん
上候まゝやうたい
中付候、さためて
可申候、まつ〳〵
作事あいいそき
しかるへく候、くき已下

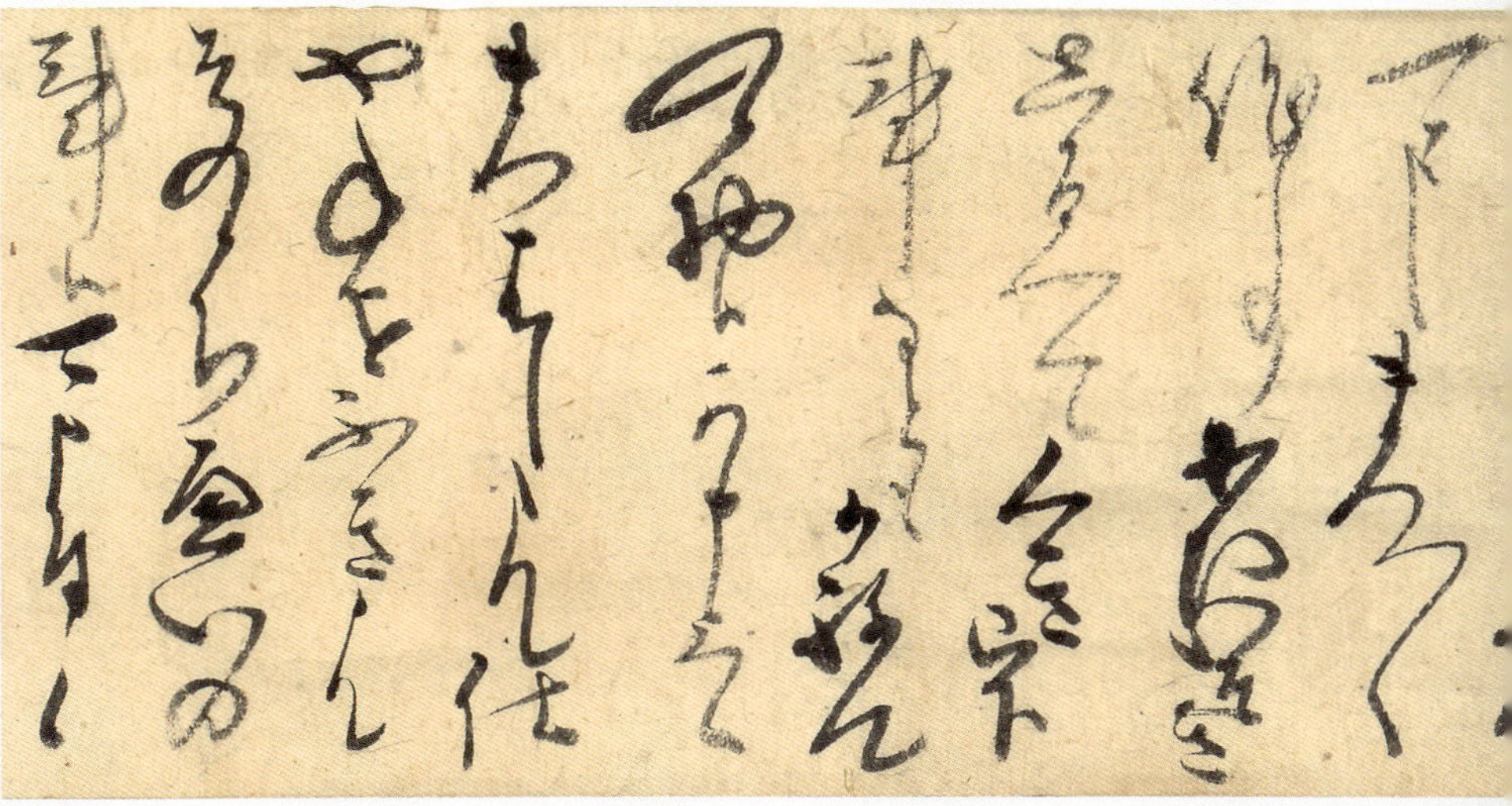

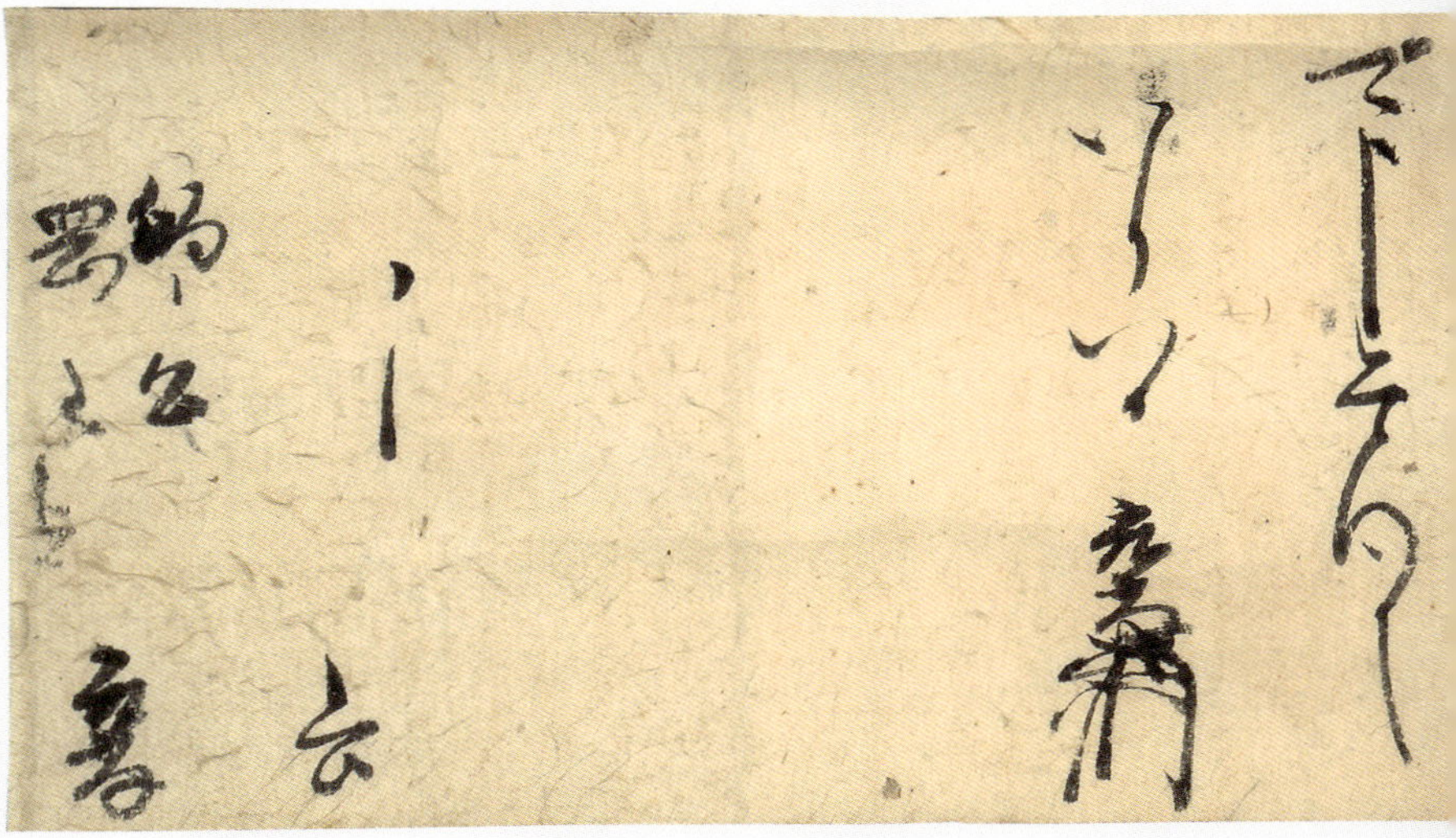

事なともかねて
入候物ハ可申上候、
まつ、はしたて仕、
やねをふき候て
そのゝちへいの
事ハ可申付候、
かいふんいそき候て
いへの事立可申候、
委細新左衛門ニも
可申候、恐々謹言、
（天正二年カ）
八月八日　藤孝（花押）
（切封上書）
「（墨引）
兵
的甚　藤孝
岡□
参　」

現代語訳

先頃、新左衛門が京都に上るというので、肝心要なところを命じた。伝え聞いたことだろう。とにかく作事を急ぐように。釘以下も必要な分は前もって（藤孝に）申し上げるように。まず柱を立て、次に屋根を葺き、そのあと塀の作事に取り掛かるのだ。全力で急いで、まず家を建てること。詳しくは新左衛門からも申し伝える。

細川藤孝への古今伝授――新発見の藤孝自筆書状をめぐって

論説

稲葉継陽

新発見の藤孝自筆書状（№02）の年次が、ひとまず天正二年（一五七四）に比定されることについては、前項に記した。一向一揆との戦いの場にいる藤孝が、京都にいる家臣の的場らに家作事を急がせ、柱立て、屋根葺き、塀作事の順ですすめよと指示し、末尾でも、とにかく急ぐよう念を押したこの書状を、同年の藤孝の動向の中に位置づけてみたい。

藤孝の動向を追うには、林達也によって作成された「細川幽斎年譜稿」㈠～㈢をはじめとするいくつかの通時的研究（本稿末の参考文献等）がある。これらによりながら検討しよう。

正月、藤孝は岐阜へ年頭のあいさつに出向き、信長から、長男の忠興と明智光秀娘との縁組を命じられる。大坂方面の攻略で光秀・藤孝を一緒に行軍させるための、信長による布石であった。同十一日、明智光秀は前年末に信長が松永久秀から接収していた奈良支配の一大拠点である多聞山城（奈良県奈良市）に番として入るが、ほどなく藤孝に替った。そこに、春日祭に京から遣わされた朝使の「上卿《しょうけい》」として三条西実澄（実枝《さねき》）が下向してきた。

上卿とは、朝廷の諸行事・祭礼・会議などの執行の責任者として指名された公卿のことである。しかし実枝の奈良下向には、春日祭の他にも目的があった。藤孝への古今伝授をなしとげることであった。

古今伝授とは、師弟あるいは父子の間で、古今和歌集の解釈の秘伝を軸に、歌学上の特殊な故実や難解な和歌に関する解釈などを、宗教的儀式をとおして師資相承《ししそうしょう》していくことである。それには連歌師の宗祇《そうぎ》から三条西実隆・公条《きんえだ》・実枝と相伝された主要な流れがあったが、実枝の子息公国《きんくに》は幼く、六〇歳を超えた実枝は近い将来に公国へ還《かえ》し伝授することを前提に、学芸に優れた藤孝に伝授することとし、すでに元亀三年（一五七二）十二月から講釈を始めていた。

天正二年二月二十一日、二十三～二十八日には多聞山城で、三月一日～七日には春日社で講釈がなされ、この時点で実枝から藤孝へのすべての講釈が完了した。さらに同年六月十七・十八日には、藤孝の居城・勝龍寺城（現京都府長岡京市）に場をかえて、古今集切紙の伝授がなされた。「切紙」とは、古今和歌集の解釈で特に問題となる事項を講釈とは別に相伝するもので、藤孝には二日間で二八通の切紙が授けられた。これで、実枝から藤孝への伝授は実質的に完了した。

しかし、古今和歌集解釈の秘伝をすべて伝受した直後の藤孝を待っていたのは、一向一揆との血で血を洗う戦場であった。七月晦日には河内の「三ヶ城」を舞台に一揆勢と一戦を遂げて撃退した藤孝（№12）は、八月初旬から中旬にかけては、河内・摂津の一揆勢と対峙しながら、信長から「大坂根切之覚悟専用」との命令を受けている状況であった（№13・14）。河内での一揆大軍との激闘は九月十八日のことだ（№15～17）。つまり藤孝は、一揆勢と膠着状態にあった八月八日に№02の自筆書状を京都に発し、家作事を急ぐよう家臣に強く求めたわけだ。作事が気になって仕方なかったのだ。

十一月に河内から帰陣した藤孝は、翌天正三年四月頃まで勝龍寺城・京周辺にあって、連歌や手能《てのう》の興行、謡本や『古今相伝人数分量』（古今伝授相伝者歴代の誓状・証明状等の写）の書写など、学芸にいそしんだことが知られる。戦陣にあった藤孝が普請を急がせた「家」とは、勝龍寺城内の会所ではないか。実際、勝龍寺城が切紙伝授の場とされたことは前述のとおりである。古今伝授相伝者となることが確定したばかりの藤孝は、それにふさわしい、しかも帰陣したらすぐに使える会所を、居城に欲したのではあるまいか。

以下、三輪正胤『歌学秘伝の研究』によって、当該期の古今伝授の歴史的意味を概観しよう。そもそも『古今和歌集』は初の勅撰和歌集であり、その解釈秘伝は天皇を頂点とした官位・官職秩序の成り立ちと不可分であった。藤原定家の子孫から分立した歌学諸流派は、立太子の密教的儀式である灌頂《かんじょう》と和歌道の奥義秘伝は同じものと解釈し、密教的荘厳を帯びた灌頂道場で灌頂作法を行い、密教の呪力のもとで歌学の秘伝を授受した。これを研究上「灌頂伝授」とよぶ。中世国家における最大の勢力は荘園領主である顕密権門であり、王家の正統性を権威づける法理である「王法」と「仏法」とは、一体のものと考えられていた。

しかし一五世紀後半から荘園体制の弛緩に伴い顕密権門の衰退がすすむと、顕密仏法の根本説である本地垂迹説（神々は様々な仏の化身＝権現であるとする説）を否定する吉田神道が興隆してくる。そして、諸国に形成された大名領国は国家公権を根底から分節化し、そうした動向と連動して京都＝公武政権の地位は凋落、顕密仏法＝王法にかかわる統合イデオロギーの体系化が京都政界にとっての重大な課題となった。幕臣三淵家と公家清原家の血を引く藤孝は、いわば公武統一政界のエリートとしてこの課題を担っているとの自我に基づき、古今伝授を受けたのではないか。そして、吉田神道の総帥吉田兼見《かねみ》は、じつに藤孝の従兄弟であった。

藤孝が受けた古今伝授の特質は、研究上「神道伝授」と表現される。講釈が行われる座敷には三種の神器をしつらえ、伝授内容には『日本書紀』『日本紀注』、それに吉田神道の体系そのものを示す『神道大意』や『八雲《やくも》神詠伝《しんえいでん》』が取り入れられていた。実枝から古今集相伝証明状を与えられた直後の天正四年（一五七六）十月、藤孝は吉田兼見に、「古今伝授の内所々不審の条書あり、日本記神代の巻の内なり」といって解釈を質問し、兼見はこれにこたえて勝龍寺城まで注を持参している（『兼見卿記』）。ここにいたって古今伝授の内容（歌学）は、天皇制的位階・官職の総体（伝統的国制）を神代に遡って権威化する体系として再編されたといえよう。それを織豊期に推進したのが、他ならぬ藤孝と兼見であった。

ひるがえって天正二年八月、戦陣から家作事をとにかく急ぐよう家臣に命じた藤孝の心底には、以上のような古今伝授の相伝者としての自覚が存したのではないか。信長死後に出家して「幽斎」となった彼は、秀吉の傍らで政権による島津家など諸大名の文化的統合を担うことになる。そして神道伝授は、幽斎から後陽成天皇の弟である智仁《としひと》親王に、次いで智仁の甥の後水尾天皇へと相承され、世代を超えて伝えられていくべき国家統合の権威的＝文化的核心として、王家に秘伝されていくのである。

参考文献

・金子拓「長岡藤孝と織田信長」（熊本県立美術館編『重要文化財指定記念 信長からの手紙』熊本県立美術館・公益財団法人永青文庫、二〇一四年）
・土田將雄『続細川幽斎の研究』（笠間書院、一九九四年）
・林達也「細川幽斎年譜稿」(一)～(三)（『青山学院女子短期大学紀要』二八～三〇、一九七四～七六年）
・三輪正胤『歌学秘伝の研究』（風間書房、一九九四年）

03
織田信長自筆感状《おだのぶながじひつかんじょう》

（天正五年〈一五七七〉）十月二日

唯一確実な信長の自筆文書

天正五年（一五七七）八月、松永久秀が信貴山城（奈良県平群町）で反旗を翻すと、織田信長は子息信忠を総大将とする追討軍を大和へ派遣し、同年十月に久秀を滅ぼした。本文書は、その追討軍に参加し、松永方の片岡城（奈良県上牧町）攻めで活躍した細川忠興に信長が与えた感状である。『信長公記』によれば、一五歳の忠興と一三歳の弟興元は片岡城に一番乗り。「年にも足らざる両人の働き比類なきの旨、御感なされ」「御感状をなし下され」たという。

本文書で注目されるのは、なんといっても豪快で筆勢鋭い書きぶり。No.04の堀秀政添状に「御自筆の御書を成され候」とあるように、これは間違いなく信長自筆である。信長自筆とされる文書には、東京大学史料編纂所蔵の荒木村重父子宛書状や大雲院蔵の信忠宛書状などがあるが、これらは本文書の筆跡との比較から推定されたもの。その意味でも、自筆の「基準作」というべき本文書の価値は高い。『細川家文書』の白眉といわれるゆえんである。（山田）

国指定重要文化財／与一郎（忠興）宛／紙本墨書　折紙／信長自筆／縦二九・三　横四六・四／永青文庫蔵／1075　信長101

（懸紙）「与一郎」

働手から□

かしく、

おりかミ

披見候、

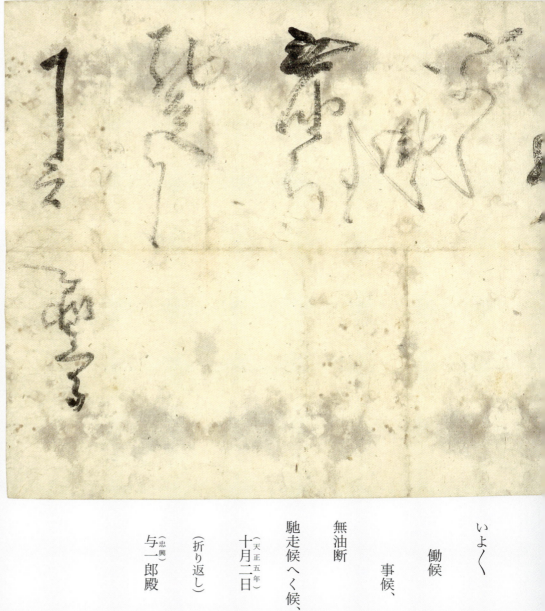

いよ〳〵
働候
事候、
無油断
馳走候へく候、
十月二日（天正五年）
（折り返し）
与一郎殿（忠興）

現代語訳

（忠興からの）手紙を披見した。さらに励んで働くように。たいへんな手柄であった。

04

堀秀政添状《ほりひでまさそえじょう》

（天正五年〈一五七七〉）十月二日

信長自筆の感状であることを証明する添状

織田信長の側近を務めていた堀秀政が、№03と同日付で細川忠興に発給した添状である。文面によれば、片岡城での働きを報告したものとみられる忠興の「御折帋」を披露したところ、信長は「御自筆」で「御書」をなされたという。この一文により、同日付で発給された№03が信長の自筆で記されたことが判明するわけであり、本文書もまた信長文書論にとってたいへん貴重な一通である。

なお、片岡城攻めに際して、信長は細川藤孝に対しても感状を発給している。№32の天正五年（一五七七）十月三日付藤孝宛黒印状である。ただし、こちらは明らかに右筆 楠 長諳《くすのきちょうあん》の筆跡。すなわち、同じ戦いに参陣した藤孝・忠興父子に対し、信長は自筆と右筆とを使いわけて感状を発給しているのである（ちなみに、本文書もまた楠長諳の手による）。それだけ信長が忠興の働きぶりに感じ入っていた、ということであろう。（山田）

国指定重要文化財／長岡与一郎（忠興）宛／紙本墨書　折紙／楠長諳筆／縦二七・七　横四四・六／永青文庫蔵／1075　信長101付

御折帋具令
披露候処、則

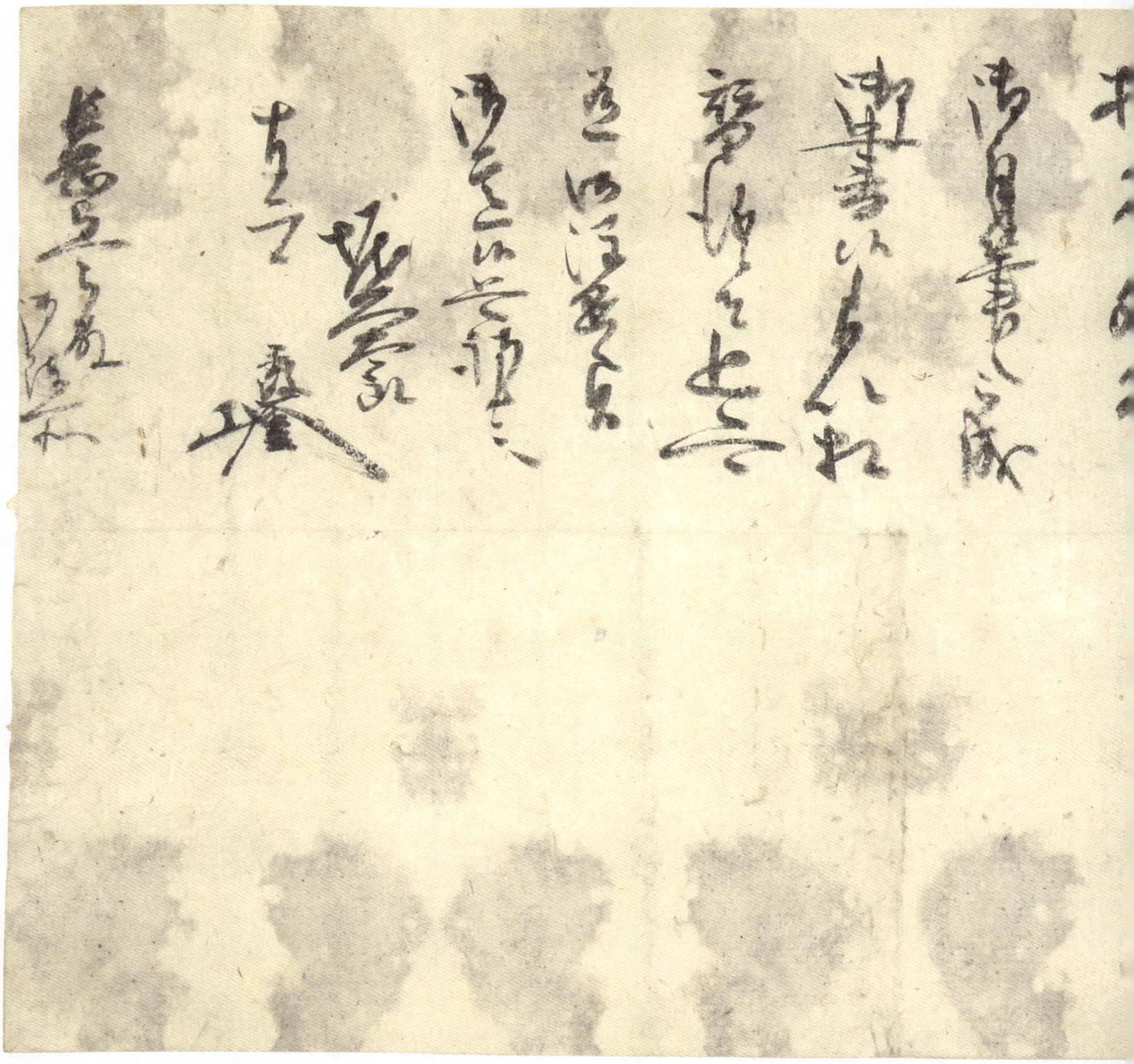

御自筆之被成
御書候、尚以相
替儀候者、追々可
有御注進候旨、
御意候、恐々謹言、
　　　　　堀久太郎
十月二日（天正五年）　秀政（花押）
長岡与一郎（忠興）殿
　　　御陣所

現代語訳

（忠興の）手紙を詳細に（信長様に）披露したところ、御自筆の御書をなされた。なお、変わったことがあれば、追って注進するようにとの（信長様の）御意である。

論説

織田信長の自筆書状

増田 孝

公益財団法人永青文庫にある織田信長文書の中に、一通の織田信長自筆とされる書状（感状No.03）がある。宛所は長岡藤孝の息「与一郎」（忠興）であり、日付の「十月二日」は天正五年（一五七七）であることが判明している。また、この感状には、堀秀政の添状（No.04）が附属している。大和片岡城を藤孝・明智光秀らが攻めた戦において、一五歳の与一郎が、弟頓五郎とともに一番乗りを果たした後、戦について与一郎からの報告を受けた信長が、早速に書き送った感状である。このことは『信長公記』にも「比類なきこと」と記されている。

本稿では、書の視点から、本状の筆跡について考察を加える。附属する堀秀政筆の添状には「御折紙具令披露候処、則御自筆之被成御書候、尚以相替儀候者、追々可有御注進旨、御意候、恐々謹言　十月二日　堀久太郎秀政（花押）　長岡与一郎殿　御陣所」とある。

感状の書はまことに豪放磊落、筆線のどの部分にも力が漲っており、運筆の速さは、筆者の気性の激しさを物語るようである。これは信長四五歳の基準筆跡とすべきもの。書としてのスケールの大きさ、筆圧の強さ、重量感は、戦国武将の書においてみたとき、この書風は異色である。

ここで、参考までに信長の右筆を務めた武井夕庵の和歌懐紙【図1】（個人蔵）と比較してみたい。これは夕庵の筆跡の基準となるものである。終始一貫して整斉な書で、細い筆線部分は引き締まり、確然とした起筆・終筆や、明確な跳ね、細部に神経の行き届いた沈着な運筆が特徴である。夕庵のこうした書風は当時の武将・右筆の書には通行のものであって、中でもこの書は完成度の高い、模範的なものといえよう。

文化史の上で「安土桃山」とよばれるこの時代は書の世界においても、中世から近世へと大きく変貌する、過渡期であった。戦国時代までは芽生えることのなかった個性が急速に開花した時期であり、そうした傾向は江戸時代初期にまで引き続く。管見に入った信長と同時代の武将たちの書風にしても、おおむね中世の書の枠組みから出ることはなかったことを思えば、その中にあって、信長のこの書からは強い個性（自我の発露）が感じられる。いかにも斬新であり、あえて言うなら、次代に先駆ける前衛的な書なのである。

先ほど私は、信長の筆跡を豪放磊落と書いた。しかし、その言い方だけではいささかもの足りない気もする。この筆者は、旧来の骨法を身につけた上、見事な筆捌きをもって、いわばアクセルとブレーキを踏みわける実力者だった。一口に力強いといっても力ずくではなく、コントロールの利いた品位さえここには漂っている。この感状は、堀秀政の添状の存在に裏付けられた、信長真跡の基準と見てよいわけである。

さて、これまで管見に入った、右と同筆と思われる文書の一つに、「防府益田文書」（東京大学史料編纂所蔵）中の、「つのかミ」・「新五郎」父子に宛てた、信長の竪紙に書かれた書状【図2】がある。本書状は日付を欠くが、天正六年の荒木村重離反時期を内容とするものであるところから、同年十月頃のものであることが判明する。なお、文書の端裏のうわ書き部分は現在、切り離され、読める状態で保存されている。書風は与一郎宛の感状に一致する。

いま一つは武井夕庵宛の、竪紙に書かれた書状【図3】（個人蔵）である。ここには署名や花押などもなく、うわ書きにある差出所は読み取りにくいけれども、本文や宛所に見る筆跡から、これが信長自筆であると判断される。この書状は執筆年次も不明である。「相模からの使者に、これをそちらで土産に調整するように。自分は忙しいから、（その方が）上る

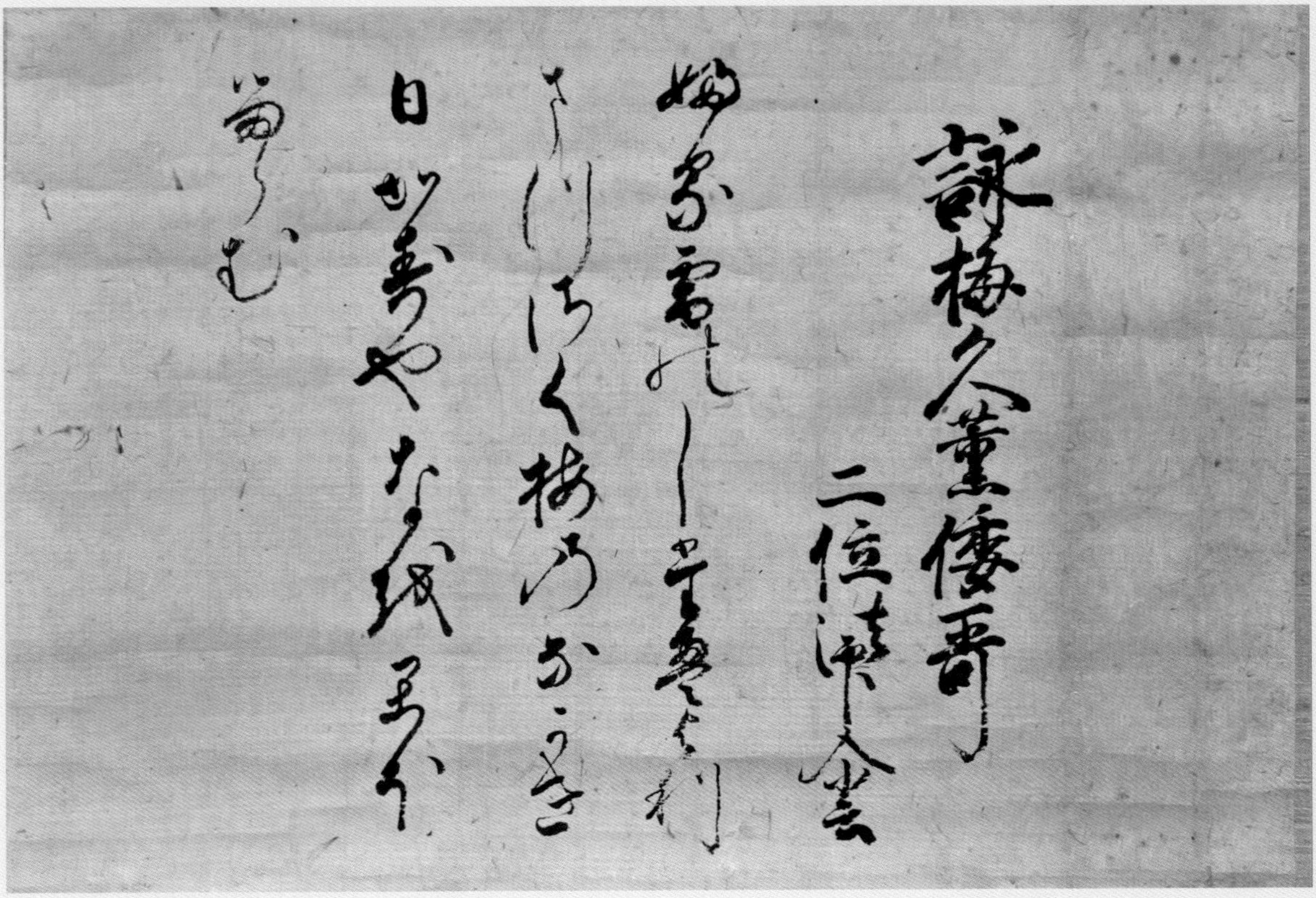

［図1］　武井夕庵和歌懐紙

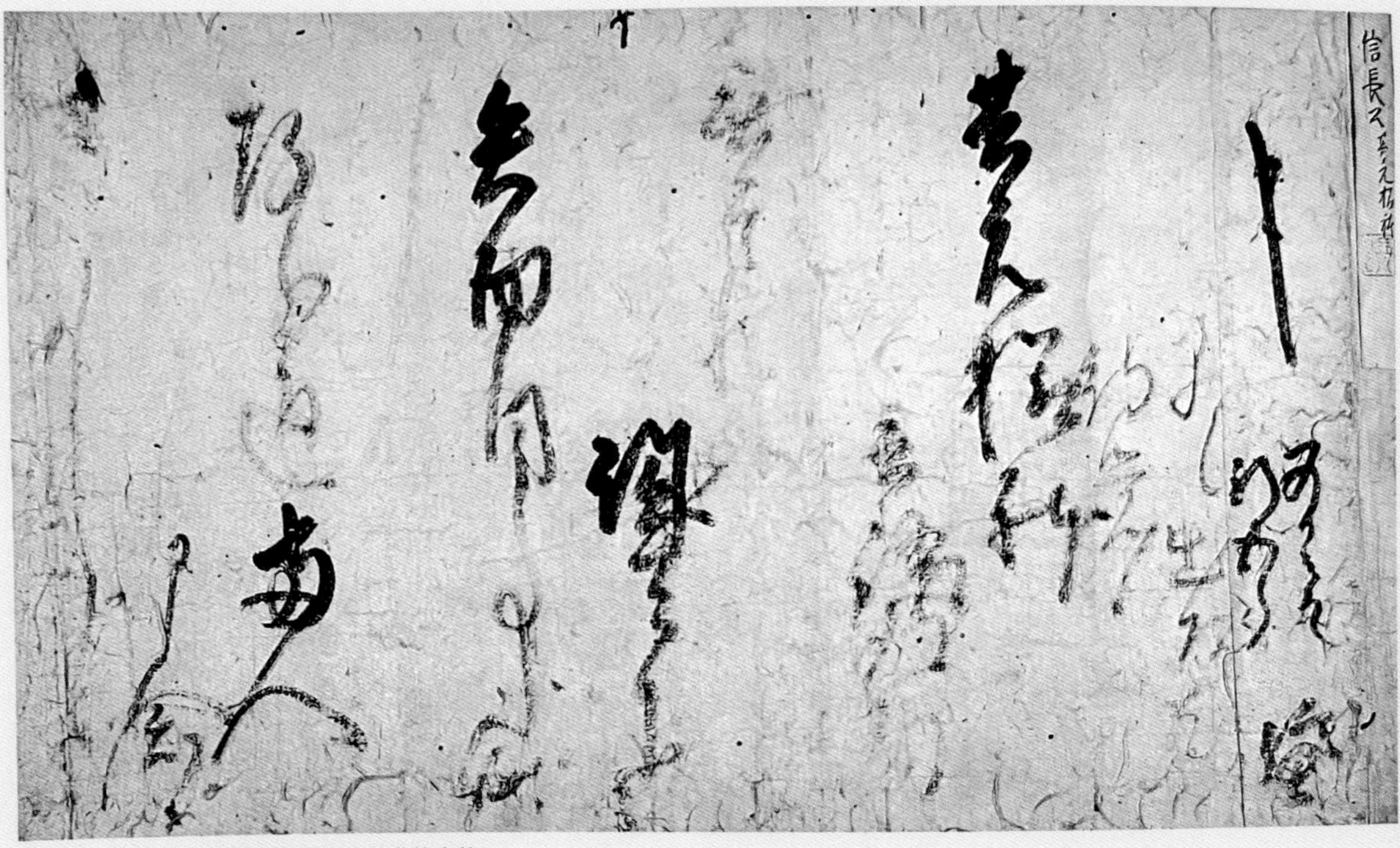

［図2］　つのかミ・新五郎宛織田信長自筆書状

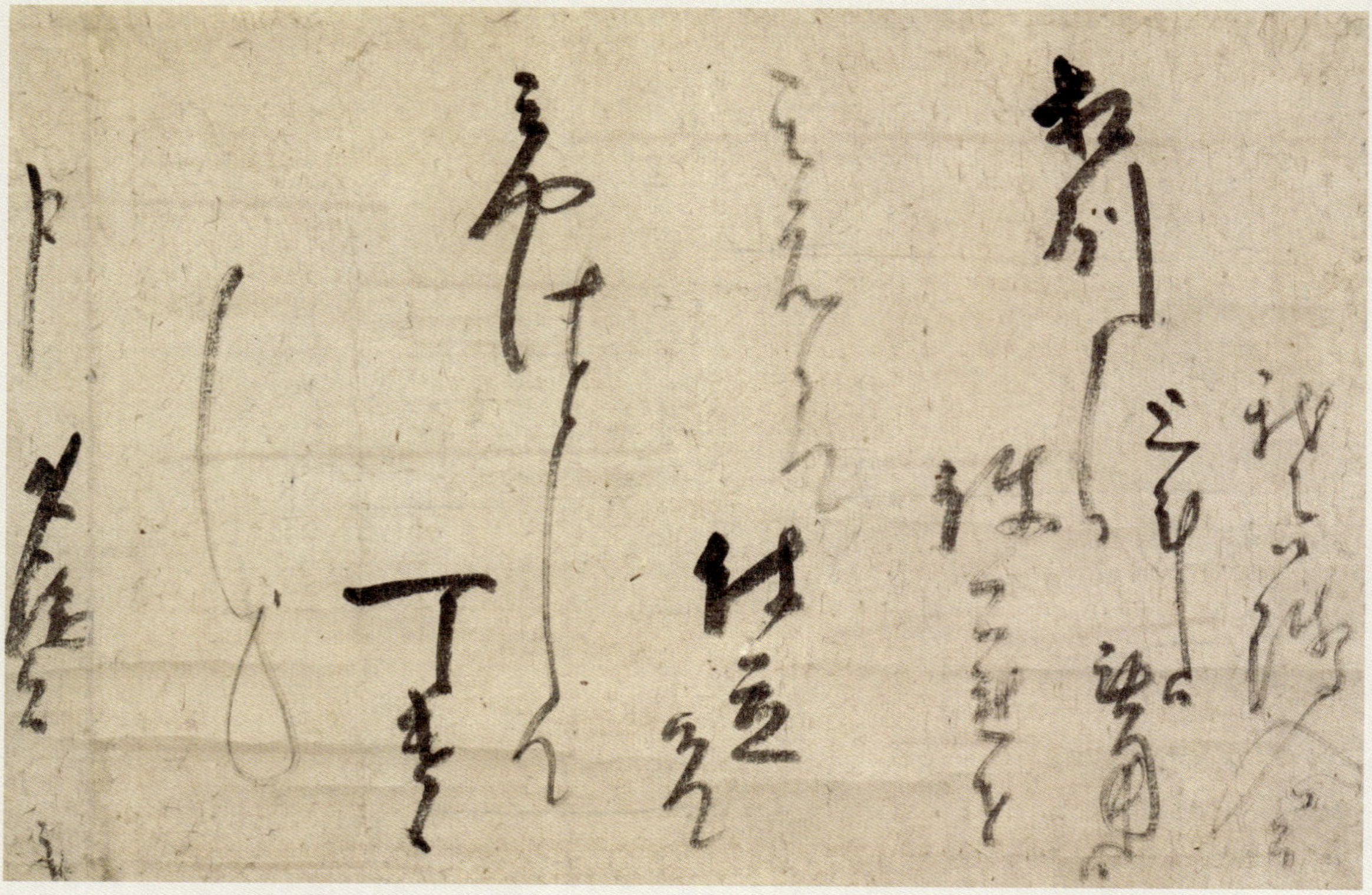

［図3］　書状 本紙　織田信長筆　桃山時代・16世紀（個人蔵、画像提供：東京国立博物館　Image: TNM Image Archives）

だけならば無用だ」という内容である。本文三行目に見える「其元」の「元」の筆法は、**図2**の本文冒頭の「其元」の「元」と共通している点などからも、これは信長の自筆と認められる。

これまで述べてきたように、ここに述べた書はいずれも天正五、六年に限られる時期のものである点からすると、その前後における信長の書風についても、今後さらに視野を広げて検討されなくてはならないこと、いうまでもない。その出発点となるのが、この感状なのである。

なお、本稿をなすにあたり、松澤克行氏（東京大学史料編纂所教授）から有益なご教示をいただくことができた。あらためて謝意を表する。

（釈文）

図1【武井夕庵和歌懐紙】（縦三〇・二　横四二・三）

詠梅久薫倭歌
二位法印尓云
ふる雪のしたえより
まつさく梅のなかき
日かすやなをかほ
るらむ

図2【つのかミ　新五郎宛織田信長自筆書状】（縦二八・五　横四四・八）

（捻封上書き）
「　つのかミ殿
（墨引）　信長
新五郎　」
早ゝ出頭尤候、待覚候、
其元様躰、
言語道断、
無是非候、誠天下之
失面目事共候、
存分通両人
申含候、
かしく

図3【書状 本紙　織田信長筆】（縦二八・五　横四二・五）

我々御隙入候間
上計ハ無用候
相州より使、これを
其元にて仕立候て、
ミやけとし候て可遣候、
かしく
（封墨引）夕庵　□
まいる

05

明智光秀覚条々《あけちみつひでおぼえじょうじょう》

（天正十年〈一五八二〉）六月九日

なぜ信長を討ったのか　光秀自筆覚三ヵ条

「本能寺の変」のわずか七日後に、明智光秀が丹後にあった細川藤孝・忠興に差し出した三ヵ条の「覚」である。

第一条では、自分の謀反による織田信長の滅亡に際して細川父子が「もとゆい」を切ったことに当初は「腹立」を覚えたが、思い直したので、「入魂《じっこん》」を願うとある。第二・三条は光秀の将来構想ともいうべき内容で、「父子が上洛して自分に味方するなら、丹後の他に摂津ないし若狭の支配権を分与する。我々の行為は忠興などを取り立てる目的でなされたもので、五〇日か一〇〇日のうちに近国の情勢が安定したら、自分の子息や忠興の世代に実権を引き渡す所存だ。決して別儀はない」と述べる。

光秀が、藤孝も含む畿内諸領主層に対する自身の軍事編制・指揮権、およびその行使事実を背景にして、信長殺害後の構想を立てていたことを窺わせる、重要史料である。なお、細川父子はこうした光秀の懇願にもかかわらず、すでに秀吉と通じていて（No.68）、丹後を動くことはなかった。権力と血縁で二重に結ばれていた細川父子が味方しなかった影響は軍事的にも世論的にも大きく、この四日後、光秀は秀吉との決戦に敗北して滅亡する。

（稲葉）

国指定重要文化財／（細川藤孝・忠興宛）／紙本墨書　竪紙／光秀自筆／縦三二・〇　横四九・五／永青文庫蔵／1077

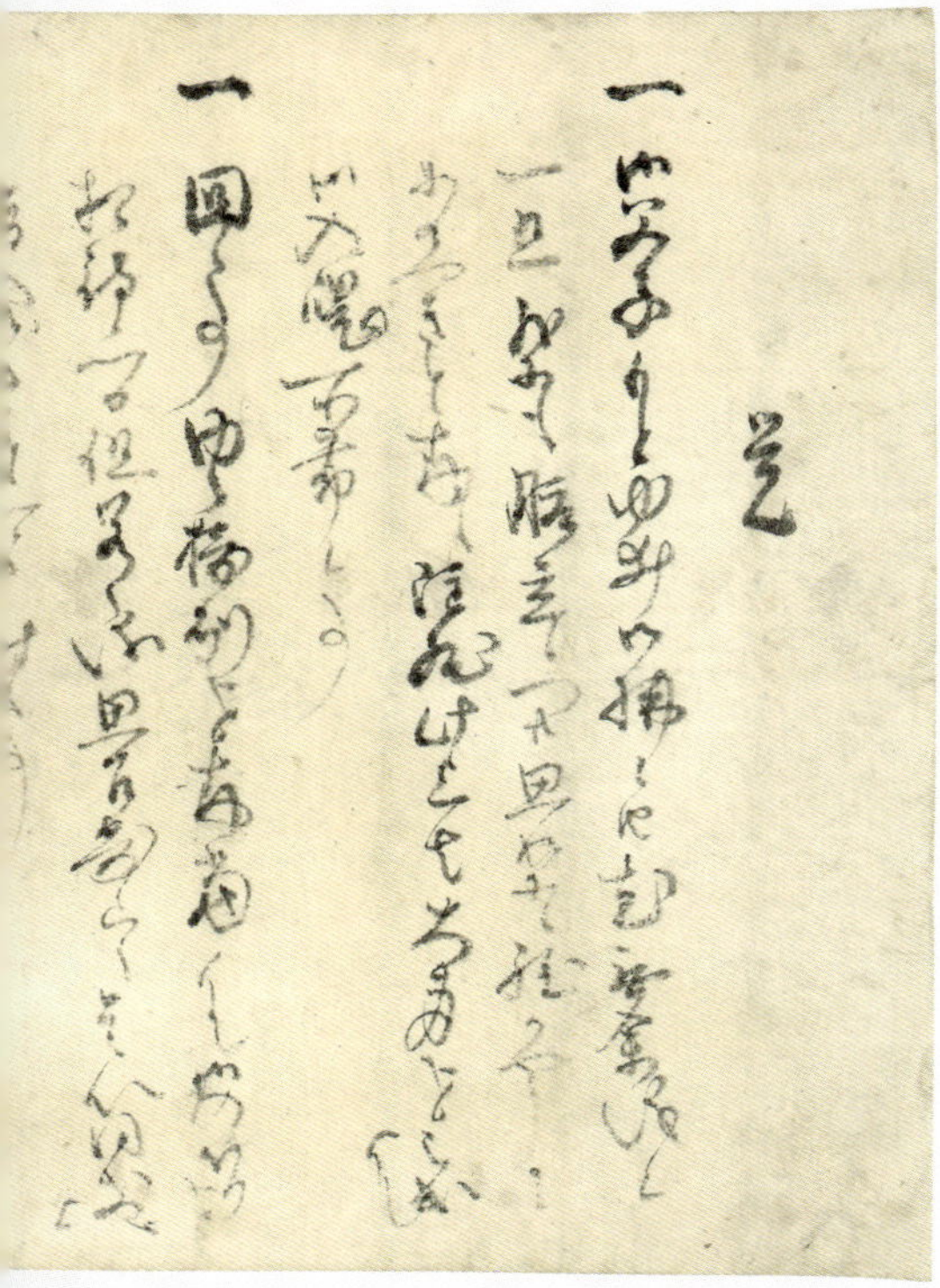

覚

一、御父子（藤孝・忠興）もとゆゐ御払候由、尤無余儀候、
一旦我等も腹立候へ共、思案候程かやうに
あるへきと存候、雖然此上者、大身を被出候て
御入魂所希候事、

一、国之事、内々摂州を存当候て、御のほりを

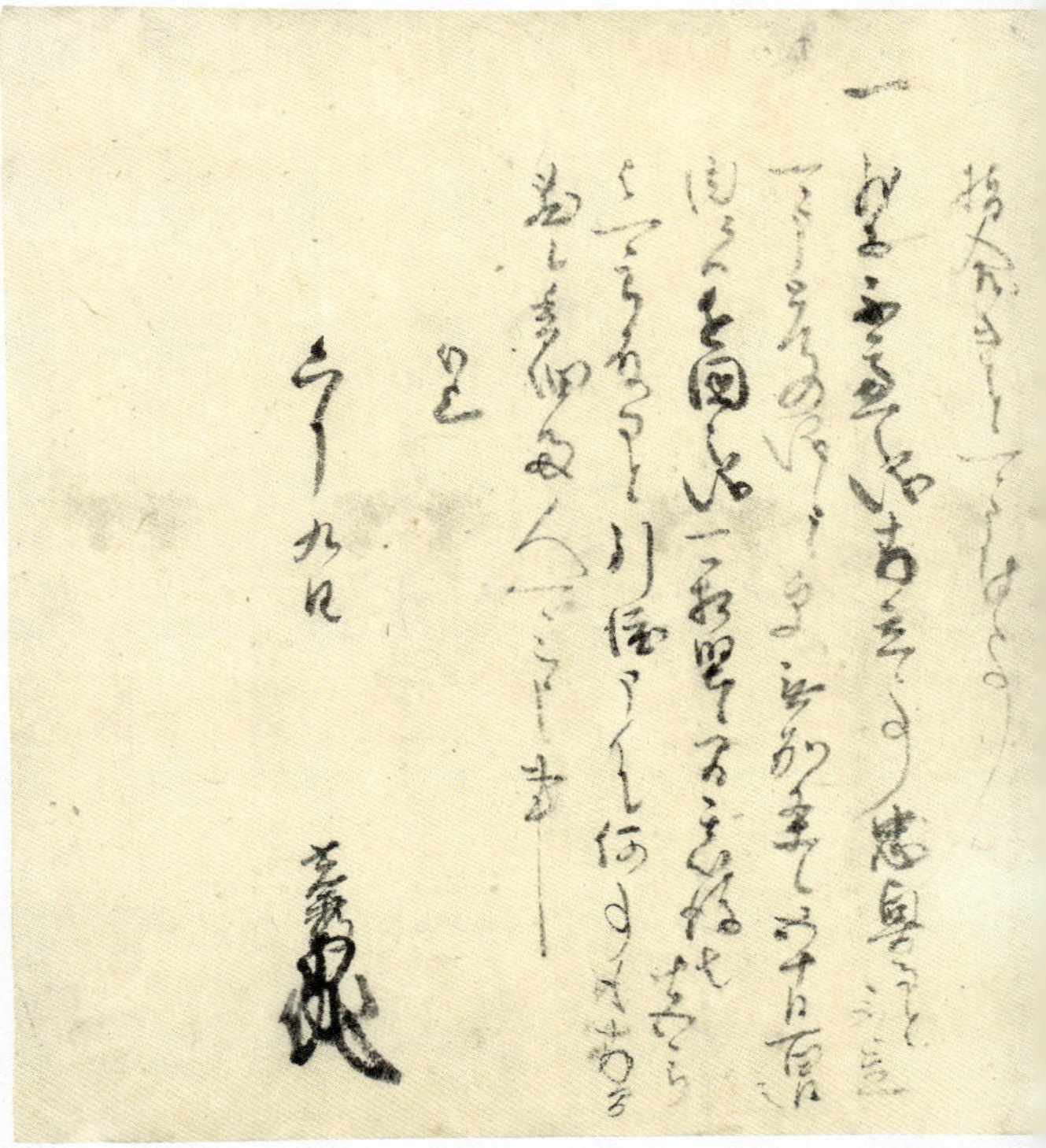

相待候つる、但若之儀思召寄候ハヽ、是以同前ニ候、
指合きと可申付候事、

一、我等不慮之儀存立候事、忠興なと取立
可申とての儀ニ候、更無別条候、五十日百日之
内ニハ近国之儀可相堅候間、其以後者、十五郎（明智光慶）・
与一郎（忠興）殿なと引渡申候て、何事も存間
敷候、委細両人可被申候事、

以上

（天正十年）六月九日　　光秀（花押）

現代語訳

一、（信長の死を知って、）藤孝・忠興御父子は元結を切られたとのこと。やむを得ないことだと存じます。いったんは私も御父子の態度に立腹はしましたが、よく考えれば考えるほど、そのような態度をとるべきだと思います。しかし、こうなったからには、丹後から出陣していただき、私と同盟を組んでいただくことを希望します。

一、（味方になっていただけたなら、）国のこと、内々には摂津国の支配権を差し上げるようにと考え、ご上洛をお待ちしております。ただし、若狭国をご希望でしたなら、それでもかまいません。対応してすぐに実現しましょう。

一、私が不意の信長殺害を思い立った理由は、忠興などを取立てようとの意図によるもので、他意はありません。五〇日か一〇〇日のうちには畿内近国の政治状況は安定するでしょうから、それ以後は、私の後継者明智光慶や娘婿の忠興などに実権を引き渡して、私は身を引くつもりです。詳しくは、二人の使者が申し伝えます。

論説

光秀覚条々の執筆事情——「本能寺の変」をめぐる光秀と藤孝

稲葉継陽

永青文庫に伝わった明智光秀発給の最重要史料が№05の光秀三ヵ条覚、天正十年（一五八二）六月九日、すなわち「本能寺の変」の七日後に細川藤孝・忠興父子へ送った文書である。

一見して感じるのは、本文書の様式の異様さだ。この時代、通常の書状は一枚の料紙を横に半分に折って使うものだ（「折紙」という）が、本文書は料紙を折らずにそのまま用いた箇条書き形式をとる。これは、同時代の公文書の様式に相当する。しかも、右筆（書記官）に書かせたものではなく、光秀の自筆である。こうした様式は、単なる私信ではなくて、光秀から細川父子への宣誓・契約書ともいうべき本文書の内容の特異性を反映したものであろう。

光秀の親友で藤孝の従兄弟であった京都吉田神社の神主吉田兼見《かねみ》は、その日記『兼見卿記』に、「本能寺の変」から「山崎の合戦」にいたるまでの光秀の動向を詳細に書き残してくれている。驚くべきことに、そこには光秀がこの文書を執筆したシチュエーションが描写されているのだ。

六月二日に信長を本能寺に滅ぼした光秀は、すぐさま本拠坂本城のある近江に移動し、一国を平定して五日に安土城に入り、七日にはそこに勅使として派遣されて来た吉田兼見と会っている。兼見に対して光秀は、信長殺害の理由を語ったという。話の内容が日記に書かれていないのは残念だが、ここで光秀は自身の正当性を主張し、勅使兼見も賛意を示したことだろう。

八日、光秀は羽柴秀吉の軍勢に対抗するため安土を出陣、九日には京都に入って、同日午後、兼見の屋敷にやって来る。そして光秀は兼見邸の「小座敷」でしばらく時間を取り、方々に出陣催促する「注進」状を書いて発したという。本文書はまさにそのうちの一通であろう。夕食後に兼見邸を発って決戦に赴いた光秀の敗死は、十三日のことであった。

光秀は、まさに歴史の究極の分岐点で、この覚書を一気に書き下ろしたのだ。そんな執筆情況を念頭に本文書をみれば、筆致から鬼気迫るものが伝わってくる感覚におそわれるだろう。

第一条には、こうある。

> 細川御父子は信長急死に直面して髻《もとどり》を切ったという。それは弔意を表すため致し方のないことだとはいえ、私はあなた方に腹が立った。しかし、思案して考え直した。自分と昵懇に協力してほしい。

信長殺害から七日たっても細川父子は領国の丹後を動こうとしない。父子が髻を切った事実を、光秀は九日午後に藤孝の従兄弟である兼見から初めて聞いたのではないだろうか。本書の№51～53、57～60などに端的に表現されているように、天正八年（一五八〇）八月以降、藤孝の軍事と丹後統治は、光秀の監督権のもとに明確に位置づけられていた。しかも姻戚である。第一条には、それでも細川家が動かない現実に光秀が受けた衝撃と怒りの感情が噴出している。

第二条は、細川父子参戦を促す交換条件の提示である。自分に協力して対秀吉戦に出陣してくれるなら、細川領丹後国に加えて摂津国、希望するなら若狭国を与えると誓っている。細川父子が味方に付くかどうかは、たんなる軍勢の物理的増強にとどまらず、光秀が天下人として世論の支持を受けるための決定的な条件であった。

そして第三条は、光秀が信長殺害の目的を語ったくだりである。

> 目的は、忠興や自分の子の世代に権力を引き渡すことだ。五〇日か一〇〇日で畿内近国は平定できる。そうしたら彼らに畿内支配の実権を引き渡すつもりだ。それ以外の意図はない。

これこそは、光秀自身が「本能寺の変」を引き起こした理由を明かした、唯一現存する文章である。末尾には、本文書を携えた二人の使者が丹後に遣わされ、細川父子に三ヵ条の詳細を口頭で伝える旨が記されているから、文章は光秀が言いたかったことの要旨でしかない。ここに中世文書の解釈の難しさがある。

それにしても近年、多くの研究者が本文書の内容を光秀が細川父子を味方に付けるための方便と片付け、織田政権内の派閥抗争や光秀を操る黒幕の存在に論点をシフトしたことによって、光秀自身の政治的主体性が過小評価されているように思われる。私は、光秀が細川父子を絶対に味方に引き出さねばならない究極の状況で信長殺害の理由を語ったこの文章の内容は、最大限尊重されるべきだと考える。かつて越前・近江に逼塞していた足利義昭のもとで交わって以来、あらゆる政治上の情報を共有してきた細川藤孝に、付け焼刃の説明・勧誘など通用しない。そのことは光秀自身がいちばんよく解っていたはずだ。足利義昭を京都に呼び戻してでも畿内支配を再興し、石高制検地等を媒介に諸国大名と中央政府との新しい関係を構築していくのが、光秀の構想であっただろう。

しかし、本書に収録したNo.68に明らかなように、光秀が右のように書く前日に、細川・羽柴同盟が成立していた。藤孝・忠興は丹後を動かず、光秀は秀吉に敗れ、謀反人として滅亡した。姻戚であり、また光秀の軍事統率権の下にあったにもかかわらず、藤孝は秀吉を選択した。そして秀吉は、「本能寺の変」の後に細川父子が丹後から動かなかった選択を「頼もしかった」と称賛している（No.69）。

幕臣エリート出身で、究極の内戦を経験し、かつ天皇制的学芸の権威となっていた藤孝にとって、先行国家の枠組みに基づく再統合の実現が可能なら、天下人はだれでもよかったのである。その意味で藤孝の歴史と権力をみる目は透徹していた。彼は光秀滅亡後に出家して「幽斎」となり、島津家をはじめとする地方大名を秀吉のもとに編制する文化的権威として、全国統一の影の立役者となる。藤孝は光秀という主殺しの人格を見捨てながら、光秀がめざした統一国家への道を引き継いだともいえるだろう。

信長・足利義昭の上洛からちょうど一四年。信長の権力行使を停止させ、権力を次世代に繋がねばならない。織田権力の中枢にあり続けた光秀にこう認識させた信長権力の客観的な問題点と、光秀の行動を主殺しへと一気に展開させたエネルギーの源を、正面から究明せねばなるまい。それが本文書を通じて光秀が私たちに伝えた〝遺言〟である。

参考文献

・稲葉継陽「細川幽斎・明智光秀と「天下泰平」」（『茶道雑誌』二〇二〇年四月号）
・稲葉継陽「明智領国の形成と歴史的位置」（同『近世領国社会形成史論』吉川弘文館、二〇二四年）
・福島克彦『明智光秀』（中公新書、二〇二〇年）

細川幽斎（藤孝）像《ほそかわゆうさい(ふじたか)ぞう》

［絵］伝 田代等有筆　［和歌］細川幽斎筆　江戸時代（一七世紀）　絹本著色　掛幅装　縦九七・七　横五〇・五　永青文庫蔵　3910

肥後細川家初代・藤孝（一五三四～一六一〇、幽斎）の肖像画。藤孝は、室町将軍家に仕えた父・三淵晴員《みつぶちはるかず》と、代々漢文などをよくした清原家の出である母との間に生まれ、のちに細川家へ養子入りした。足利義昭、織田信長、豊臣秀吉、徳川家康らを支えるとともに、和歌、能、茶の湯など諸芸に通じた文化人でもあった。

本作は、細川家の家譜『綿考輯録《めんこうしゅうろく》』（巻六）に記載の「泰勝寺ニ有之御影ハ御絵師田代等有筆也」に当たる肖像画と考えられる。団扇を持った右手を片膝に置き、中空を見つめる像容は柿本人麻呂像や飯尾宗祇像を踏襲したものとされ、「古今伝授」を継承し歌学に優れた藤孝らしく、「歌聖」のイメージが重ねられている。上部の和歌色紙は、嫡男の忠興が藤孝自詠自筆の和歌三種を選んで貼ったものと伝わる（『綿考輯録』巻六）。

めてきぬる花も紅葉も月雪も　かすみにきゆる春のあけほの
風そよく入江のあしのほの〴〵と　月になりゆくうす霧のそら
吹すくる雪のしからみかけそめて　ゆふ風しろき谷のしは橋

細川忠興像《ほそかわただおきぞう》

江戸時代（一七世紀）　絹本著色　掛幅装　縦一一〇・〇　横五〇・〇　永青文庫蔵　3294

細川藤孝と麝香《じゃこう》（若狭国熊川城主・沼田光兼の娘）の間に生まれた、細川家二代・忠興（一五六三〜一六四五、三斎）の肖像画。忠興は天正六年（一五七八）、信長の斡旋で明智光秀の娘・玉（ガラシャ）と結婚し、天正八年（一五八〇）には藤孝とともに信長から丹後一国が与えられた。信長没後は家督を継いで秀吉の天下統一に協力。関ヶ原合戦では東軍として家康を支え、その戦功により豊前一国、豊後国東郡・速水郡の一部が与えられている。跡を継いだ三男・忠利が寛永九年（一六三二）に豊前小倉から熊本へ国替えになると、自身も熊本の八代《やつしろ》へ移った。茶の湯にも造詣が深く、千利休の高弟・利休七哲の一人に数えられている。

本肖像画には、束帯姿で座す忠興の背後に二引両の幟が描かれている。これは、信長が配下の武将に旗や幟を改めたい者を募った際、忠興が「黒地ニ引両を筋違ニ仕度し」と申し出たもので、関ヶ原合戦の際まで用いられたという。豊前入国後、幟は白地に黒の九曜紋に改められた（『綿考輯録』巻九）。

柏木菟螺鈿鞍

かしわみみずくらでんくら

国宝　鎌倉時代（一三世紀）　木製漆塗　螺鈿　前輪高三一・〇　後輪高三〇・〇　居木長四二・〇　永青文庫蔵　1769

後輪部分

現存一二背ほどしか知られていない希少な中世螺鈿鞍の一つ。本作の添状には「足利宇治川渡之柏木ニ木菟之鞍、従公方光源院殿細川幽斎拝領被申候、其後休斎相続被申候」とあることから、細川藤孝が一三代将軍・足利義輝（公方光源院）より拝領し、のちに藤孝の末子・孝之（休斎）に伝えられたものと分かる。前輪《まえわ》と後輪《しずわ》の外側には、中央上部に向かって枝を伸ばす柏と、そこにとまる愛らしい木菟が螺鈿の技法で表され、両輪の内側と居木《いぎ》（前輪と後輪をつなぐ木）にも柏の折枝を散らしている。柏と木菟の組み合わせは、鎌倉時代の軍記物語『平家物語』における足利忠綱の宇治川渡りの一節「柏木に耳づくうッたる黄覆輪の鞍おいてぞ乗ッたりける」や、『平治物語』の源頼朝の出陣を描いた一節「栗毛なる馬に柏木にみみつくすりたる鞍」に登場することが知られており、このモチーフが鞍の意匠としてしばしば取り入れられていたことを窺わせる。

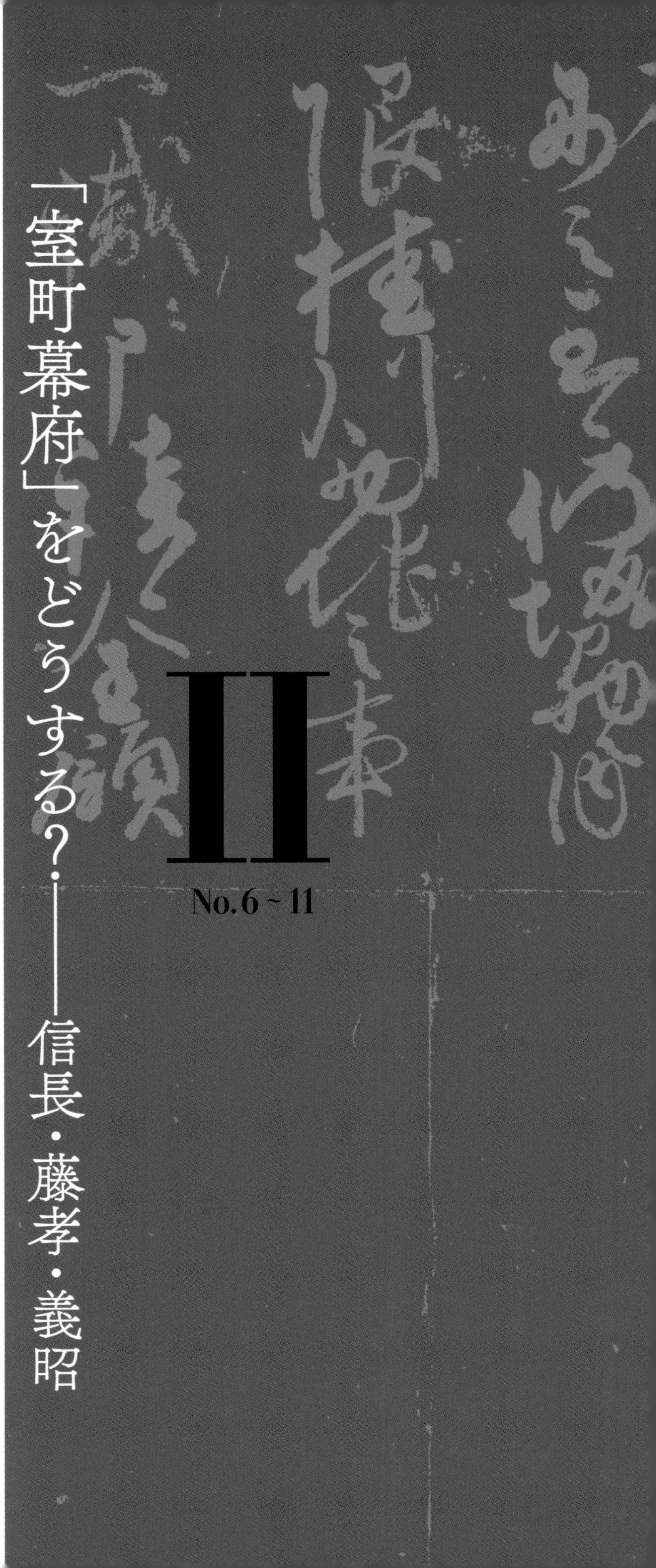

Ⅱ

No.6～11

「室町幕府」をどうする？——信長・藤孝・義昭

織田信長の上洛の目的は足利義昭とともに室町幕府体制を再興することにあり、彼の印判の「天下布武」の「天下」が意味するのは「全国」にはあらず、地域的には五畿内、政治的には五畿内を統治する将軍の権力と権威を意味した——いま、信長、織田権力像は大きく転回している。

いわゆる「室町幕府の滅亡」直前に信長から細川藤孝に相次いで送られた№07～10は、こうした信長像を生々しく伝える史料群だ。藤孝を間に挟んでの信長・義昭の息詰まる交渉や、畿内領主層の複雑な動向。これらの書状に克明に書き込まれた信長・藤孝のやりとりを熟読すると、まるで幕府滅亡前夜の現場にいるかのような錯覚におそわれるだろう。

06

細川藤孝書状《ほそかわふじたかしょじょう》

（元亀元年〈一五七〇〉十月二十二日）

細川藤孝、御牧城での働きぶりを注進

永禄十一年（一五六八）九月に上洛した織田信長は、足利義昭を将軍の座に据え、連合政権を樹立する。しかし、その連合政権に敵対する勢力は多く、翌年早々には三好三人衆が京都本国寺の義昭を襲った。同十三年四月に信長は朝倉義景を攻撃すべく越前へ出兵するが、姻戚関係にあった北近江の浅井長政が裏切り、撤退を余儀なくされる。六月に信長は近江姉川（滋賀県長浜市）で浅井・朝倉両勢に勝利するものの、すぐに三好三人衆への対応に追われ、九月には大坂本願寺が挙兵するに至った。信長と義昭は対立勢力に包囲され、ピンチの連続であった。

本文書は、そうした中で細川藤孝をはじめとする幕臣たちが山城御牧《みまき》城（京都府久御山町）で戦ったおりに出されたものである。元亀元年（一五七〇）十月二十一日以前に御牧城はいったん三好三人衆の手に落ちたものの、幕臣たちは相談してこれの再奪還を図ったらしい。文面によれば、「御牧外構《そとがまえ》」に「一番鑓《いちばんやり》」したのは藤孝の手の者。こうした働きを義昭に伝えるよう義昭側近に求めた一通である。（山田）

国指定重要文化財／三和（三淵藤英）・曽兵（曽我助乗）宛／紙本墨書　折紙／縦二四・三　横三九・〇／永青文庫蔵（熊本大学附属図書館寄託）／107・37・6・2　藤孝12

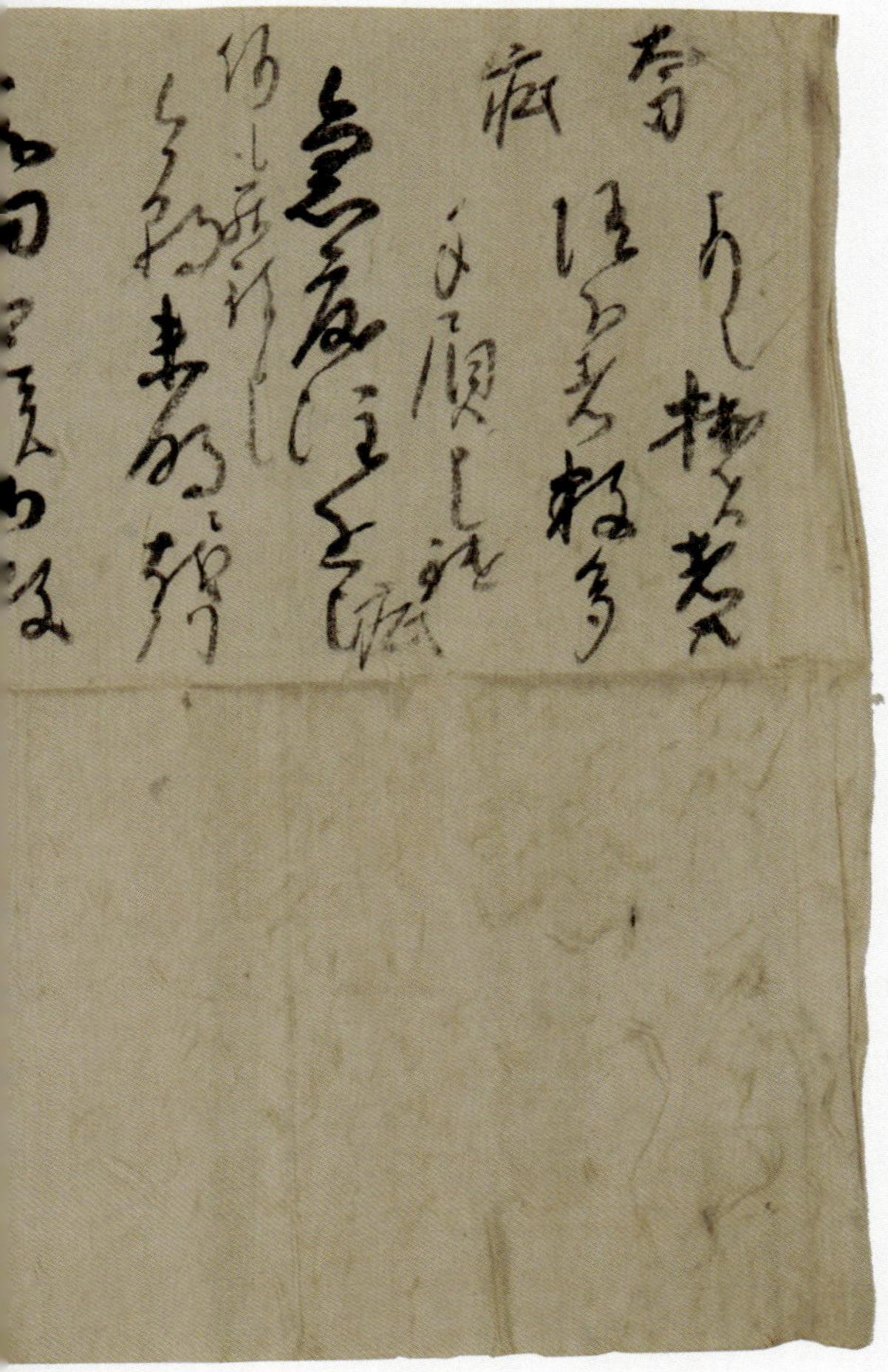

尚々拙者者共
随分者数多
手負申候、鑓疵・
太刀疵、
何も罷被申候、
急度注進申候、
今朝未明ニ越州・

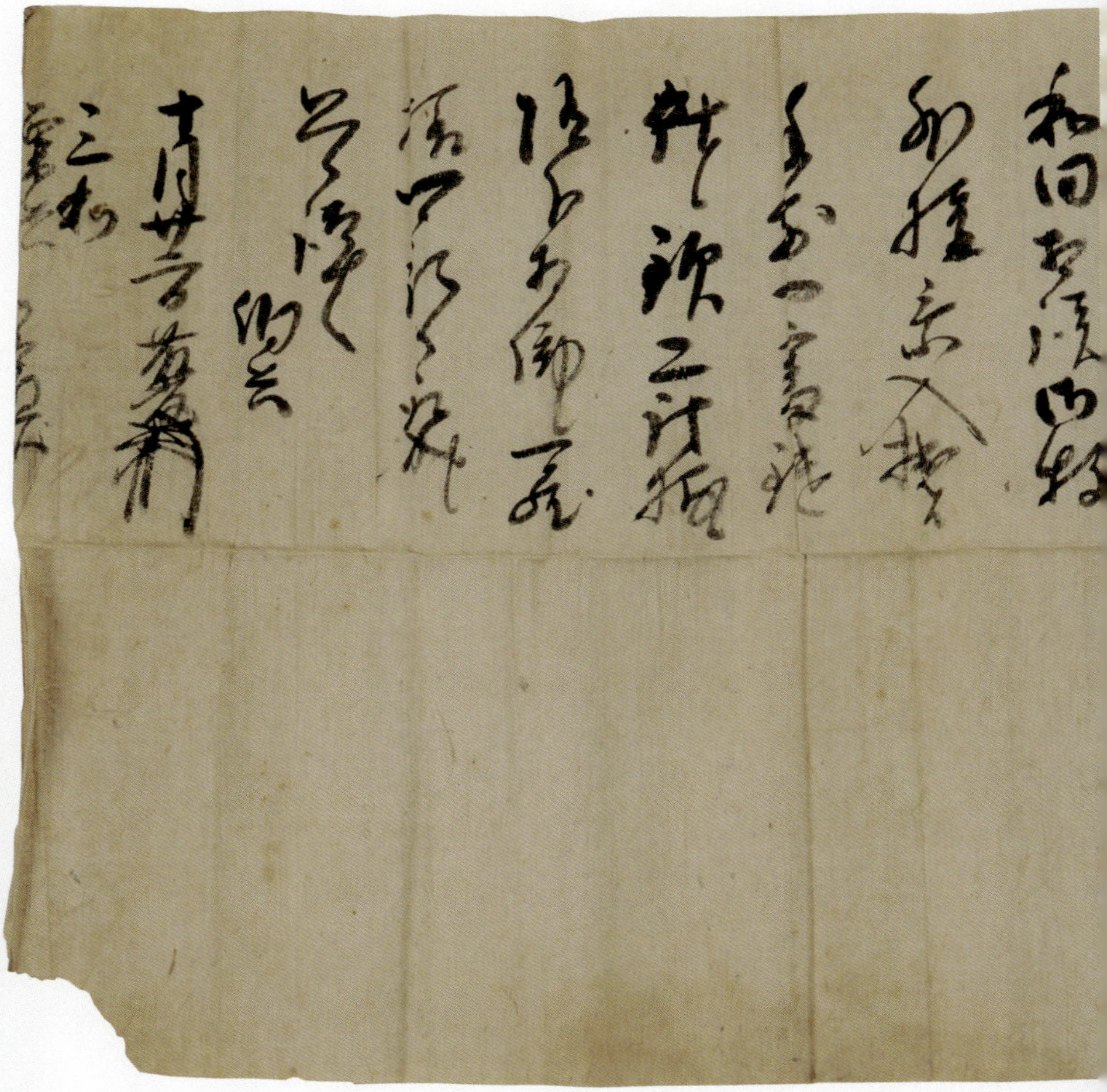

和田(惟政)相談、御牧
外構乗入、拙者
手前一番鑓
仕候、頸二討捕候、
随分相働候、可然
様可預御取成候、
恐々謹言、
　　　細兵
(元亀元年)十月廿二日　藤孝（花押）
(三淵藤英)三和
(曽我助乗)曽兵　御宿所

現代語訳

急ぎ注進申し上げる。今朝未明に越州および和田惟政と相談し、御牧城の外構に乗り入れ、私の手勢が一番鑓を付けた。頸二つを討ち捕った。力の限り戦った。然るべきよう（義昭様への）お取り成しに預かりたい。

なお、私の手勢で身分のある者が多く負傷してしまった。いずれもが鑓疵・太刀疵を負ってしまった。

07

織田信長黒印状

おだのぶながこくいんじょう

（元亀四年〈一五七三〉二月二十三日）

将軍義昭御逆心！　信長は和戦両様の構え

永禄十一年（一五六八）九月に上洛した後、連合政権を樹立していた織田信長と足利義昭。しかし、両者の協調関係は元亀四年（一五七三）二月十三日に破綻、義昭は浅井長政・朝倉義景・武田信玄・三好勢・本願寺と連携し、信長と対峙する道を選択した。この黒印状は、義昭が「御逆心」をあらわにして間もない時期に、信長が細川藤孝とやり取りする中で出された返書。藤孝は義昭の側近だが、当時は信長に接近し、義昭周辺や畿内近国に関する情報提供と助言役を担っていた。

文面には①義昭との交渉の状況、②畿内近国の諸勢力の動静、③東海地方での武田勢の動向等が記されるが、①について触れた一条目と六条目がとくに注目される。一条目に「果而疎意無き通り思し食し直されるべく候歟」とあるように、四面楚歌となっていた信長は義昭との関係修復を念願する一方、六条目では「無事相破れ候上ニハ」と述べ、決裂にも一応備えている。信長は和戦両様の構えで義昭との交渉に臨んでいたとみられる。（山田）

国指定重要文化財／細川兵部太輔（藤孝）宛（端裏書）／紙本墨書　継紙四紙／武井夕庵筆／縦一三・二　横一六六・〇／永青文庫蔵（熊本大学附属図書館寄託）

207・仁・2　信長20

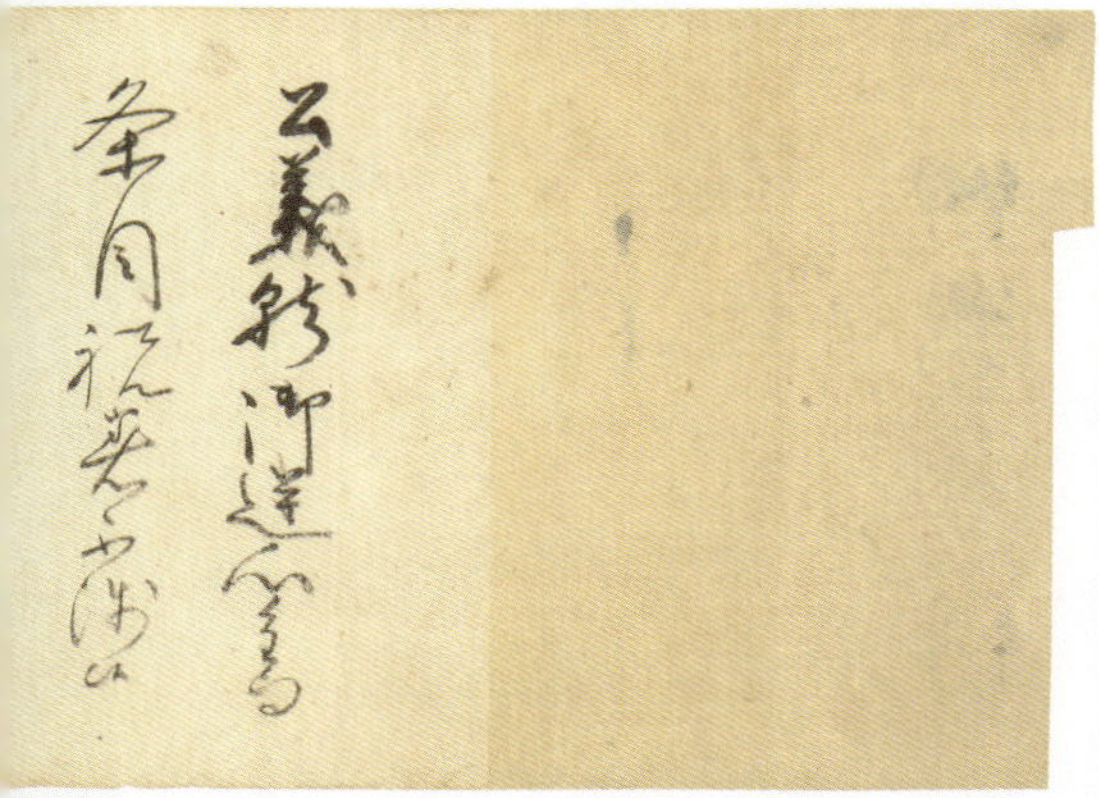

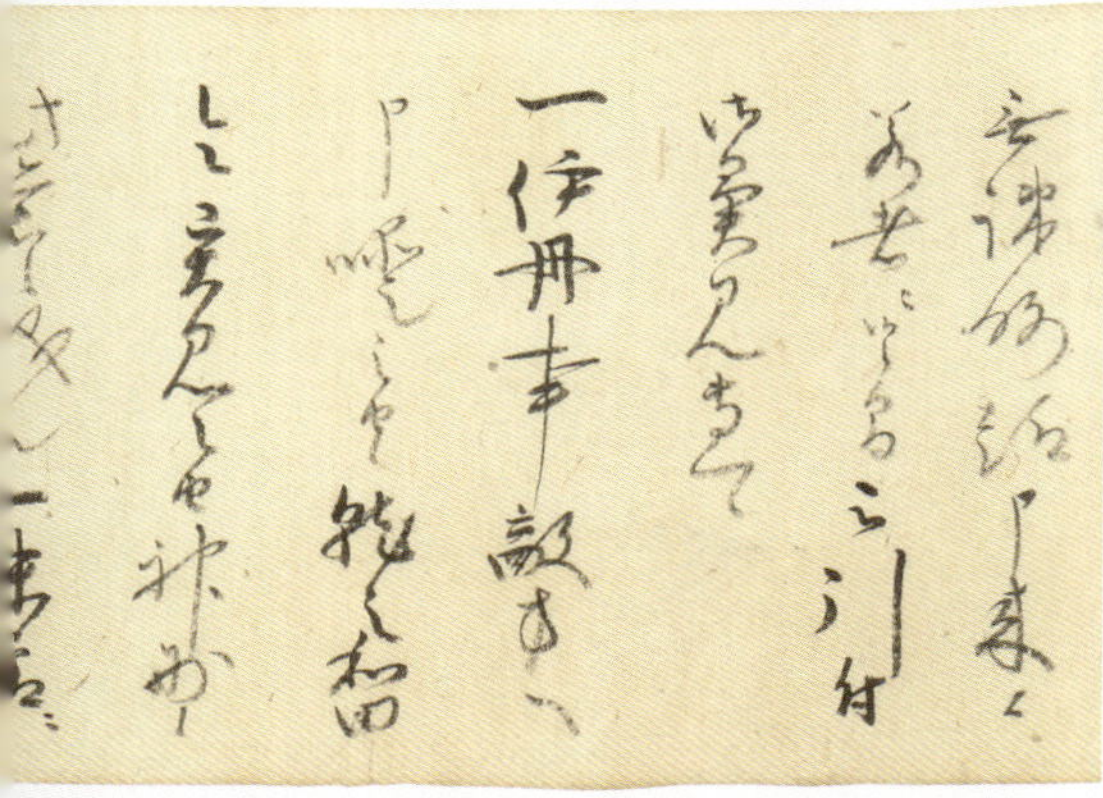

「《(端裏切封上書)》(墨引)

細川兵部《(藤孝)》太輔殿　信長」

公義就御逆心、重而

条目祝着不浅候、

一、塙《(直政)》差上御理申上候

処、上意之趣、条々

被成下候、一々御請申候、

幷塙可差上処ニ眼相

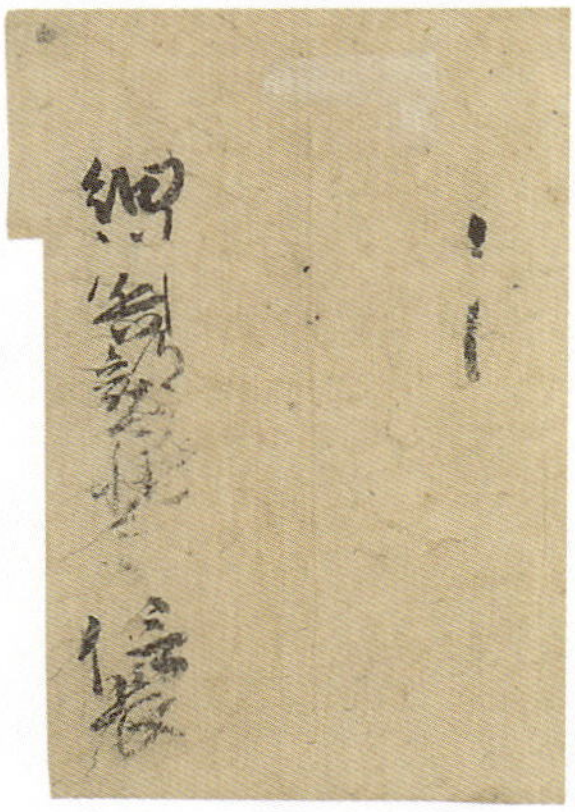

（端裏）

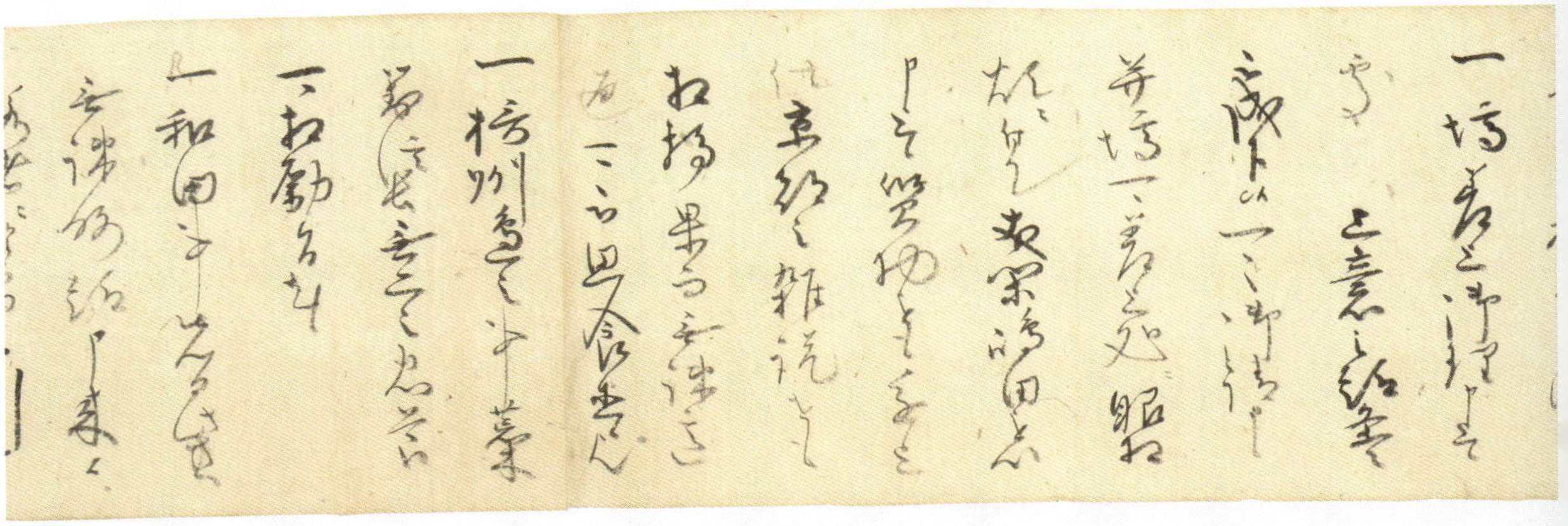
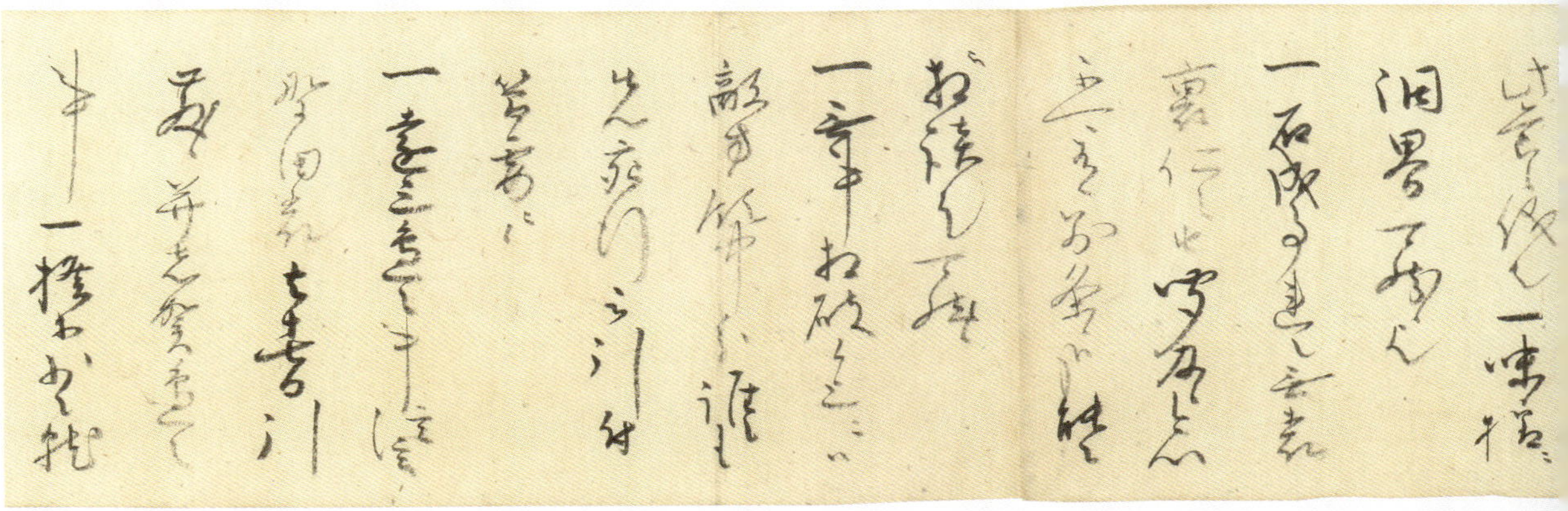

煩ニ付て、友閑（松井）・嶋田（秀満）を以
申上候、質物をも進上
仕、京都之雑説をも
相静、果而無疎意
通可被思食直候歟、
一、摂州辺之事、荒木（村重）
対信長無二之忠節
可相励旨尤候、
一、和田（惟長）事、先日此方へ
無疎略趣申来候、
若者ニ候之間被引付、
御異見専一候、
一、伊丹（親興）事、敵方へ
申嗳之由候、就之和田
令異見之由神妙候、
此節之儀者、一味候様ニ
調略可然候歟、
一、石成（友通）事、連々無表
裏仁之由聞及候、今以
不可有別条候哉、能々
被相談候て可然候、
一、無事相破候上ニハ、

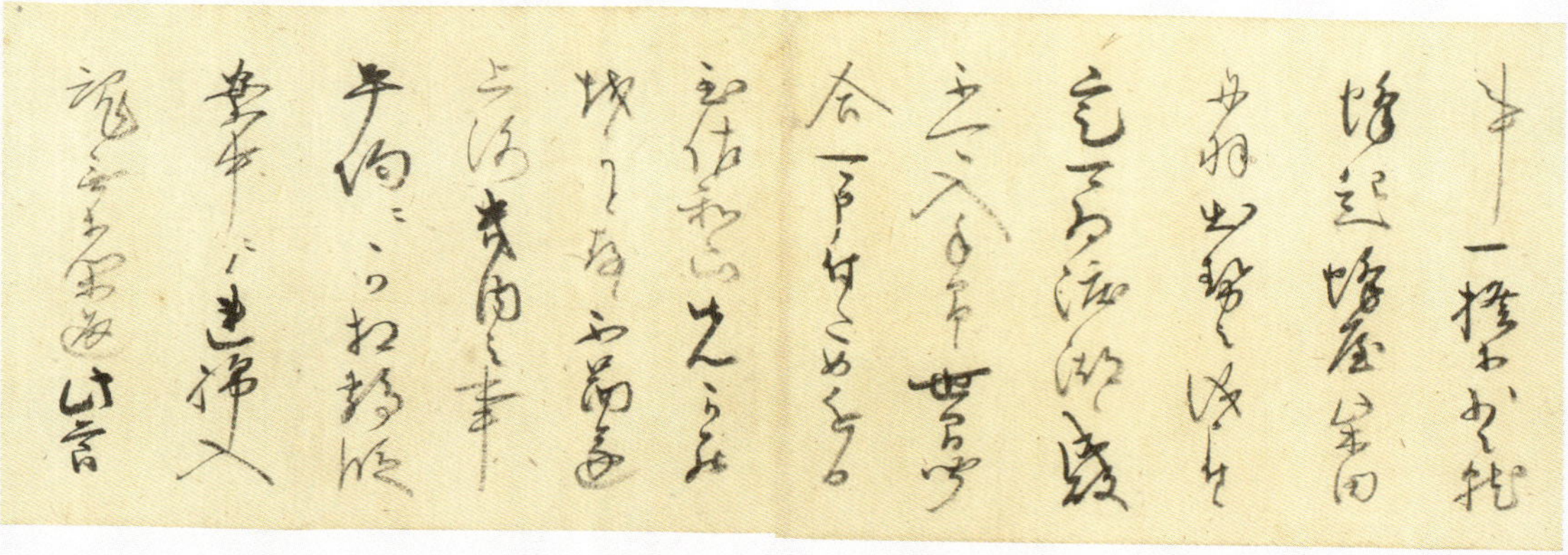

敵方領中分誰々も
先宛行、被引付
簡要ニ候、
一、遠三辺之事、信玄（武田）
野田（三河）表去十七日引
散候、弁志賀（近江）辺之
事、一揆等少々就
蜂起、蜂屋（頼隆）・柴田（勝家）・
丹羽（長秀）出勢之儀申付候、
定可為渡湖候、成敗
不可入手間候、世間聞
合可申付ため、近日
至佐和山（近江）先可罷
越候かと存候、不図遂
上洛、畿内之事
平均ニ可相静段
案中ニ候、連綿入
魂無等閑通、此節
相見候、弥才覚不可
有御油断候、恐々謹言、
二月廿三日（元亀四年）　信長（黒印）

現代語訳

義昭様の（信長に対する）御逆心について、重ねて箇条書きの文書を受け取り、喜んでいる。

一、塙直政を派遣して（義昭様に信長の考えを）申し上げたところ、義昭様の意向を記した条々を下された。すべて了承し、実行をお約束する。（それをお伝えするために）塙を派遣すべきところ、眼病になったので、松井友閑・嶋田秀満を派遣して申し上げる。人質を差し上げ、京都での根拠のない噂を鎮めたならば、（信長が義昭様に）疎意なきことをわかっていただけるだろうか。

一、摂津の荒木村重が信長に対して忠節するとの旨、承知した。

一、和田惟長のこと、先日こちらに（信長との関係を）疎かにしない、と申してきた。まだ若者なので（藤孝の方に）引き寄せ、意見することが大切である。

一、伊丹親興のこと、敵方と通じていると聞いている。これについて、和田惟長が（伊丹に）意見したとのこと、神妙である。大事な時期なので、味方になるよう調略するのがよいのではないか。

一、石成友通のことは、一貫して表裏のない人物と聞き及んでいる。いまもそれに変わりはないだろうか。よくよく相談されたい。

一、（義昭様との）和睦交渉が破綻してしまった場合は、敵方の所領を（没収して）誰に対してでもすぐに宛行い、（信長の味方に）引き付けることが肝要である。

一、遠江・三河あたりのこと、武田信玄が去十七日に野田表から撤退した。ならびに近江の志賀あたりでは一向一揆が少々蜂起したので、蜂屋頼隆・柴田勝家・丹羽長秀に出兵するよう申し付けた。きっと（今頃は）琵琶湖を渡っていることだろう。成敗に手間はかかるまい。世情を踏まえて指示を下すべく、近いうちにまずは佐和山まで出ていこうかと思っている。そして不意に上洛し、畿内を平定しようと考えている。（藤孝が）長らく入魂《じっこん》にしてくれて、（信長を）なおざりにしていないことは、今回よくわかった。いよいよ油断なく知恵を働かせてほしい。

08

織田信長朱印状《おだのぶながしゅいんじょう》

「天下再興」には義昭との和睦が不可欠

（元亀四年〈一五七三〉）二月二十六日

№07の二月二十三日付黒印状を細川藤孝へ送付した後、藤孝から送られてきた「京都之模様其外」に関する書状を受け、織田信長が発給した返書。内容は引き続き足利義昭との交渉に関するものである。注目されるのは、和睦に反対している義昭の「奉公衆」から「質物（人質）」を下されるように伝えた、と信長が述べている点である。このことは、信長との関係について幕臣の間に意見の相違があった様子を示している。反対派の暴発を防ぐために、人質を要求したのであろう。なお、ここで信長は、反対派のリストに藤孝の名前も入れておいた、と述べている。義昭周辺の情報をリークし、和睦成立を側面支援していた藤孝の動きをカモフラージュするためとみられる。

また、追伸部分の「かくの如きていたらく、不慮の次第ニ候、今般聞こし召し直され候へハ、天下再興に候歟」という一文には、義昭の敵対を想定していなかった信長の心境が示されている。「天下再興」には義昭との関係修復が不可欠だと、信長は考えていた。（山田）

国指定重要文化財／細□兵部大□（藤孝）宛（表書）／紙本墨書　折紙／武井夕庵筆／縦二六・〇　横四〇・五／永青文庫蔵（熊本大学附属図書館寄託）／207・仁・2　信長6

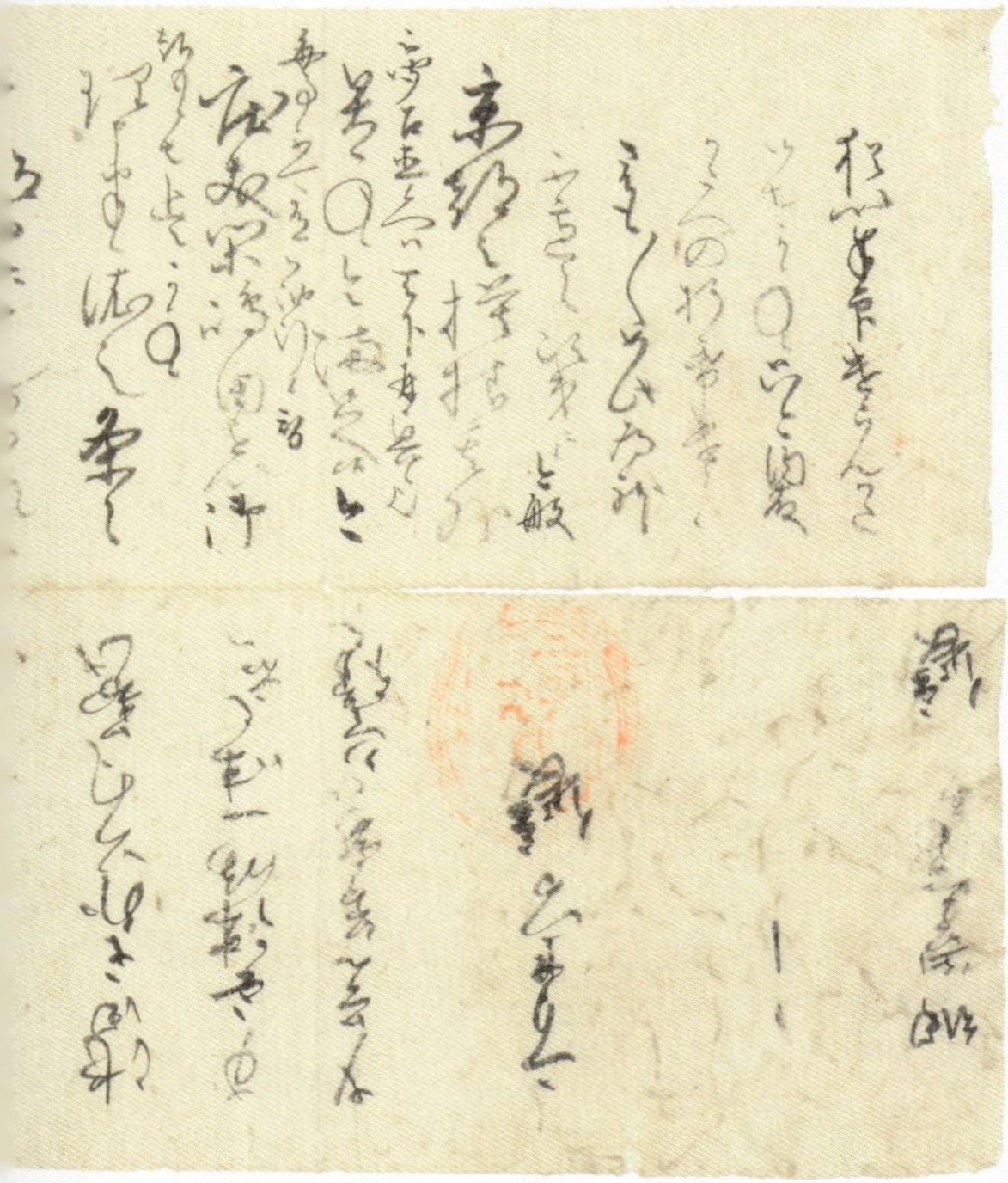

猶以、朱印遣候ハんかた
候者、可承候、只今内藤
かたへの折帋遣之候、
さても〳〵如此為躰
不慮之次第ニ候、今般
被聞召直候へハ、天下再興候歟、
毎事不可有御油断候、替
趣も候者、追々可承候、
京都之模様其外

此一儀不相済候者、
可随其　上意、
（折り返し）
何以難背候間、領掌
仕候、此上者信長不届にてハ
不可有之候、此方隙
開候間、不図遂上洛、
可属存分候、其方無二之
御覚悟、連々無等閑令

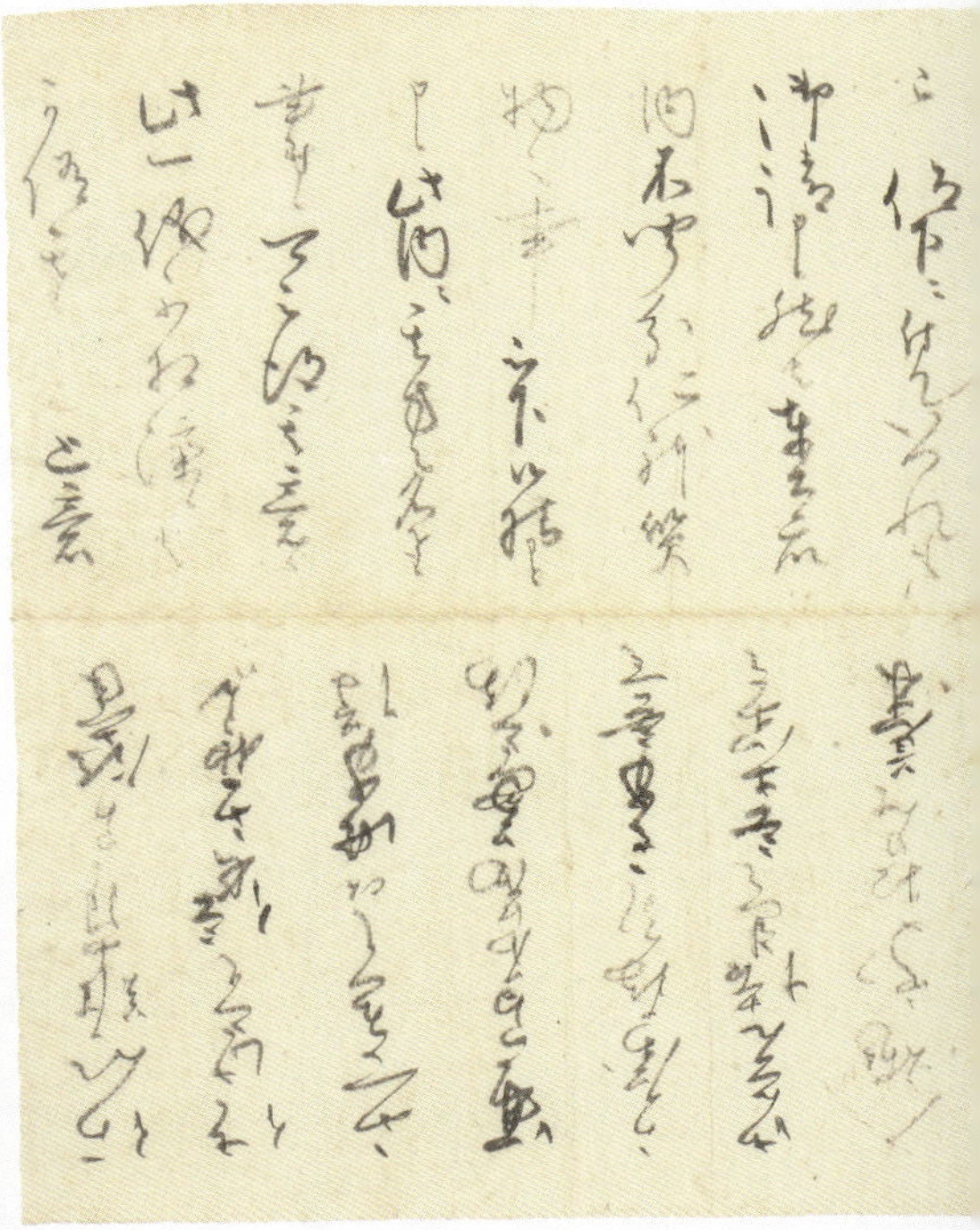

具承候、令満足候、今
度友閑《松井》・嶋田《秀満》を以御
理申半候、依之条々
被 仰下ニ付て、いつれも
御請申候、然者奉公衆
内不聞分仁躰、質
物之事被下候様にと
申候、此内ニ其方之名をも
書付候、可被得其意候、

入魂処相見候、荒木《村重》・
池田《勝正》其外いつれも対此
方無疎略、一味之衆へ
才覚簡要ニ候、恐々謹言、
二月廿六日《元亀四年》 信長（朱印）
「《表書》（切封墨引）
細□《川》兵部大《藤孝》□□《輔殿》 信長」

現代語訳

京都の情勢等を（藤孝から）詳しく聞き、満足している。現在、松井友閑と嶋田秀満を派遣し、（義昭様と）交渉している最中である。（義昭様から）種々の条件を示されたので、いずれも了承申し上げる。ついては、（義昭様の）奉公衆で（信長との交渉に）不満を持つ人物から人質を出すよう（義昭様に）求めている。藤孝の名前も（そのリストに）書き入れているので、承知しておいてくれ。この一件がうまくいかなかったら、（義昭様の）上意に従おう。どのようにしても背きがたいので、（義昭様の上意を）了承する。そのうえは、（事態がどうなっても）信長の不届きゆえではない。時間が出来たので、不意に上洛して（信長の）思いどおりにしようと思う。その方（藤孝）の無二の覚悟、変わりなく（信長を）なおざりにせず、懇意に思っている様子はよくわかっている。荒木村重・池田勝正その他いずれも信長に対して疎略はない。味方している面々へのすばやい対応が肝要である。

なお（信長から）朱印状を遣わすべき相手がいれば、教えて欲しい。今しがた、内藤方に手紙を遣わした。（義昭様との関係が）このような形になり、本当に思いも寄らないことだ。いま（義昭様に）思い直していただければ、天下再興となるのだが。何事も油断なきようにし、変わったことがあれば、引き続き承りたい。

09

織田信長書状《おだのぶながしょじょう》

信長、義昭との和睦に希望をつなぐ

（元亀四年〈一五七三〉）二月二十九日

No.08の二月二十六日付朱印状を細川藤孝へ送付した後、送られてきた藤孝の「芳簡」と「十二ヶ条之理」を受け、織田信長が発給した返書。内容は引き続き足利義昭との交渉に関するものである。ただ、No.07には黒印が、No.08には朱印が据えられていたのが、本文書の日下には花押が据えられている。どういった意図で使いわけたのだろうか。

内容をみると、一条目では、嶋田秀満と松井友閑を使者に義昭と交渉中であること、義昭が考えを改め、和睦が成立すれば、No.08でも触れられていた「奉公衆」の人質が送られてくるので、信長からも人質を送ると記されている。二条目には、「公儀」すなわち義昭が人質の件（「奉公衆」の人質であろう）を指示されたと伝聞した旨が記されている。そうなれば、信長は上洛して畿内を平定するので、（義昭には）安心いただきたい、「天下再興」を果たすつもりだ、と述べている。この時点で信長は義昭との交渉に手ごたえを感じており、前便よりもやや前向きな姿勢をみせている。

（山田）

国指定重要文化財／細川兵部太輔（藤孝）宛（端裏書）／紙本墨書　継紙二紙／武井夕庵筆／縦一二・九　横八一・六／永青文庫蔵（熊本大学附属図書館寄託）／207・仁・2　信長37

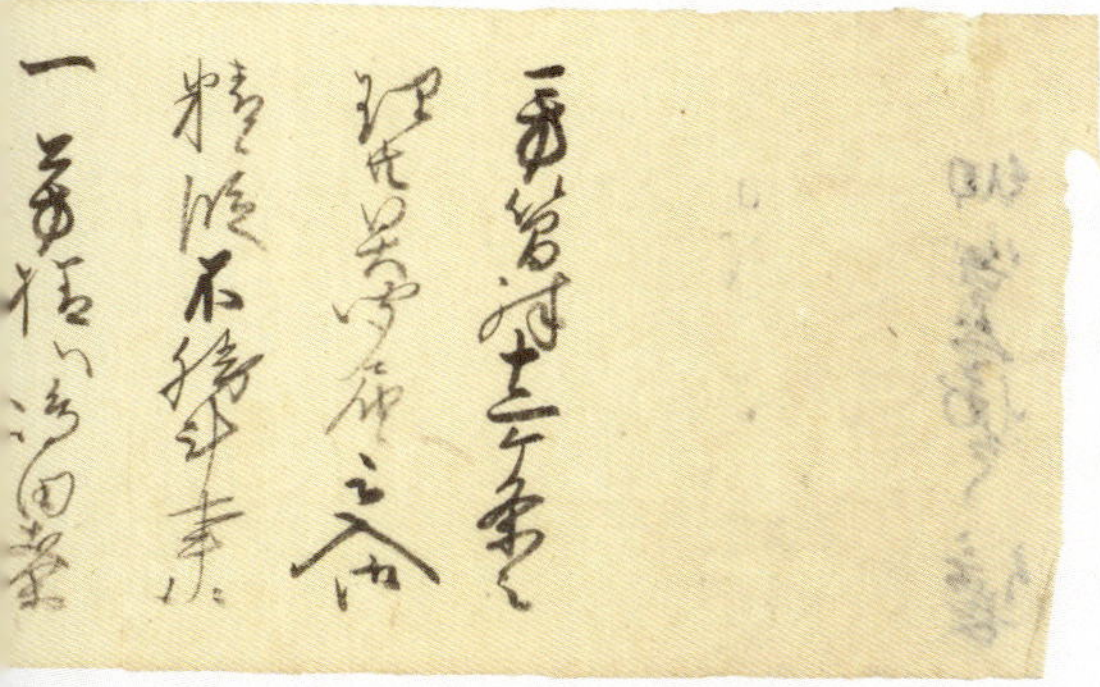

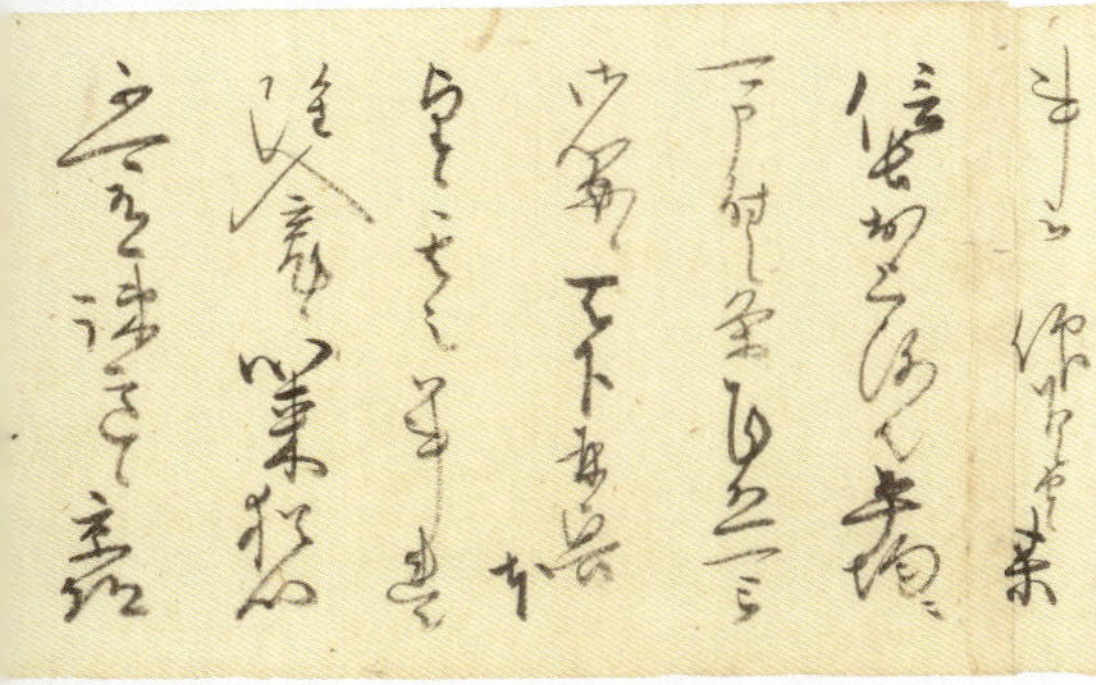

（端裏切封上書）
「（墨引）
細川(藤孝)兵部太輔殿　信長」
芳簡、殊十二ヶ条之
理共、具聞届候、被入御
精候段、不勝斗事ニ候、
一、公方様へ嶋田(秀満)・(松井)友閑
を以、甚重ニ御理申半候、
被聞食直、入眼ニ付而ハ、
奉公衆の質物共可
参候間、信長質物とも
可進上候、

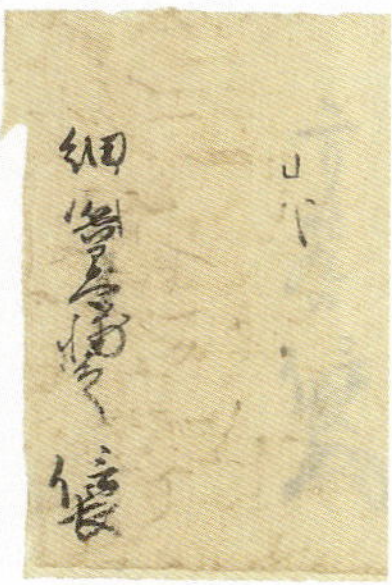

（端裏）

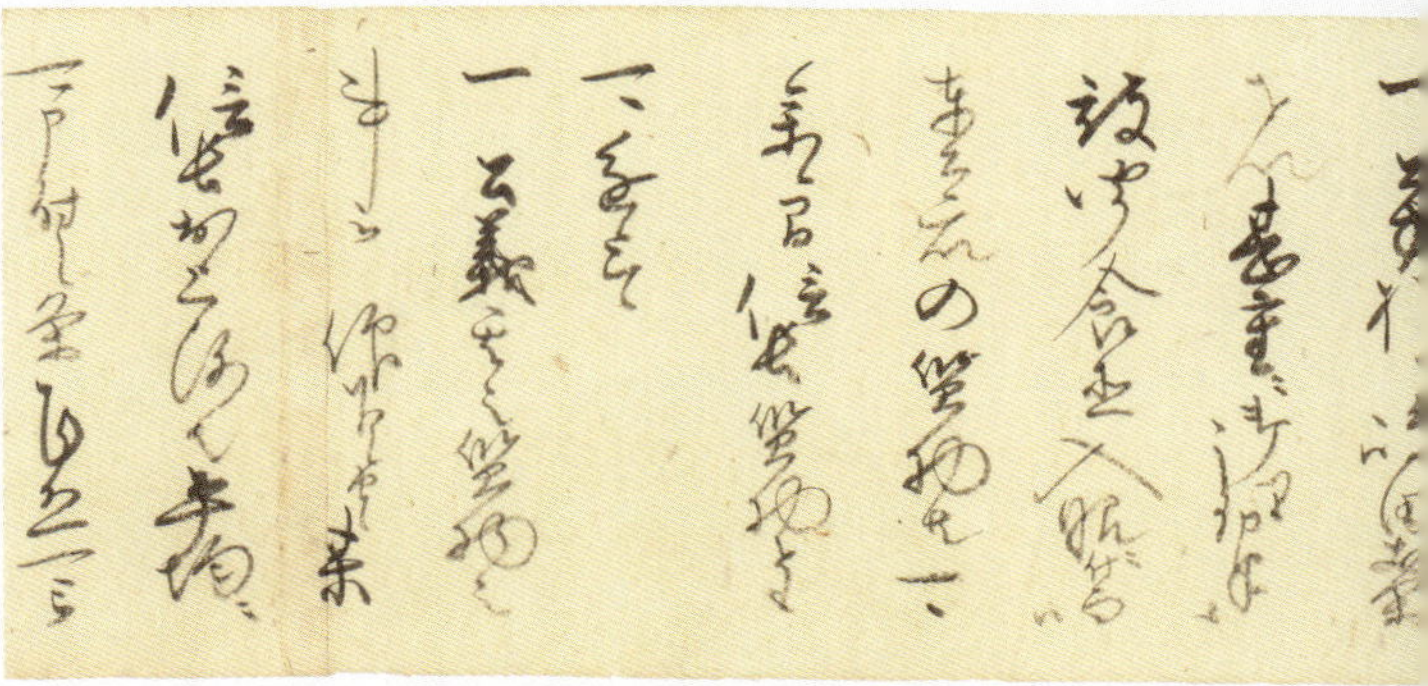

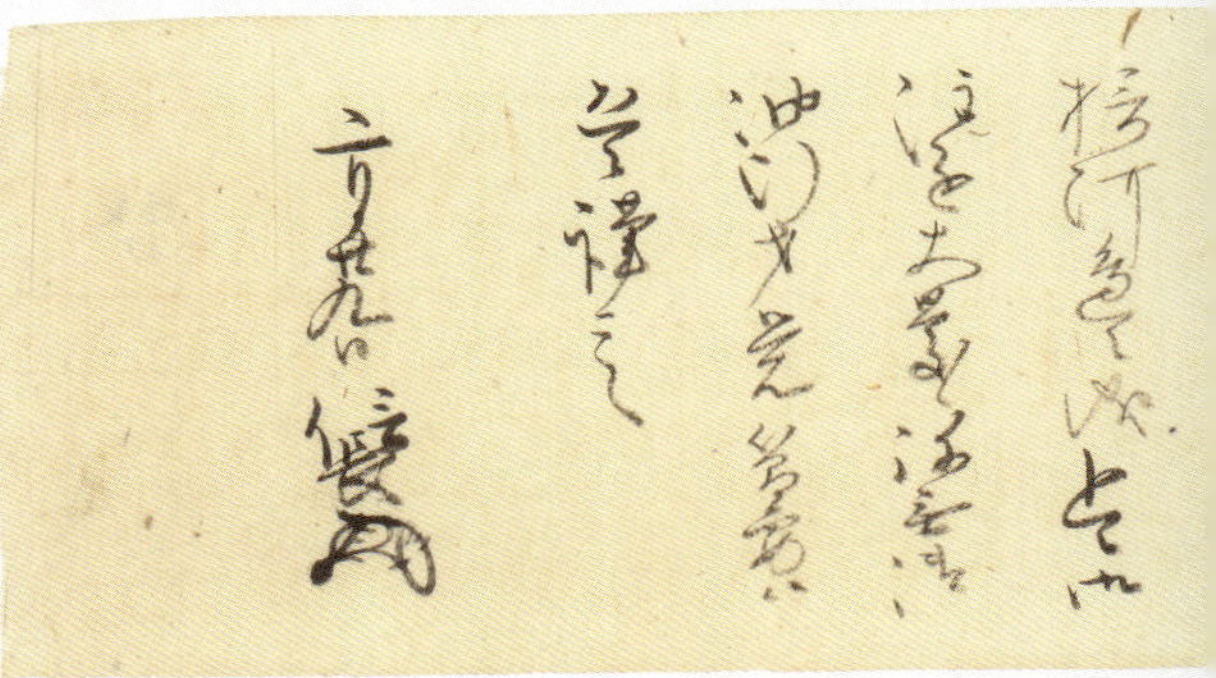

一、公義其之質物之
事、被　仰下候由候、某
信長於上洛者、平均ニ
可申付候条、乍恐可被
御心安候、天下再興本
望候、其之御事連々
雖入魂候、以来猶以
不可有疎意候、京都・
摂・河辺之儀、追々御
注進大慶候、弥無御
油断才覚簡要ニ候、
恐々謹言、
（元亀四年）二月廿九日　信長（花押）

現代語訳

あなたからの手紙、とくに十二ヵ条の和睦条件について、確かに聞き届けた。（藤孝の）熱心な働き、数えあげることができないほどである。

一、義昭様へ嶋田秀満・松井友閑を派遣し、念入りに交渉しているところである。（義昭様が）思い直され、（和睦条件を）了承いただけるのであれば、奉公衆から人質が参るはずなので、信長からも人質を差し上げるつもりである。

一、義昭様が（奉公衆からの）人質提出を承知されたとのこと。（そうなって）私が上洛すれば（畿内を）平定するので、恐れながら（義昭様には）ご安心いただきたい。天下を再興するのが（信長の）本望である。それについて、（藤孝は）長らく入魂にしてくれているが、これからも（信長を）疎んずることがないようにして欲しい。京都・摂津・河内あたりのこと、引き続き注進いただき喜んでいる。いよいよ油断なく知恵を働かすように。

10

織田信長黒印状《おだのぶながこくいんじょう》

失敗に終わった和睦交渉、破綻直前の状況を示す黒印状

（元亀四年〈一五七三〉）三月七日

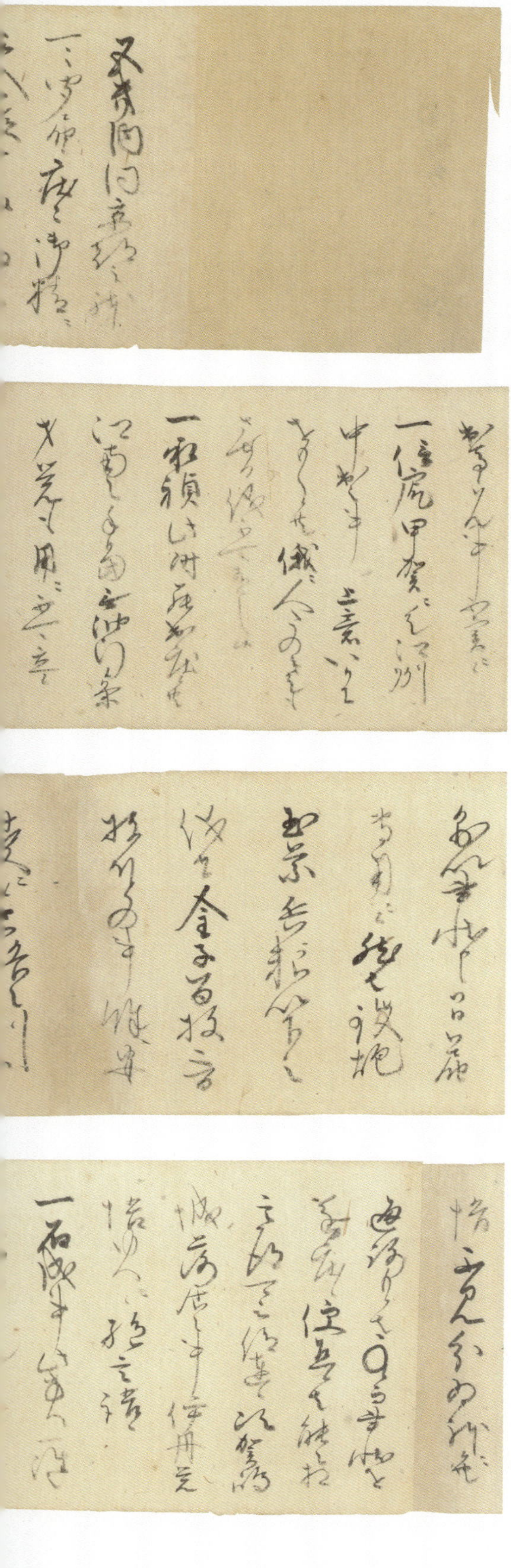

切紙八枚を貼り継いだ三メートル超の料紙に、①足利義昭との交渉、②畿内の諸勢力の動向、③甲斐武田氏や越後上杉氏の動向などを、一七ヶ条にわたって書き連ねた黒印状。織田信長文書の中でもトップクラスとおぼしき長文の一通は、「信長包囲網」によりピンチを迎えた信長が、細川藤孝と綿密に情報交換し、彼の指南も受けつつ、事態の打開策を模索していた様子を物語っている。

元亀四年（一五七三）二月に出された藤孝宛の信長文書三通（No.07～09）と共通する部分として注目されるのは、義昭との交渉について触れた一条目である。ここで信長は、義昭の「所行」にあきらめの心境を示しながらも、「君臣」の関係にあるので幾度も訴えかけたところ、義昭が思い直されたので「実子」を差し出す、と述べている。「実子」とは、No.09にみえる「信長質物」のことである。和睦の成立は目前であった。しかし、本文書が記された三月七日に、義昭は交渉を断絶する。先学によれば、反信長派の幕臣や諸勢力の働きかけのゆえという。（山田）

国指定重要文化財／細兵（細川藤孝）宛（端裏書）／紙本墨書　継紙八紙／武井夕庵筆／縦一三・一　横三一六・三／永青文庫蔵（熊本大学附属図書館寄託）／207・仁・2　信長10

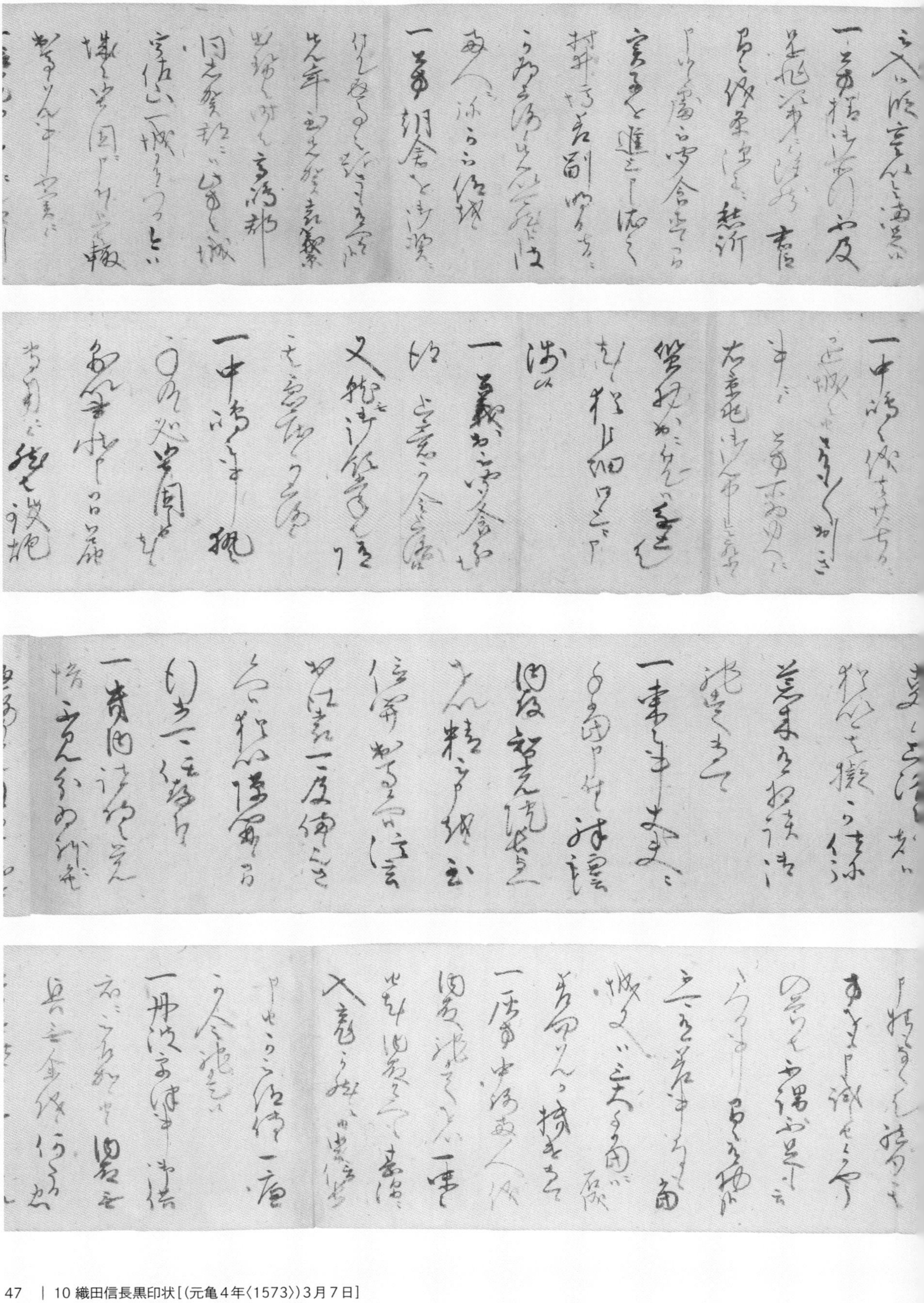

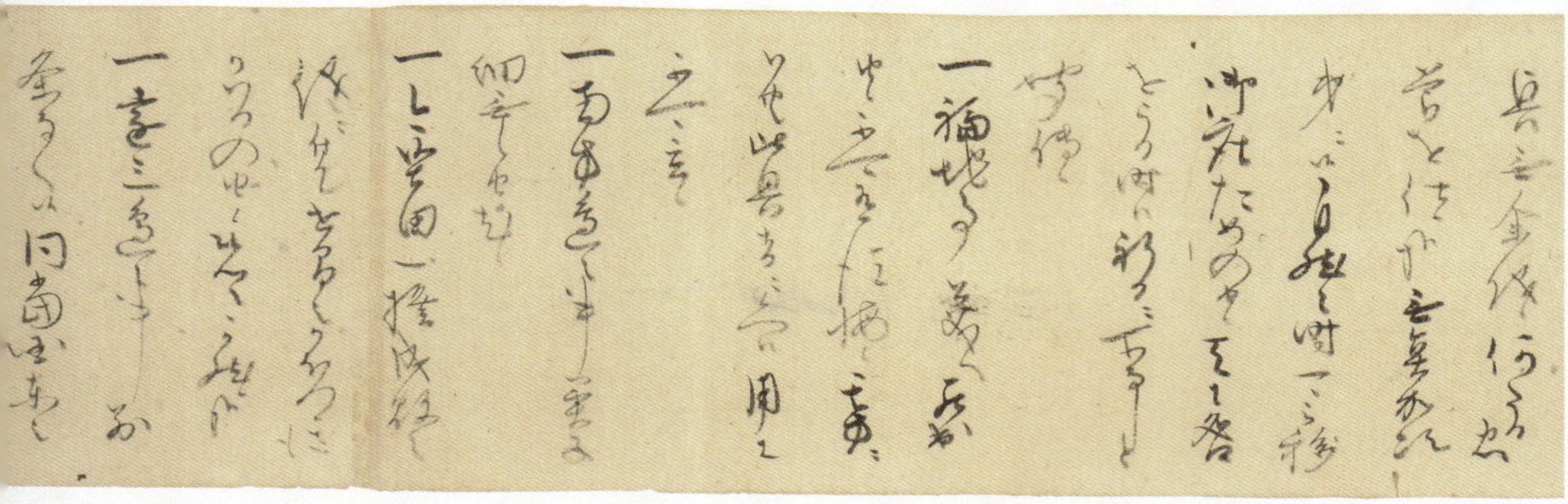

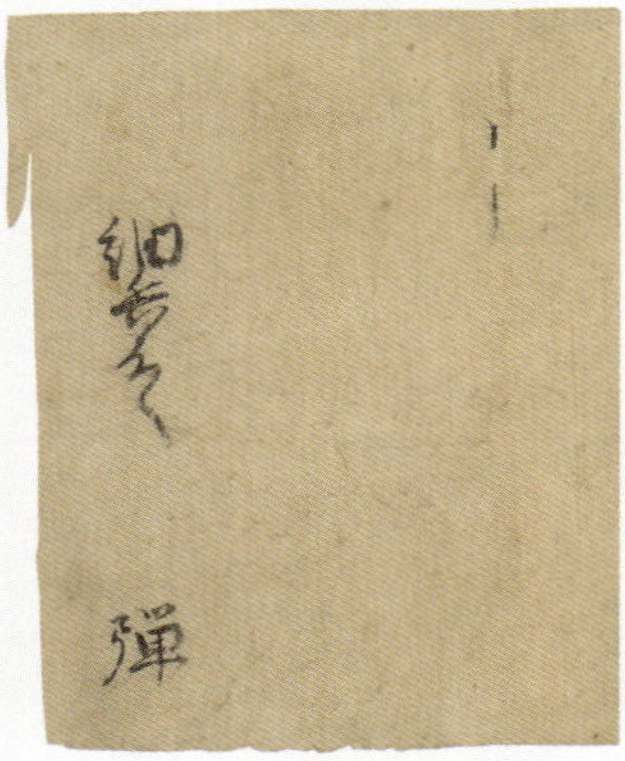

(端裏)

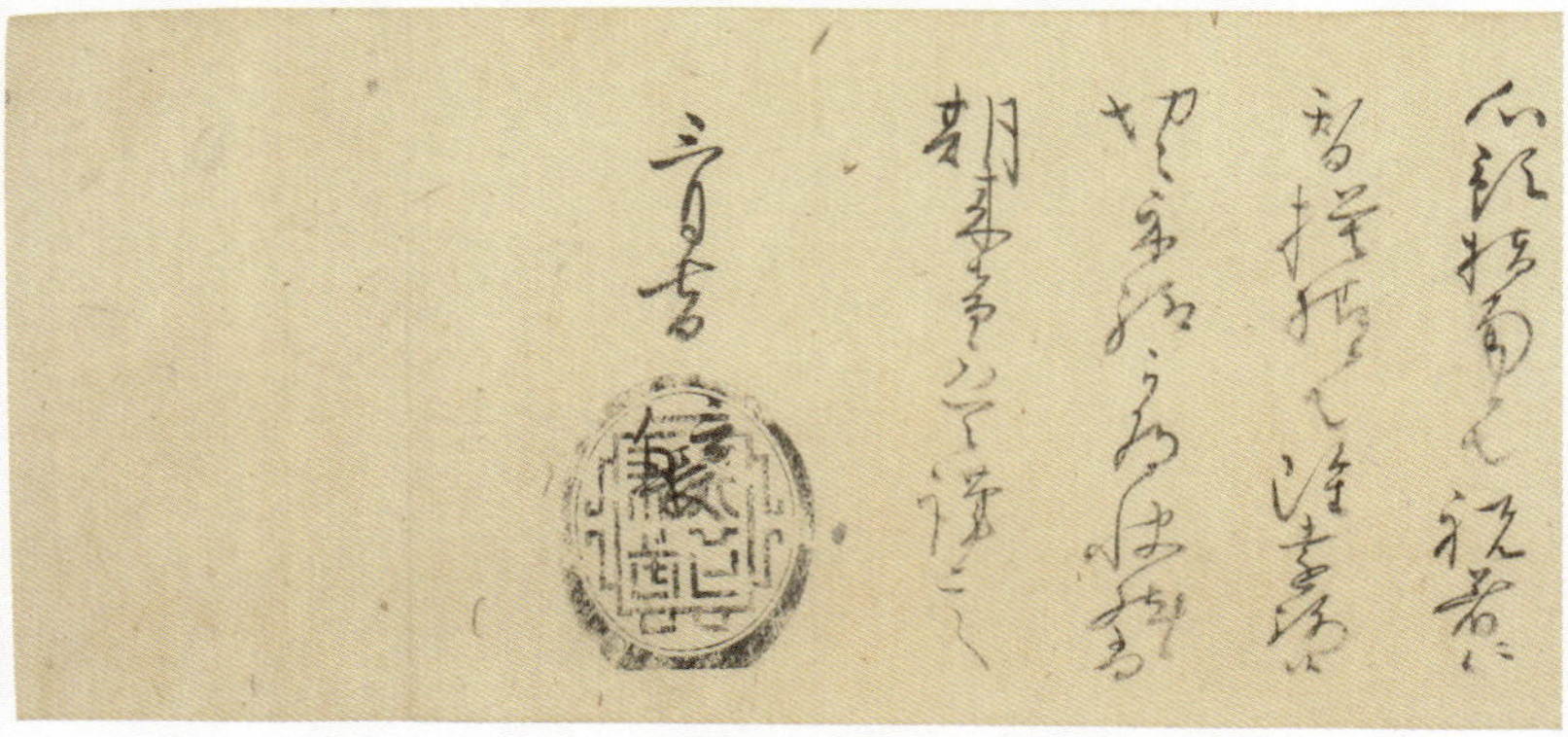

「(端裏切封上書)(墨引)
細兵(藤孝)殿　弾」
五畿内・同京都之躰
一々聞届候、度々御精ニ
被入候段、寔以令満足候、
一、公方様御所行、不及
是非次第ニ候、雖然　君臣
間之儀候条、深重ニ愁訴
申候之処、被聞食直候間、
実子を進上申候、依之
村井(貞勝)・塙(直政)差副、明日七日ニ
可為上洛候、先以可然候哉、彼
両人ニ弥可被仰越候、
一、公方、朝倉(義景)を御憑ニ
付て、返事之趣さも有へく候哉、
先年至志賀(近江)表、義景
出勢之時者、高嶋郡・
同志賀郡ニハ此方之城
宇佐山一城にて候つる、今ハ
城々堅固ニ申付候上者、輙

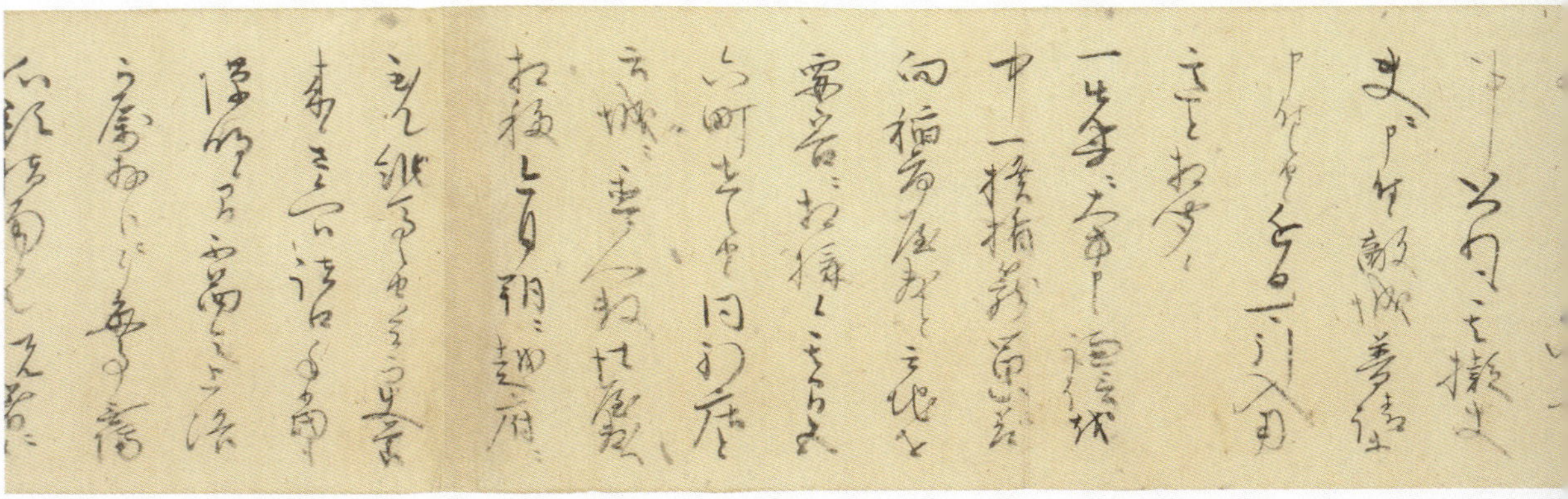

出馬候ハん事不実ニ候、
一、信虎（武田）甲賀ニ候て、江州
中出之事、上意いかに
をもく候共、俄ニ人たのミ候ても、
させる儀不可有之候、
一、承禎（六角）此時罷出度候共、
江南之手当無油断候条、
才覚も用ニ不可立候、
一、中嶋（摂津）之儀、去廿七日ニ
退城之由、さても〳〵おしき
事ニ候、公方所為ゆへニ候、
右京兆（細川昭元）御心中令察候、
質物出ニ付てハ進上候て
尤候、猶巨細口上ニ申
渉候、
一、公義於被聞食分者、
得　上意可令上洛候、
又就無御領掌者、随
其急度可上洛候、
一、中嶋之事、執々

承及候処、堅固之由尤候、
則以書状申候間、御届
専用ニ候、然者鉄炮
玉薬・兵粮以下之
儀者、金子百枚・二百
枚ほとの事余ニ安
事ニ候、上洛之刻ハ
猶以其擬可仕候、弥
荒木(村重)有相談、御
馳走専一候、
一、東之事丈夫ニ
手当申付候、殊謙信(上杉)
内存、智光院・長与一(景連)
を以、精被申越候、至
信・関出馬候へハ、信玄(武田)
於彼表可及備候歟、さ
候へハ猶以隙開候間、
行等可任存分候、
一、畿内諸侍之覚
悟不見分為躰ニ候共、
衆ニ被召加之由候、内藤無
興無余儀候、何たる忠
節を仕候哉、無冥加次
第ニ候、自然之時可被移
御座ための由候、天に咎
をうる時ハ、祈るニ所なしと
聞伝候、
一、福地事、公義へ罷出
由候、不可有後悔候、其方ニ
候共、比興者ニ候へハ用に
不可立候、
一、南方辺之事、異子
細無之由尤候、
一、今堅田(近江)一揆成敗之
儀ニ付て、世間之かほつきも
かハるの由候、先々可然候哉、
一、遠・三辺之事別
条なく候、同当国東之
事、いつれも其擬丈
夫ニ申付候、敵城普請等

通路も候者、承候而書状を
遂度候、便宜候者、能々相
意得可被仰達候、次賀嶋(摂津)
城落居之事、伊丹(親興)覚
悟ゆへニ候、絶言語候、
一、石成(友通)事、此方へ一往之
申様もなく候て、結句其
方をも申試之由候、かやう
の節者、不謂不足も云
たつる事、間々有物候哉、
不可有差事候へとも、当
城又ハ三(三淵藤英)大手当ニハ石成
差向候ハんか、機遣専一候、
一、灰方(通能)・中路両人儀、
内藤(貞弘)馳走を以、一味之
由尤候、内藤かたへも甚深ニ
入魂可然之由、堅信長
申由、可被仰伝候、一廉
可令馳走候、
一、丹波宇津(頼重)事、御供
申付之由候、近日可引入用
意と相聞候、
一、先書ニ大方申候、謙信越
中一揆楯籠冨山ニ差
向、稲荷屋敷と云地を
要害ニ相構候、其間五
六町在之由候、同新庄と
云城ニ置候人数、彼屋敷へ
相移、今月朔ニ越府ニ
至て納馬之由、重而使節
来候、さ候へハ、諸口手当も
隙明候間、不図令上洛、
可属存分ニ候、毎事無隔
心預指南候者、祝着ニ候、
替模様候者、雖遠路候、
切々示給可為快然候、尚
期来音候、恐々謹言、
(元亀四年)三月七日　信長（黒印）

現代語訳

五畿内・京都の様子を詳しく承った。たびたびの念入りな通信、まことに満足である。

一、義昭様のご所行は、どうしようもないものである。しかし、君臣の間柄であり、幾度も訴え申したところ、（信長の訴えを）お聞き入れ直されたので、実子を進上する。これにより村井貞勝と塙直政を差し副え、明日七日《（マヽ）》に上洛する予定である。まずもってこれで良かっただろうか。（村井・塙の）両人にさらなる情報提供・指南を願いたい。

一、義昭様は朝倉義景を頼りにしており、（ゆえに義昭様の）返事もそのような内容になっているのだろう。先年（近江の）志賀表に義景が出勢してきた時には、高島郡と志賀郡には織田方の城は宇佐山城ひとつだけであった。いまは城々を堅固にするよう申し付けており、（義景が）たやすく出馬するという話は不正確であろう。

一、武田信虎が甲賀に滞在し近江進出を図ることは、（義昭様の）上意がどれほど重くとも、にわかに支援を依頼したとしても、ありえないことだろう。

一、六角承禎がこのタイミングで進出を企てたとしても、近江南部の備えに油断はないので、いくら動いても無意味なはずだ。

一、中嶋の儀は先月二十七日に（細川昭元が）退城したとのこと、じつに惜しいこととなった。これは義昭様のしわざである。昭元の心中を察するところである。人質提出の件については、進上するのがよいだろう。なお、詳細は（使者の）口上にて申しわたす。

一、義昭様が（信長の訴えを）お聞き入れくだされば、（信長は義昭様の）上意を得て、上洛するつもりである。また、（義昭様に）了承いただけなければ、すぐに上洛するつもりである。

一、中嶋のこと、色々と聞いていたが、いまも（味方が確保し）堅固とのこと、結構である。書状を出すので、（藤孝から）間違いなくお届けいただきたい。しからば、（中嶋の）鉄砲・玉薬・兵粮以下のことは、金子一〇〇枚・二〇〇枚ほどのことであり、安いものである。上洛した暁には、よりいっそうの（物資支給を）取り計らうつもりである。いよいよ荒木村重と相談し、奔走することが大事である。

一、東国のことは、しっかりと備えを申し付けている。ことに上杉謙信は、思うところを智光院・長景連を使者として詳しく伝えてきた。（謙信が）信濃や関東に出馬すれば、武田信玄はそちらに備えなければなるまい。そうすれば、なおのこと（信長の軍勢の）手が空くこととなるので、軍事行動など思うようにできるはずである。

一、畿内の諸侍の考えが見分けられない状態だが、連絡するルートがあれば、それを（藤孝から）承って（信長から）書状を送りたい。（連絡する）機会があれば、（そうした信長の考えを）心得て、（藤孝から）取り次いでいただきたい。次に、賀嶋城落城のことは、（反信長派についた）伊丹親興の計画によるものである。（信長の怒りは）言葉にできない。

一、石成友通は、この方（信長）に一度もコンタクトすることなく、結局はその方（藤孝）をも試していたとのことである。このような状況の時には、しばしばいわれのない不満を言い立ててしまうこともあるだろう。たいしたことはないだろうが、当城（藤孝の勝龍寺城）や三淵藤英に対する備えには、（三好勢から）石成が差し向けられるのではないか。よく注意せよ。

一、灰方・中路両人は、内藤貞弘の奔走により（信長方に）与するとのこと、承知した。内藤方へもよりいっそう懇意にしていただきたいと信長が申していたと、伝えてもらいたい。（内藤方に）ひとかどの馳走をするつもりである。

一、丹波の宇津頼重が（室町幕府の）御供衆に召し加えられたと聞いた。内藤貞弘が興ざめするのも仕方がない。（宇津氏が）どういった忠節をしたというのか。神仏の加護もないことである。（義昭様が）万が一の時に居所を移すためだと聞いている。天から咎めを受ける時には、どこで祈っても同じだというのだが。

一、福地が義昭様のもとに出仕したと聞いた。（しかし）後悔することはない。その方（藤孝）のもとに居たとしても、取るに足りない者なので、役には立つまい。

一、南方地域のこと、変わった様子はないとのこと、もっともである。

一、今堅田の一向一揆を成敗したことにより、世間の見方も変わってきたとのことである。まずは良いことではないか。

一、遠江・三河あたりでは変わったことはない。同じく当国（美濃）東方の備えをしっかりと申し付けている。敵が城の普請等を進めているとのことである。近日中に（敵が）引き退くための用意だと聞いている。

一、以前に送った書状でも申したことだが、謙信が越中の一向一揆が立て籠る富山に向かい、稲荷屋敷というところを要害に仕立てている。（富山と稲荷屋敷の）間は五・六町ばかりだという。同じく新庄という城に配置していた軍勢を稲荷屋敷へ移動させ、（謙信は）今月一日に越後府中へ戻ったと、重ねて使者が伝えてきた。そうであれば、諸方面への備えに余裕が生まれることになるので、（信長は）不意に上洛し、（京都を）思うようにするつもりである。これからも、ことあるごとに誠実な（藤孝の）指南に預かることができれば、嬉しく思う。変わった様子があれば、遠路ながら、その都度お知らせいただければありがたい。なお、来信を待っている。

11

織田信長朱印状《おだのぶながしゅいんじょう》

元亀四年（一五七三）七月十日

藤孝、忠節により信長直臣に

元亀四年（一五七三）三月七日に足利義昭が織田信長との和睦交渉を打ち切ると、信長は№10で述べていたとおり上洛の途につき、三月二十九日に京都へ到着した。その後、両者は正親町天皇の勅命によりいったん和睦するが、それも七月に義昭が槇島城（京都府宇治市）で挙兵したことにより破綻。ことここに至り信長は、再上洛して同城を包囲し、義昭を退城させた。一般的にいうところの「室町幕府滅亡」という事態である。

そんな中、細川藤孝は上洛途中の信長を近江の逢坂（滋賀県大津市）で荒木村重とともに出迎え、彼を主君に仰ぐことを選択した。この文書は、上洛してきた信長が京都妙覚寺に本陣を置いた時に、藤孝の「忠節」に報いるべく、桂川から西のエリア（京都府京都市西京区から向日市、長岡京市あたり）における彼の領域支配を保障した朱印状である。「忠節」とは、この年二月以来の信長への情報提供や指南、三月末以降の軍事行動と思われる。藤孝が信長から所領を安堵されたのははじめてであり、近世大名細川家の出発点に位置づけられる記念碑的な一通である。（山田）

国指定重要文化財／細川兵部太輔（藤孝）宛／紙本墨書　折紙／武井夕庵筆／縦二九・六　横四六・〇／永青文庫蔵（熊本大学附属図書館寄託）／207・仁・2　信長42

今度被対信長

被抽忠節候、誠神

妙之至候、仍城州之内
限桂川西地之事、
一識ニ申談候、全領
知不可有相違之
状如件、
元亀四
七月十日　信長（朱印）
細川（藤孝）兵部太輔殿

現代語訳

この度信長に対して忠節を尽くしたこと、まことに神妙である。よって山城国の内、桂川より西の地のことは、「一職」に（藤孝に）任せる。確かに領知し、相違することがないように。

論説

織田信長の「天下」と「天下再興」

水野 嶺

織田信長は、〝天下統一〟に邁進し、その直前に非業の最期を迎えた戦国武将として、名が知られていよう。ここで使われる「天下」は、日本全国に近い意味をイメージする人も多くいると思う。

ところが、この「天下」という語は、信長が生きた中世から近世へと変わっていく時代、すなわち室町幕府・将軍の権力が漸次衰退し、織田・豊臣と新たな武家政権が成立する時期において、必ずしも日本全国という意味では使用されていなかったのである。

そこで、永青文庫に所蔵される細川藤孝宛信長発給文書を含め当時の史料から、信長の生きた時代における「天下」の用法の一例を見ていきたい。

信長発給文書における「天下」といえば、「天下布武」印が著名であろう。印判状の初見は、永禄十年（一五六七）のものとなる。しかし、印文から政治的な意図を見出すことはできない。そもそも、発給初期の印判状は、信長配下などに宛てたものに使用が限定されていた。

では、信長周辺の発給文書における「天下」はどうであるか。室町将軍足利義輝が三好三人衆に討たれたのち、「当家再興」のため各国の武家勢力へ協力を求めていた足利義昭は、永禄十一年に信長の協力を得、畿内の反義昭勢力を駆逐し、上洛し征夷大将軍となる。その情勢を、義昭は「天下」が自身の本意に属したとする（吉川家文書）。義昭の「天下」認識は、畿内周辺といった領域を示しているようにもみえる。一方、信長は豊後大友氏へ宛て、義昭の命令に従うことが「天下之儀」への忠節であると述べており（大友文書）、永禄・元亀年間における信長にとっての「天下」とは、義昭のもとの「天下」であるといえる。当然、当時の義昭は将軍として日本全国に君臨していたわけではないため、「天下」が領域としての日本全国であることはなく、さらに義昭の命令に従うことが「天下」への忠節となる点からは、「天下」は領域ではない可能性が指摘できる。

こうした用例を含めて、当時の「天下」文言は、京都を中心とする畿内近国の領域や、そこに実現されている将軍やその下の秩序といった意味であったことが指摘されている。

さて、義昭のもとで「天下」が安定していた時期は短かった。元亀四年（天正元年・一五七三）、義昭と信長の対立が表面化し、武力衝突に及ぶに至る。この時期「天下」はどうなったのであろうか。義昭が信長への敵対の旗幟を鮮明にした元亀四年二月十三日からまもなく、当時勝龍寺城（現京都市長岡京市）を居城としていた藤孝は、義昭周辺の情勢を信長へ伝え、信長への接近を図る。このとき、信長と藤孝の間で交わされた複数の書状が、細川家文書に残存している（№07～10）。そのなかに、義昭側が人質を差し出せば、信長も人質を進上し和睦となり、そののち信長が上洛して反信長勢力を一掃することで「天下再興」になるとするものがある（№09）。

一方、義昭が同年三月に越後上杉氏に宛てた御内書は、上杉謙信へ畿内への出兵を求め、それが「天下再興」につながるとする内容である（『歴代古案』）。

つまり、元亀四年、信長と義昭の対立により「天下」が崩壊したことを、両者は認識していたのである。両者とも「天下再興」という目的は同じであった。しかし手段は異なった。結局両者は決別し、畿内の安定も幕府も失われたのである。この状況を、信長は義昭が「天下」を捨て置かれたためであるとする（太田荘之進氏所蔵文書）。

こののち、信長に敗れた義昭は、河内国若江、紀伊国由良、備後国鞆の浦と居所を移しながら、各国勢力へ「当家再興」への協力を要請するようになる。こうして、足利将軍のもとの「天下」は失われ、信長発給文書にもしばらく「天下」文言はみえなくなる。再びこの文言が信長から対外的に発せられるのは、信長と長年対立した大坂本願寺との講和が成立したのちの、天正八年（一五八〇）八月のことである。信長は、九州において島津氏と大友氏との和平調停に乗り出す。両氏に対し和睦を命じ、そのうえで翌年に予定されている毛利攻めへ協力することを求める。そして、信長へ協力することが、「天下」に対する忠節であるとする（島津家文書）。

当時の政治状況から、信長が用いたこの「天下」には、当然足利将軍の存在は想定されない。また信長への協力が、信長ではなく「天下」への忠節とした点からは、「天下」を主催する「天下人」信長としての意識変化をみることもできよう。しかし、織田の「天下」もまた長くはなく、信長の死により終わりを迎えることとなる。

参考文献
・神田千里『戦国時代の自力と秩序』（吉川弘文館、二〇一三年）
・水野嶺『戦国末期の足利将軍権力』（吉川弘文館、二〇二〇年）
・黒嶋敏『天下人と二人の将軍――信長と足利義輝・義昭』（平凡社、二〇二〇年）

紅糸威腹巻《くれないいとおどしはらまき》　伝　細川藤孝所用

熊本県指定重要文化財　安土桃山時代（一六世紀）　兜高一五・五　胴高三〇・一　胴廻九四・三　永青文庫蔵（熊本県立美術館寄託）　4083

細川藤孝所用と伝わる腹巻。腹巻とは歩兵用につくられた鎧の一種で、騎射用の鎧に比して軽く動きやすいつくりになっている。本作のように、胴の合わせ目が背中にあり、足さばきをよくするために草摺《くさずり》が七枚に細分化された特徴を持つものを、一般的には腹巻と呼んでいる。一六世紀頃になると、胴と同じ威毛《おどしげ》（紐）で仕立てた兜や袖が加わり、武将の甲冑として用いられるようになった。

本作の胴・草摺・袖は、いくつもの黒漆塗の小札《こざね》（小さな板）が紅糸で美しく威され華やかである。『御宝蔵御召御具足覚帳』（永青文庫蔵・熊本大学附属図書館寄託）には本作と思われる「緋繊御腹巻　壱領」の記載があることが指摘されており、文政十三年（一八三〇）に江戸・白金の屋敷から熊本へと移されたという。この覚帳に所用に関する記載はないが、腹巻を納める鎧櫃《よろいびつ》には「幽斎公　廿九年十二月六日　取納済」などの貼紙があり、本作が藤孝の甲冑として今日まで大切に伝えられてきたことを物語っている。

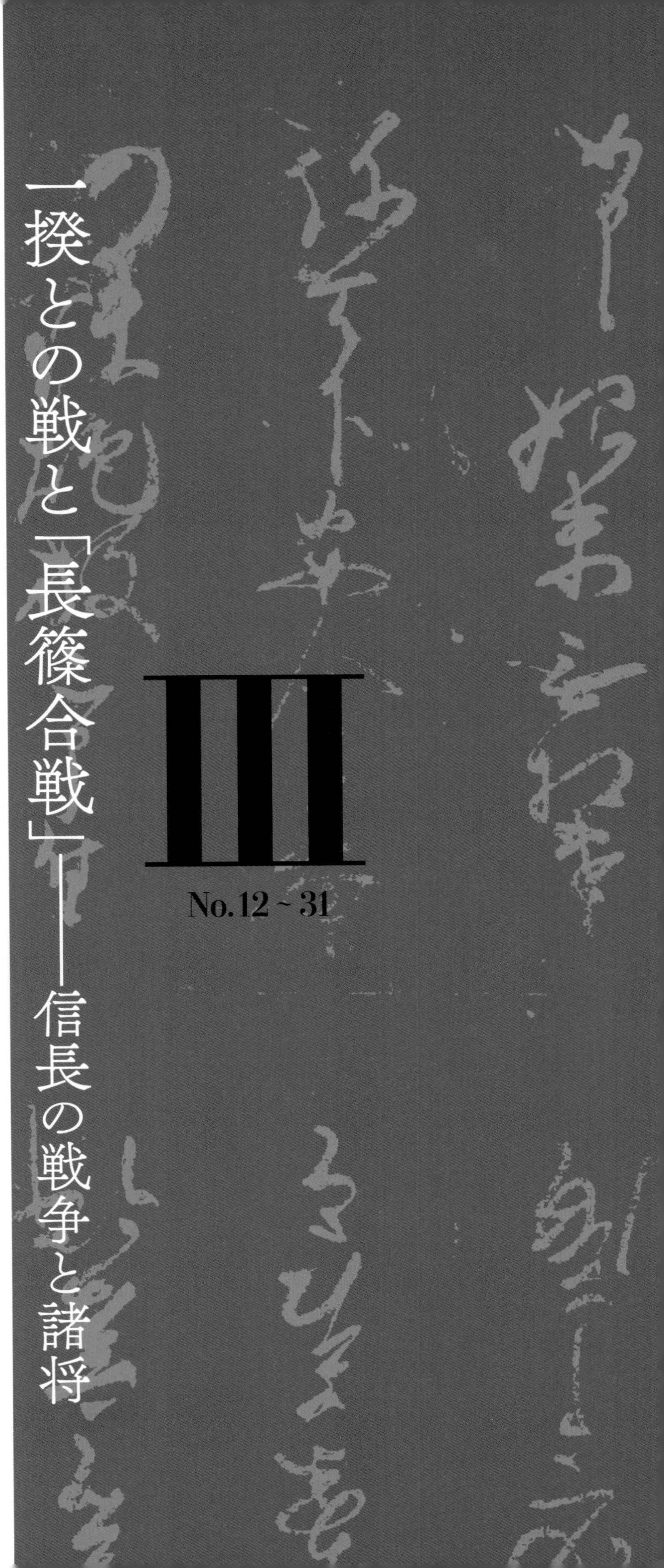

III

No.12 ~ 31

一揆との戦と「長篠合戦」——信長の戦争と諸将

織田信長の「天下布武」の前に立ちはだかった一向一揆や雑賀一揆、そして信長包囲網の首領として信長と足利義昭との関係を破綻させた宿敵・武田氏との合戦。ここには、そうした戦の現場で書かれ、やり取りされた信長文書等二〇通を収録している。

一向一揆戦や「長篠合戦」では、鉄砲隊の編制や敵の「根切《ねぎり》」（せん滅）といった、信長の戦争を象徴する戦いぶりがみられるとされ、実際にこれら二〇通は、そうした記述に埋め尽くされている。信長の戦争の理念、方法、現実を、永青文庫ならではの史料群から、じっくりと読み取っていただきたい。

12

織田信長黒印状《おだのぶながこくいんじょう》

（天正二年〈一五七四〉）八月三日

信長、伊勢・河内二方面作戦を展開

元亀四年（一五七三）七月に足利義昭を追放した織田信長は、八月に朝倉義景を、九月に浅井長政を、十一月に三好義継を滅ぼし、「信長包囲網」を構成する諸勢力を次々と打ち破った。しかし、それでも敵対勢力は尽きず、天正二年（一五七四）は、とくに一向一揆と熾烈な戦いを繰り広げる年となった。正月に越前で一向一揆が勃発、四月に大坂本願寺が挙兵して摂津・河内で攻勢を強め、伊勢長島（三重県桑名市）でも一向一揆が活動を続けていたのである。

かかる状況の中、信長は明智光秀や細川藤孝を大坂方面に投入しつつ、自身は七月から伊勢長島の一向一揆と対峙し、そのせん滅を目指した。本文書は、そうした中、河内方面での戦いぶりを報告してきた藤孝に対し、信長が送り返した返書である。信長は「河内三ヶ城」に攻めてきた敵勢を討ち捕り、追い払った藤孝の働きを「尤」としたうえで、一揆勢を追い詰めている伊勢長島の状況を伝え、戦況の共有を図っている。綿密な情報交換のもと、二方面作戦は進められていた。

（山田）

国指定重要文化財／長岡兵部太輔（藤孝）宛／紙本墨書　折紙／武井夕庵筆／縦二七・〇　横四四・〇／永青文庫蔵（熊本大学附属図書館寄託）／207・仁・2　信長46

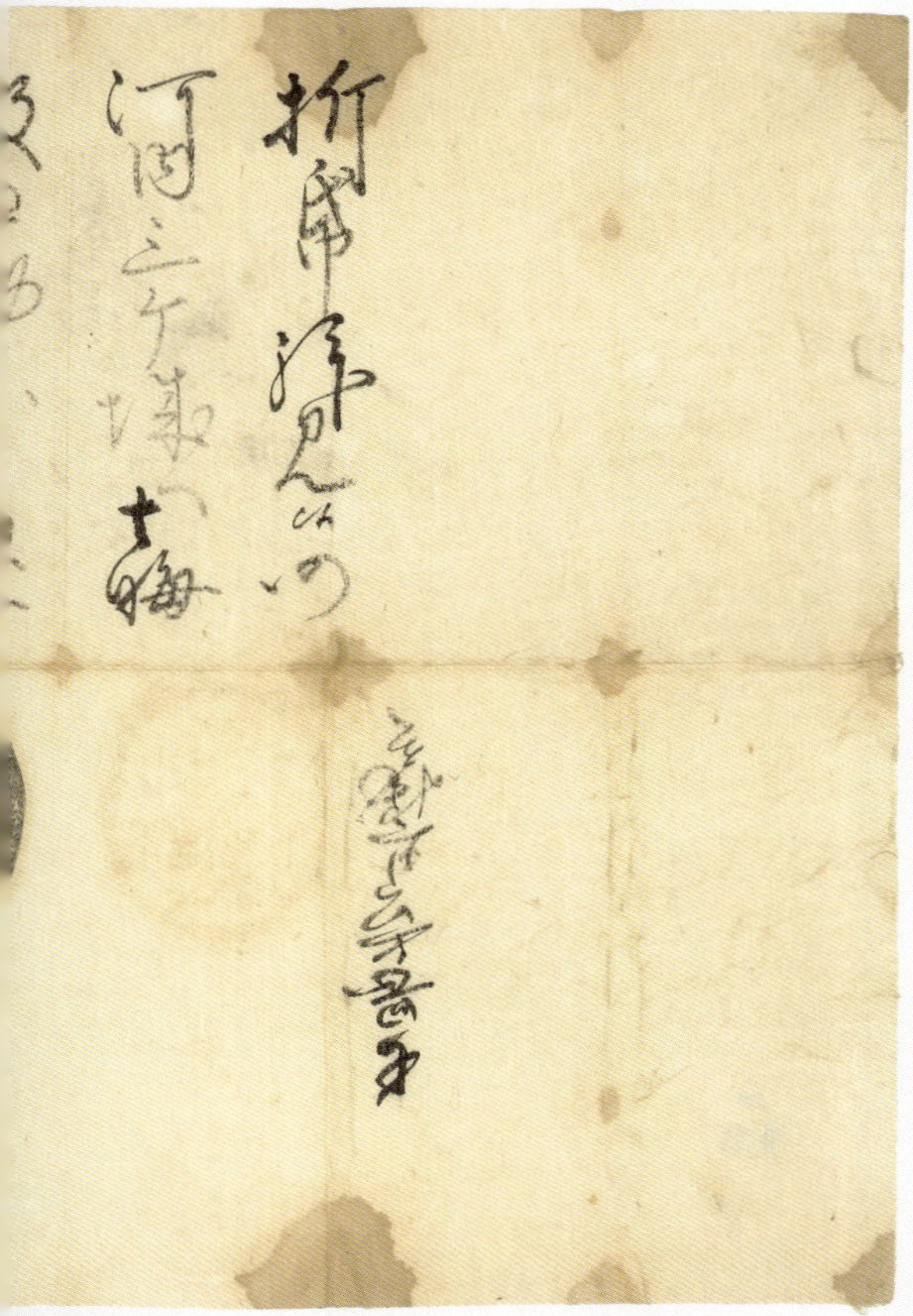

折帋拝見候、仍
河内三ヶ城へ去晦
敵相働候処、及一
戦、首少々討捕之、
追散之由尤候、猶以
無由断被心懸可
然候、次此表之事、

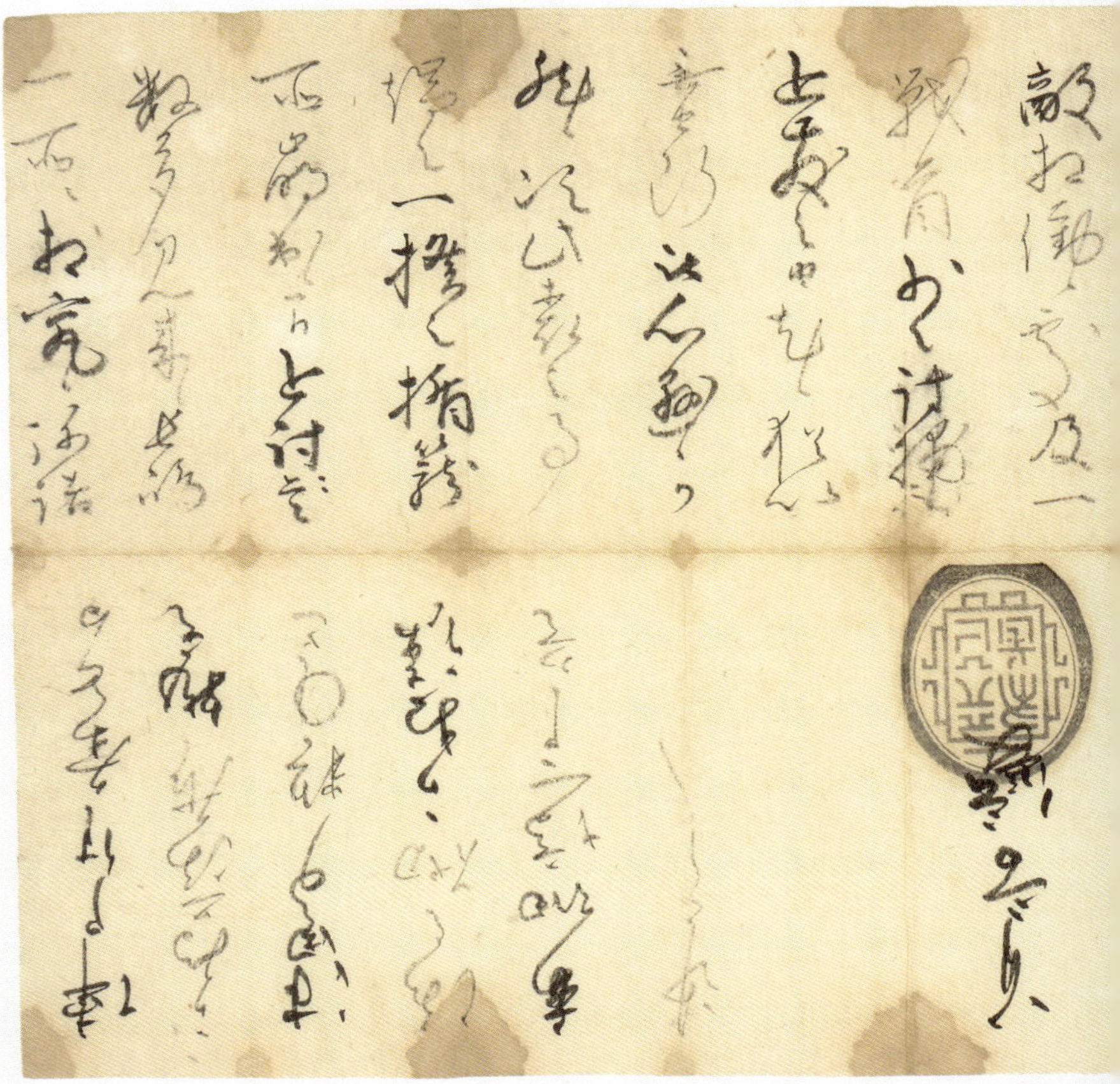

端之一揆之楯籠
所崩出候間、追討ニ首
数多見来候、長嶋(伊勢)
一所ニ相究候、弥詰
(折り返し)
陣申付候条、近日
可為落居候、就其
津田事粗承候、上
洛之砌可相談候、
委細塙(直政)可申候、恐々
謹言、
八月三日(天正二年) 信長(黒印)
長岡兵部太輔殿(藤孝)

現代語訳

(藤孝からの)手紙を読んだ。河内三ヵ城へ先月晦日に一揆勢が攻めてきたところ、一戦して首を少々討ち捕り撃退したとのこと、承知した。今後も油断なく心がけるようにせよ。次に、こちらの伊勢長島のこと、「端」の一揆勢が籠もるところを攻め崩したので、追撃で討ち捕った首が多く届いたぞ。(敵を)長島一ヵ所に追い詰めた。さらに陣を詰めていくので、近日中に陥落するだろう。それについて、「津田」の情報を大方聞き及んだ。上洛したおりに相談するとしよう。なお、詳細は塙直政に伝えさせる。

13

織田信長朱印状《おだのぶながしゅいんじょう》

信長、藤孝・光秀に一向一揆の「根切」を朱印状で命じる

（天正二年〈一五七四〉）八月五日

本文書は、№12と同様に河内在陣中の細川藤孝へ送られたもの。わずか二日後に発給され、同じように摂津・河内方面での合戦に関する記事と、伊勢長島における戦況が記されるが、№12が黒印状であったのに対し、こちらには朱印が据えられている。では、両通にはどのような違いがあるのか。

違いのひとつは、№12とは異なり、本文書が返信という形を採っていない点にある。例外もみられるが、傾向として朱印状には返信文言の記載が少ない。むろん、前提となる情報交換があってのことだろうが、書き振りとしては、リアクションではなく、織田信長の自発的な意思の発露という形を採っている。

ふたつ目の違いは、信長の命令・指示が明確に記載されている点である。たとえば、№12と違って本文書には、「南方一揆等」が「罷出」てきたならば「何時と寄らず係り合い、大坂根切の覚悟専用に候」という指示が明記される。こうした点に、朱印と黒印の使いわけがあったとみられる。

（山田）

国指定重要文化財／長岡兵部大輔（藤孝）宛／紙本墨書　折紙／武井夕庵筆／縦二六・四　横四三・七／永青文庫蔵（熊本大学附属図書館寄託）／207・仁・2　信長18

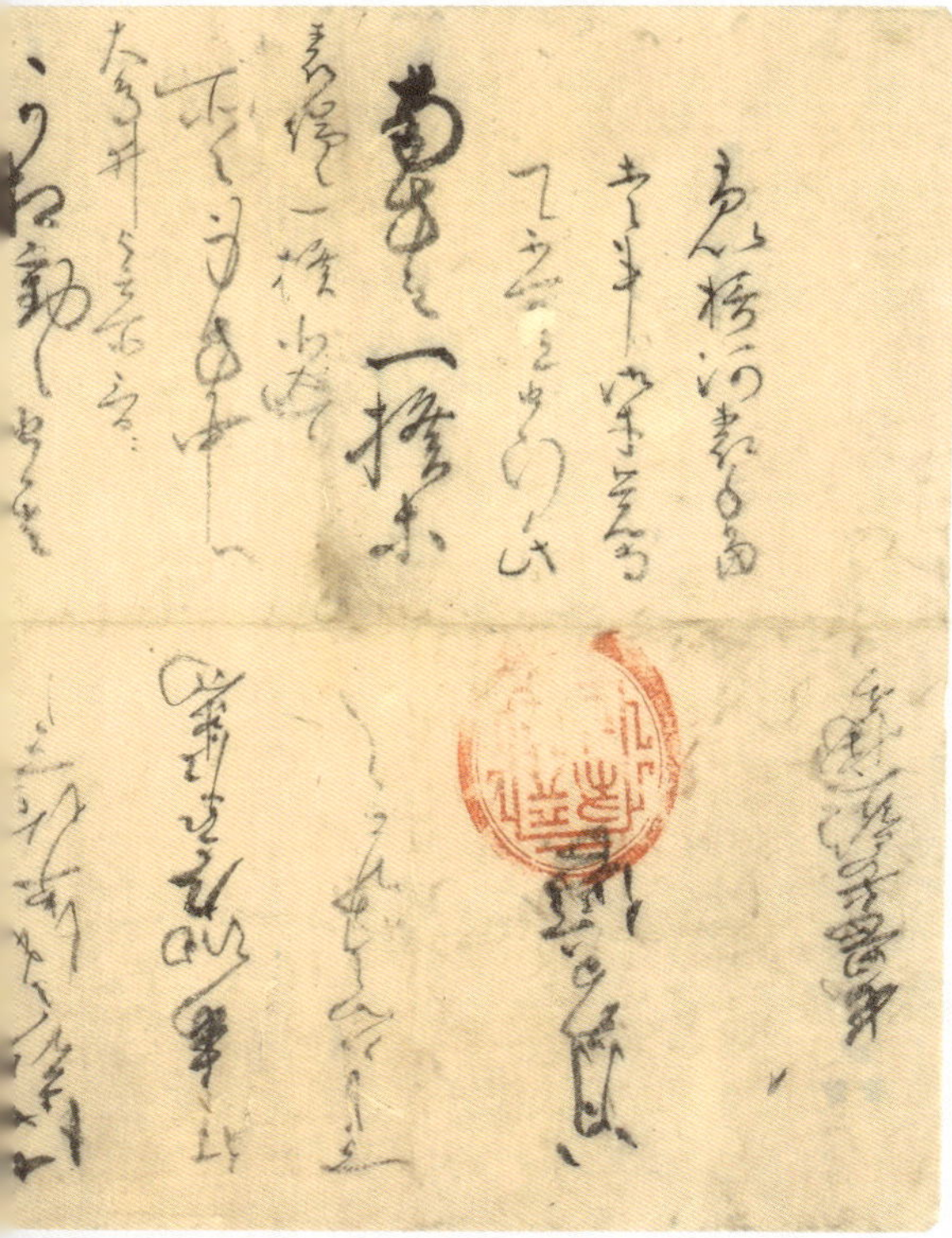

尚以摂・河表手当
等之事、御才覚専
一候、不可有由断候、此
表端之一揆北込候
大島《（伊勢）》井与云所、三日ニ
落城候、首数事
不及注候、可有推量候、
南方之一揆等、

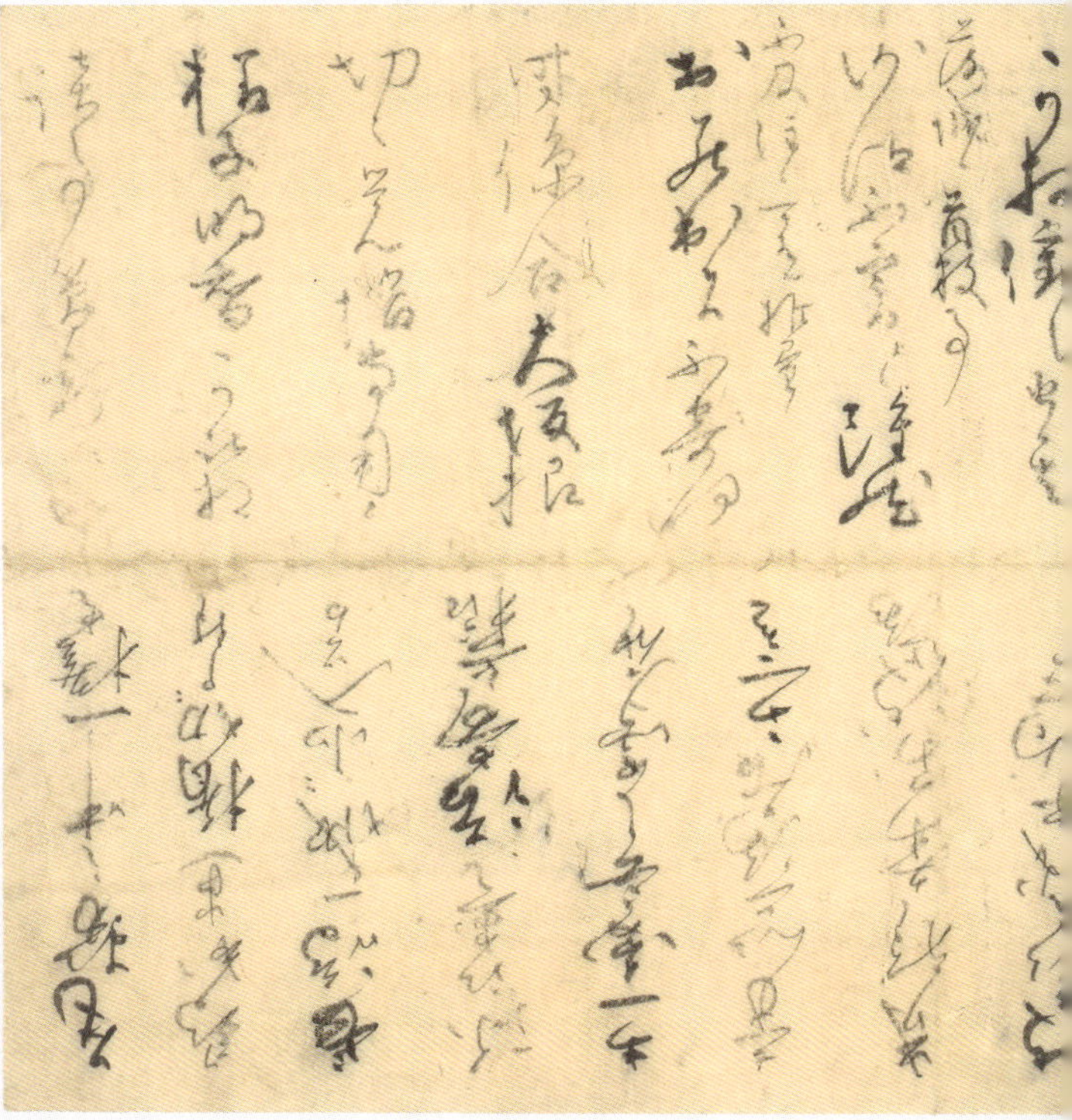

所々身方中へ
可相働之由、其
沙汰不実ニ候、雖然
於罷出者、不寄何
時係合、大坂根
切之覚悟専用候、
様子明智（光秀）可被相
談事簡要ニ□（候）、
（折り返し）
尾・勢之中一揆共
尋出、悉楯切ニ申付候、

長嶋（伊勢）一城ニ北入候間、
弥取巻詰寄候、兵粮
等一円無之由聞届候、
旁以落居不可有
幾程候条、則致上洛、
彼表之儀、平均可申
付候、委細九郎左衛門尉（塙直政）
可申候、恐々謹言、
八月五日（天正二年） 信長（朱印）
長岡兵部大輔（藤孝）殿

現代語訳

大坂方面の一揆勢が各地の味方へ攻撃してくるとの噂があるが、その実否は不確かだ。ただし、出陣してきたならばいつでも迎え討ち、大坂（の一揆勢）をせん滅する覚悟で対処せよ。状況を明智光秀と相談することが重要だ。尾張・伊勢の一揆どもを捜索して、ことごとく討ち果たせと命じている。（一揆勢が）みな長島城に逃げ込んでいるので、厳重に包囲して（城に）詰め寄っている。（城内に）兵粮等はまったく無いと聞いている。どちらにせよ、落城するまで時間はかからないので、すぐに上洛して大坂方面を平定するつもりである。詳細は塙直政から伝えさせる。

なお、摂津・河内の備えのことは、才知を働かせて対処せよ。油断するな。こちらの「端」の一揆が逃げ込んだ大鳥井（大鳥居）というところは、三日に落城した。（討ち捕った）首の数は伝えるに及ばない。想像してみて欲しい。

14

織田信長黒印状《おだのぶながこくいんじょう》

（天正二年〈一五七四〉）八月十七日

信長、伊勢長島一向一揆の降伏交渉を拒否

№13の朱印状発給から十二日後の天正二年（一五七四）八月十七日に、伊勢長島で一向一揆と戦っていた織田信長が、摂津・河内方面で戦っていた細川藤孝に送った黒印状。まず冒頭で信長は、摂津表に敵勢が出現するとの情報が事実であった場合は、前もって出陣して対処するよう指示している。

次に、記事の中盤には、自身が戦っている伊勢長島の戦況が記される。ここで注目されるのは、長島城に追い込まれた一向一揆が「侘言」すなわち降伏交渉を申し出てきたが、急ぎ決着を付けるために対応していない、と信長が述べている点である。これにより、長島城に籠っていた「大坂坊主」は困惑しており、他の一向一揆の拠点にも動揺がみえるため、信長はそれを見逃さず「調略」するつもりだという。

なお、けっきょく伊勢長島の一向一揆との戦いは九月末まで続いたのだが、信長は最後まで降伏に応じず、参加した人々を皆殺しにする。一向一揆に対する信長の憎しみにはすさまじいものがあった。（山田）

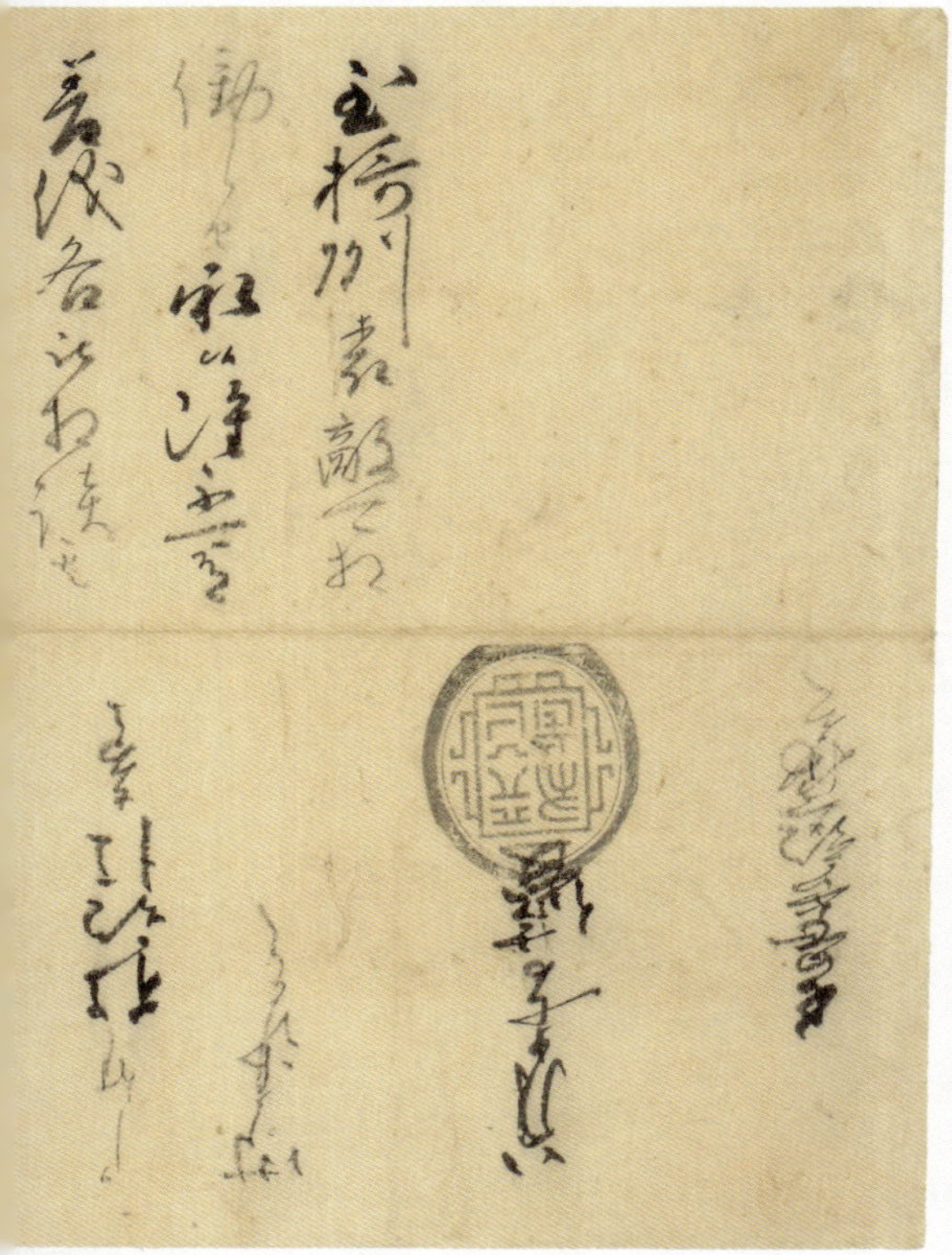

国指定重要文化財／長岡兵部大輔（藤孝）宛／紙本墨書　折紙／武井夕庵筆／縦二八・〇　横四六・二／永青文庫蔵（熊本大学附属図書館寄託）／207・仁・2　信長13

至摂州表敵可相
働之由承候、雖不可有
差儀、各被相談、其

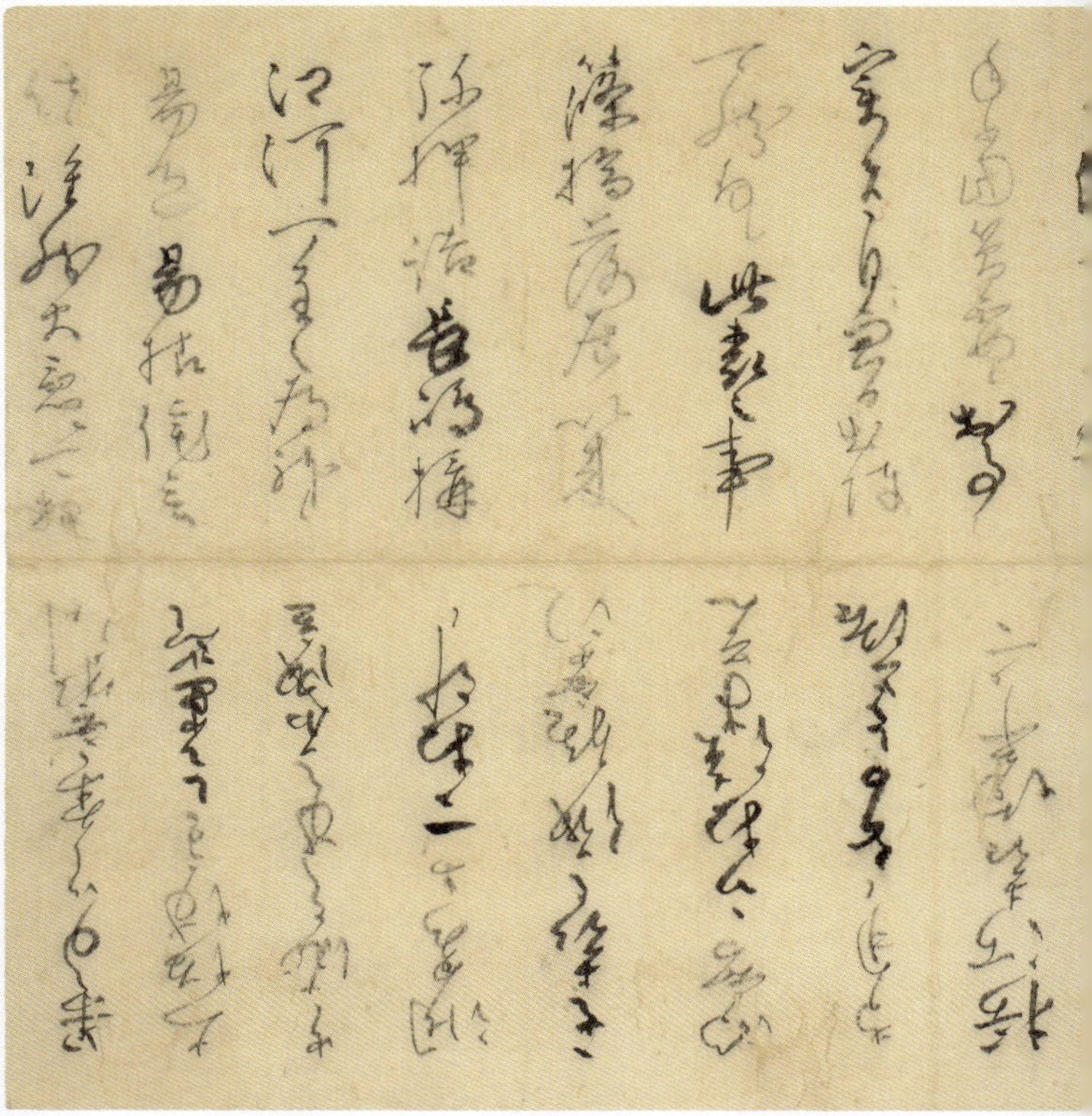

手当簡要候、於事
実者、自兼日出陣
可然存候、此表之事、
篠橋《（伊勢）》落居以来
弥押詰、長嶋《（同前）》構
江河一重之為躰候、
易色易様侘言
仕候、雖然火急ニ可相
（折り返し）
果事候之条、無承引候、
大坂坊主令迷惑之
由候、依之方々不成立、
調略等可相計候、
其表之儀聊無由断
明智《（光秀）》被相談、才覚
専用候、近日令上洛、
摂河表均平ニ可
申付候、猶期後音之
時候、謹言、
八月十七日《（天正二年）》　信長（黒印）
長岡《（藤孝）》兵部大輔殿

現代語訳

摂津方面で敵勢が軍事行動すると聞いた。たいした攻撃ではないだろうが、各々相談のうえでそれに備えよ。（軍事行動があるという話が）事実であれば、前もって出陣するほうがよいだろう。こちら（伊勢長島方面）では、篠橋が落城して以来、（長島城の）包囲を狭め、長島城はまわりの大河だけで守られているような有り様だ。（そのため、城内からは）あの手この手で降伏交渉を申し出てきている。しかしながら、速やかに鎮圧したいので、（交渉には）応じていない。それで（城内の）大坂坊主は困惑しているということである。これにより方々の（一向一揆の拠点は）維持できなくなるので、それらを調略していくつもりである。そちら（摂津・河内方面）のことは、いささかも油断なく明智光秀と相談し、適切な手段で対処せよ。近い内に上洛し、摂津・河内方面を平定するつもりだ。なお、後日の連絡を期す。

15

織田信長黒印状《おだのぶながこくいんじょう》

（天正二年〈一五七四〉）九月二十二日

信長、河内飯盛城下での藤孝の戦功を称賛

伊勢長島で一向一揆と戦っていた織田信長が、河内で一向一揆と戦っていた細川藤孝に発した黒印状である。内容は、天正二年（一五七四）九月十八日に河内の飯盛城（大阪府大東市・四条畷市）周辺で一向一揆と戦った藤孝が、討ち捕った「首注文」を送ってきたことに対する返書。軍忠を称賛した感状と言うべきものである。

では、藤孝はどんな手柄を立てたのであろうか。本文書に具体的な状況は記されていないが、№17の藤孝自筆書状によりその詳細は明らかとなる。それによれば、藤孝は佐久間信盛・塙直政・筒井順慶・明智光秀と共に二万人におよぶ一揆勢の大軍と戦った。そして、その凄惨な戦場で発生した討捕首の数は、なんと七〇〇から八〇〇に及んだという。本文書にみえる「首注文」とは、その膨大なリストである。それを見た信長が思わず「心地能く候」と吐露しているのには、かかる背景があったわけである。（山田）

国指定重要文化財／長岡兵部大輔（藤孝）宛／紙本墨書　折紙／楠長諳筆／縦二八・八　横四五・八／永青文庫蔵（熊本大学附属図書館寄託）／207・仁・2　信長43

去十八日於（河内）飯盛下、
一揆等被討捕、首

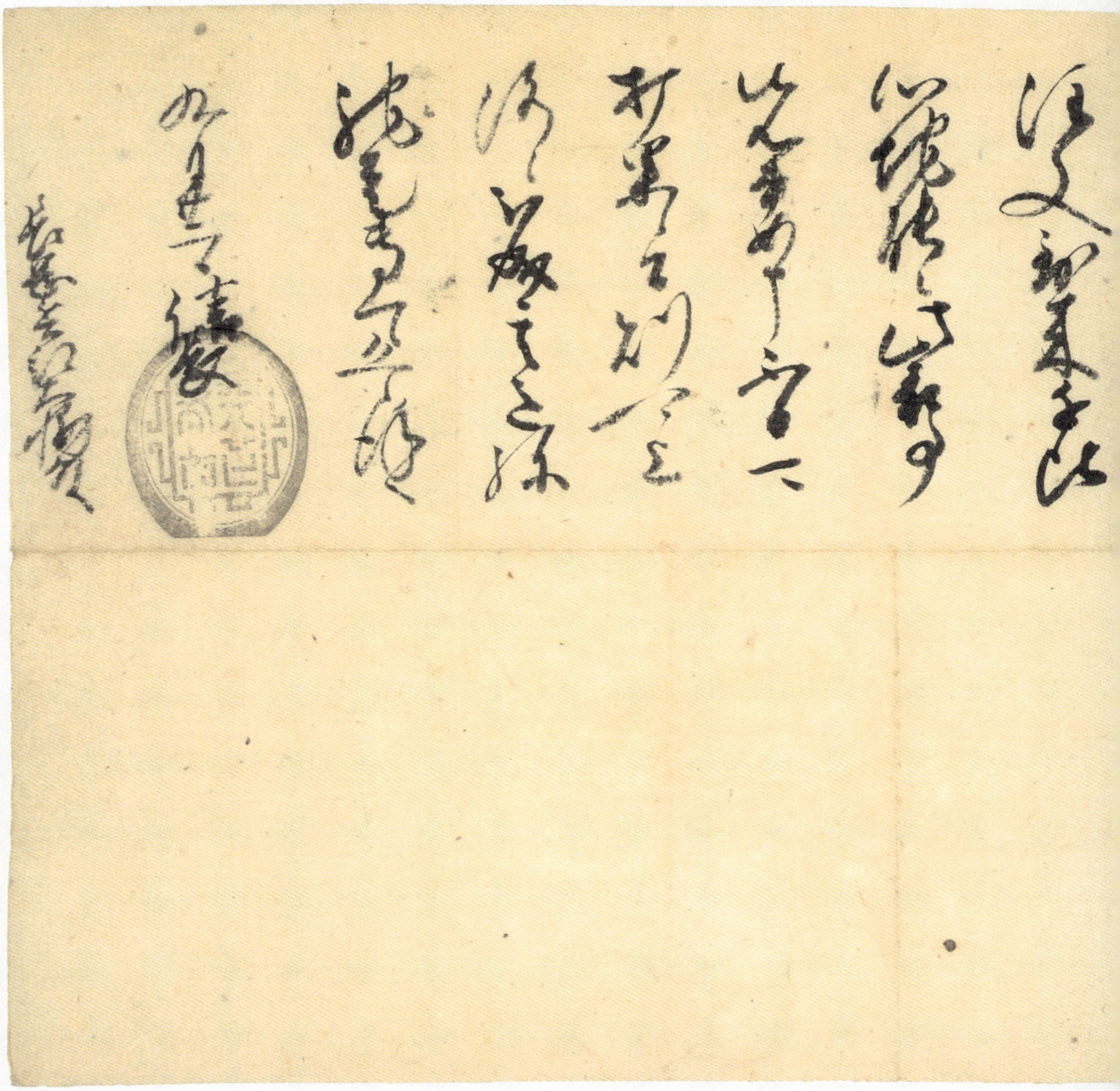

注文到来、近比
心地能候、此表事、
先書如申、不日可
打果候間、則可上
洛候、被成其意、弥
馳走専一候、恐々謹言、
（天正二年）九月廿二日　信長（黒印）
長岡兵部大輔殿（藤孝）

現代語訳

去十八日に飯盛城下で討ち捕ったという一揆等の首注文が到来した。たいへん痛快である。こちらは、先書で伝えたように、すぐに（伊勢長島の一揆を）討ち果たし、上洛するつもりだ。それを承知し、なおいっそう励むように。

16 織田信長黒印状《おだのぶながこくいんじょう》

（天正二年〈一五七四〉）九月二十四日

信長、河内萱振城での藤孝の戦功を称賛

河内の飯盛城周辺での軍功を称賛する№15を発給した二日後に、織田信長が細川藤孝へ送った黒印状。内容は、河内萱振《かやふり》城（大阪府八尾市）の戦いで藤孝が討ち捕った「首注文」が伊勢長島の陣中に届いたのを受けて、その働きを称賛する感状というべきものである。

ただ、本文書の文面だけでは、萱振城周辺における戦いぶりはわからない。そこで№17の藤孝自筆書状をみてみると、飯盛城周辺での合戦後、藤孝等の織田勢は一向一揆の勢力下にあった河内若江郡まで侵出し、あちこちに放火しつつ、敵を萱振城に追い込んだ。そして、九月十九日の早朝には同城への一番乗りを果たしたという。激戦により、藤孝の家臣にも多くの「手負」が出たようだが、討ち捕った首と捕虜はより多数に及んだ。信長が進めていた伊勢長島での戦いも凄惨をきわめたが、大坂方面での戦いもまた、多くの死傷者を出しつつ進められていたのである。（山田）

国指定重要文化財／長岡兵部大輔（藤孝）宛／紙本墨書　折紙／楠長諳筆／縦二八・二　横四六・〇／永青文庫蔵（熊本大学附属図書館寄託）／207・仁・2　信長44

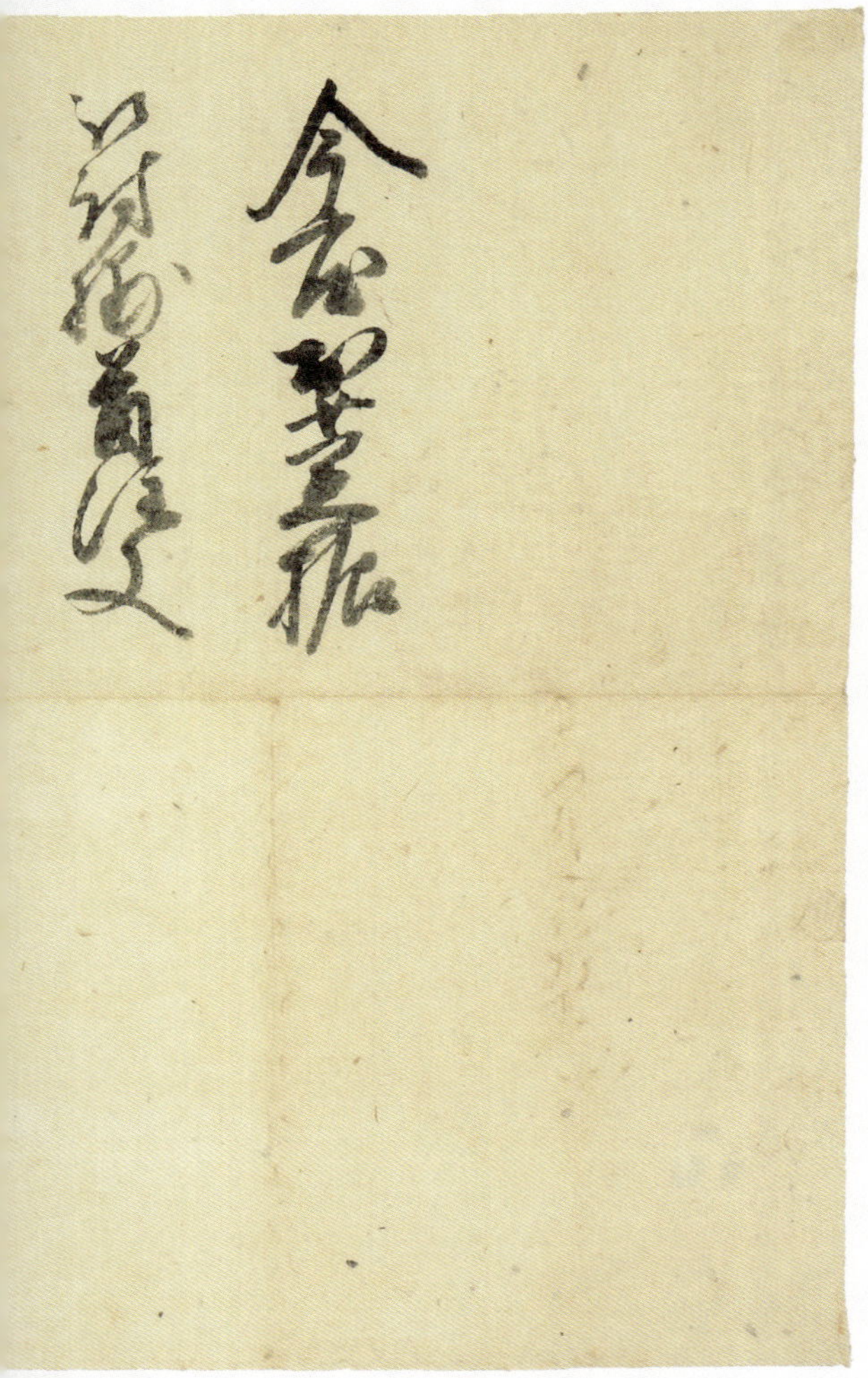

今度於萱振（河内）、
被討捕首注文

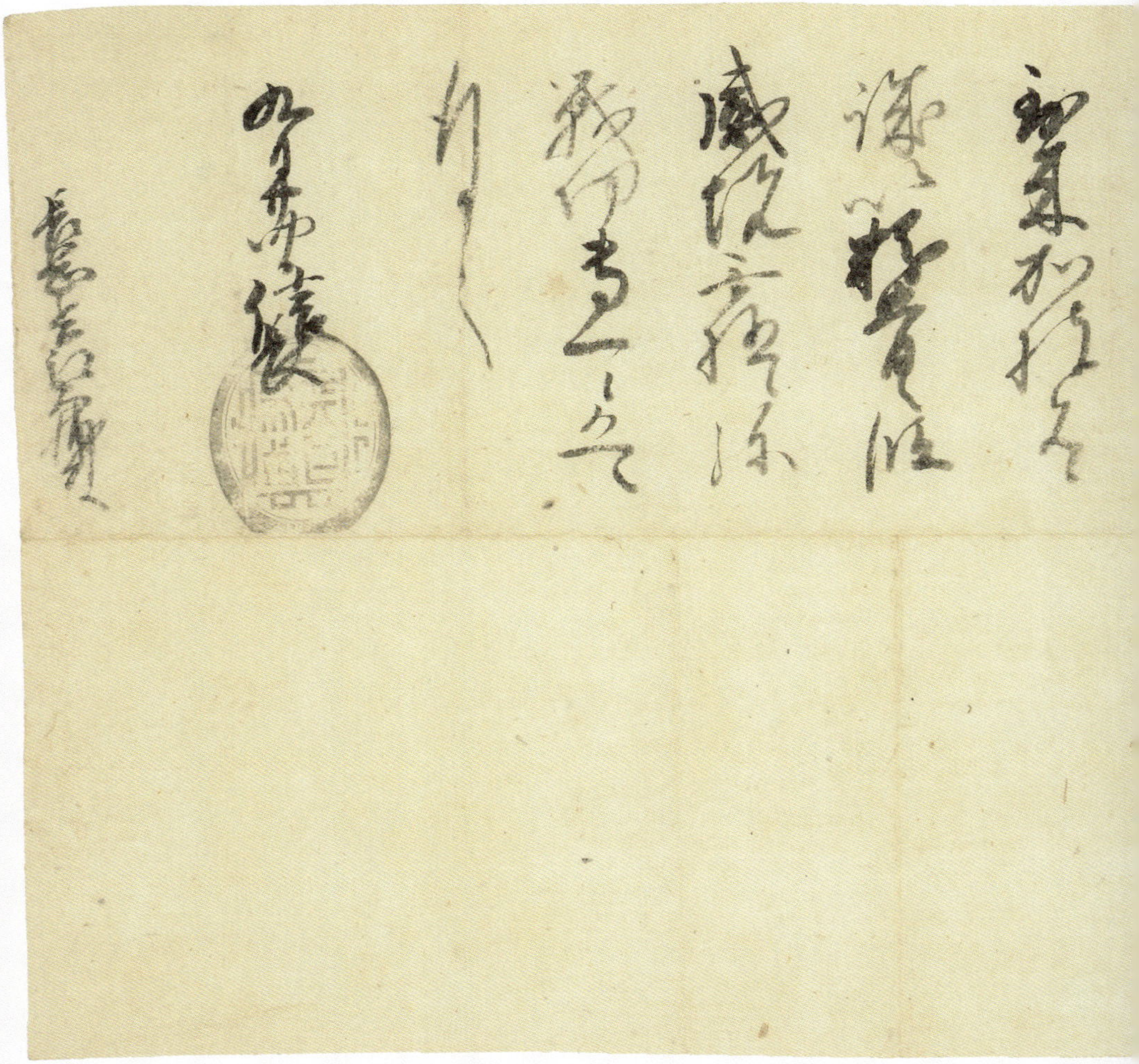

到来、加披見候、
誠以粉骨之段、
感悦無極候、弥
戦功専一候、恐々
謹言、
（天正二年）九月廿四日　信長（黒印）
（藤孝）長岡兵部大輔殿

現代語訳

この度、萱振城の戦いで討ち捕った首の注文が到着した。見たぞ。本当に力を尽くした働きで、うれしい限りである。さらに戦功をあげられるように励んでくれ。

17

細川藤孝自筆書状《ほそかわふじたかじひつしょじょう》

（天正二年〈一五七四〉）九月二十九日

河内での一揆戦、敵味方とも多大な犠牲

織田勢が一向一揆と熾烈な戦いを繰り広げた天正二年（一五七四）の後半、細川藤孝は大坂方面に派遣されていた。この文書は、在陣中の藤孝に送られた「御書」の返事としてしたためられたものである。ただ、宛名がみえず、誰とのやり取りなのかがわからない。内容的には織田信長の側近宛ではないかとも思えるが、確定はできない。

内容面で注目されるのは、河内における一向一揆との戦いぶりを述べた中盤以降の記事である。これらをNo.15・16の信長黒印状の記事と突き合わせることで、当時の戦況や連絡のあり様がより深く理解されるからである。たとえば、No.15には「去る十八日飯盛下において一揆等を討ち捕られ、首注文致来す、近ごろ心地能く候」と記されるが、これについて本文で藤孝は、堀溝（大阪府寝屋川市）に「大坂衆・松山結一揆弐万」が出陣してきた時に、明智光秀と藤孝の軍勢が飯盛城の麓で襲いかかり、七〇〇人から八〇〇人を討ち捕った、と記している。信長に送られた「首注文」とは、この時の首のリストであった。（山田）

宛所不明／紙本墨書　もと折紙　巻子装／藤孝自筆／縦一二・九　横九三・三／永青文庫蔵（熊本大学附属図書館寄託）／108・5・32　藤孝19

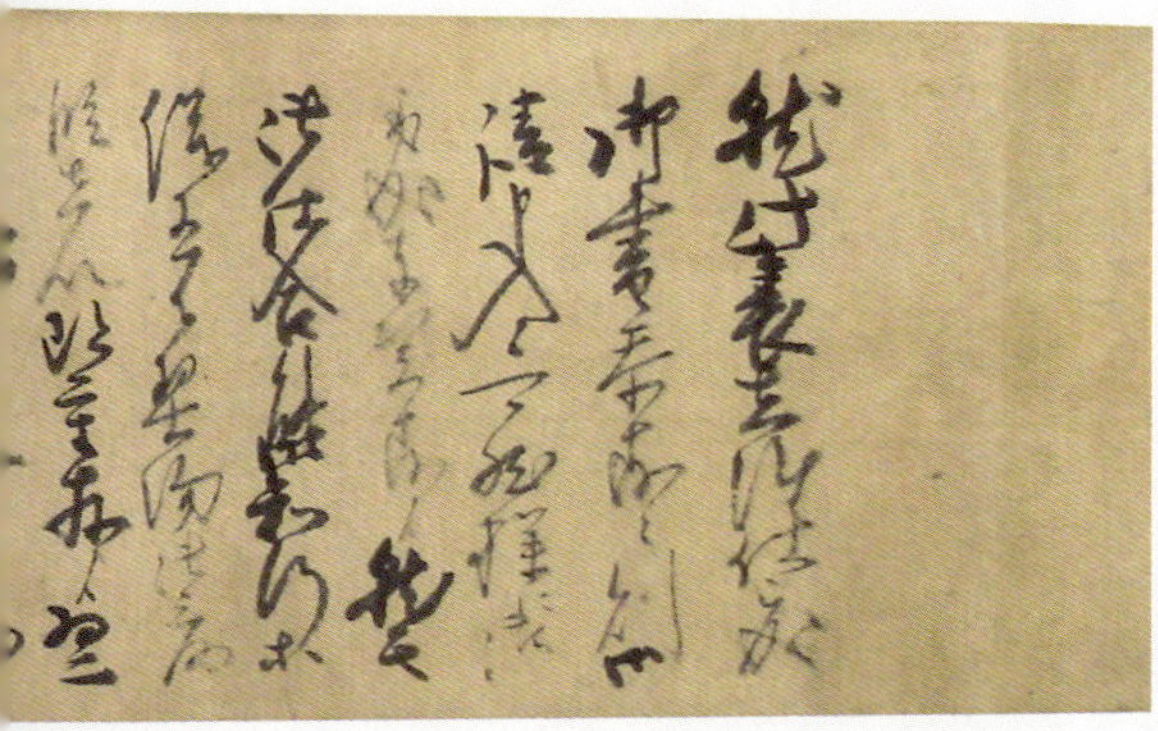

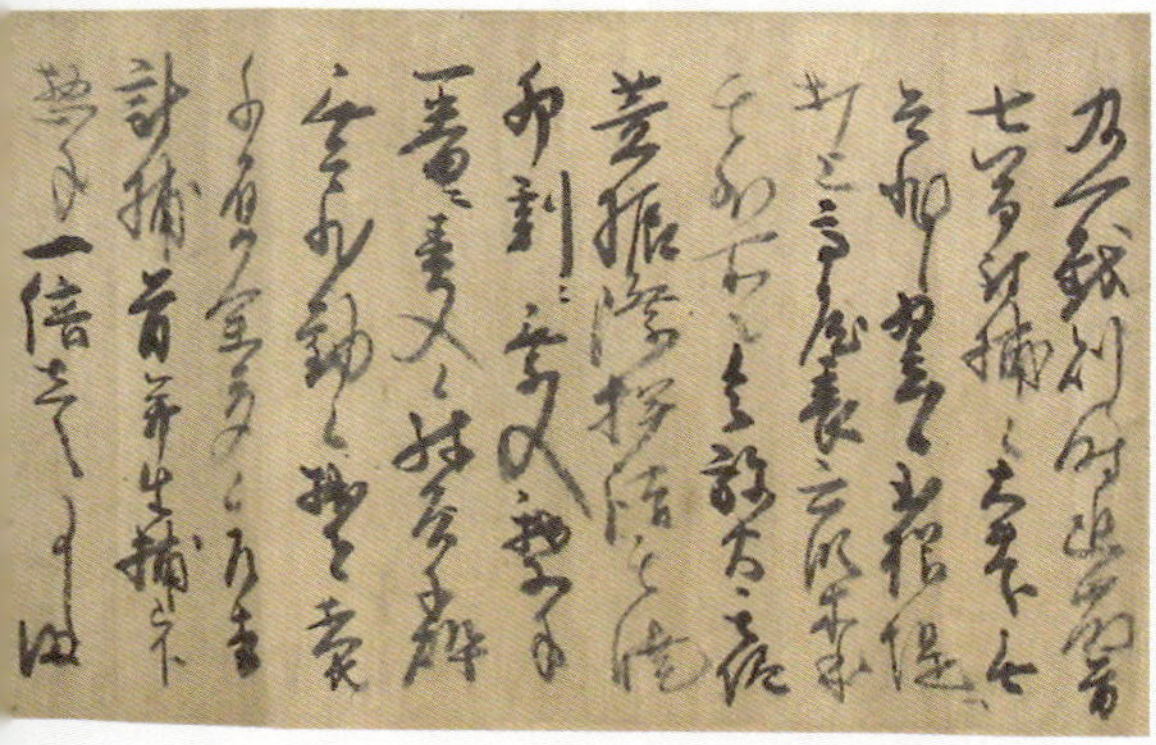

就此表在陣仕、被成
御書、忝存候、則御
請申入候、可然様ニ御
取成奉憑存候、就其
御仕合能御知行等
儀有御契約、御上洛
段、先以珍重存候、将亦
長嶋（伊勢）之儀、御上洛
已後、早落去之由

跡を仕候、飯盛（河内）下まで付候、
及一戦、則時追崩、首
七・八百討捕候、大慶無
是非候、翌日玉櫛堤へ
打上、高屋表・六段・木本、
其外所々令放火、其侭
萱振（河内）際押詰、其暁
卯刻ニ乗入、我等手
一番ニ責入候、殊更手砕

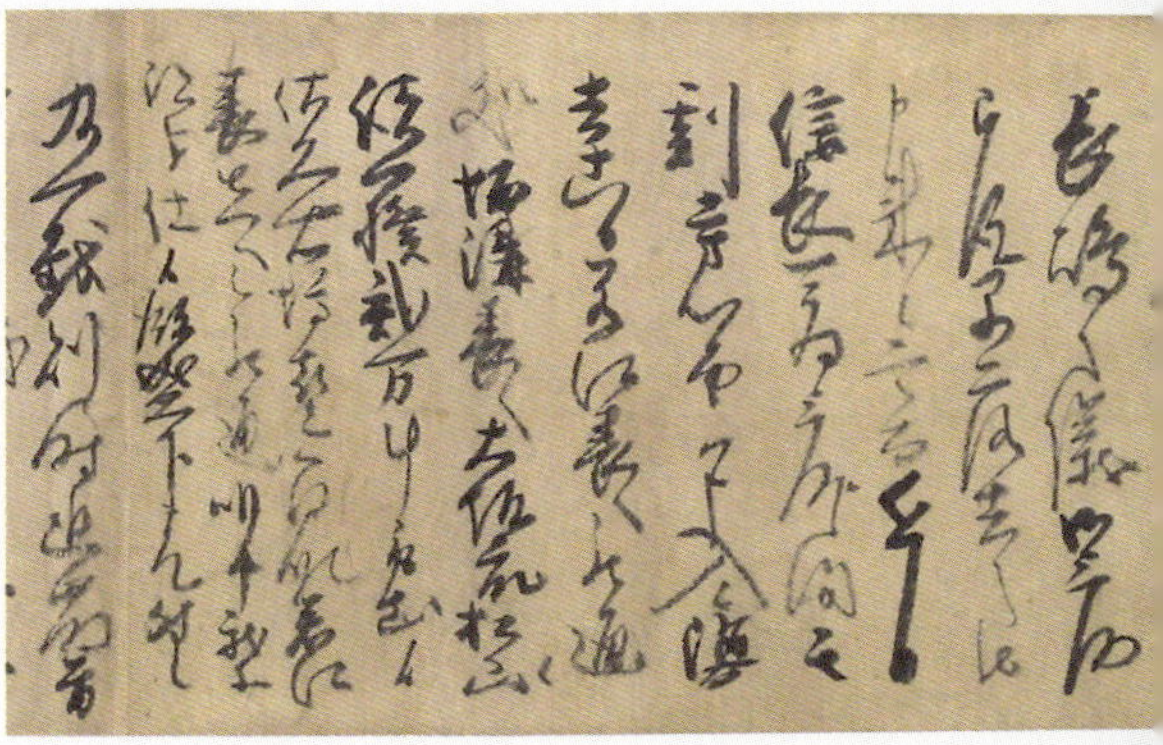

中来候、定而近日
信長可為上洛候間、其
刻、旁以面可申入候、随而
去十八日若江（河内）表へ罷通候
処、堀溝表へ大坂衆・松山
結一揆弐万斗取出候、
佐久右（佐久間信盛）・塙喜三（直政）・筒順（筒井順慶）若江
表先へ被罷通、明十（明智光秀）・我等
無是非動候、拙者者共
手負余多候、乍去
討捕首并生捕已下、
惣手一倍在之事候、満
足不過之候、旁以面
申伸候間、不能詳候、恐々
謹言、
九月廿九日（天正二年）　藤孝（花押）

現代語訳

こちら（河内方面）への在陣について、お手紙をいただき、まことにありがたく存ずる。（手紙の内容は）承諾する。然るべきように取り成していただきたい。それにつき、首尾よく御知行等を契約なされ、上洛なさったとのこと、まずもってめでたく存ずる。また、長島（での一向一揆との戦い）の件は、上洛された後に落着したと報告を受けている。きっと近日中に信長も上洛されるだろうから、その時にどのみちお会いして申し入れるつもりである。さて、去十八日に若江表へ進軍していたところに、堀溝表へ大坂衆・松山結一揆が二万ばかり出てまいった。佐久間信盛・塙直政・筒井順慶は若江へ先行し、明智光秀と私は後方を担当した。飯盛城の麓に至り合戦となり、すぐに撃退し、首を七〇〇から八〇〇ばかり討ち捕った。めでたいことである。翌日は玉櫛堤へ上り、高屋表・六段・本木など所々に放火し、そのまま萱振《かやふり》城の際に押し寄せ、卯刻（明け方）に城内に乗り入れ、私の軍勢が一番に攻め入った。ことさら手段をめぐらし、ひたすら戦った。私の軍勢には負傷者が多くいる。けれども、討ち捕った首と生け捕った人数は全軍の倍もいる。これ以上の満足はない。どちらにせよ、お会いしてまた申し伝えるので、詳細については記さない。

18

織田信長黒印状《おだのぶながこくいんじょう》

（天正三年〈一五七五〉八月二十九日）

信長、越前一向一揆攻めの現場で皆殺しを指示

元亀四年（一五七三）八月に織田信長は、「信長包囲網」の一角を担っていた朝倉義景を滅ぼし、越前を平定する。ところが、越前支配を任された朝倉旧臣に内紛が起こったうえ、そこに一向一揆が介入した結果、天正二年（一五七四）前半までに越前は一向一揆の支配するところとなった。かかる状況を受け、信長が越前へ再派兵したのは同三年八月のことである。

本文書は、越前一向一揆攻めに参陣していた滝川一益の注進を受け、信長が送り返した返書である。洪水で戦闘できなかったと報告する一益に対し、信長は「水も引いたであろう、一揆勢を一人残さず討ち果たせ」と述べている。また、冒頭の追伸部分には「降参してきた者もすべて首を切っているとのこと、それでよい」と記されている。戦いが終盤に差し掛かる中、越前一向一揆のせん滅が織田勢の方針となっていた。

なお、一益宛の文書が細川家に伝来しているのは、方針徹底のために本文書が諸将の間で回覧され、細川藤孝が最後にこれを引き取ったためであろうか。

（山田）

国指定重要文化財／瀧川左近（一益）宛／紙本墨書　折紙／楠長諳筆／縦二九・〇　横四三・〇／永青文庫蔵（熊本大学附属図書館寄託）／207・義・六番・1　信長57

尚々走入候者共、
悉くひを切候由可
然候、
委細披見候、仍一昨日ハ
依洪水不相動之由、
得其意候、漸水も

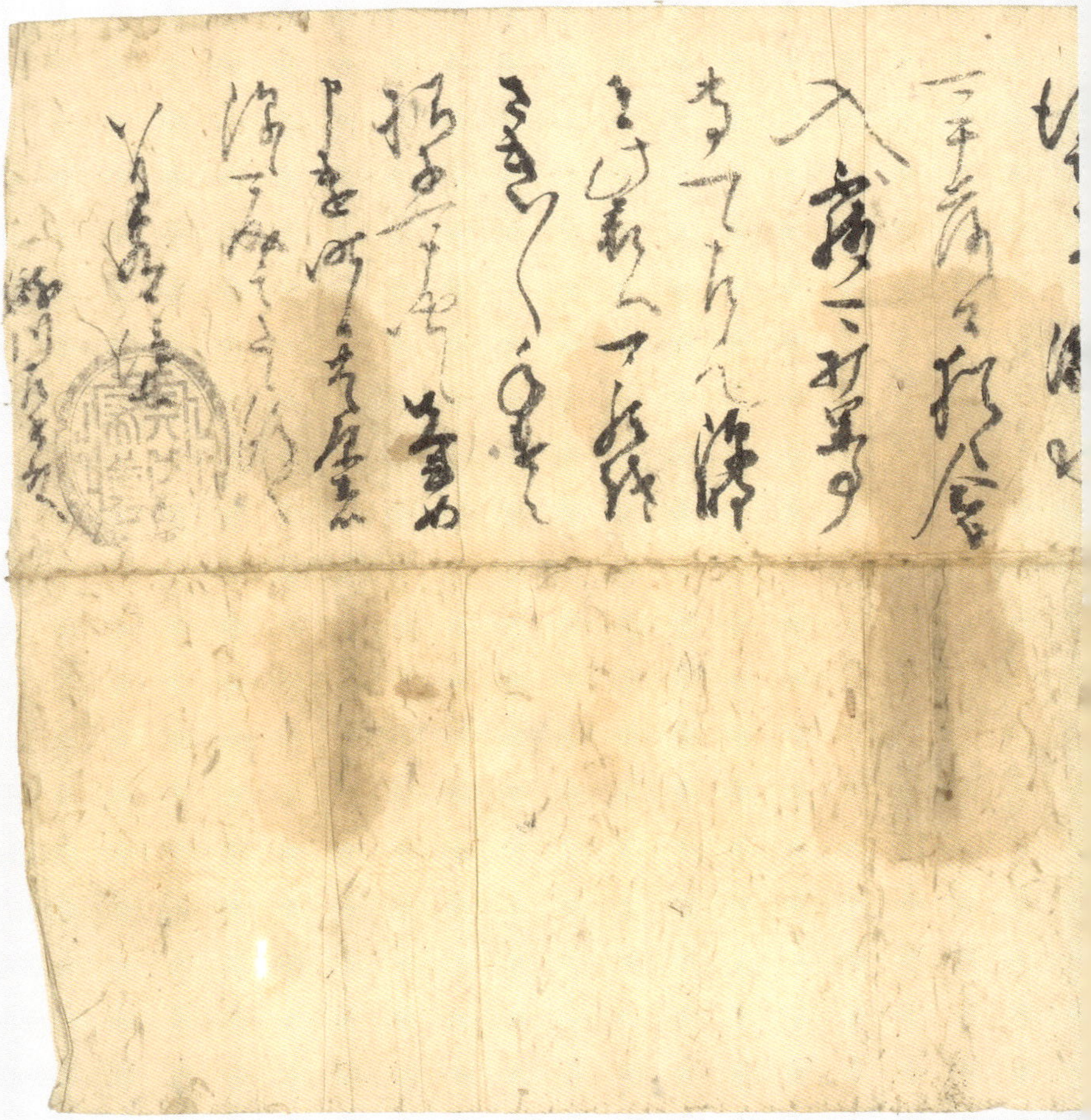

可干落候間、猶々念を
入、不残可打果事
専一候、左候て隙明候
者、此表へ可罷越候、
さき〳〵手遣之
様子可申聞候、先書如
申遣、昨日豊原（越前）着
陣候、可成其意候、謹言、
（天正三年）八月廿九日　信長（黒印）
瀧川左近（一益）殿

現代語訳

（一益の注進状の）委細を披見した。一昨日の洪水により戦働きができなかったとのこと、承知した。ようやく水も引いたであろうから、なお念を入れて（一向一揆を）残らず討ち果すことが重要だ。そうして時間ができれば、信長のもとへ参れ。今後の軍勢運用について申し聞かせる。前便で伝えたように、（信長自身は）豊原に到着した。そのことを承知しておくように。

なお、降参してきた者どもも、すべて首を切っているとのこと、それでよい。

19

織田信長黒印状《おだのぶながこくいんじょう》

（天正四年〈一五七六〉六月二十八日）

毛利水軍が本願寺を支援　謎の印判が据えられた文書

織田信長文書に据えられた印判には、三種類の朱印と二種類の黒印の総計五種類が確認されており、その内の四種類には「天下布武」の印文が彫られている。ところが、ひとつだけ印文が異なった印判がある。本文書に据えられた「寶」の印判である。

本文書は、天正三年（一五七五）冬に成立した和睦が破れ、ふたたび大坂本願寺との戦いがはじまる中、同寺に味方して兵粮搬入を試みていた中国の毛利水軍の動向を報告してきた細川藤孝に対し、信長が返信したものである。報告によると、淡路水軍の安宅信康が毛利方に与しなかったため、この時点で毛利水軍は「ちり〱に」なったという。もっとも、毛利水軍は半月後に改めて大坂湾へ進出。今度は織田方の水軍衆を大破し、兵粮搬入を成功させている。

ところで、なぜ本文書には「寶」の印判が用いられたのか。返信文書という性格を踏まえると、黒印であることは説明可能である。しかし、印判が異なる理由はわからない。信長文書における「謎」のひとつである。

（山田）

国指定重要文化財／長岡兵部大輔（藤孝）宛／紙本墨書　折紙／楠長諳筆／縦二八・五　横四五・七／永青文庫蔵（熊本大学附属図書館寄託）／207・仁・2　信長55

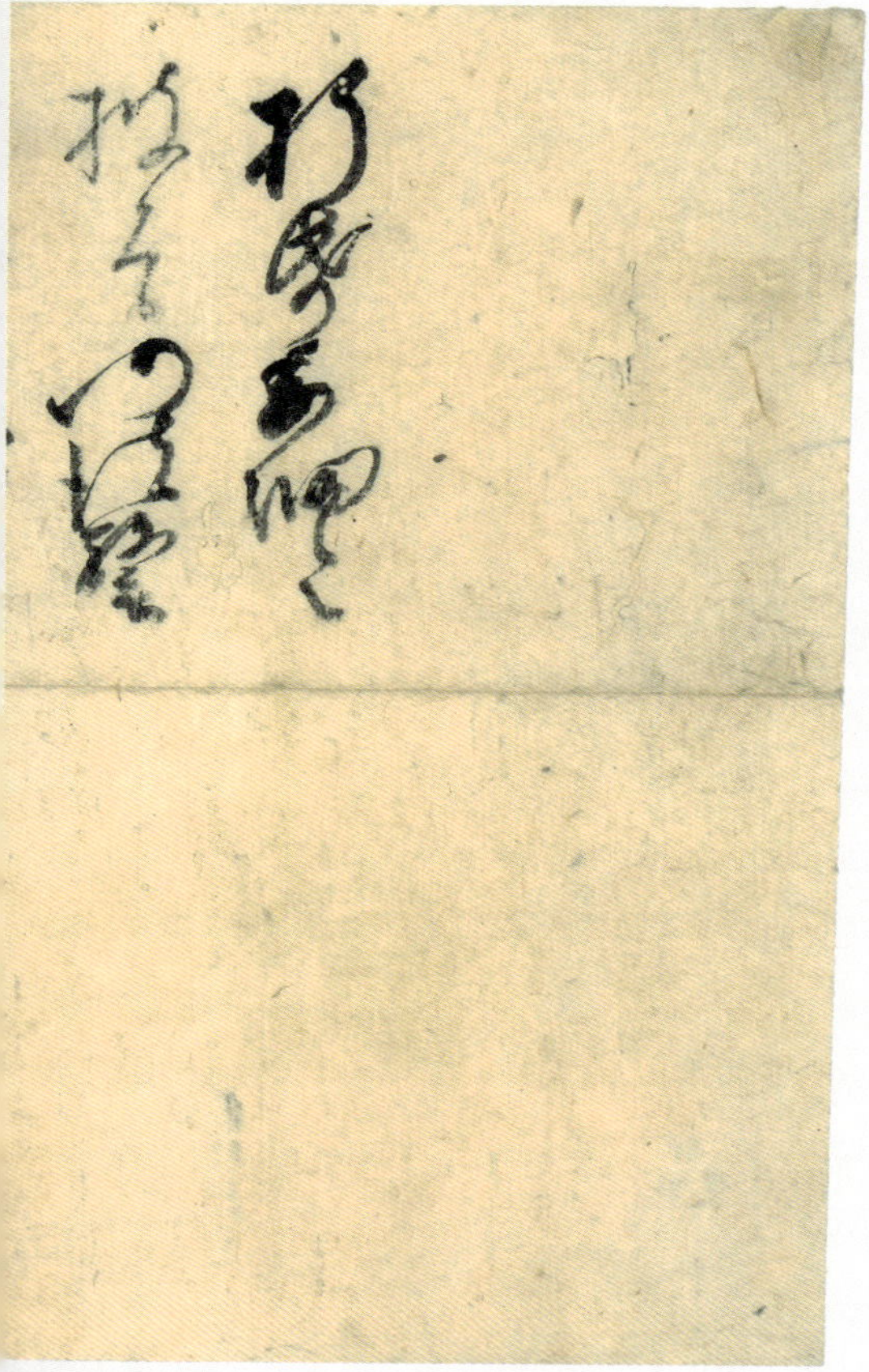

折帋委細令
披見候、仍彼警

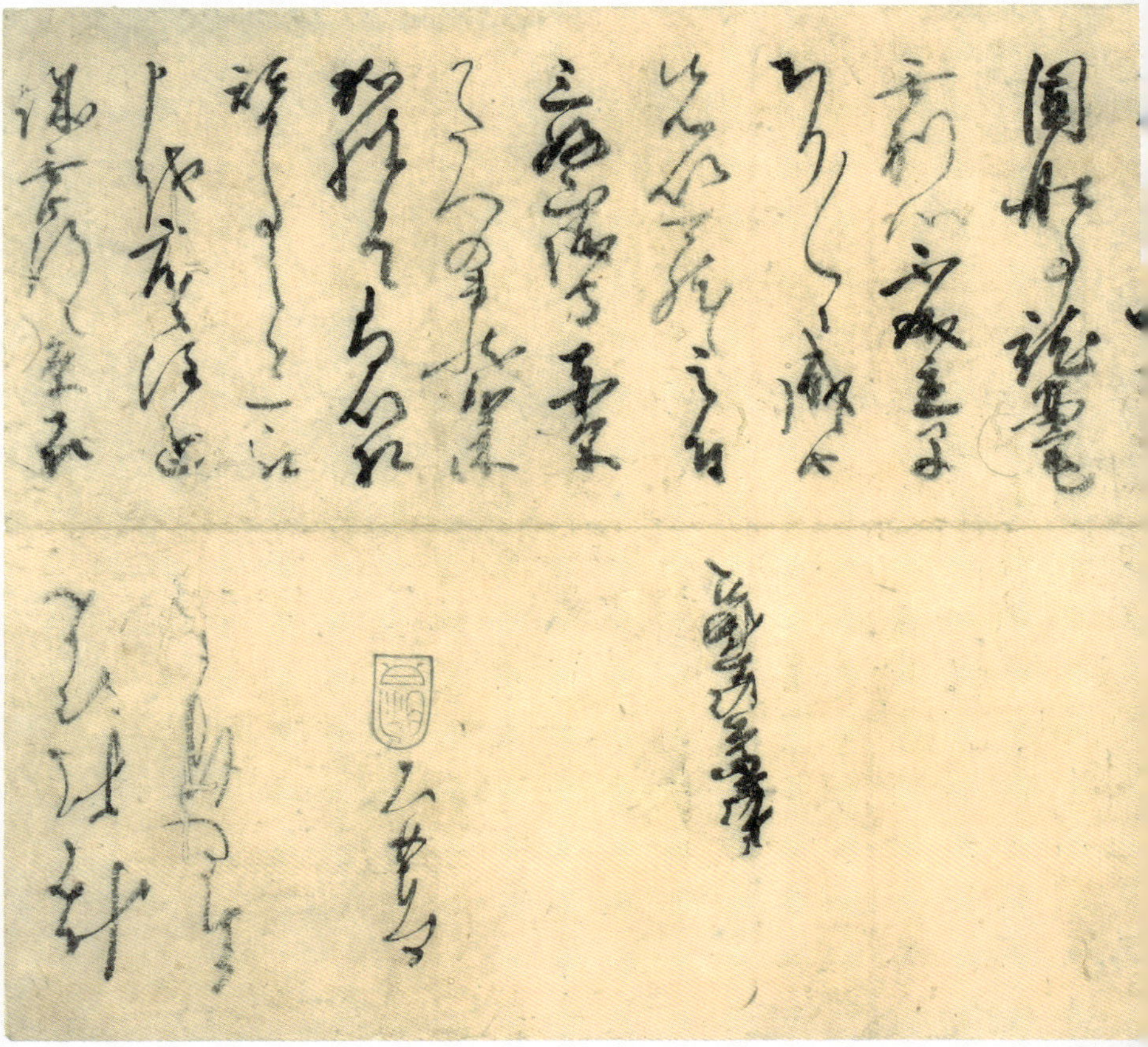

固船事、就安宅（信康）
無別心不成立、早
ちり〳〵に成候由、
先以可然候、其付、
三好山城守（康長）東条
かたへの書状到来候、
加披見候、尚以相
替事候者、可被
申越、度々注進
誠無由断候条、喜

（折り返し）
悦候、猶期見
参候也、謹言、
（天正四年）六月廿八日　（黒印）
長岡兵部大輔（藤孝）殿

現代語訳

（藤孝からの）手紙を読んだ。（毛利方の）警固船のこと、（淡路の）安宅勢が裏切らなかったために編成できず、早々にちりぢりになったとのこと、まずは承知した。それにつき三好康長から東条方への書状が到来した。これも読んだ。なお、変わったことがあれば報告するように。たびたびの注進はまことに油断のないことで、喜んでいる。なお、また対面の機会を期す。

20

織田信長黒印状《おだのぶながこくいんじょう》

藤孝、大坂方の船を奪い一揆勢の首を晒す

（天正四年〈一五七六〉）七月二十九日

天正四年（一五七六）四月までに、織田信長と大坂本願寺の間で成立していた和睦が破れると、両者はふたたび干戈を交えることとなった。そして七月に入ると、大坂本願寺と連携する毛利氏の水軍が兵粮搬入のために大坂湾にすがたを見せはじめる。織田水軍を撃退した毛利水軍の支援により、信長の大坂本願寺攻めは長期戦の様相を呈することとなった。

この黒印状は、そうした中で大坂本願寺と戦っていた細川藤孝の注進を受けた信長が、その軍功を称賛して送った返書である。本文書によれば、藤孝の軍勢は一揆勢と戦って三人を討ち捕り、大坂本願寺の周辺にその首を晒《さら》し、船まで奪ったという。奪取した船は毛利水軍のものであろうか。信長はその働きを喜び、さらに馳走するよう励ましている。

なお、文書冒頭には、「八朔之祝儀」として藤孝が信長に送った帷《かたびら》の御礼が記されている。藤孝は四月以来大坂方面に在陣し続けていたものの、八月一日に主従間で行われていた贈答の風習「八朔」を欠かさなかったのである。

（山田）

国指定重要文化財／長岡兵部大輔（藤孝）宛／紙本墨書　折紙／楠長諳筆／縦二八・九　横四六・二／永青文庫蔵（熊本大学附属図書館寄託）／207・仁・2　信長40

為八朔之祝儀、
帷二生絹、懇切之

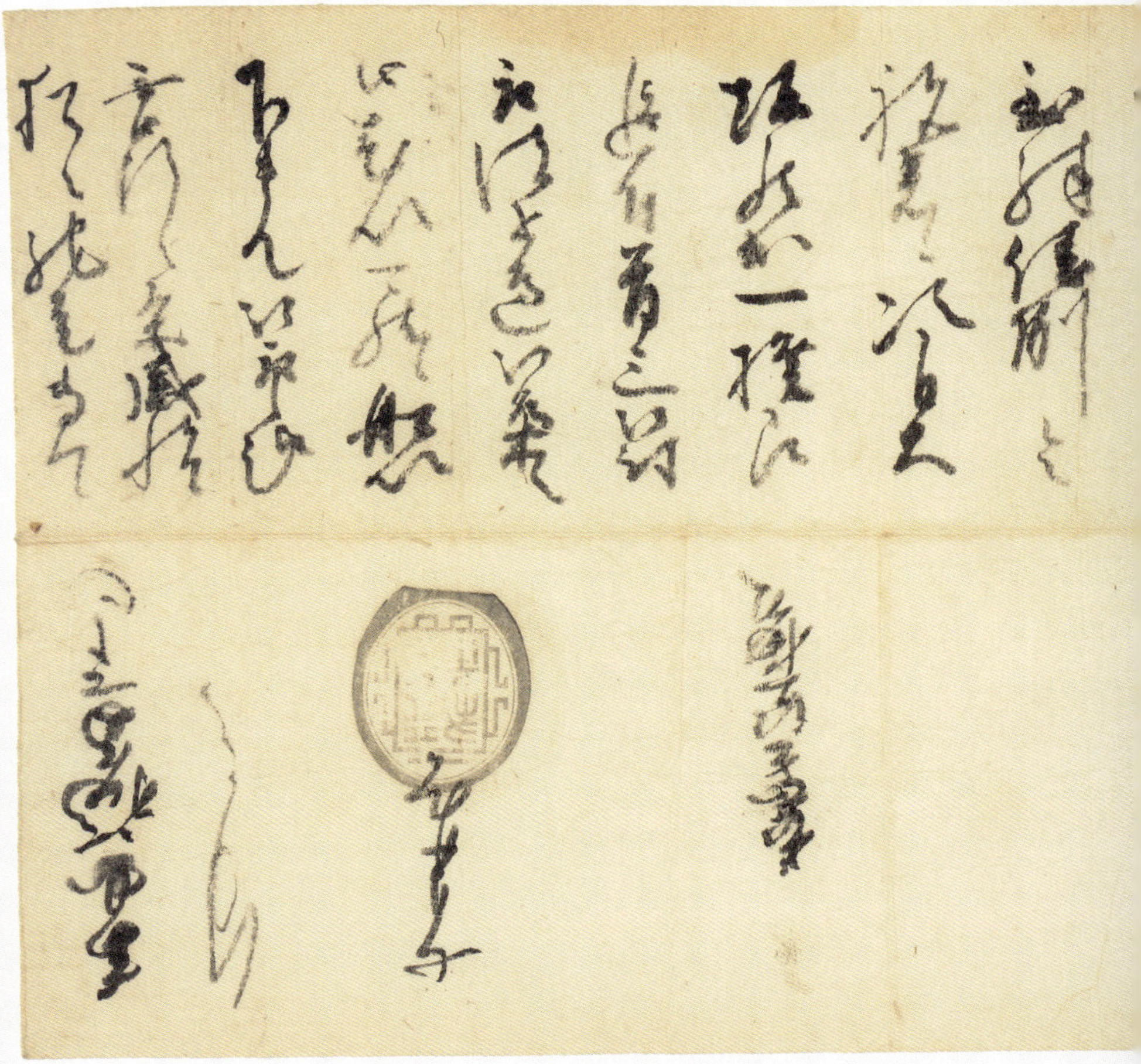

至、殊佳例令
祝着候、次自大
坂罷出一揆、即
追付首三被討
取、彼近辺被梟之
由、尤以可然候、船以
下まて被取候趣、
無由断之条感悦候、
猶々馳走専一候、
（折り返し）
委曲福富（秀勝）可申候也、
謹言、
（天正四年）七月廿九日　（黒印）
長岡兵部大輔（藤孝）殿

現代語訳

八朔のお祝いとして絹製の帷を二つ頂いた。丁寧なことで、たいへんめでたく嬉しく思う。次いで、大坂本願寺から出てきた一揆を追跡して首三つを討ち捕り、近くに（首を）晒したとのこと、然るべき対応である。そのうえ、敵船なども捕獲したとのこと、油断なき働きと感心し、喜んでいる。なおいっそう馳走に励むように。詳細は福富秀勝から伝えさせる。

21

織田信長黒印状《おだのぶながこくいんじょう》

（天正四年〈一五七六〉）八月二十二日

藤孝、佐久間信盛の大坂での働きぶりを信長に報告

引き続き大坂本願寺攻めの陣中にあった細川藤孝は、天正四年（一五七六）八月二十日の戦況を織田信長に報告した。本文書は、それを受け取った信長がしたためた返書の黒印状である。文面によれば、藤孝からの注進内容は、和泉方面から侵入し、大坂本願寺の拠点であった木津（大阪市西成区）周辺で「苅田《かりた》」を命じたという佐久間信盛の動向であった。「苅田」とは、敵の支配地に栽培されている稲を刈りとるという生産破壊行為。旧暦八月といえばちょうど稲が実った頃であり、そうしたタイミングを念頭に採られた戦略とみられる。

なお、藤孝が同僚の信盛の動向を信長に報告した理由は定かではない。信盛は幾多の戦場を潜り抜けてきた織田重臣で、五月頃から大坂本願寺攻めの指揮官に任命されていた。この後、天正八年閏三月に大坂本願寺を屈服させた信長は、信盛の働きぶりを譴責し、追放するのだが、本文書の時点ですでに信長は信盛をいぶかしんでいたのであろうか。（山田）

国指定重要文化財／長岡兵部大輔（藤孝）宛／紙本墨書　折紙／楠長諳筆／縦二九・二　横四六・〇／永青文庫蔵（熊本大学附属図書館寄託）／207・仁・2　信長24

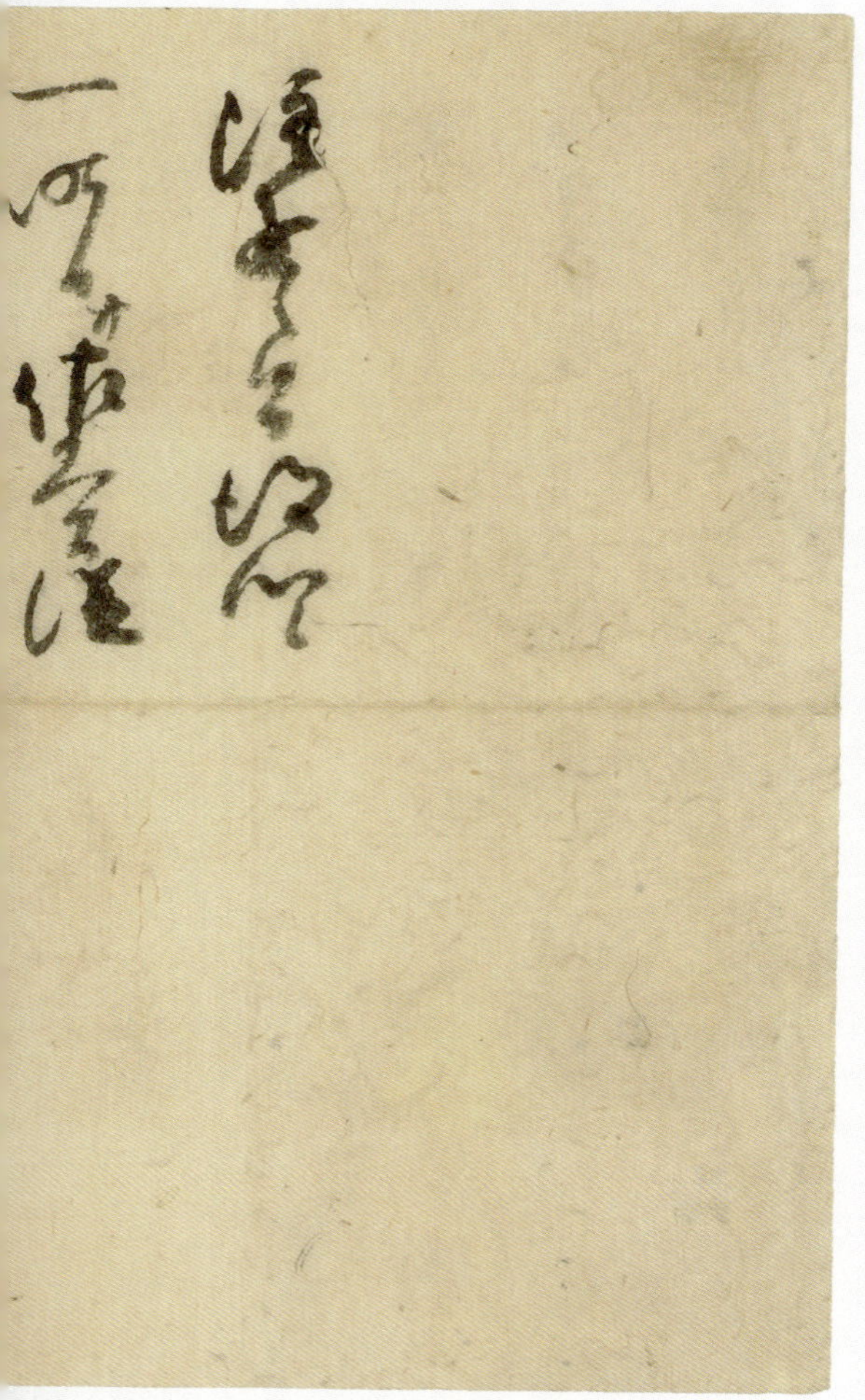

注進之旨、得心候、
一昨日廿佐久間（信盛）従

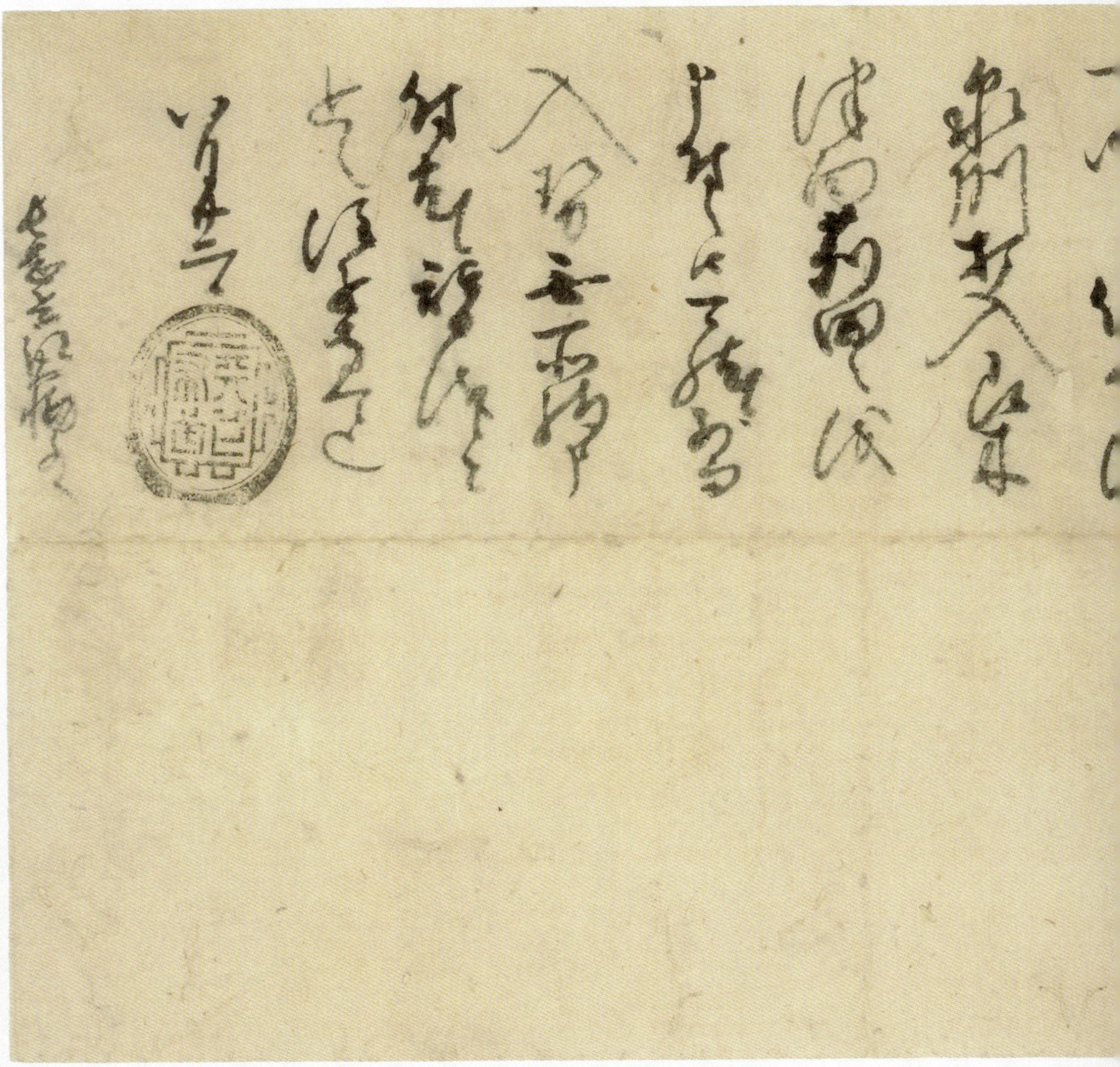

泉州打入、即木
津面苅田之儀
申付之由、可然候、別而
入勢無所残申
付尤候、替儀候者、
追々注進専一候也、
（天正四年）八月廿二日　（黒印）
長岡（藤孝）兵部大輔殿

現代語訳

（藤孝からの）注進、承知した。二十日に佐久間信盛が和泉から出陣し、木津方面での苅田を命じたとのこと、適切な戦法である。全力をあげて残らず刈り取らせるとのこと、それでよろしい。変わったことがあれば、追ってまた報告するように。

22

織田信長朱印状《おだのぶながしゅいんじょう》

（天正六年〈一五七八〉）四月三日

大坂本願寺の攻撃手法を具体的に指示

『信長公記』によれば、天正六年（一五七八）四月四日、織田信長は嫡男信忠を「御大将軍」とする尾張・美濃・伊勢・近江・若狭・五畿内の諸勢を大坂表に派遣。同五日・六日に大坂本願寺を攻撃し、「麦苗」を薙ぎ捨てさせた。「麦苗」の薙ぎ捨て、つまり「麦薙《むぎなぎ》」とは、敵の支配地で栽培されている麦を刈りとる生産破壊行為であり、当時しばしばみられた戦略であった。

本文書は、大坂表に先遣隊として派遣されたとおぼしき明智光秀・細川藤孝両人に宛てた信長朱印状。右に示した『信長公記』の記事と関連するものである。冒頭で信長は「麦薙」の実施是非を確認するとともに、油断なく行えと念を押している。旧暦四月は、ちょうど麦が実りを迎える頃。信長はそれも考慮のうえで「麦薙」を指示したのであろう。文書後半では、大坂本願寺に籠城する「男女」は助命せよ、一向一揆を指導する「坊主以下」は許すな、と指示している。一向一揆には地域住民も多く含まれており、彼等をいかに引き離すかはひとつの課題であった。信長は「麦薙」と籠城衆の助命という硬軟両方の策を用い、一向一揆に揺さぶりをかけていたのである。（山田）

国指定重要文化財／惟任日向守（光秀）・長岡兵部大輔（藤孝）宛／紙本墨書　折紙／楠長諳筆／縦二九・二　横四六・〇／永青文庫蔵（熊本大学附属図書館寄託）／207・仁・2　信長50

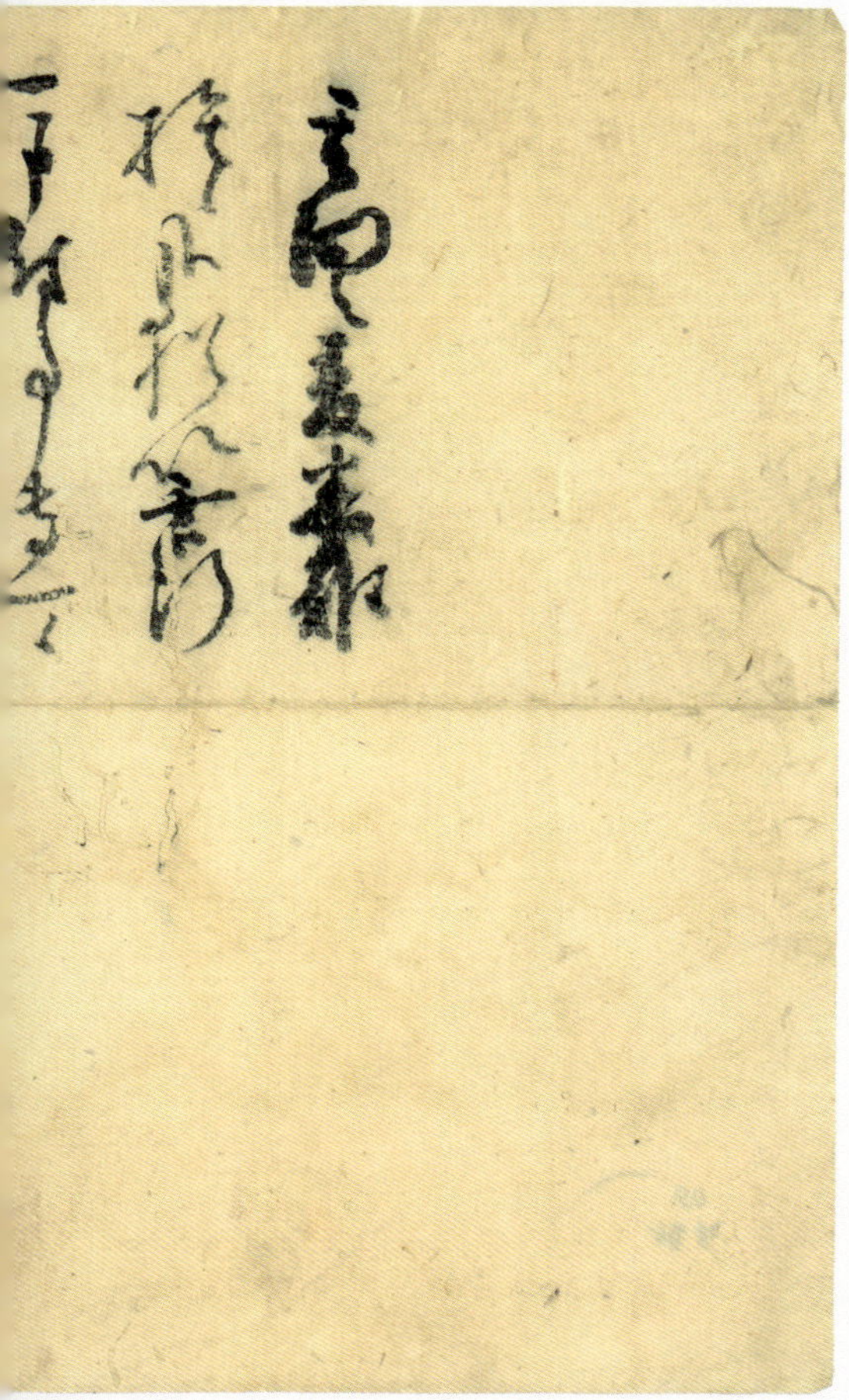

其面之麦悉薙

捨候哉、猶以無由断

可申付事専一候、

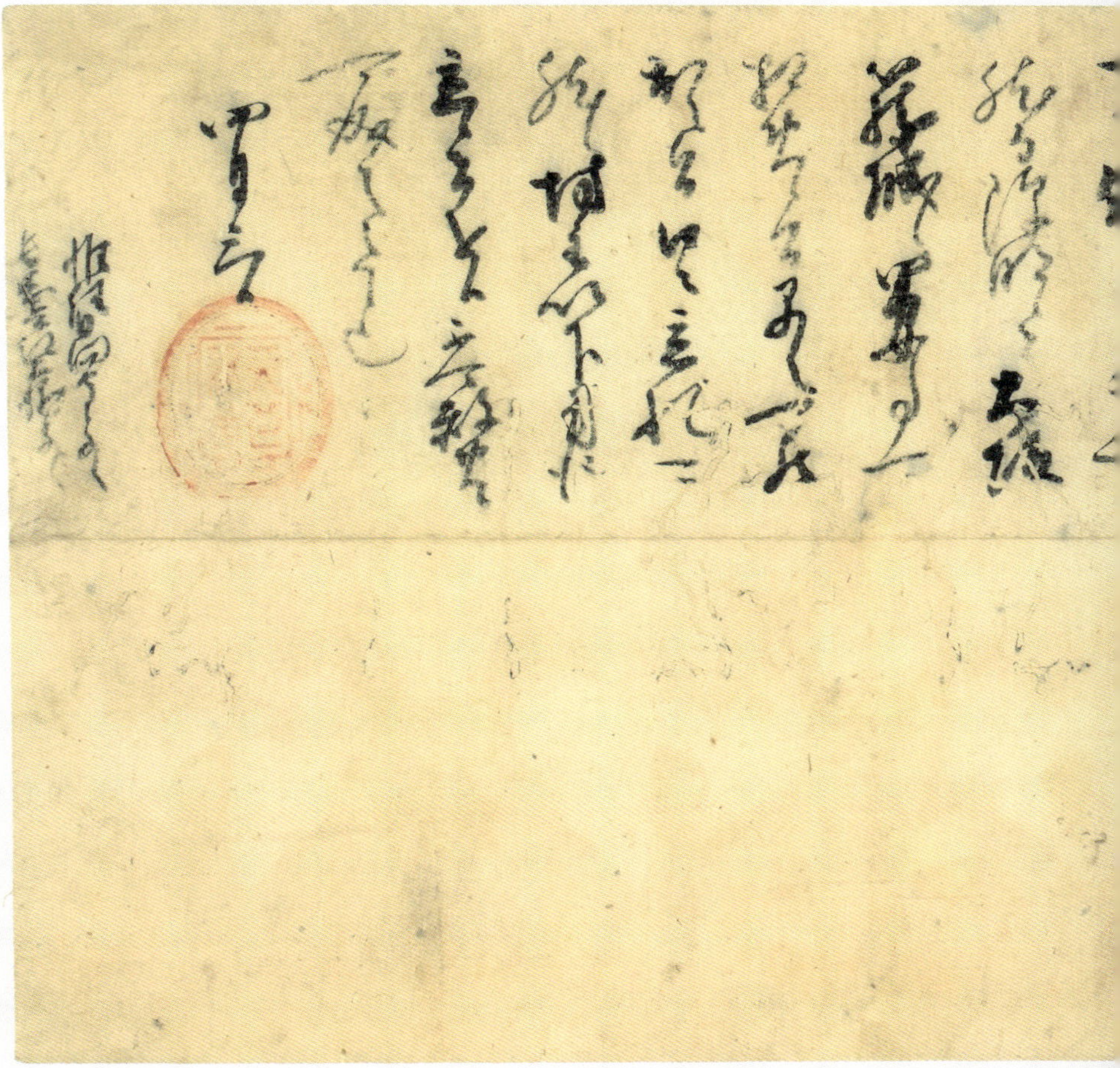

然而隙明候者、大坂
籠城候男女事□（可）
相免候間、早々可罷
出之旨、口々立札可
然候、坊主以下用ニも
立候者をハ不可赦免候、
可成其意候也、
四月三日（天正六年）（朱印）
惟任（光秀）日向守殿
長岡（藤孝）兵部大輔殿

現代語訳

大坂周辺の麦はことごとく薙ぎ捨てたか。油断なく実行することが大切だ。それが一段落したならば、大坂に籠城している男女を許すので、早々に（大坂本願寺から）退去するよう、口々に高札を立てよ。（ただし）坊主など、（本願寺の）戦力になるような者は許してはならない。そのことを心得るように。

戦国時代の合戦と民衆

稲葉継陽

「戦国時代」といわれる一六世紀。それは宗教の時代であった。

密教・禅宗をはじめとする中世の仏教諸派、それらと一体化した神社勢力は、荘園領主として公家・武家と結び付き、権威と権力を保持してきた。しかし、一五世紀の末期ともなると、地方の武家領主と民衆の自治的勢力が急速に台頭し、荘園の支配体制は衰退していく。これにかわって、新興武士や民衆のあいだに瞬く間に広まったのが、極楽往生を唱える一向宗（阿弥陀仏信仰）や、キリスト教であった。

この世の唯一の創造主にして救済者である主神を崇拝する信仰が、急速に広まった理由はなんだろうか。それは、戦国期が前後の時代では考えられないほど過酷な内戦の時代だったことによる。

戦国合戦の基本性格は、領土紛争や征服戦、すなわち大名権力の実力による領土の維持・拡大に伴う武力紛争であって、その開始は、大名当主と高級家臣たちの合議によって、政治的に決断された。しかし、その決断によって動かされる軍隊を構成する兵卒たちが、戦争の政治上の目的を大名と共有していたとは決していえない。当時の大名軍隊には、れっきとした知行取りの武士（給人《きゅうにん》）は一割もおらず、鉄砲の射手を含む「雑兵」と呼ばれた臨時雇いの奉公人が六割以上、残りの三割は村々から動員された「陣夫《じんぷ》」と呼ばれる百姓の兵站輸送隊によって構成されていた。

大名の軍隊はいわば傭兵雑兵の軍隊であり、戦闘員の圧倒的多数を占める彼らの目的は、戦功をあげて恩賞を得ること、さらに敵地で掠奪して稼ぐことであった。彼らにとって戦争の政治上の目的など、自分の稼ぎとは何のかかわりもない屁理屈に過ぎなかった。

しかし、鉄砲が普及して合戦が大規模・長期化する状況にあった戦国時代、大名の側も恩賞目的で集まってくる雑兵を大量に組織せねば、軍隊を維持できなかった。村社会からはじき出された大勢の男たちが戦場に吸い寄せられ、民衆が民衆の生活を奪い、まるで戦利品のごとく人をさらう。それが戦国合戦の実像であった。ここには、戦争暴力の超歴史的本質が如実に示されている。

羽柴秀吉が天正九年（一五八一）六月、鳥取城攻めに際して家臣に発給した三ヵ条の軍陣掟（「伊予小松一柳文書」ほか）は次のように定め、雑兵たちの生態をよく伝えている。①陣取りの現場や行軍の路次すがらで掠奪（「乱妨狼藉《らんぼうろうぜき》」）したり、地域住民に対して不当な要求をしたりする者は、即座に斬首する。②味方の地において不当な威力で財物を買い取ったり、放火したりしたなら、成敗する。③糠・藁・野菜などは百姓に事情を説明して譲り受けること。

秀吉が自軍の掠奪行為の抑止にいかに神経をつかっていたか、よくわかる。わけても注意するべきは、①で厳罰の対象とされている「乱妨狼藉」には、物だけでなく人の掠奪もが含まれた事実である。

文禄二年（一五九三）に比定される七月六日付秀吉朱印状（中川家文書）によれば、天正十四年（一五八六）に大友領に侵攻した島津軍が、敵地豊後の「男女」を略取して肥後に連行したこと、豊臣政権下でもその帰住が実現されずに、問題化していたことがわかる。さらに島津家老の上井《うわい》覚兼《かくけん》の日記には、やはり天正十四年、島津軍に女性や子ども大勢を連行する雑兵がいて、「濫妨人《らんぼうにん》」と呼ばれていたとある。

ルイス・フロイス『日本史』八における、島津軍の豊後侵攻に関する次の記述は決定的である。

> 薩摩軍が豊後で捕虜にした人々の一部は、肥後の国に連行されて売却された。その年、肥後の住民はひどい飢饉と労苦に悩まされ、己が身

を養うことすらおぼつかない状態にあったから、買いとった連中まで養えるわけがなく、彼らはまるで家畜のように高来（島原半島）に連れて行かれた。かくて三会や島原の地では、時に四〇名もが一まとめにされて売られていた。肥後の住民は（中略）豊後の婦人や男女の子供たちを、二束三文で売却した。売られた人々の数はおびただしかった。

島津軍の雑兵＝濫妨人は豊後の女性や子どもを戦争奴隷としてすぐさま肥後の住民（人買商人）に売却し、肥後の人買商人はそれを島原で売却した。島原で戦争奴隷を大量購入したのは、南蛮商人にちがいない。特にポルトガル商人は一六世紀半ばから、自身の東アジア貿易の拠点であるマカオに、日本国内の戦場から供給される戦争奴隷を輸出し始めていた。

新航路が開発され世界経済が動き出した一六世紀、東南アジアに殺到したポルトガル市民らは日本人奴隷の需要を発生させ、それが日本国内の戦場からの奴隷供給と領土紛争そのものを激化・大規模化させ、それがまた南蛮船による戦争奴隷輸出をますます増大させて、交易活動が活発化し、新たな奴隷需要を生じさせていく。こうして戦国合戦は、世界史の大変動とともに奴隷供給のシステムへと半ば変質していったと評価することも、間違いではないのである。

ただし、さらわれて売られても、命があるだけ幸運だったのかもしれない。

鉄砲が普及して大規模化した合戦で、雑兵たちは、恩賞申請の証拠である敵の首を持ち帰ることは許されず、首を取るところを同僚に見せて証人になってもらう必要があった（「分捕切棄《ぶんどりきりすて》の法」）。しかし、証人が討死してしまっては元も子もない。雑兵たちは取った首から鼻を削ぎ取って持ち帰るようになった。毎日のように鼻を削ぎ取り、その数を競い合う。戦争の政治上の目的などもはや誰も気にかけない。敵を倒すことだけが目的化された人間喪失の地獄が、雑兵たちにとっての戦国であった。

当然、そうした暴力は戦場の民衆に降りかかる。近世初期の東国で、かつて雑兵として合戦に参加した者たちから取材して成立したとされる兵書『雑兵物語』によれば、それが確かに男の首の鼻であることを示すため、「髭のついた唇を付けて削ぐ」という鼻削ぎの作法が成立していたことがわかる。これを逆から解釈すれば、じつに、戦場付近の住民女性らの鼻を狙うという逸脱行為までが雑兵たちのあいだに広まっていた可能性を、指摘せざるを得ないのである。

こうして戦国時代には、内戦の現世からの救済を求め、武士諸階層も民衆も続々と真宗門徒やキリシタンになった。その門徒らの一揆を「根切」にし、降参した者さえことごとく殺害した信長の戦争のあり方は、本書のNo.13や18に生々しく表現されている。信長の戦争が敵地の民衆に及ぼした暴力の実態は、上述した戦国軍隊・合戦のあり方との関係で検討され、信長権力の評価に組み込まれねばならないのだ。

参考文献

・神田千里『戦国と宗教』（岩波新書、二〇一六年）
・清水克行『耳鼻削ぎの日本史』（文春学藝ライブラリー、二〇一九年）
・藤木久志『新版 雑兵たちの戦場』（朝日選書、二〇〇五年）

23

織田信長黒印状《おだのぶながこくいんじょう》

（天正三年〈一五七五〉）五月十五日

信長の勝利は「天」の意思！ 藤孝は鉄砲隊を後方支援

永青文庫蔵の織田信長文書のハイライトのひとつは、天正三年（一五七五）五月二十一日に起こった長篠合戦に関する四通（№.23・24・25・26）である。この間の事情を信長自身が語ったものは他には現存せず、たいへん貴重。いずれも宛先は、京都に残留していた細川藤孝である。

長篠関係の信長文書の一通目にあたる本文書は、徳川家康の支配下にあり、武田勢の攻撃を受けていた三河の長篠城（愛知県新城市）を救援すべく、岐阜を五月十三日に出発し、十四日に岡崎（愛知県岡崎市）まで到着した信長が、上方で鉄砲の射手と火薬の調達を進めていた藤孝の報告に応え、したためた返書である。長篠合戦といえば鉄砲隊の活躍で知られるが、それを後方支援していたのは藤孝であった。

また、興味深いのは、文末に示された「わが軍が負けないのは天の与えるところであり、武田勢を「根切」にしよう」という、信長の心境である。信長は「天道思想」の持ち主といわれるが、ここでまさに彼は自身を「天」から武運を与えられた存在だ、と語っているのである。（山田）

国指定重要文化財／長岡兵部太輔（藤孝）宛／紙本墨書　折紙／武井夕庵筆／縦二七・九　横四六・一／永青文庫蔵（熊本大学附属図書館寄託）／207・仁・2　信長8

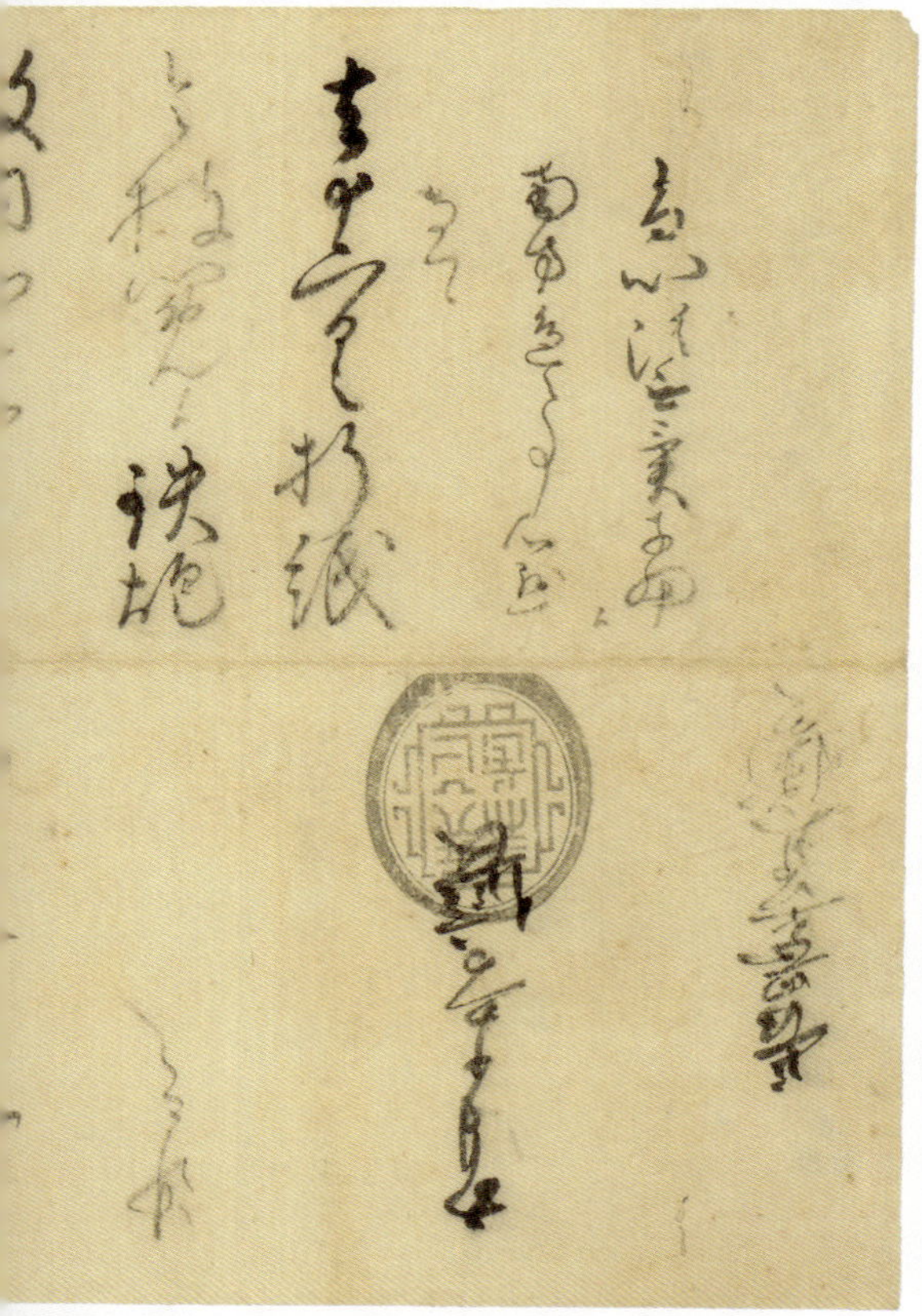

尚以雖無異子細候、（折り返し）

南方辺之事、心懸申入候、十三日ニ出馬候て、

専一候、昨日十四至岡崎（三河）

去十二日之折紙着陣候、明日者敵

令披覧候、鉄炮陣取近所迄人数

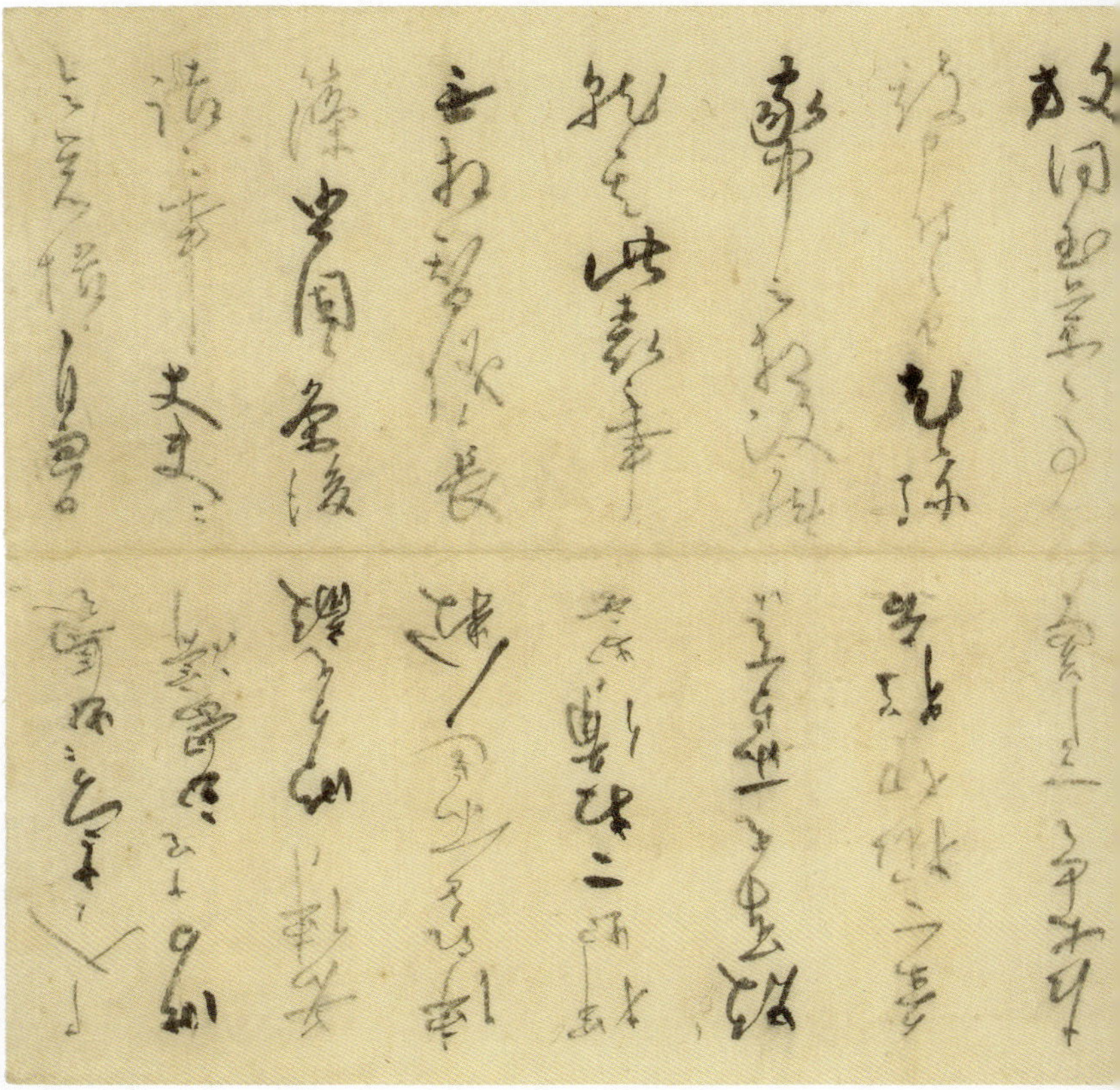

放・同玉薬之事、
被申付之由尤候、弥
家中被相改可然候、
就其此表之事、
無相替儀候、長（三
河）篠堅固候条、後
詰之事、丈夫ニ
令覚悟候、自兼日

押出、可相備候、於無
敗軍者、所与天候
条、可根切候、猶吉
左右追々可申送候、
謹言、
（天正三年）五月十五日　信長（黒印）
長岡兵部太輔（藤孝）殿

現代語訳

去る十二日の手紙を読んだ。鉄砲の射手と火薬の調達を命じているとのこと、承知した。（調達のために）さらに家中を改めるようにしてくれ。三河方面に変わったことはない。長篠城は堅固であり、後方支援もしっかりと手配した。以前申したように、十三日に出馬し、昨日十四日に岡崎まで到着した。明日は武田勢の陣所近くまで軍勢を進め、備えるつもりだ。（信長が）負けないのは天の与えるところであるから、武田勢を根絶やしにしてくれよう。また、戦況はおいおい報告する。

なお、変わったことがないといっても、大坂方面については心がけしておくことが大事である。

24

織田信長黒印状《おだのぶながこくいんじょう》

〈天正三年〈一五七五〉五月二十日〉

長篠合戦前日、「根切眼前」と伝える信長

No.23の黒印状が出されてから五日後、すなわち長篠合戦の前日に、細川藤孝からもたらされた注進を受けて、織田信長がしたためた返書。引き続き「鉄炮」調達に尽力する藤孝に謝意を表した前半部分以降で、信長は織田勢の進軍状況と武田勢の部隊配置について述べている。いま少し具体的にいうと、織田勢は天正三年（一五七五）五月十七日に牛久保城（愛知県豊川市）から豊川に沿って進軍し、長篠から三里の位置にたどり着いた。武田勢はというと、信長の見立てでは、その陣所は「節所」すなわち要害の地にあるものの、十八日に織田勢が鉄砲の射手を前面に押し出した結果、動きが取れなくなっていた。信長は「かえって擒《とりこ》になった」と評している。

それにしても、この時点で信長は、翌日に歴史的な軍事衝突が起こることを、どの程度予測していたのであろうか。むろん余人の知るところではないが、結果的には「此節根切眼前候」とのコメントどおり、彼は見事に武田勢を打ち破るのである。（山田）

国指定重要文化財／長岡兵部太輔（藤孝）宛／紙本墨書　折紙／武井夕庵筆／縦二七・九　横四六・二／永青文庫蔵（熊本大学附属図書館寄託）／207・仁・2　信長7

折帋令披見候、
鉄炮之事被申

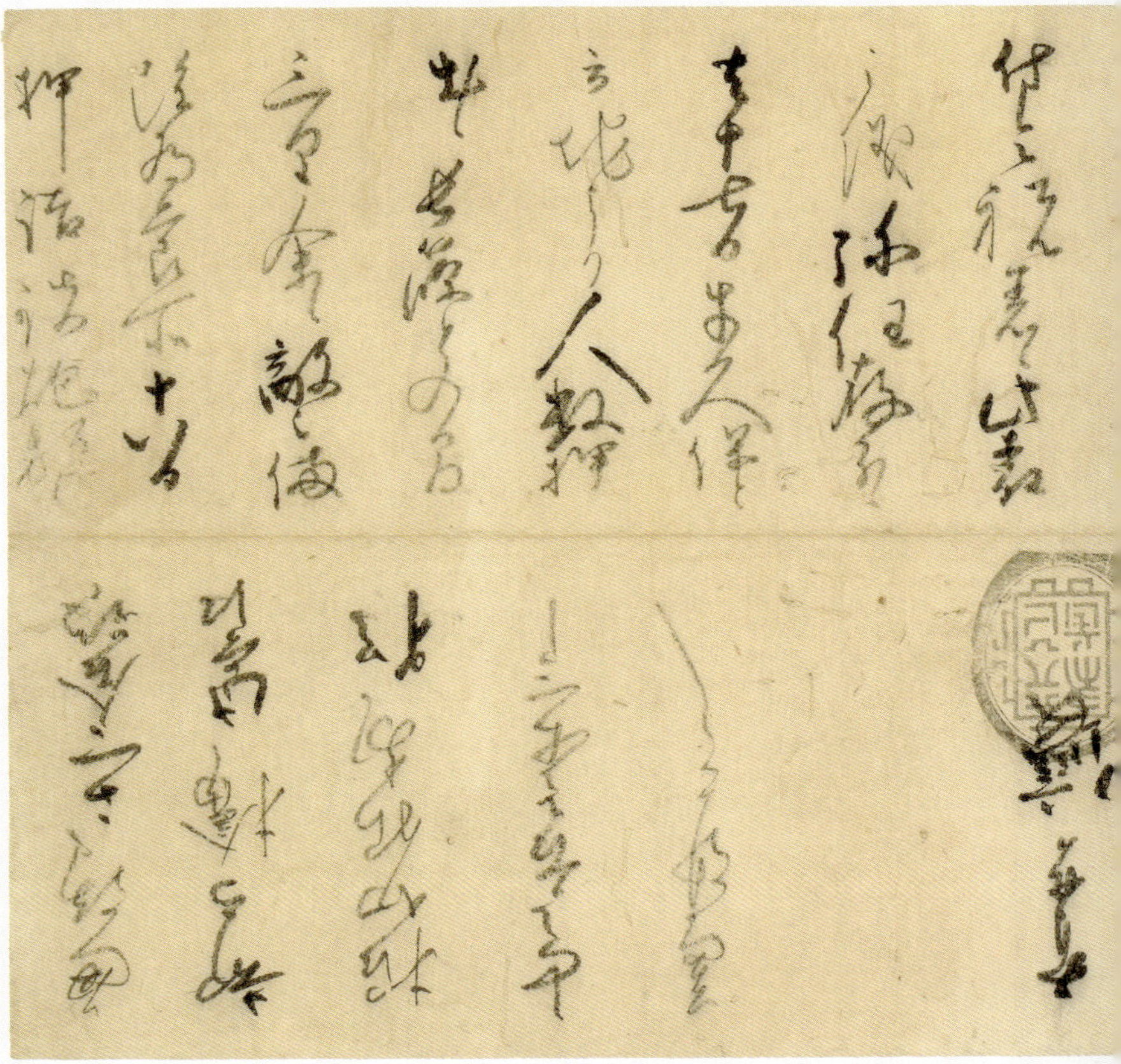

付、令祝着候、此表
之儀、弥任存分候、
去十七日牛久保《（三河）》と
云地より人数押
出候、長篠《（三河）》との間
三里余候、敵之備
雖為節所、十八日
押詰鉄炮放候、

（折り返し）

通路も不可合期候、
却而擒候、此節
根切眼前候、猶
追々吉左右可申
送候、謹言、
五月廿日《（天正三年）》　信長（黒印）
長岡兵部《（藤孝）》太輔殿

現代語訳

（藤孝からの）手紙をみた。鉄砲のことを申し付けたとの知らせ、嬉しい限りだ。こちらの戦況は、まったく思いどおりに進んでいる。十七日には、牛久保というところから軍勢を押し出した。長篠まで三里ばかりである。敵は難所に陣を敷いているものの、十八日にはこちらの鉄砲の射手を前面に押し出した。（敵は難所にいるゆえに）通行もうまくいかず身動きが取れないだろう。（敵は）かえって擒《とりこ》になったようだ。今回、（武田勢の）せん滅は目前である。追って吉報を届けることとしよう。

25

織田信長朱印状《おだのぶながしゅいんじょう》

（天正三年〈一五七五〉）（五月）二十一日

信長、武田軍撃破を速報　鉄砲が勝敗を決める

No.24の黒印状の翌日付で、天正三年（一五七五）五月二十一日に起きた長篠合戦が決着して間もない時間に、織田勢勝利を細川藤孝に伝えた朱印状。ほぼリアルタイムで織田信長自身が速報した貴重な一通である。先行研究によれば、信長は同様の文書を京都の村井貞勝や近江の明智光秀にも出したらしいが、現存するのは本文書のみである。なお、他の長篠関係信長文書がいずれも黒印状なのに対し、これには朱印が据えられている。その理由は、本文書が返信ではなく、信長による自発的な戦勝情報の発信という性格を有しているためとみられる。

文面をみると、信長は「早朝から部隊を配置し、数刻戦って武田勢を残らず討ち捕り、多くを生け捕った。以前から言っていたとおりの結末となり、「天下安全」の礎となった。よって（藤孝が）鉄砲の射手の件を申し付けてくれたこと、嬉しく思う」と述べている。「鉄炮放」に関する謝辞が加えられたのは、鉄砲の存在が合戦の行方を左右した点を踏まえてのことであろう。

（山田）

国指定重要文化財／長岡兵部太輔（藤孝）宛／紙本墨書　折紙／武井夕庵筆／縦二七・二　横四四・二／永青文庫蔵（熊本大学附属図書館寄託）／207・仁・2　信長11

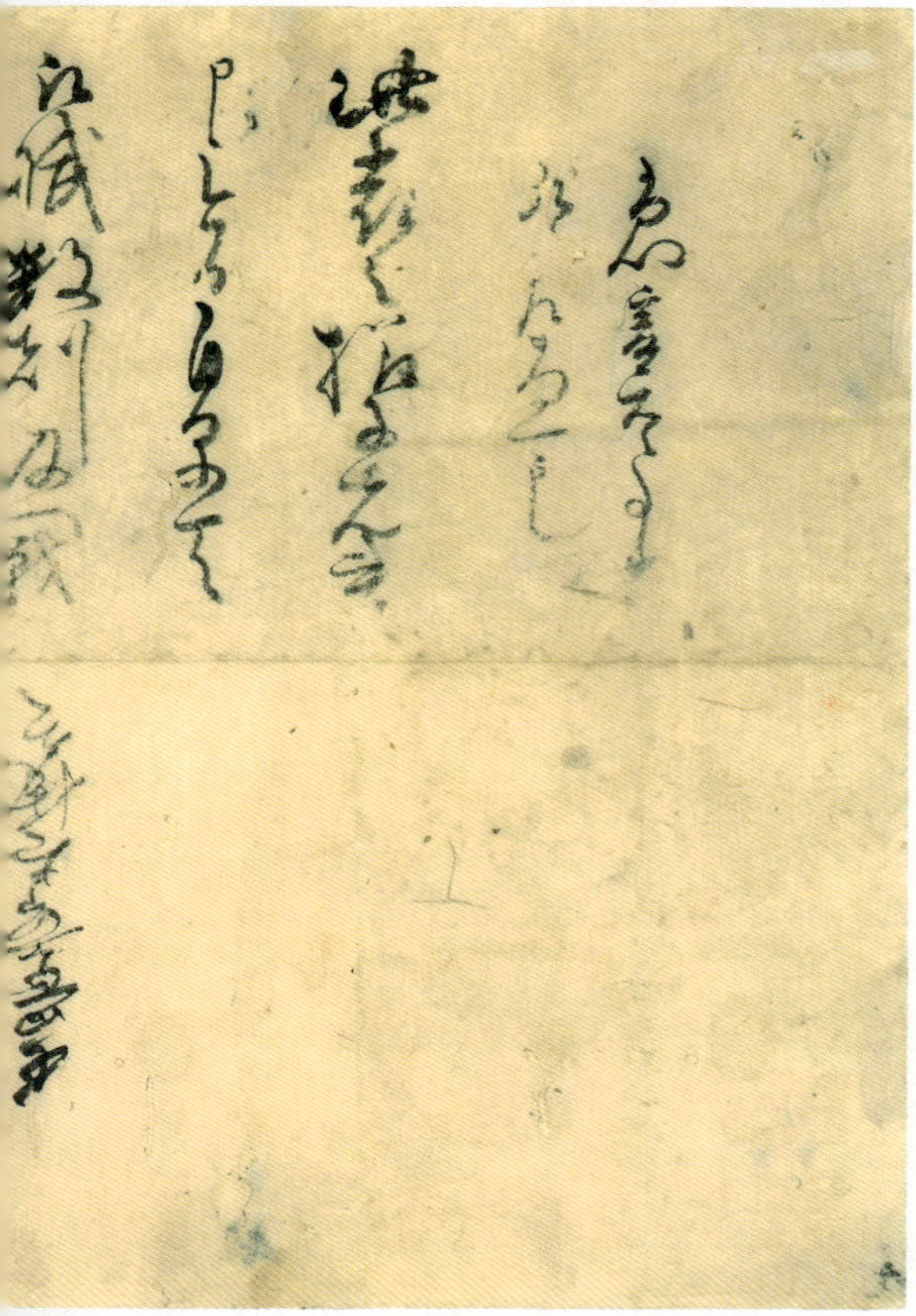

尚以爰元之事、
九□（郎）（塙直政）左衛門尉可申候、
此表之様子、先書ニ
申候、今日自早天
取賦、数刻及一戦、

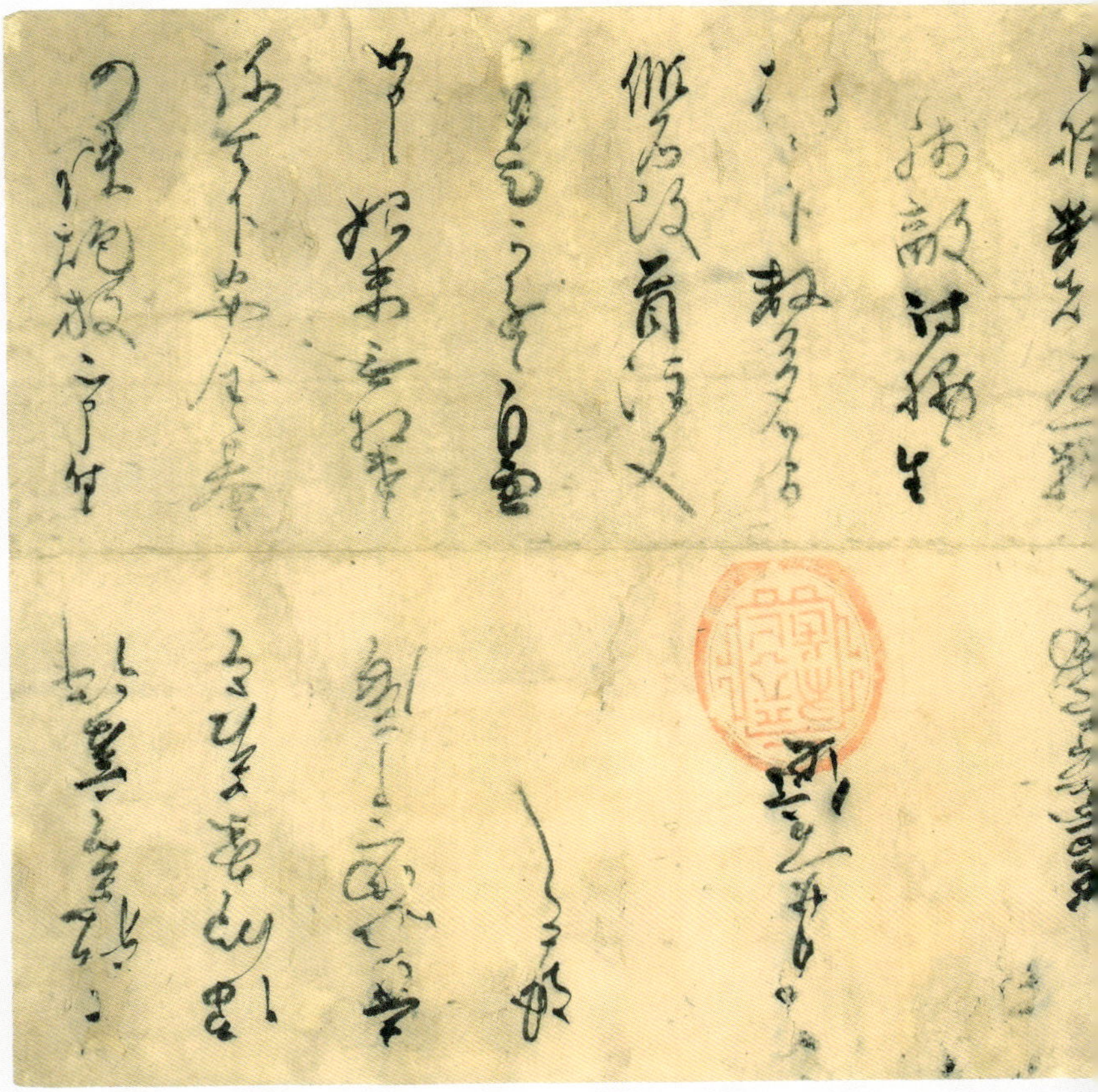

□（不）残敵討捕候、生
□□（捕巳）下数多候間、
仮名改首注文
自是可進候、自兼
如申候、始末無相違候、
弥天下安全之基候、
仍鉄炮放被申付候、

（折り返し）

□（令）祝着候、爰許
隙明候条、差上候、
旁以面可申展候、
謹言、
□（五）月廿一日（天正三年）　信長（朱印）
長岡兵部（藤孝）太輔殿

現代語訳

長篠の様子は以前書状で申したとおりである。本日、朝から（軍勢を）割り当て、数時間にわたり戦い、武田勢を残らず討ち捕った。生け捕りにした者も多くいるので、（その者を使って）討捕首の名前を改め、リストをつくり、（藤孝のもとへ）送ろう。以前から申していたとおりの決着となった。いよいよ天下安全の基《もとい》である。よって、鉄砲の射手の件を（藤孝が）申し付けて（調達して）くれたことを喜んでいる。こちらは（武田勢を破って）手があいたので、上洛する。いずれにせよ会って話をしよう。

なお、こちらの詳細については、塙直政から伝えさせる。

26

織田信長黒印状《おだのぶながこくいんじょう》

（天正三年〈一五七五〉）五月二十六日

信長「武田軍を破り鬱憤を散じた！」

長篠で武田勢を破った後、天正三年（一五七五）五月二十五日に岐阜に凱旋した織田信長が、その翌日付で細川藤孝に宛てた黒印状。前半部分で信長は、長篠合戦に関する三つの事柄に触れている。すなわち、①武田勢を数万人討ち果たしたこと、②武田勝頼の首はまだ確認されていないこと、③武田領の甲斐・信濃・駿河・上野の軍兵はほぼ残っていないであろうこと、である。①と③は誇張を含んだ表現であろうが、「河へ漂い候武者若干」と記しているように、武田勢に多くの死傷者が出ていた様子を信長が目の当たりにしていたのは事実である。

後半部分はやや趣が変り、武田氏に対する信長の感情が吐露される。もともと信長と武田信玄は同盟関係にあったが、元亀三年（一五七二）に信玄はそれを破り、浅井長政・朝倉義景・大坂本願寺とともに「信長包囲網」を形成したという経緯があった。信長はそんな信玄の行動を根に持っており、それは勝頼も同様だという。勝利により「近年の鬱憤を散じた」と述べているのは、そのためである。

（山田）

国指定重要文化財／長岡兵部太輔（藤孝）宛／紙本墨書　折紙／武井夕庵筆／縦二八・六　横四五・〇／永青文庫蔵（熊本大学附属図書館寄託）／207・仁・2　信長14

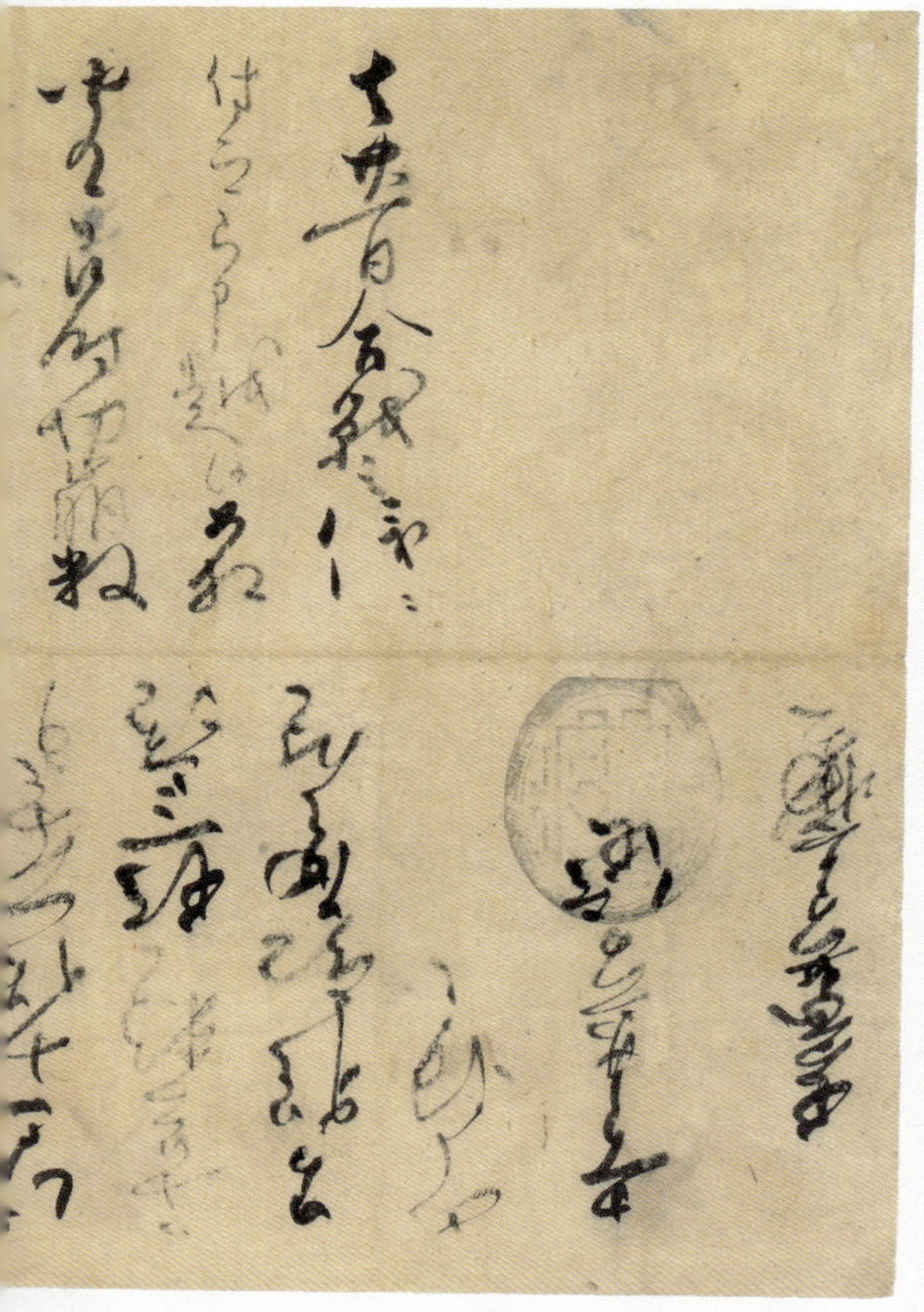

去廿一日合戦之儀ニ
付而、被申越候、如相
聞候、即時切崩、数

（折り返し）

儀付而、手前取紛候
刻、信玄入道構表
裏、忘重恩恣之
働候ける、四郎亦
同前ニ候、無是非候き、

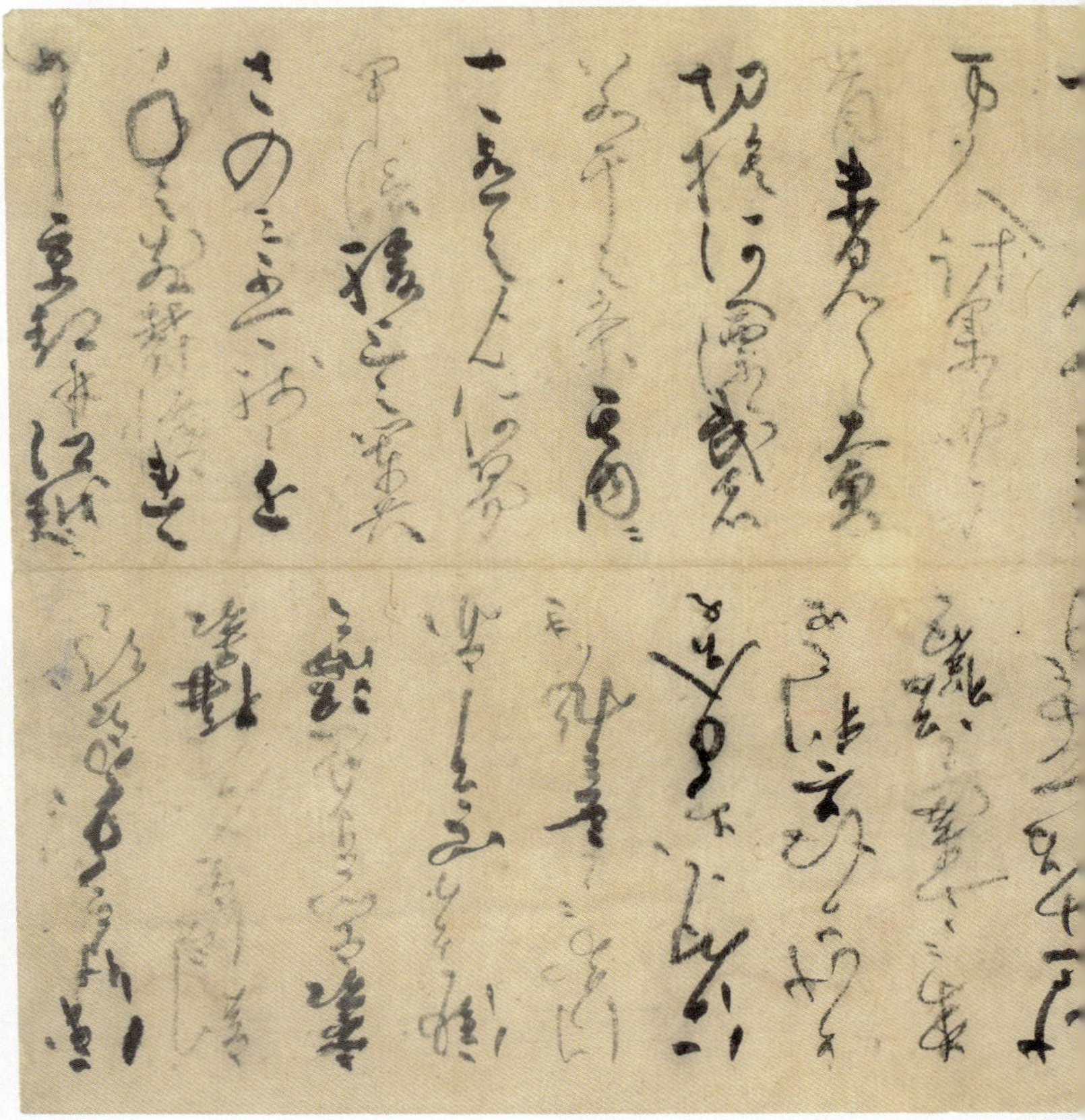

万人討果候、四郎《(武田勝頼)》
首未見之候、大要
切捨、河へ漂候武者
若干之条、其内ニ
可有之歟、何篇
甲・信・駿・上之軍兵
さのミ不可残候、近
年之散鬱憤候、連々
如申候、京都并江・越之

何時も於手合者、
如此可得太利之由、
案ニ不違候、祝着候、
此上小坂《(本願寺)》一所之事、
不足数候、頓可上洛候
間、猶期面之時候、
恐々謹言、
五月廿六日《(天正三年)》　信長（黒印）
長岡兵部太輔殿《(藤孝)》

現代語訳

去二十一日の合戦について、(藤孝からの) 手紙を受け取った。周知のように、(武田勢を) 即時に切り崩し、数万人を討ち捕った。勝頼の首はまだ見ていない。大方は切り捨て、川に漂う武者も多少見えるので、その中に (遺体が) あるのかもしれない。甲斐・信濃・駿河・上野の敵兵はほとんど残っていないだろう。近年の鬱憤を晴らしたぞ。かねて申してきたように、京都・近江・越前が敵対して混乱していた時、信玄は私を裏切り、恩義を忘れて、いいように暴れまわった。勝頼もまた同前である。やむを得ないことだ。戦えばこのように大勝するであろうことは、予想どおりであった。喜ばしい。あとは本願寺だけが (敵対勢力として) 残っているが、数えるに足りない存在だ。すぐに上洛するので、その時にまた会おう。

27

織田信長黒印状《おだのぶながこくいんじょう》

武田氏のあっけない滅亡に驚きを隠せず

（天正十年〈一五八二〉）四月十五日

天正三年（一五七五）の長篠合戦で敗れた後、美濃の岩村城（岐阜県恵那市）を織田勢に奪還され、三河・遠江では徳川家康の反撃をこうむっていたものの、武田氏は引き続き甲斐・信濃・駿河を支配する一大勢力であった。しかし、同九年三月に遠江の高天神城（静岡県掛川市）を失陥した頃より人心は武田勝頼から離れはじめ、同十年二月には信濃の木曾氏が織田方に鞍替え。織田信長はこれを見逃さず、ついに武田攻めを決断した。

本文書は、天正十年三月の武田氏滅亡の報を受け、戦勝を寿ぐ書状を送ってきた細川藤孝に対し、信長が返した黒印状である。文中に「早々の落着、我ながら驚き入るばかりに候」と述べられているように、武田勢の崩壊は早かった。織田勢が信濃へ侵入して半月後の三月初旬に、勝頼は早くも新府城（山梨県韮崎市）を放棄。侵入後一ヵ月もたたない三月十一日に、田野（山梨県甲州市大和町田野）で自害するのである。信長も驚きを隠せない、あっけない幕切れであった。

（山田）

国指定重要文化財／長岡兵部大輔（藤孝）宛／紙本墨書　折紙／楠長諳筆／縦三一・五　横四九・七／永青文庫蔵（熊本大学附属図書館寄託）／207・仁・2　信長32

去月廿三日書状、

今日十五至遠州

懸河披見候、仍

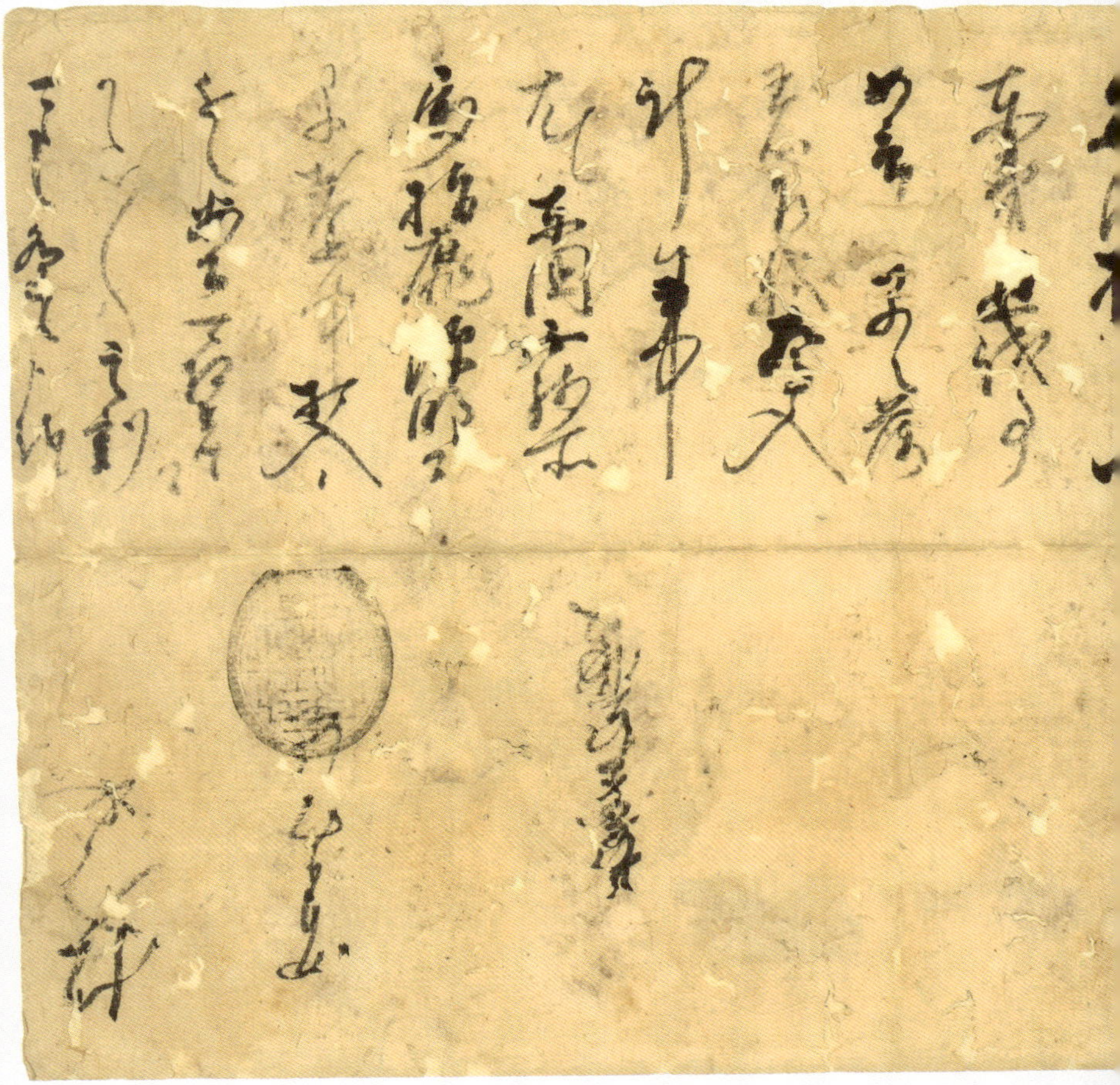

東夷追伐事、
如言□早々落
着、乍我驚入
計候、書中
尤候、東国無残所
属抬靡、隙明候間、
早於途中打入候、
近々安土可相着候間、
かた〱其刻
可申候、遥々申越候、

（折り返し）

悦入候也、
（天正十年）四月十五日　信長（黒印）
長岡（藤孝）兵部大輔殿

現代語訳

先月二十三日付の書状を、本日四月十五日に遠江の掛川で読んだ。武田攻めのことは、言っていたように早々に決着し、我ながら驚くばかりだ。（藤孝書状の）文面のとおりである。東国は残すところなく当方になびき、一段落したので、早めに帰国してきている。近いうちに安土へ到着するので、もろもろその時に話すこととしよう。遠いところ書状を送ってもらい、喜んでいる。

28

織田信長朱印状《おだのぶながしゅいんじょう》

信長、内通者を確保して雑賀衆を攻める

（天正五年〈一五七七〉）二月十日

『信長公記』によると、織田信長は雑賀衆《さいかしゅう》を攻撃するために、天正五年（一五七七）二月九日に京都の妙覚寺に入った。雑賀衆とは、紀伊北西部（和歌山県和歌山市および同海南市の一部）の地侍等で構成された一揆的集団であるが、一向宗の門徒も多く、当時は大坂本願寺を支援していた。そこで信長は、紀伊根来寺（和歌山県岩出市）の僧兵・杉坊や雑賀衆の一部を内通させたうえで大軍を投入し、鎮圧を図ったのである。

本文書は、上洛直後に信長が細川藤孝に与えた朱印状である。冒頭に「杉坊かたへの覚候」とみえ、杉坊が内通していた様子が窺える。その後で信長は、「十三日に河内まで出陣せよ。先遣隊が信長に「出馬して然るべし」と伝えてきたならば、内通は疑いないものとなるので、いちいち伺いを立てることなく和泉へ侵出せよ。そうなれば信長も出陣する」と藤孝に伝えている。信長が現地の情勢に目配りしつつ指示を与え、軍事作戦を進めていた様子がわかる一通である。（山田）

国指定重要文化財／長岡兵部大輔（藤孝）宛／紙本墨書　折紙／楠長諳筆／縦二八・五　横四六・〇／永青文庫蔵（熊本大学附属図書館寄託）／207・仁・2　信長22

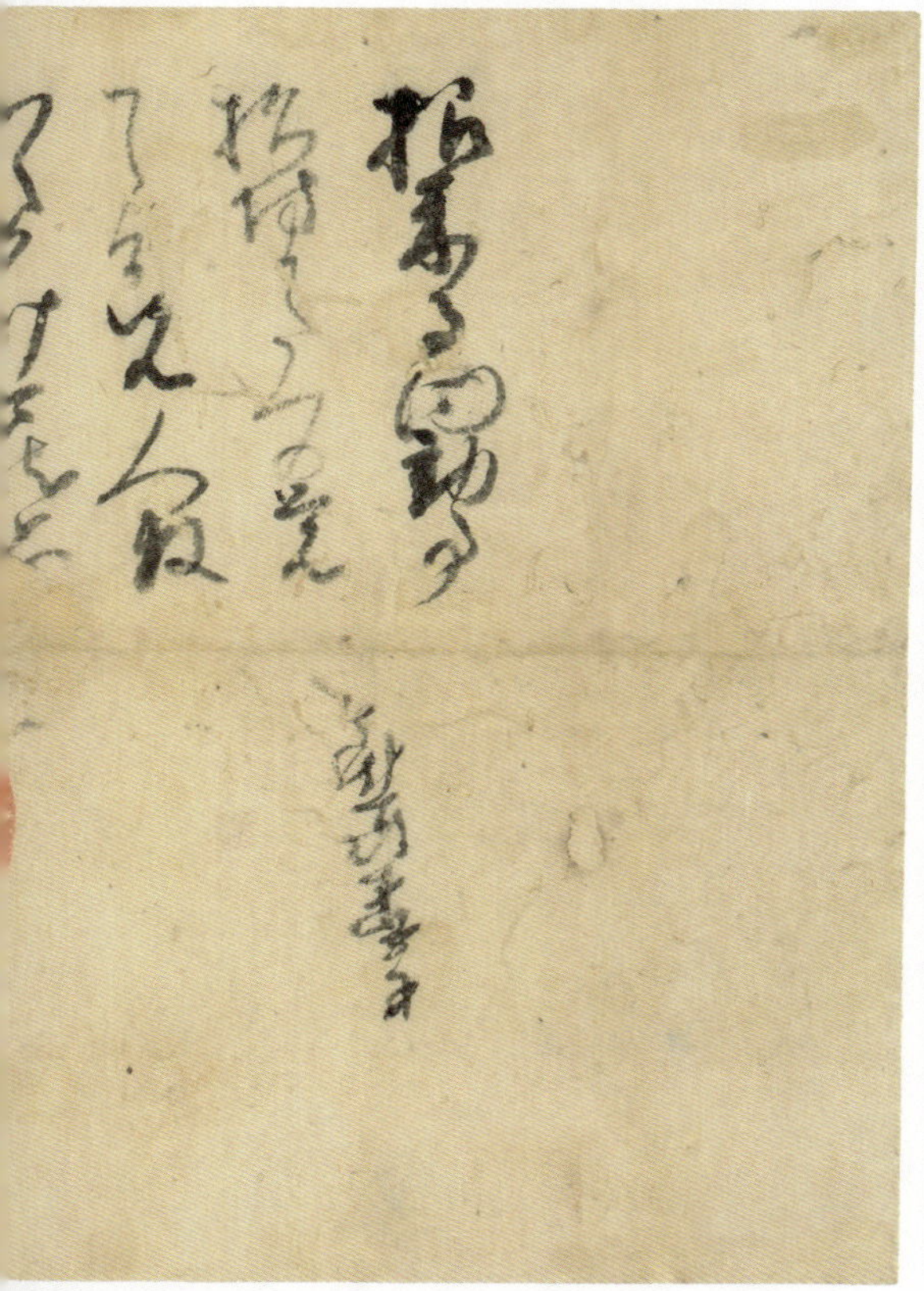

（紀伊）根来寺面動事、
杉坊かたへの覚
候間、先人数
出之かけ可然□

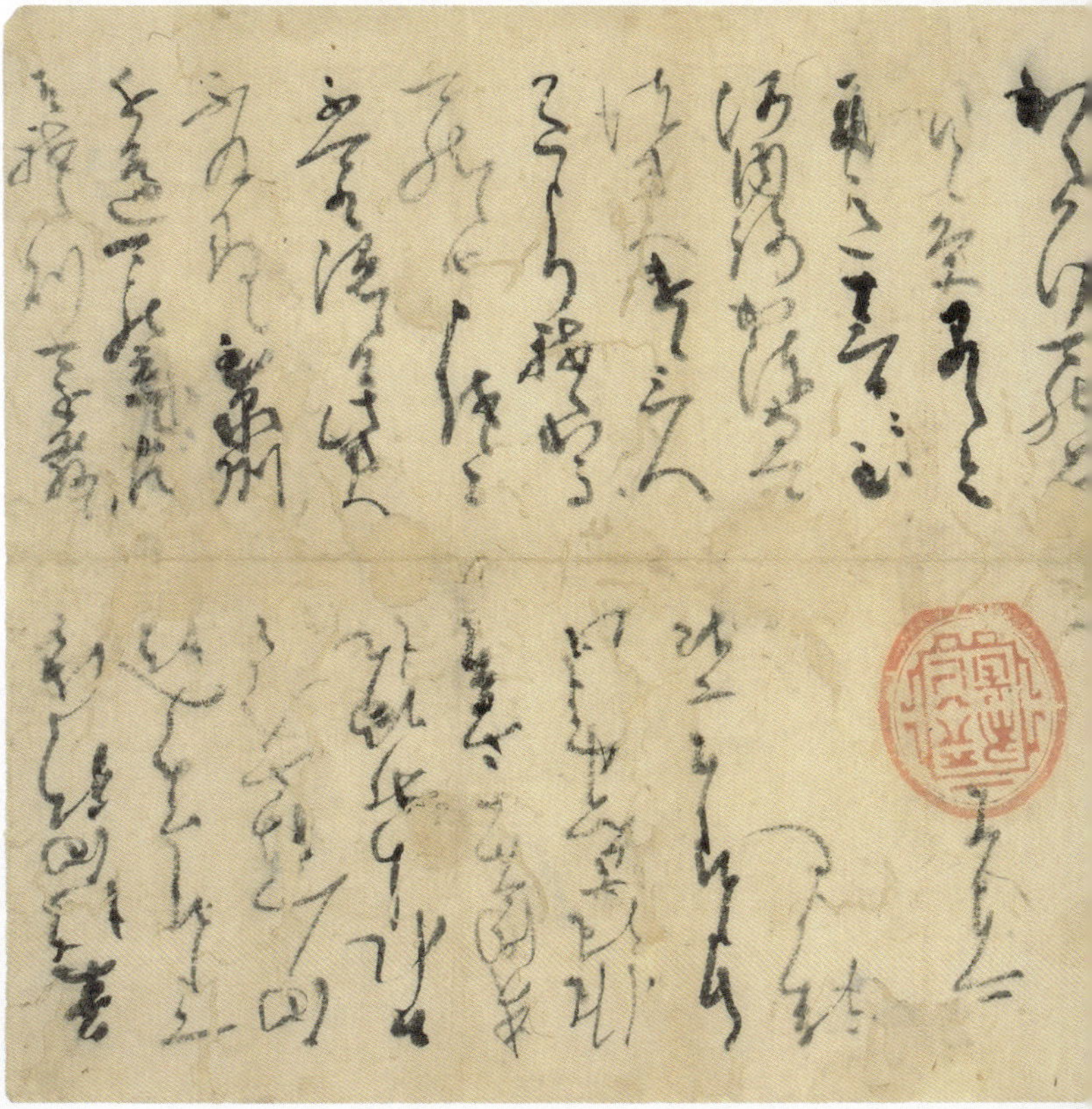

□之条、早々令
用意、十三日ニ至
河内路出陣専一候、
彼方へ遣候三人
かたより、我々出馬
可然之由申越候者、
不可有隠候間、此方へ
不及尋候、至泉州
近辺可罷立候、左候
者、我々則可進発候

（折り返し）

条、彼面行之儀者
可申付候、若又彼
面人数不入候者、
それより打帰候ても、
幾（畿）内衆ハ不苦候、
惟任（光秀）・荒木（村重）ニも此
分申付候間、可相
談候也、
二月十日（天正五年）（朱印）
長岡（藤孝）兵部大輔殿

現代語訳

紀伊根来寺方面での軍事行動については、同寺の杉坊方と取り交わした「覚」があり、まず軍勢を出陣させるように（杉坊へ）見せかけるのがよいので、早々に用意し、十三日に河内路へ出陣することが第一である。彼方（杉坊方）へ派遣した三人から、自分（信長）が出馬すべきと申してきたならば、（杉坊の内通は）間違いないので、こちらへいちいち確かめる必要はない。（藤孝の判断で）和泉へ軍勢を進めよ。その時は、自分もすぐに出陣するつもりなので、そちらでの作戦を申し付けよう。もしまた（紀伊で多くの）軍勢が必要ないようであれば、畿内衆はそこから帰陣してもかまわない。明智光秀・荒木村重にもそう申し付けているので、二人と相談するように。

29

織田信長朱印状《おだのぶながしゅいんじょう》

（天正五年〈一五七七〉）二月十一日

内通者に促がされ、即刻出陣に変更！

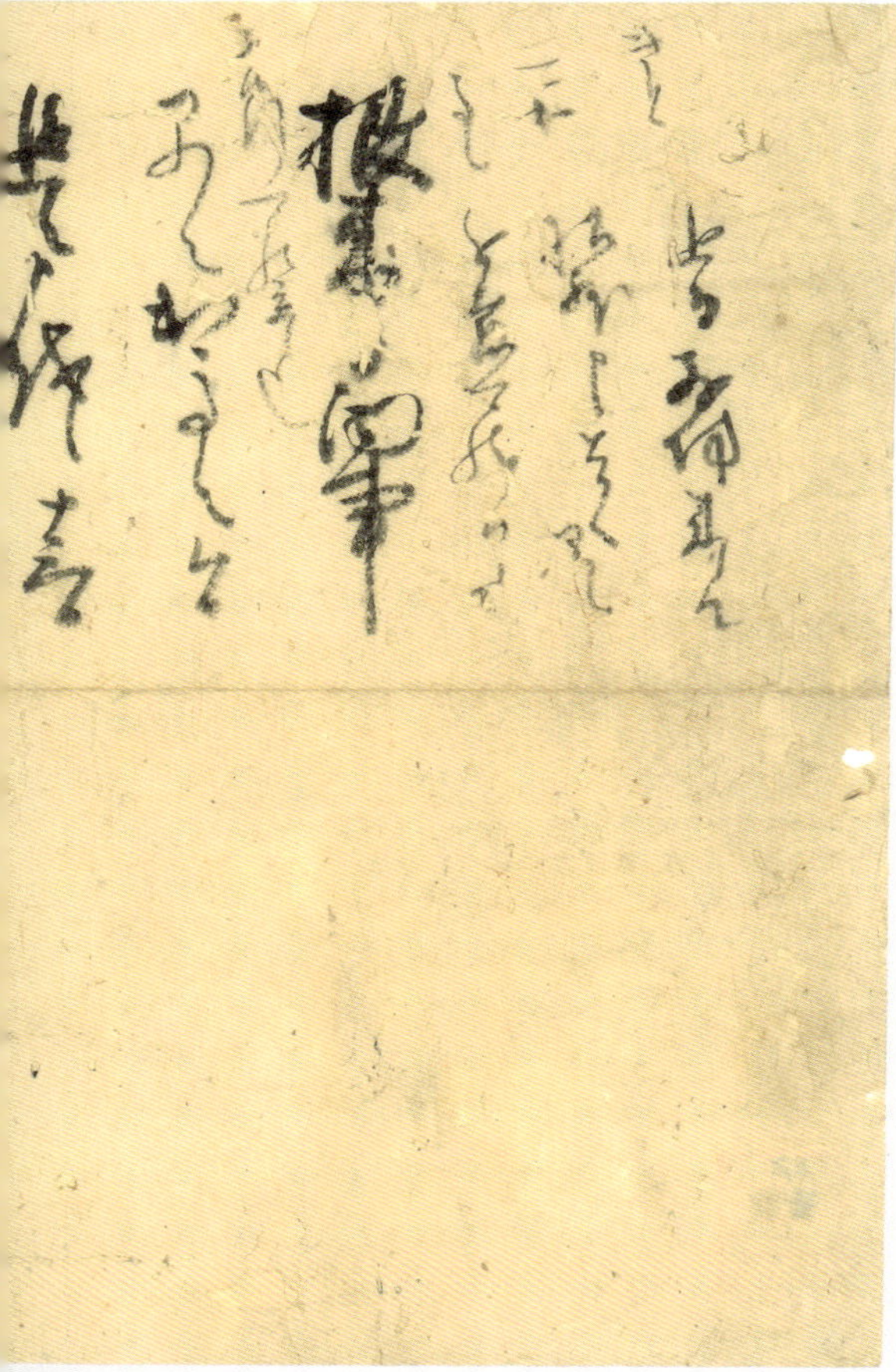

No.28の朱印状の翌日、天正五年（一五七七）二月十一日付で出された織田信長朱印状。紀伊出兵の日程を記した前便を修正し、新たなスケジュールを示したものである。返信文言を記さない信長の指示書という性格を踏まえてであろう、前便と同様に朱印が据えられている。

文面によれば、根来寺方面での軍事行動について、早々に信長自身が出馬するようにと「前坊」が申してきた（「前坊」は根来寺の関係者であろう）。なので、前便では二月十三日に「川」を越すように伝えていたが、本文書の日付の翌日、つまり明日十二日に出陣し、和泉へ向かえ、そこから先は指示があり次第進発せよ、と述べられている。ここでいう「川」とは、京都から南下する際に渡河した淀川のことであろう。文書の袖（右側）から本文行間にかけて記された「追而書」（追伸部分）によれば、「前坊」が信長のもとを訪れ、早々の出馬を促したらしい。

なお、『信長公記』によれば、信長自身は十三日に京都を出発、淀川を越えて河内・和泉方面へ軍勢を進めている。（山田）

国指定重要文化財／長岡兵部大輔（藤孝）宛／紙本墨書　折紙／楠長諳筆／縦二九・五　横四五・八／永青文庫蔵（熊本大学附属図書館寄託）／207・仁・2　信長28

追而、前坊来候て、
様躰申候、とかく早々
進発可然候て、
きと可出馬候、
□（無）由断可罷立候也、
（紀伊）根来寺面事、

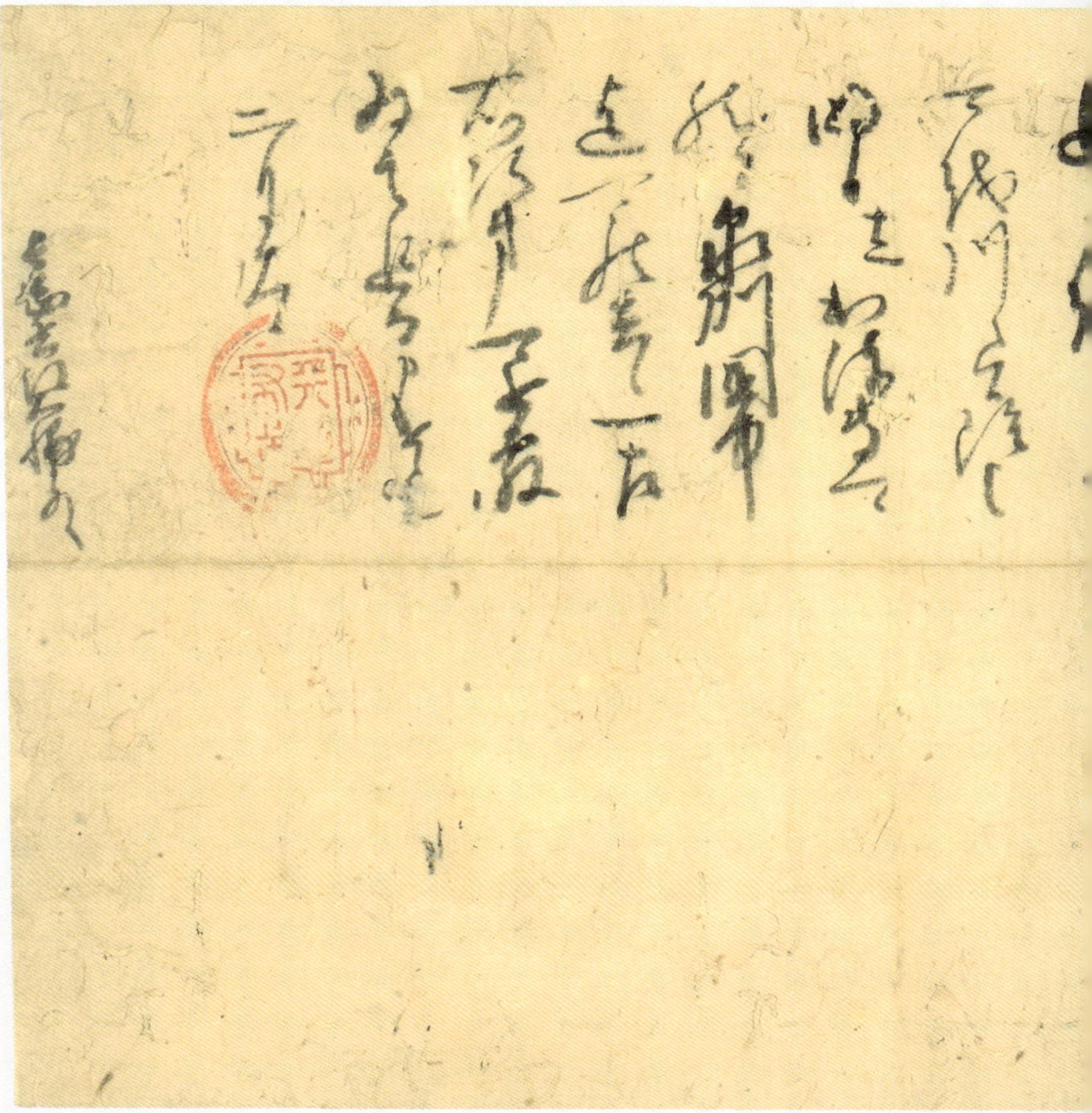

早々出馬之旨、
追々申越候、十三日
可越川候旨雖申候、
明日十二出陣専一候、
然者、泉州国中
迄可罷立候、一左
右次第可進発候、
為其追而申遣候也、
（天正五年）二月十一日（朱印）
（藤孝）長岡兵部大輔殿

現代語訳

根来寺方面の事につき、早々に出馬するように（前坊が）追って申し越してきた。（藤孝には）十三日に淀川を越えるよう申していたが、明日十二日に出陣せよ。ついては、まず和泉方面まで軍勢を進めるように。そして一報あり次第、出陣するようにせよ。それについては、追って申し遣わす。

追伸、前坊が参って、（紀伊の）様子を報告してきた。とにかく早々に進発すべき状況なので、すぐに出馬する。（そちらも）油断なく出陣するように。

30 織田信長黒印状《おだのぶながこくいんじょう》

（天正五年〈一五七七〉）二月二十三日

信長、雑賀勢数十人を討ち捕った藤孝勢を称賛

紀伊の雑賀衆《さいかしゅう》を攻撃するために天正五年（一五七七）二月十三日に京都を出発した織田信長は、『信長公記』によれば、二十二日に和泉南部の信達（大阪府泉南市）に着陣。ここで軍勢を「山手」と「浜手」にわけ、紀伊へ入った。この時、細川藤孝は滝川一益・明智光秀・筒井順慶とともに海沿いを進む「浜手」部隊となり、淡輪（同市）から中野（和歌山県和歌山市）へ攻め込んだとされる。このおりに家臣下津権内が「一番鑓」をつけ、大いに働いたという。

本文書は、二十二日に先駆けとして雑賀勢と戦い、「数十人」の首を送ってきた藤孝に対し、出された黒印状。黒印が宛名にかかり、他の文書より窮屈な印象を受けるのは、これが陣中で記されたためであろうか。内容は、少勢ながら首をあげた働きを称賛する、感状というべきものである。ただ、その戦場の所在ははっきりしない。文面には「長尾」と記されるが、そういった地名が付近にみあたらないのである。あるいは、「長尾」は「中野」の聞き違い、書き違いかもしれない。

（山田）

国指定重要文化財／長岡兵部大輔（藤孝）宛／紙本墨書　もと折紙　掛幅装／楠長諳筆／縦一五・〇　横三九・二／永青文庫蔵／3675　信長59

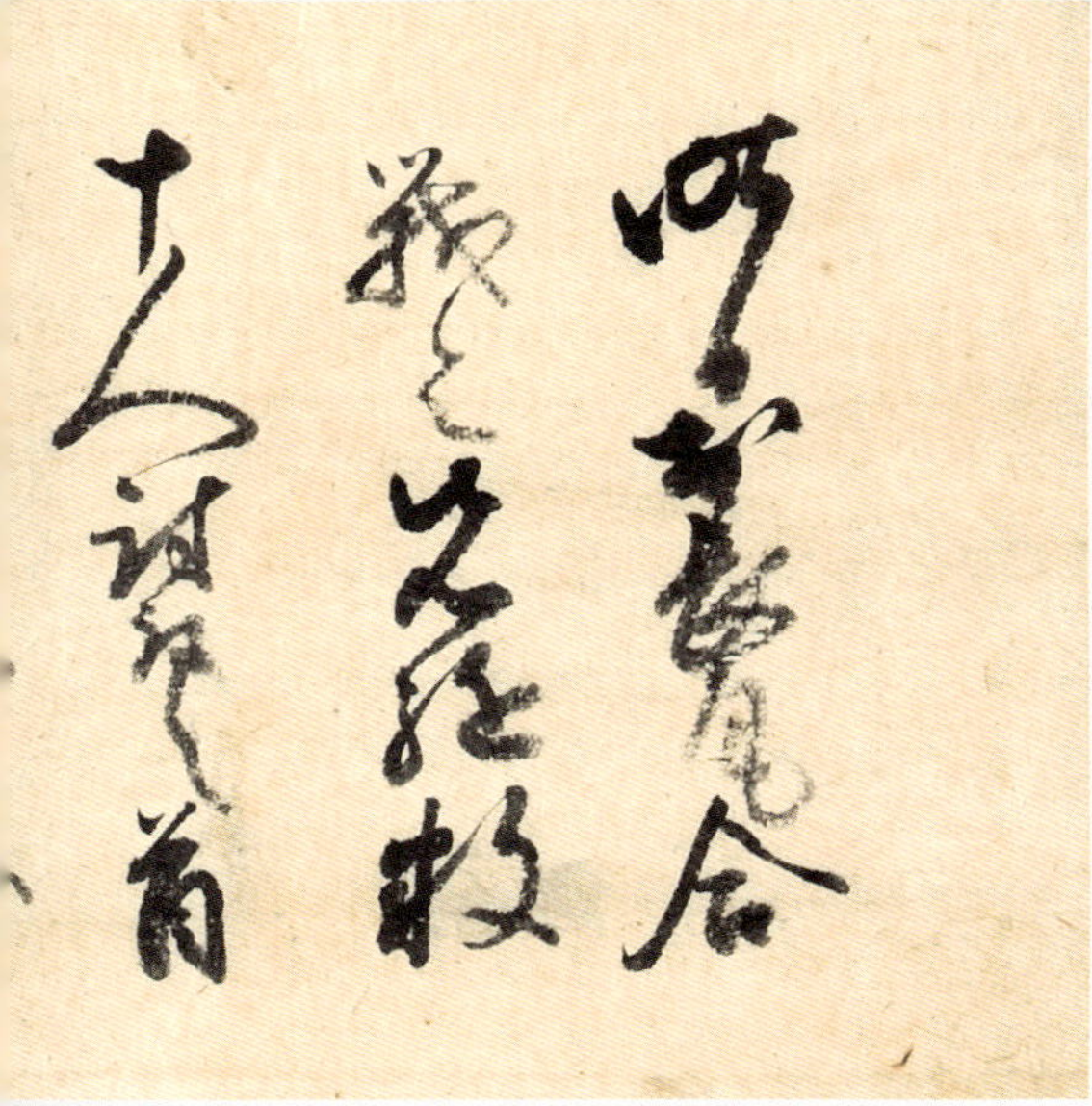

昨日於長尾合
戦令先駈、数
十人討取之首

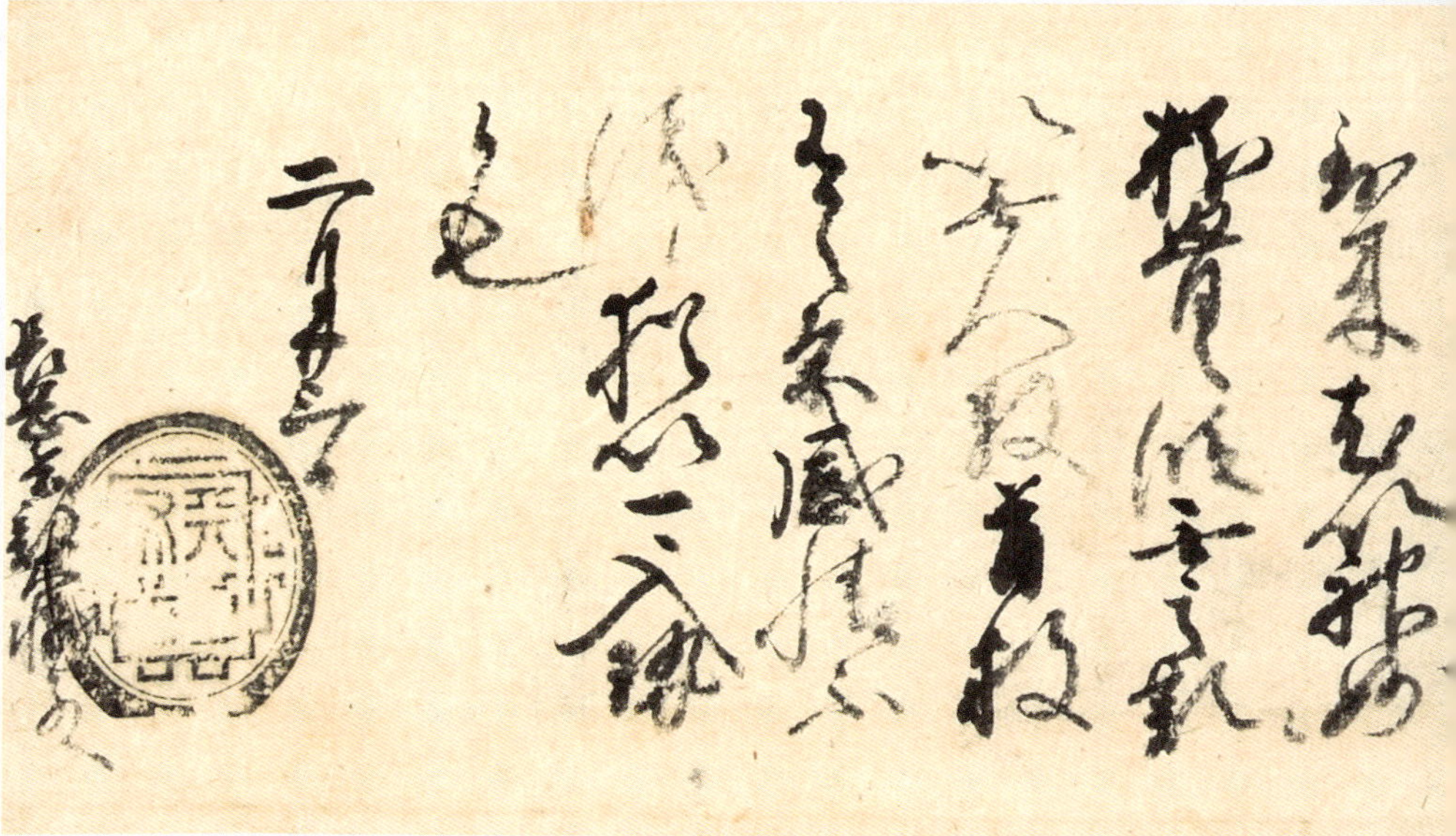

到来、尤以神妙候、
粉骨之段無其類、
以無人数首数
有之条、感情不
浅候、猶以可入勢
候也、
（天正五年）二月廿三日
（黒印）
長岡（藤孝）兵部大輔殿

現代語訳

昨日の長尾合戦において先駆けしたおりの、数十人分の討ち捕り首が到来した。たいへん神妙なことである。力の限りの働きは比類なきものであり、軍勢が少ないにもかかわらずこれほどの首をあげ、深く感じ入った次第である。よりいっそう精を入れ働くように。

31

堀秀政添状《ほりひでまさそえじょう》

信長側近の添状は感状と同じ筆跡

（天正五年〈一五七七〉）二月二十三日

No.30の織田信長黒印状と同日付で、信長側近の堀秀政が細川藤孝に宛てた一通。「（藤孝の）「御状」を披露したところ、その働きぶりを喜んだ信長様が「御感状」をしたためられた」という経緯を藤孝に伝えておけ、との信長の意向を受け、No.30とセットで出された添状である。

ところで興味深いのは、本文書とNo.30と筆跡がじつにそっくりな点である。共通する「昨日」「数十人」「討取」「首」「感」の文字を比べていただきたい。いずれも信長の右筆 楠長諳《くすのきちょうあん》の手とおぼしいが、いかがであろうか。信長発給文書と家臣添状を同じ右筆が書いたケースがあることは、すでに指摘されるところである。ただ、かかる状況が生まれた背景は、いまだはっきりしない。信長の指示なのか、あるいは添状担当者の個人的依頼なのか。なお、本文書の場合は、雑賀衆《さいかしゅう》との合戦中というシチュエーションが影響し、同筆になった可能性もあろう。戦場に近い軍陣の中であれば、当然ながら書き手を絞った方が戦闘効率は上がるとみなされるからである。

（山田）

国指定重要文化財／長岡兵部太輔（藤孝）宛／紙本墨書　折紙／楠長諳筆／縦二七・二　横四二・三／永青文庫蔵／3675　信長59付

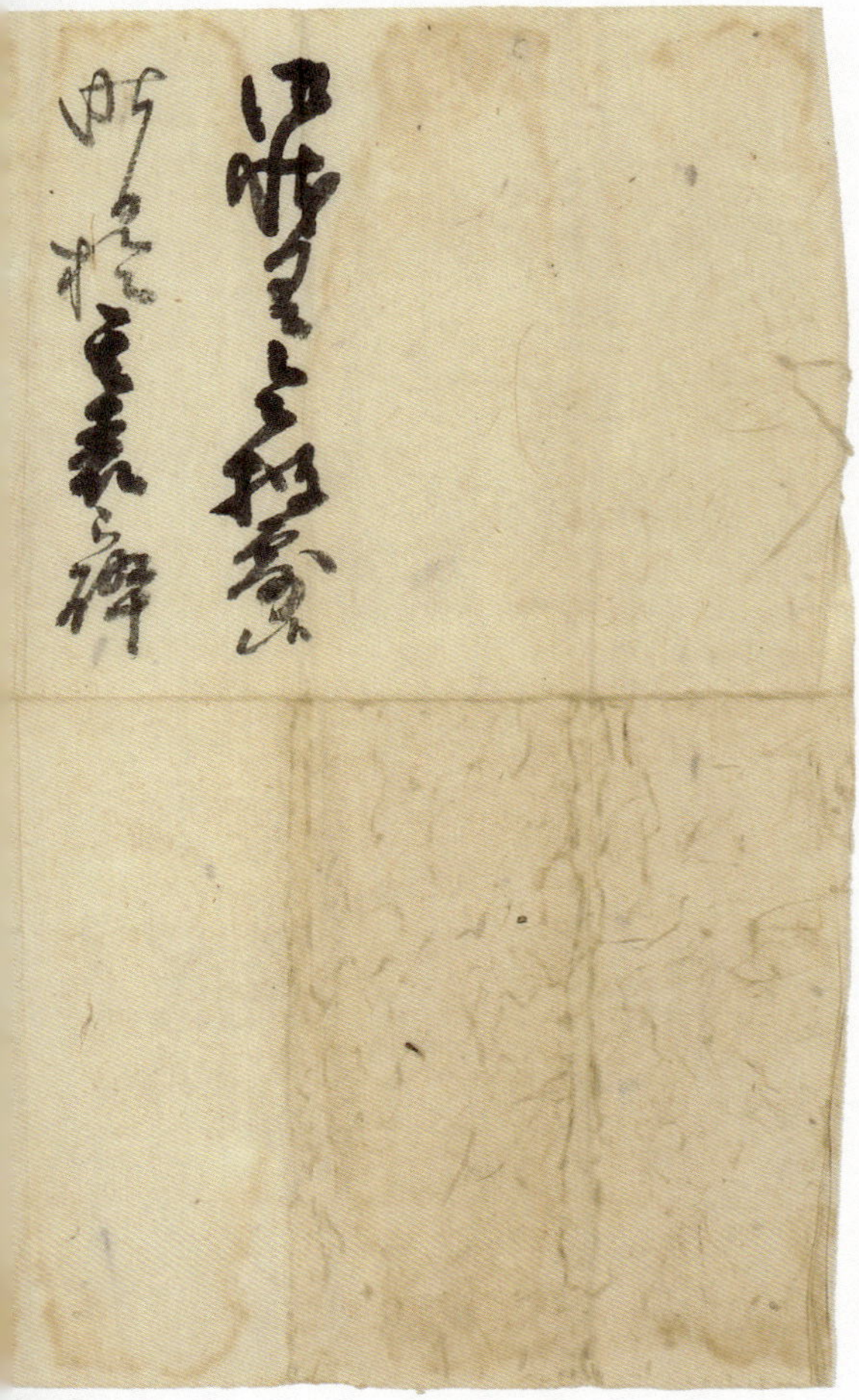

御状具令披露候、
昨日於其表被砕

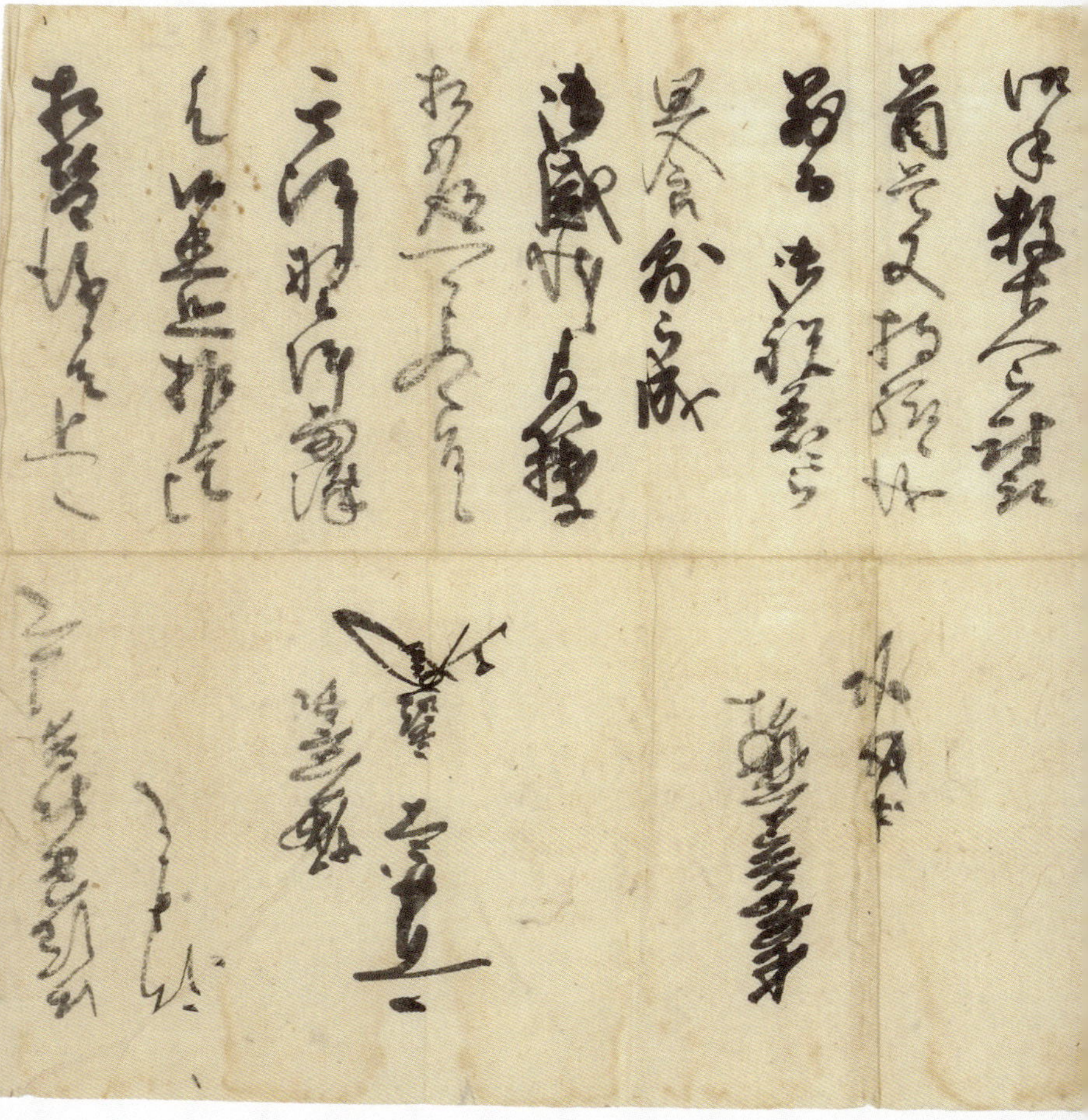

御手、数十人被討取、
首是又持給候儀、
別而　御祝着ニ被
思食、則被成
御感状候、尚以拙子
相心得可申入之旨候、
其許野陣、雨降
候て御迷惑推量申候、
相替儀候者、追々

（折り返し）
御注進肝要ニ候、恐々
謹言、
堀久太郎
（天正五年）二月廿三日　秀政（花押）
長岡兵部（藤孝）太輔殿
御返報

現代語訳

（藤孝から信長様への）御状を詳細に披露いたしました。昨日その方面にて工夫を凝らして戦われ、数十人を討ち捕られ、さらにはその首をお持ちいただいたこと、（信長様は）格別にめでたく思われ、御感状をしたためられました。なお、私からそういったご心中を伝えよ、との仰せでございます。そちらの野営は雨でお困りのことと推量しております。なお、何か変わったことがあれば、追ってまた注進なさることが肝要です。

永青文庫の信長文書四通にみる長篠合戦

金子 拓

長篠合戦をめぐる重要文書

永青文庫には六〇通の信長発給文書が伝わっている。このうち天正三年（一五七五）に比定されるものが八通あり、うち四通が五月十五日から二十六日までの短期間に集中的に出された【1】。この間の二十一日が、著名な長篠合戦のあった日である。

これらは、三河に侵入した武田氏の軍勢に対して信長がいかなる準備をして臨んだのか、また三河の徳川氏を助けるためにいかなる径路で進んできたのか、さらに武田軍と対峙した信長の状況判断、いくさの様子や勝利後の動き、そしてこれらの情報を長岡藤孝（細川幽斎）にいかに伝えたのかを知るうえで貴重な情報を豊富に含んでいる。そこで小文では、この四通を読むことで明らかになる長篠合戦の経緯を述べたい。

四通とは以下のものである。行論の便宜上アルファベット記号を付けた。

A　五月十五日付黒印状（No.23）
B　五月二十日付黒印状（No.24）
C　五月二十一日付朱印状（No.25）
D　五月二十六日付黒印状（No.26）

A・Bが合戦前、C・Dが合戦後に出されたものである。この四通が出されていることから、藤孝はこのいくさには従軍していなかったことがわかる。確証はないが、居城の山城勝龍寺城か、京都周辺にあったものと思われる。四月に信長自ら攻撃を指揮した大坂本願寺に備えるためだろうか、明智光秀ら何人かの部将が畿内に残された。藤孝もその一人であったと考えられる。

信長は二十一日の合戦直後、わかっているかぎり少なくとも二通の書状を出している【2】。京都所司代であった村井貞勝と藤孝である。貞勝宛の書状は二十三日ないし二十四日に京都に届けられ、貞勝はこれを正親町天皇に献上した【3】。おそらくおなじ日に、近江坂本城にあった明智光秀にも書状を出したらしい【4】。また、越後の大名・上杉謙信にも使者を派遣した【5】。この使者にも書状を持たせていた可能性がある。このうち原本が残っているのは、藤孝宛の一通のみである。

AからDの四通のうち、合戦当日のCのみ朱印状である。貞勝に届けられた書状も朱印状であったようである【6】。稲葉継陽氏は、「権利の固定的・持続的保障」や「軍事戦略上の重要任務＝義務を付与する場合」、黒印状ではなく朱印状が用いられたという傾向を指摘する【7】。山田貴司氏も「所領の宛行や安堵、裁許など、権利・権限に関係する文書、禁制、履行義務をともなう信長の命令・指示」は大半が朱印であると指摘する【8】。

Cは両氏が指摘するような「軍事戦略上の重要任務＝義務」の付与、「履行義務をともなう信長の命令・指示」でこそないものの、いくさの結果を伝達するという意味で、A・B・Dのような状況報告的な内容のものとは違う位置づけを与えられ、とくに朱印が捺されたと考えるほかはない。

長篠合戦における藤孝の関わり

三河の陣中にあった信長から畿内（勝龍寺城）にあった藤孝まで、書状は何日かかって届けられたのだろうか。十五日付のAをみると、藤孝からの十二日付の書状を披見したとあるので三日程度を要したことになる。二十一日付の貞勝宛朱印状が二十三日ないし二十四日に京都に届いたことを考え合わせると、二日ないし三日で到着したと推測できる。

二十日付のB、二十六日付のDも、藤孝の書状を受けての返書である

（Bの冒頭に「折帋披見せしめ候」、Dの冒頭に「去廿一日合戦につきて申し越され候」とある）ことも勘案して、藤孝↓信長間に三日、信長↓藤孝間に二日要したと仮定し、ふたりのやりとりをまとめると**付表**のようになる。**付表**には、A・Bおよび『信長公記』（太田牛一の『信長記』）から判明する信長の行動も加えた。

これによると、藤孝からは①十二日付・②十七日付・③二十三日付の少なくとも三通の書状が三河の信長に向けて出されたと推測される（②・③の日付は推定）。信長宛の藤孝書状は残っていないが、五月十二日から二十八日まで、ふたりの間で少なくとも七通の書状が交わされていたわけである。

〔付表〕長篠合戦前後の藤孝・信長のやりとりと行動

日付	藤孝	信長
五月十二日	①を出す	
五月十三日		岐阜出立
五月十四日		岡崎着
五月十五日		①到着、Aを出す
五月十六日		（牛久保着）
五月十七日	A到着？　②を出す？	牛久保を発す
五月十八日		（極楽寺山布陣）
五月十九日		
五月二十日		②到着　Bを出す
五月二十一日		長篠合戦　Cを出す
五月二十二日		
五月二十三日	B・C到着？　③を出す？	
五月二十四日		
五月二十五日		（岐阜帰陣）
五月二十六日		③到着　Dを出す
五月二十七日		
五月二十八日	D到着？	

（　）内は『信長記』より補う。

これだけ頻繁に書状が交わされたのには理由がある。十五日付のAに、「鉄砲放・同玉薬の事申し付けらるるの由、もっともに候。いよいよ家中相改められ然るべく候」とある。つまり、①十二日付の藤孝書状中に、三河の織田軍支援のため、藤孝が鉄砲兵や弾薬を用意しようとしていたことが記されており、信長もそれに期待していたのである。

藤孝とは別に、大和の筒井順慶も十七日に鉄砲衆五〇人を信長のもとへ派遣した**[9]**。十二日以前に信長が藤孝に鉄砲兵に関する何らかの指示を出し、それに藤孝が応えたことがAの文面にあらわれている。信長が居城岐阜を出立するのは十三日だから、出立以前から信長は、武田軍と対峙するうえで鉄砲が必要であることを認識し、そのための準備を進めていたことがわかって興味深い。ではなぜ鉄砲が必要であったのか、その理由について筆者は、武田軍に対して防御的な布陣をとる必要があったからだと推測している。

合戦当日のCのなかで勝利を伝えた信長は、藤孝から派遣されてきた鉄砲兵を帰す旨をわざわざ述べており、そのようなこともあって、藤孝と信長との間に頻繁なやりとりがあったのだろう。

武田軍との決戦に臨む信長の直前の心境については、合戦前日付のBを分析し、この書状が、武田軍が前進してくる前に書かれたこと、武田軍と織田・徳川軍のあいだの地形が「節所」と呼ばれる移動が難しい丘陵地帯であったことなどを拙著で指摘しているので、合わせて参照されたい。

ちなみに付表をみると、信長発給の四通のうち、Aが岡崎城、Dが岐阜城から、B・Cは野営の陣所から出されたらしいことが推測される。出された場所により書状の料紙や書き方、印判の捺し方に違いがあるのかどうか、そんな切り口からの検討も可能だろうか。

以上、永青文庫にある天正三年五月の信長文書四通は、長篠合戦の様子を知るだけでなく、このときの藤孝の関わり方、信長と藤孝の書状のやりとりを克明に再現できる貴重な史料なのである。

注

［1］　永青文庫に伝わる信長文書の全体像については、稲葉継陽「細川家伝来の織田信長発給文書」（森正人・稲葉継陽編『細川家の歴史資料と書籍』吉川弘文館、二〇一三年）参照。

［2］　拙著『長篠合戦　鉄砲戦の虚像と実像』（中央公論新社、二〇二三年）。長篠合戦をめぐる筆者の見解は、とくに断らないかぎり本書による。

［3］　『御湯殿上日記』天正三年五月二十三日条、『大外記中原師廉記』同月二十四日条。以下言及する史料は『大日本史料』第十編之二十九・三十（東京大学史料編纂所編纂、二〇一七年・二〇二一年）に収めている。

［4］　『兼見卿記』天正三年五月二十四日条。

［5］　「編年文書」（天正三年）六月十三日付上杉謙信宛信長書状写。

［6］　前掲『大外記中原師廉記』。

［7］　稲葉前掲論文、六〇頁。

［8］　熊本県立美術館編『重要文化財指定記念　信長からの手紙』（二〇一四年）、九七頁。

［9］　『多聞院日記』天正三年五月十七日条。

唐草九曜紋象嵌《からくさくようもんぞうがん》火縄銃《ひなわじゅう》　銘《めい》　肥州住《ひしゅうじゅう》林清三郎重吉作《はやしせいざぶろうしげよしさく》

林又七作　江戸時代（一七世紀）　鉄鍛造　金銀象嵌　全長一三〇・二　銃身長一〇〇・九　口径一・三五　永青文庫蔵　7516

銃身上面

火縄銃は、一五四〇年代に日本に伝来し国産化されるようになると、戦国時代の戦術を一変させた。銃口から玉と火薬をこめ、手元付近の火皿に入れた点火薬を、火縄で着火させると発砲する仕組みである。発砲まで時間がかかるという難点はあるが威力は凄まじく、織田信長・徳川家康連合軍は長篠合戦で火縄銃を用いて武田勝頼軍を撃破した。

本作の作者は、刻まれた銘から肥後鐔の名工・林派初代の又七（清三郎重吉）であると分かる。又七の父は尾張出身の鉄炮鍛冶で、加藤清正に従って肥後へ移住し、加藤家改易後は細川家に仕えたという。又七も細川家に仕え、透彫や布目象嵌の技法で肥後金工の礎を築いた。本作の銃身上面には金銀の象嵌で陰陽の九曜紋や唐草文が美しく装飾されており、又七の技術の高さを窺わせる。

蘭奢待《らんじゃたい》

香木　長二・六　永青文庫蔵　1281

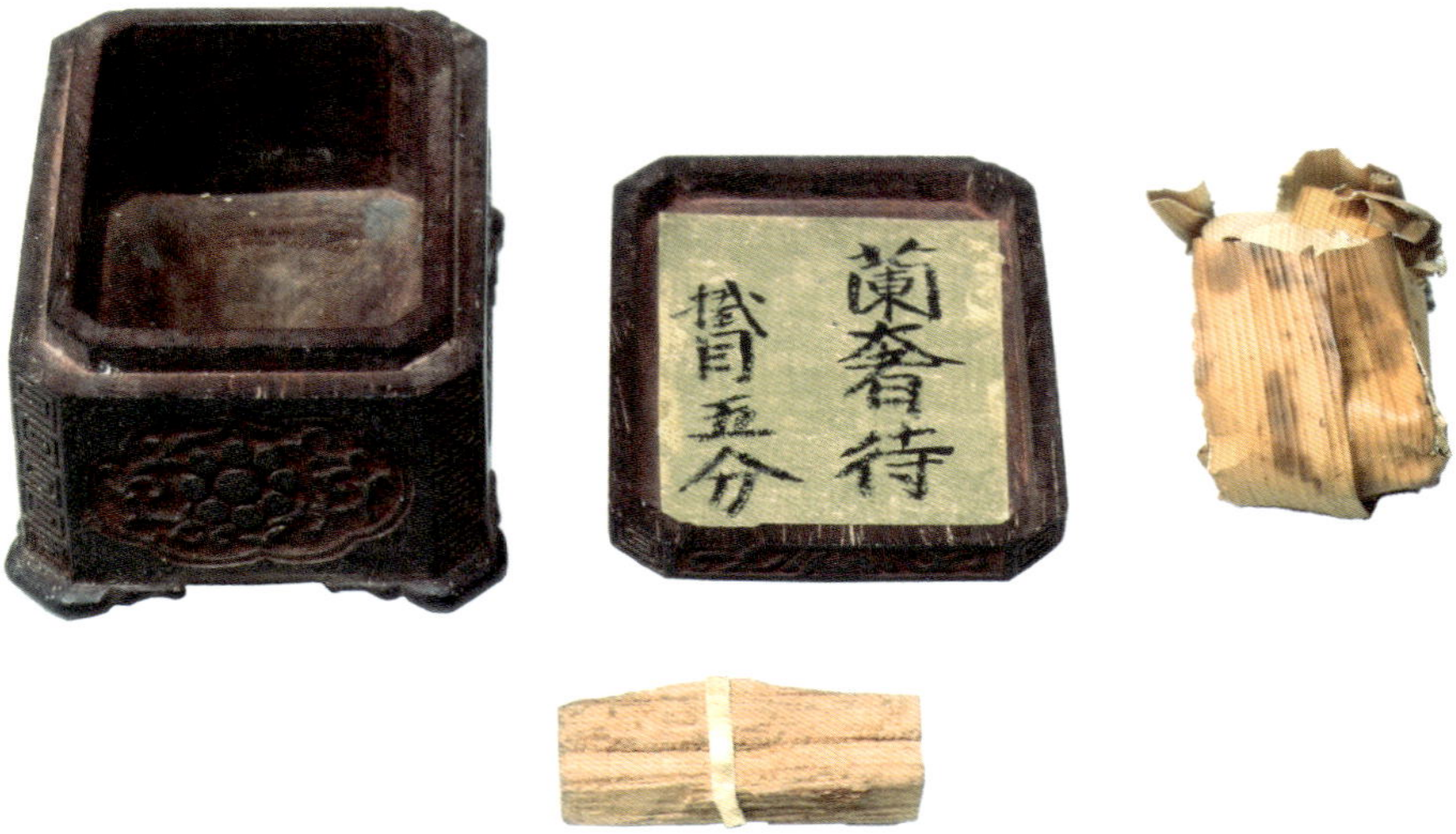

蘭奢待とは正倉院に伝わる香木の雅名で、その文字のなかに「東」「大」「寺」の三字を忍ばせている。正倉院での正式名称は「黄熟香《おうじゅくこう》」。蘭奢待という呼称は比較的新しく、室町時代頃に定着したと考えられている。

足利義政や織田信長らが切り取った天下の名香として高い知名度を誇るが、信長による截香《せっこう》については、東大寺の僧・浄実《じょうじつ》の『天正二年截香記』に詳しい。本書によれば、蘭奢待拝見の勅許を得た信長は、天正二年（一五七四）三月、東大寺にほど近い多聞山城まで運ばせて寺僧らの立会いのもと二片を切り取らせ、一つは禁裏（正親町天皇）分、もう一つは「我等」拝領分と述べたという。天皇の許可なく正倉院宝庫を開封することはできなかったことから、蘭奢待は権力の象徴でもあった。

本品は蘭奢待として細川家に伝わったもので、伝来経緯は不明ながら、付属容器の蓋裏に「安永七年戊戌八月五日出来」とあり、江戸時代中期までには細川家に入ったとみられている。

付属容器の蓋裏

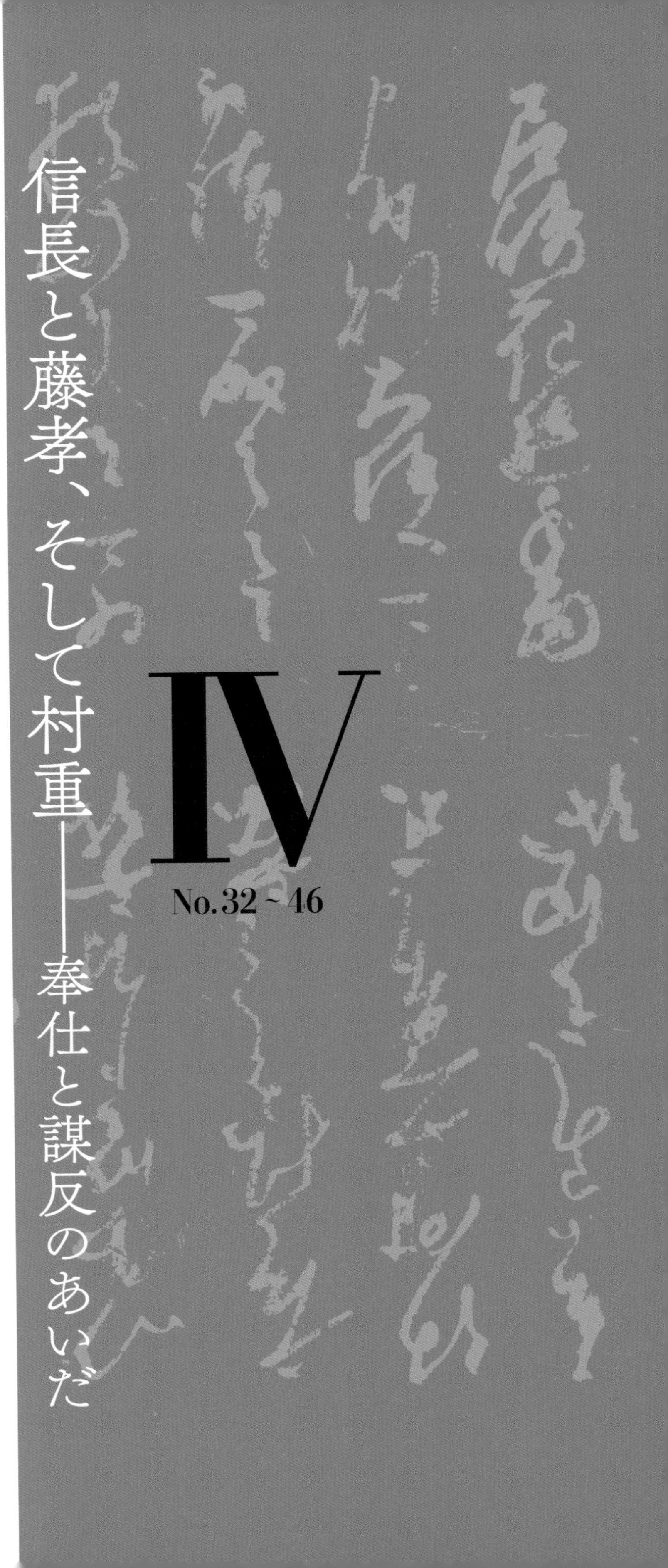

IV

信長と藤孝、そして村重——奉仕と謀反のあいだ

No.32〜46

主従の人格的信頼・相互依存と、それが破綻した結果としての家臣の追放や謀反とは、あたかもコインの表裏のような関係にあった。こうした関係は、戦国時代の政治史を規定する大きな要素のひとつであった。

織田政権のもとでの「畿内衆」（No.28）として明智光秀とともに一揆戦の最前線に立っていた細川藤孝と荒木村重は、こうした意味でのコインの両面であった。村重謀反に直面した信長は、それをすぐには受け入れられないほどの衝撃をうけた。一方の藤孝は、村重謀反の現場での対応を信長から任された。信長・藤孝の連年の贈答行為、それに伴う信長の礼状にみえる文言からは、この時代の主従の典型的な感情伝達のあり方を読み取ることができる。

32

織田信長黒印状《おだのぶながこくいんじょう》

（天正五年〈一五七七〉十月三日）

忠興には自筆、父藤孝には右筆書の感状を発給

天正五年（一五七七）八月、松永久秀が信貴山城（奈良県平群町）で反旗を翻すと、織田信長は子息信忠を総大将とする追討軍を大和へ派遣したが、その中には細川藤孝・忠興父子も含まれていた。本文書は、十月一日に行われた松永方の片岡城（奈良県上牧町）攻めの翌々日に、藤孝に信長が与えた感状というべき黒印状である。文面によれば、片岡城に乗り込んだ藤孝は「数多首注文」を送ってきたという。

なお、片岡城の落城後、信長は忠興にも感状を発給している。No.03として掲載した信長自筆感状である。『信長公記』によれば、信長は一番乗りした一五歳の忠興と一三歳の弟興元の働きに感じ入り、みずから筆をとったという。その一方、同じく片岡城攻めに参加し、「数多首」をあげた藤孝に対する本文書は、右筆楠長諳によりしたためられている。同じ合戦に関する父子宛文書なのに、一方のみが自筆で書かれたという点に、信長の心の機微が示されているようで、興味深い。

（山田）

国指定重要文化財／長岡兵部大輔（藤孝）宛／紙本墨書　切紙／楠長諳筆／縦一四・三　横四二・三／永青文庫蔵（熊本大学附属図書館寄託）／207・仁・2　信長38

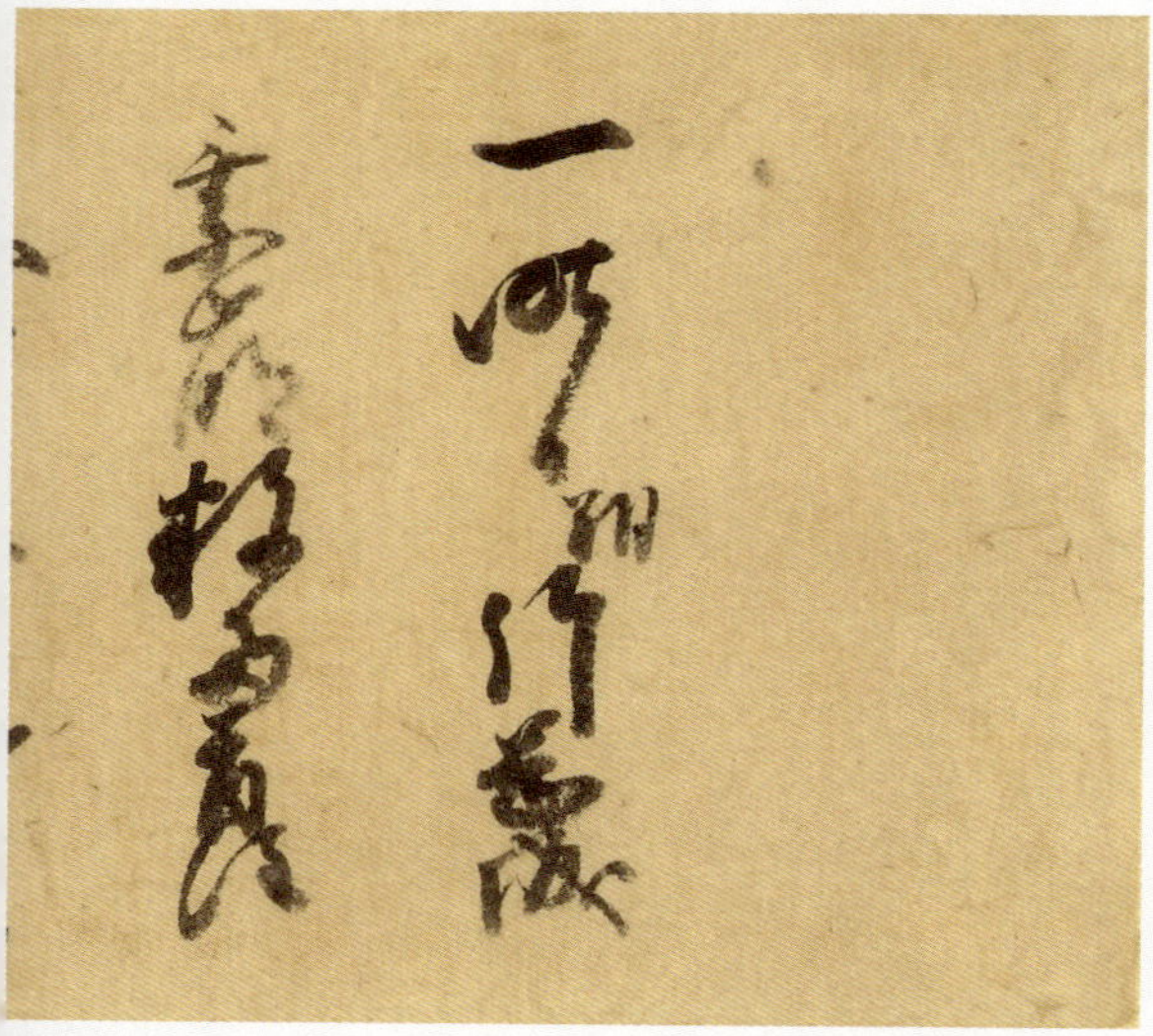

一昨日朔、（大和）片岡城
乗崩、数多首注

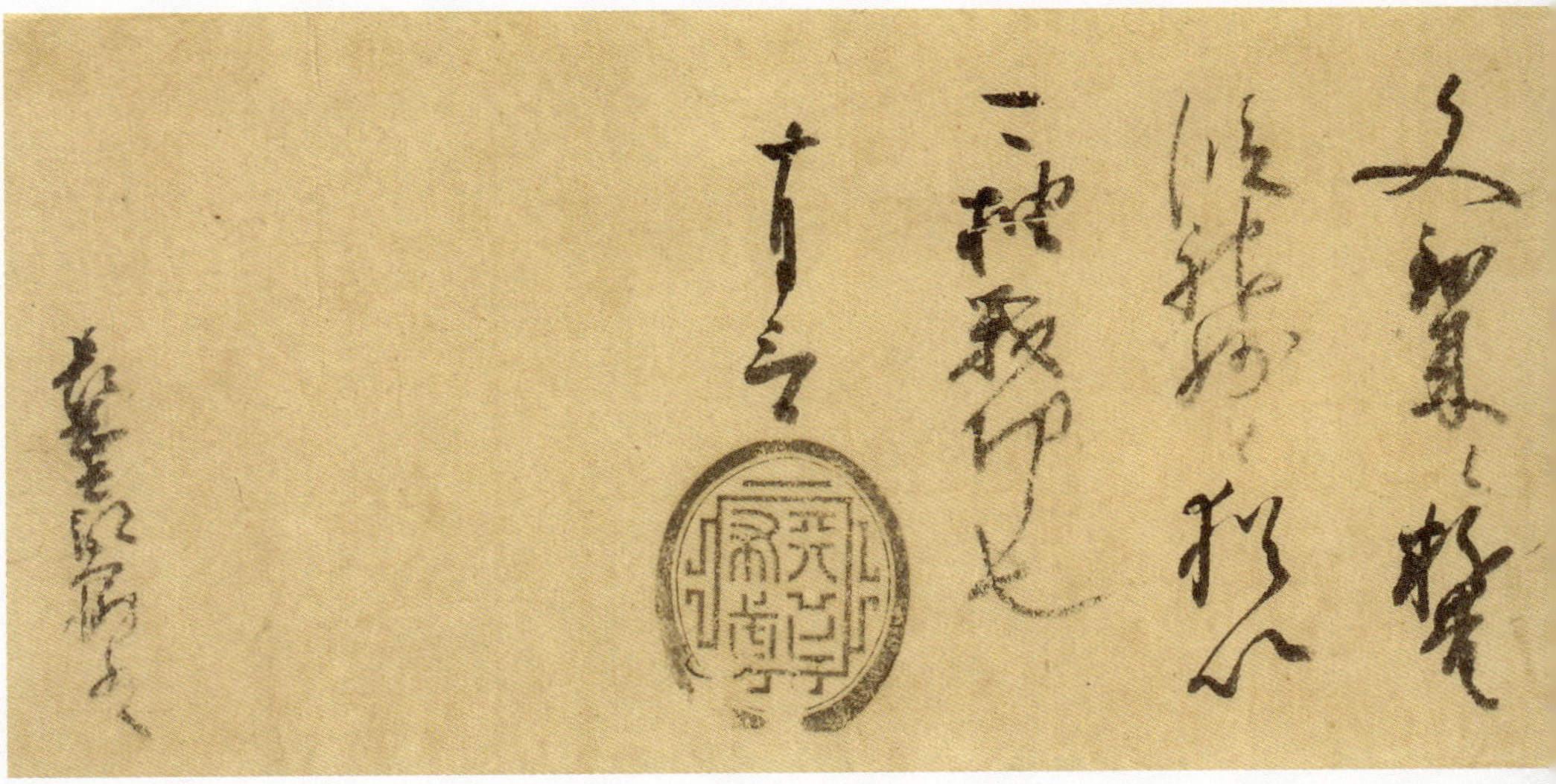

文到来候、粉骨之
段神妙候、猶以
可抽戦功候也、
（天正五年）十月三日　（黒印）
長岡（藤孝）兵部大輔殿

現代語訳

一昨日の一日、片岡城を攻め落とした件で、数多の首注文が届いた。力の限りの働き神妙である。なおもって戦功に励むように。

33
織田信長黒印状《おだのぶながこくいんじょう》

（天正六年〈一五七八〉）十月二十五日

村重謀反を信じられない信長、藤孝・光秀に対応を指示

もともと摂津の有力国人池田氏に仕えていた荒木村重は、元亀四年（一五七三）に織田信長に服属すると、摂津支配を任され、播磨攻略や大坂本願寺攻めにかかわる有力家臣となった。ところが、天正六年（一五七八）十月に彼は信長を裏切り、有岡城（大阪府伊丹市）に籠城する。尾張出身者を重視する人材登用などに不満を抱き、足利義昭・毛利輝元・大坂本願寺と結び、謀反したのである。

この文書は、村重謀反に関する細川藤孝の注進を受け、信長が発した黒印状である。『信長公記』によれば、当初信長は村重謀反を信じなかった。冒頭で村重謀反を「津国雑説（根も葉もない風聞）」と評しているのも、そのためであろう。ただ、当然そのままにはしておけない。中盤以降では、松井友閑・万見重元を派遣し、（村重子息に娘を嫁がせていた）明智光秀にも申し含めているので、相談して穏便に済ますよう藤孝に指示している。しかし、村重の意志は固く、けっきょく彼が説得に応じることはなかった。（山田）

国指定重要文化財／長岡兵部大輔（藤孝）宛／紙本墨書　折紙／楠長諳筆／縦二八・八　横四五・〇／永青文庫蔵（熊本大学附属図書館寄託）／207・仁・2　信長12

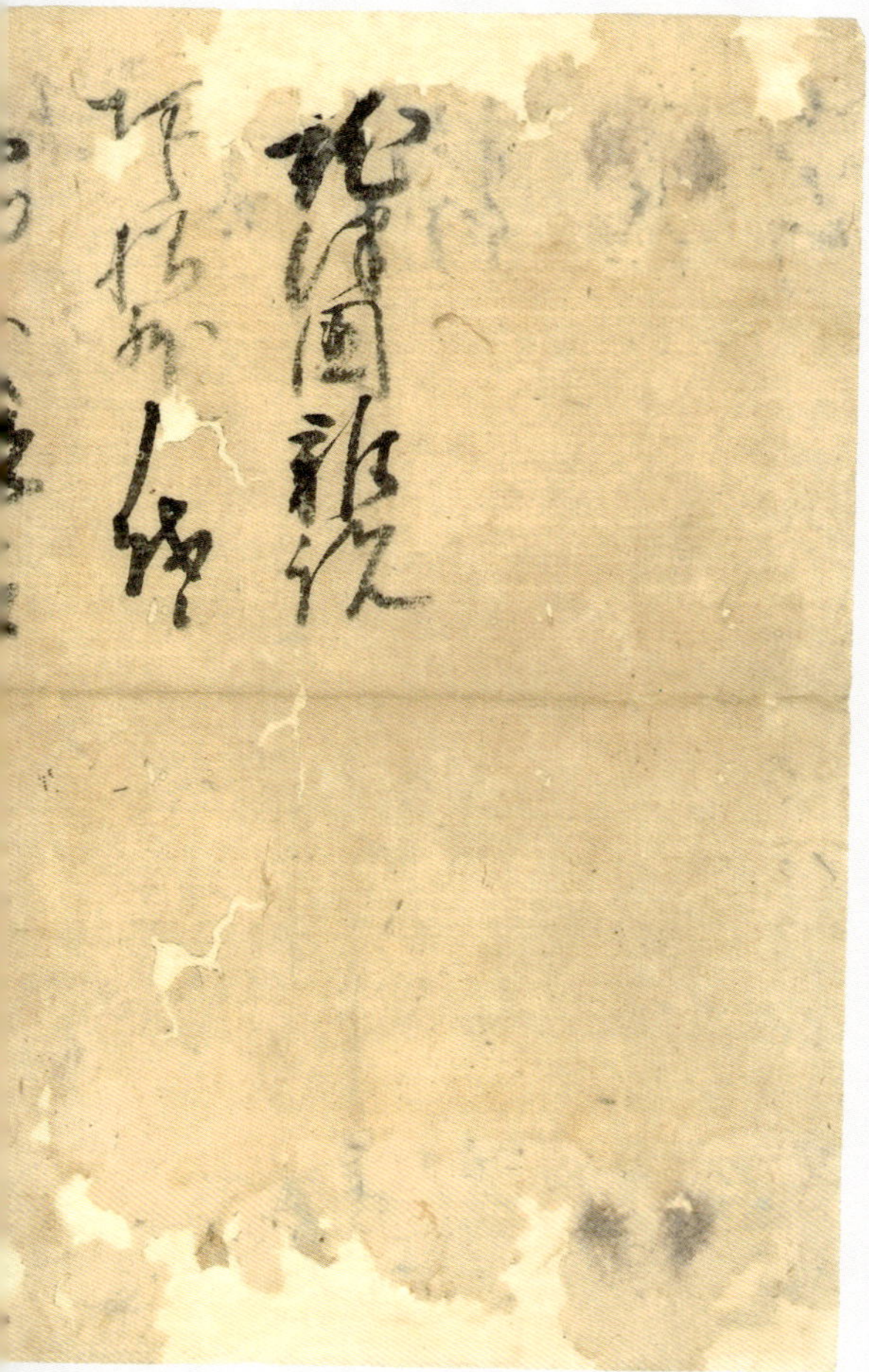

就津国雑説、
切々様躰申越候、

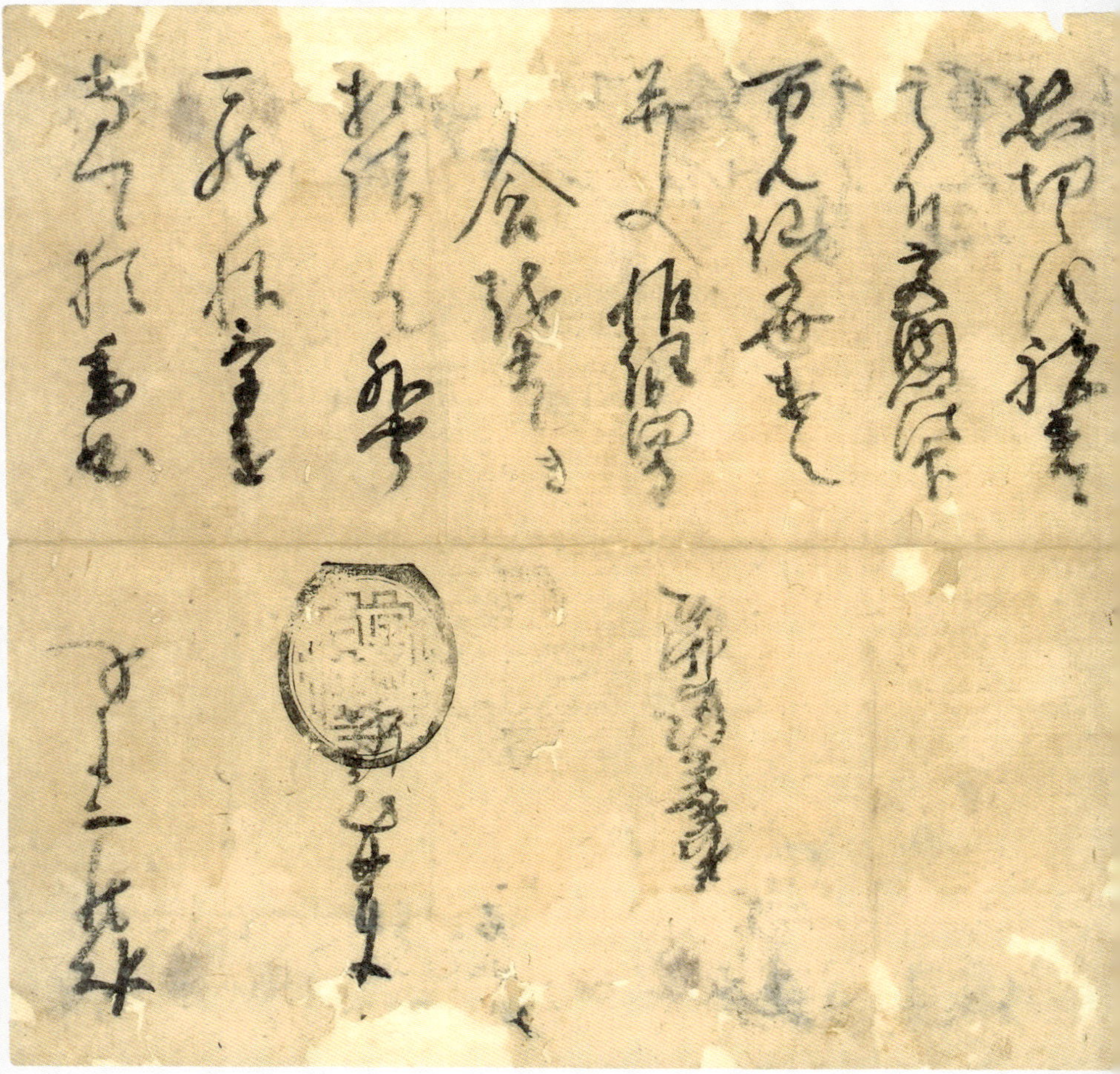

懇切之儀祝着候、
其付宮内卿法印（松井友閑）・
万見仙千世（重元）遣之、
并又惟任日向守（光秀）
□（申）含越置候き、
相談候て外聞
可然候様気遣
専一候、猶委曲

（折り返し）

松井（康之）可申候也、
十月廿五日（天正六年）　信長（黒印）
長岡兵部大輔殿（藤孝）

現代語訳

摂津国の（荒木村重謀反に関する）種々のうわさを繰り返し報告してもらった。懇切なことで、ありがたい。そのことで、松井友閑と万見仙千世を（摂津に）派遣する。また、明智光秀にも（この件を）申し含めておいた。（光秀と）相談し、悪い評判が立たないように適切に対処してくれ。なお、詳細は松井康之に伝えさせる。

34

織田信長黒印状《おだのぶながこくいんじょう》

（天正七年〈一五七九〉）正月十二日

信長、鯨をおすそわけして細川父子の在番を慰労

荒木村重の謀反鎮圧に動員された織田勢は、天正六年（一五七八）十二月八日に摂津有岡城を総攻撃した。しかし、それは功を奏せず、多くの死傷者が出たため、織田信長は付城を構築しての持久戦に方針転換する。

本文書は、安土城（滋賀県近江八幡市）に戻っていた信長が細川藤孝に出した返書である。信長帰還後も藤孝は付城に駐留し続けており、文面によれば、信長の側近下石彦右衛門尉を通じて状況を報告していた。これを受けた信長は、子息忠興との在番交替を許可するとともに、追伸部分で鯨を「すそわけ」すると述べ、在番を慰労している。この鯨は知多半島で捕獲され、禁裏に進上されたものの一部。この当時鯨肉は最高の贈答品であり、信長自身も「随分規模」と評している。

なお、本文書が手もとに届く前にじつは藤孝は陣を離れ、上洛を果たしていた。『兼見卿記』によれば、藤孝に古今伝授を伝えた三条西実枝の病状悪化のためであった。藤孝が見舞った正月二十四日に、実枝は亡くなっている。

（山田）

国指定重要文化財／長岡兵部大輔（藤孝）宛／紙本墨書　折紙／楠長諳筆／縦二九・二　横四六・二／永青文庫蔵（熊本大学附属図書館寄託）／207・仁・2　信長33

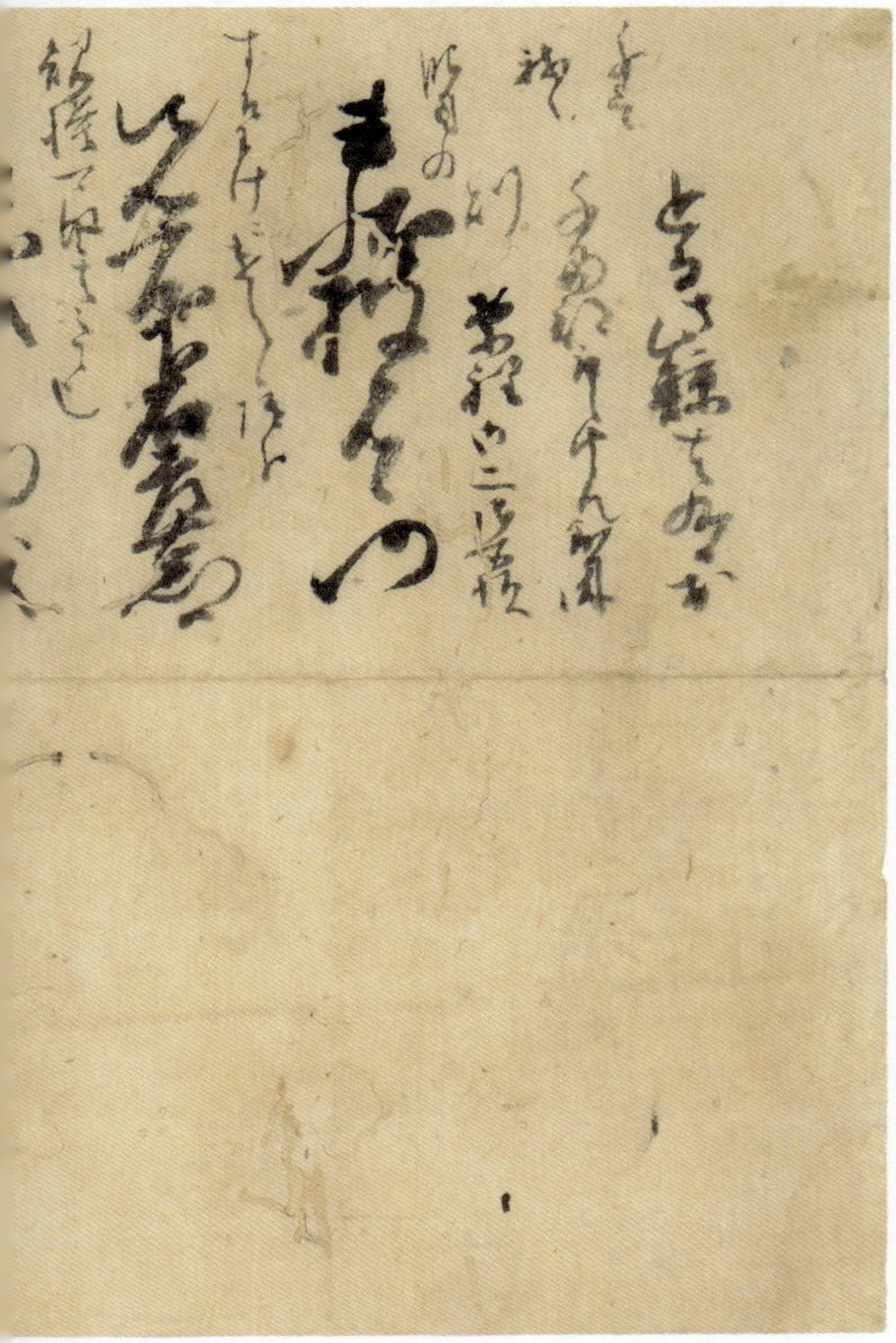

追而此鯨者、九日於
千多（尾張）郡取候由候て到来候、
則　禁裡御二御所様へ
進上候、我々服用の
すそわけニ遣之候、随分
規模可得其意候也、

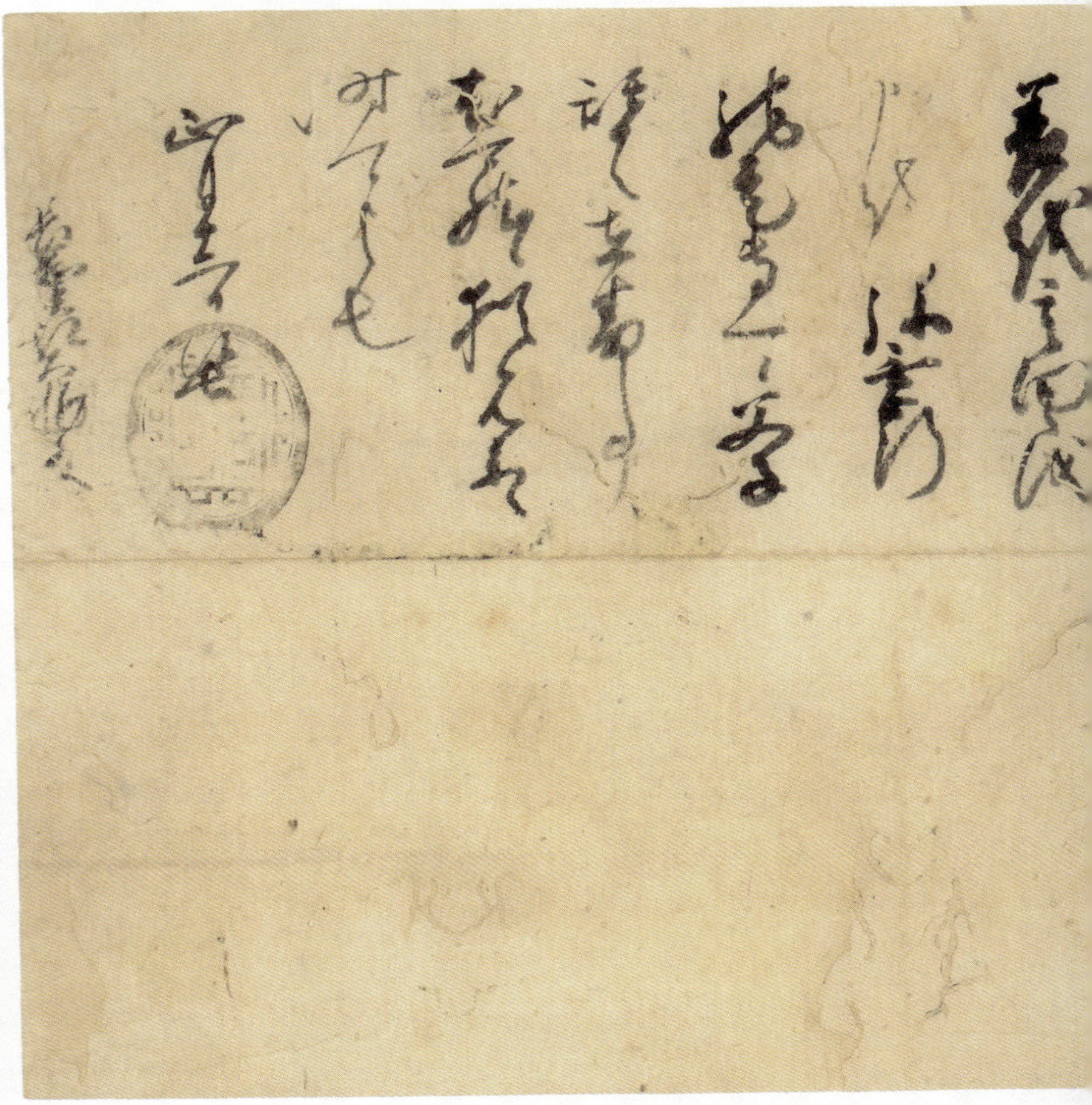

書状披見候、仍
先度下石彦右衛門尉
差越、其面之儀
申越□（候）、弥無由断
馳走専一候、父子
替之在番事、
尤可然候、猶見参之
時可申候也、
（天正七年）正月十二日　信長（黒印）
長岡兵部（藤孝）大輔殿

現代語訳

（藤孝からの）手紙を読んだ。先日、下石彦右衛門尉を派遣し、そちらの状況を報告させた。いっそう油断なく励むように。藤孝・忠興父子で交代し、（有岡城攻めの）在番を務めるとのこと、よくわかった。なお、詳細は対面した時に申し伝える。

追伸、この鯨は九日に（尾張の）知多半島で取れたものだという。（信長のもとに）送ってきたので、禁裏の正親町天皇と誠仁《さねひと》親王に献上した。私の服用分をすそわけとして（藤孝にも）遣わそう。たいそう貴重なものだから、そう心得るように。

35

織田信長黒印状《おだのぶながこくいんじょう》

在陣中にも贈答を行い、主従の絆を確認

（天正七年〈一五七九〉）正月十二日

No.34の黒印状と同日付で、細川藤孝の子息忠興宛に発給された織田信長黒印状。当時忠興は藤孝とともに摂津の付城に駐留していた。文面をみると、冒頭には、信長が摂津に側近下石彦右衛門尉を派遣し、荒木攻めの現地の状況を確認させたおり、忠興に鴈《がん》を遣わしたところ、忠興が信長に礼を申し送ってきた、と記されている。鴈は美味なカモ科の水鳥で、当時は贈答品にもなっていた。そして、それに対する忠興の礼に、信長は満足したという。

後半では、No.34と同じく、父子で交替して在番を務めることに理解を示すとともに、長期在陣をねぎらう言葉をかけている。荒木攻めに出陣して二ヶ月ほどがたち、長期戦の様相を呈していたためであろう。

なお、戦時中にもかかわらず、信長や藤孝・忠興父子が互いに贈答品をやり取りしている点は興味深い。武士たちの主従関係は、領地の付与や安堵だけではなく、こうした日々の儀礼によっても絶えず確認され、深められていたのである。

（山田）

国指定重要文化財／長岡与一郎（忠興）宛／紙本墨書　折紙／楠長諳筆／縦二九・二　横四五・九／永青文庫蔵（熊本大学附属図書館寄託）／207・仁・2　信長39

先度下石彦右衛門尉

越置、鴈遣之付而、

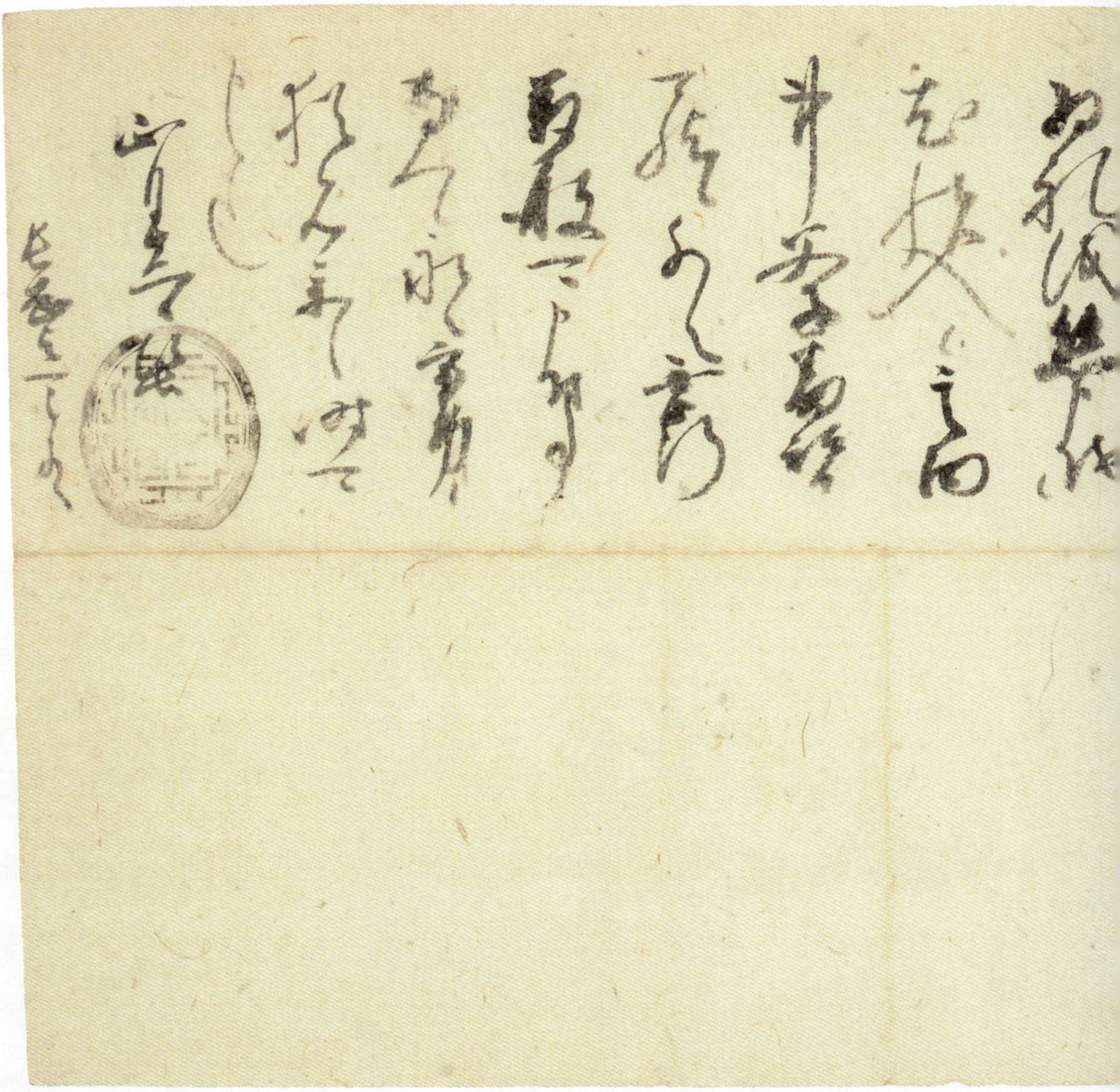

為礼儀態申越候、
尤悦入候、其面
事、父子番替
可然候、尚々無由断
万般可申付事
専一候、永々辛労候、
猶見参之時可
申候也、
（天正七年）正月十二日　信長（黒印）
長岡与一郎（忠興）殿

現代語訳

先日、下石彦右衛門尉を（そちらへ）派遣し、鴈を贈ったことについて、（陣中の忠興が）わざわざ礼を申してきたこと、たいへん喜んでいる。そちら（有岡城攻め）のこと、藤孝・忠興父子で交替して在番するとのこと、承知した。ますます油断することなく、何事にも対処することが肝要だ。長期にわたる在陣、辛労である。なお、詳細は対面した時に申し伝える。

36

織田信長黒印状《おだのぶながこくいんじょう》

藤孝、尼崎における村重方の動静を信長に報告

（天正七年〈一五七九〉）十一月二十日

有岡・尼崎（兵庫県尼崎市）・花熊（兵庫県神戸市中央区）の三ヵ所を拠点に、天正六年（一五七八）十月に勃発した荒木村重の謀反は一年八ヵ月に及んだが、その間には戦局に変化も生じていた。同七年九月、村重が有岡城から尼崎城へ移ったのである。近年の研究は、水運の要衝尼崎城を拠点に反信長勢力との連携確保と戦線維持を図った、とその狙いを指摘する。ただ、村重不在となった有岡城は窮地に陥った。そのため、城を預かっていた荒木久左衛門等は「尼崎・花熊両城の明け渡しを村重に意見する」ことを条件に村重の家族、家臣とその家族の助命を織田信長に要請することとし、同年十一月十九日に尼崎城へ向かった（『信長公記』同日条）。

本文書は、荒木攻めの陣中にあった細川藤孝の注進を受け、信長が返信した黒印状である。文面をみると、藤孝が伝えたのは、村重の本拠地伊丹（有岡城）を出た者どもの尼崎での様子、つまり、村重を説得するために尼崎城へ赴いた久左衛門等の動向である。「猶々聞き合わせて示し越さるべく候」と続報を要請する一文がみえるように、村重の対応は信長も注目するところであった。（山田）

国指定重要文化財／長岡兵部大輔（藤孝）宛／紙本墨書　折紙／楠長諳筆／縦二八・九　横四五・三／永青文庫蔵（熊本大学附属図書館寄託）／207・仁・2　信長35

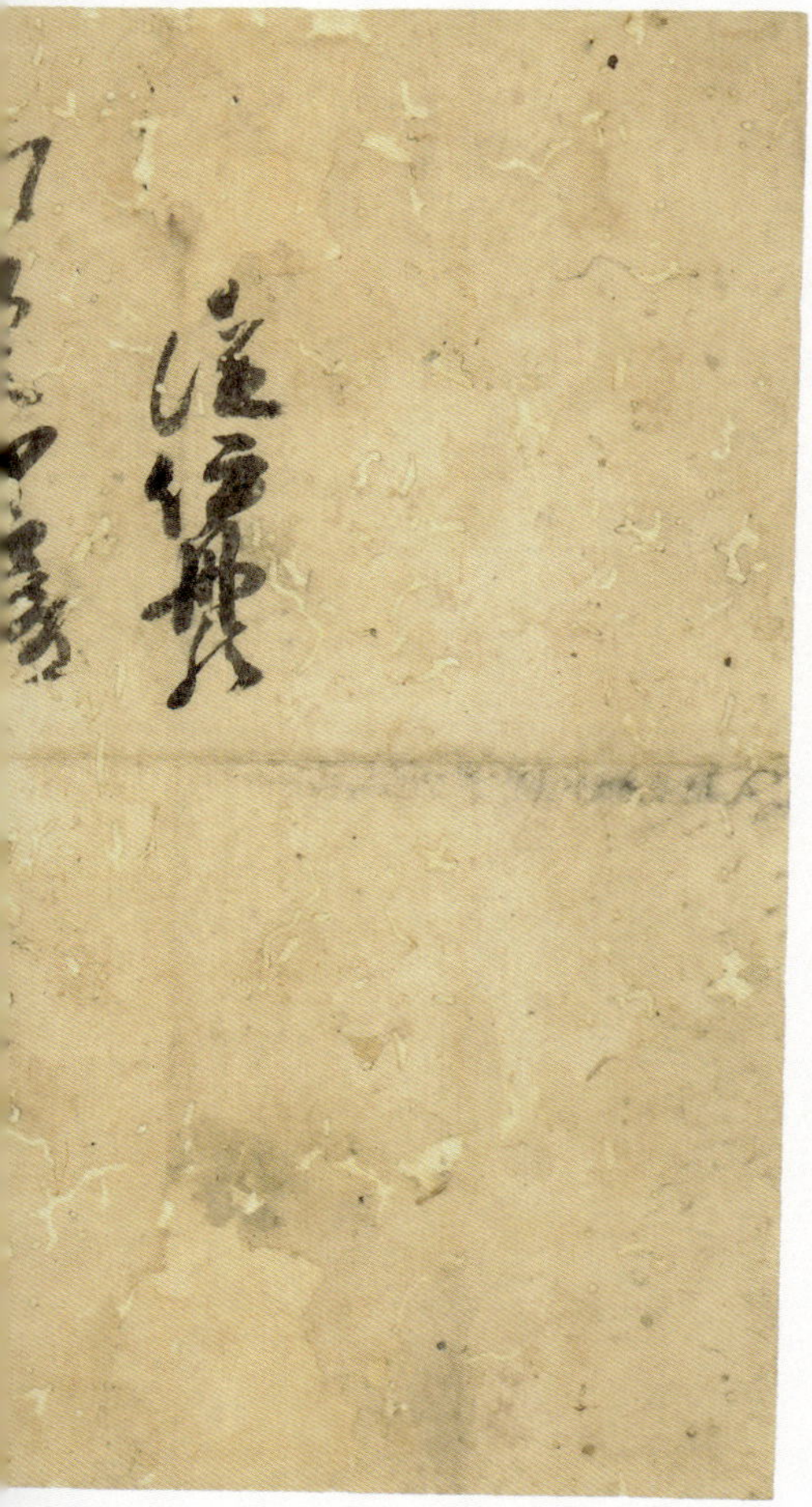

□□従伊丹（摂津）罷

出候者共、於尼崎（同前）

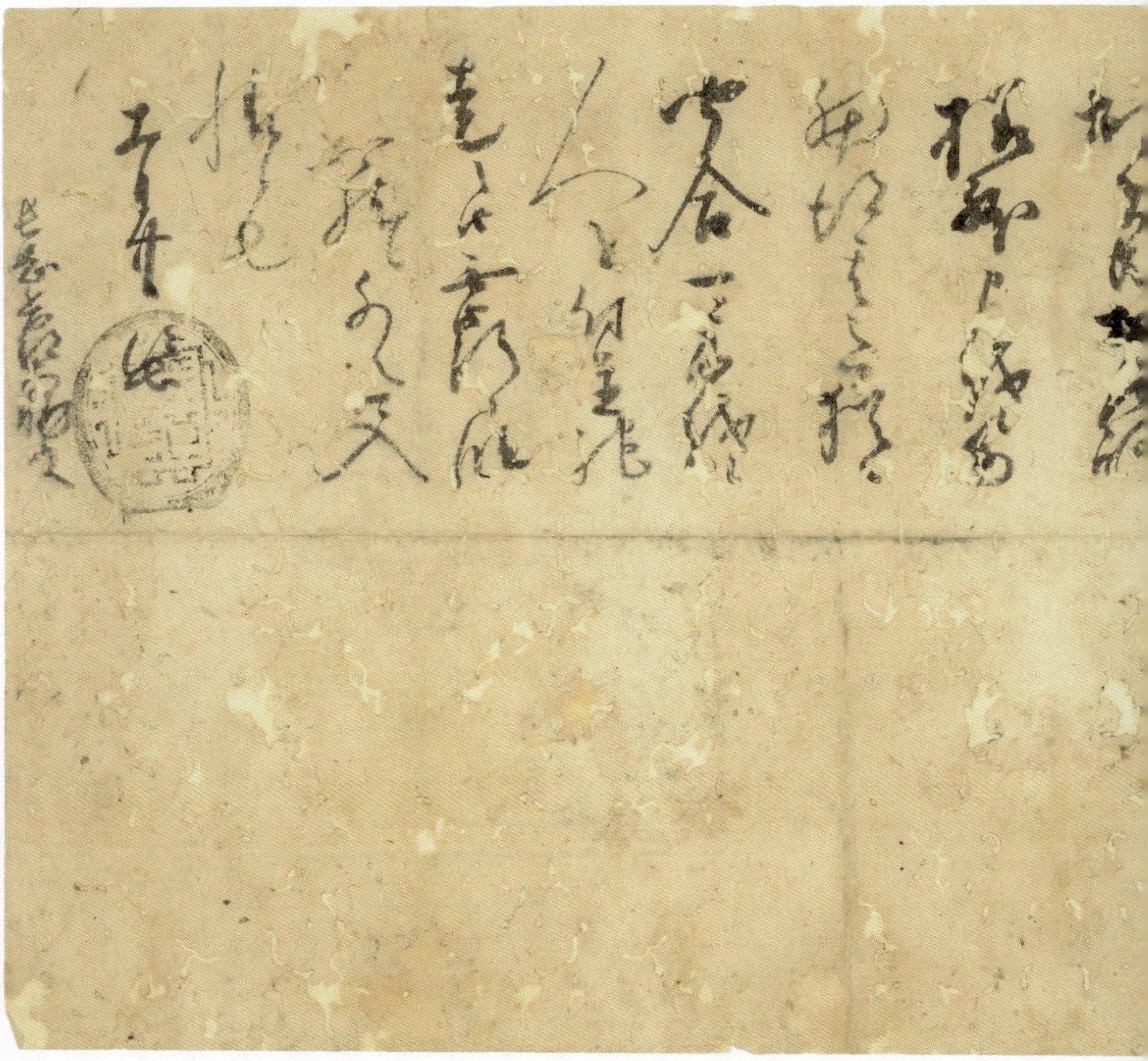

様躰申越候、委
細得其意候、猶々
聞合可被示越候、
人を付置馳
走之由、無由断候段
□可然候、尚々可入
精候也、
十一月（天正七年）廿日　信長（黒印）
長岡（藤孝）兵部大輔殿

現代語訳

伊丹（有岡城）から出た者ども（荒木久左衛門等）の尼崎での様子、委細承知した。さらに（状況を）聞き合わせて、報告するように。（陣地に）人を付け、（情報収集に）奔走しているとのこと、油断なく務めている旨、承知した。いっそう精を入れて事にあたれ。

37

織田信長黒印状《おだのぶながこくいんじょう》

（天正七年〈一五七九〉）十一月二十日

荒木攻めに深くかかわっていた藤孝と光秀

荒木攻めの戦況報告を受けた織田信長が、返信として出した黒印状。№36と同じ日付、同じ細川藤孝宛という点と内容を踏まえると、№36の追伸とみられる。

文面で信長は、藤孝のたびたびの注進を称賛したうえで、明智光秀と相談した時には、追って内容を報告せよ、と命じている。かかる指示が出されたのは、光秀と藤孝がいずれも織田権力の畿内方面軍として荒木攻めに深くかかわっており、なおかつ、それぞれが村重と親密な関係にあり、彼等ならではの情報収集や分析が期待されたためであろう。村重と光秀の関係でいえば、光秀の娘は村重の子息村次に嫁いでいた。村重と藤孝の関係でいえば、№07や№10の文面が示すように両者は信長に仕える以前から接点を有しており、元亀四年（一五七三）三月に足利義昭と信長の和睦交渉が破れ、信長が上洛の途についた際には、ふたりで近江の逢坂に出迎えにいった仲であった。

（山田）

国指定重要文化財／長岡兵部大輔（藤孝）宛／紙本墨書　折紙／楠長諳筆／縦二九・三　横四五・九／永青文庫蔵（熊本大学附属図書館寄託）／207・仁・2　信長3

精入度々注進、

尤以感悦候、

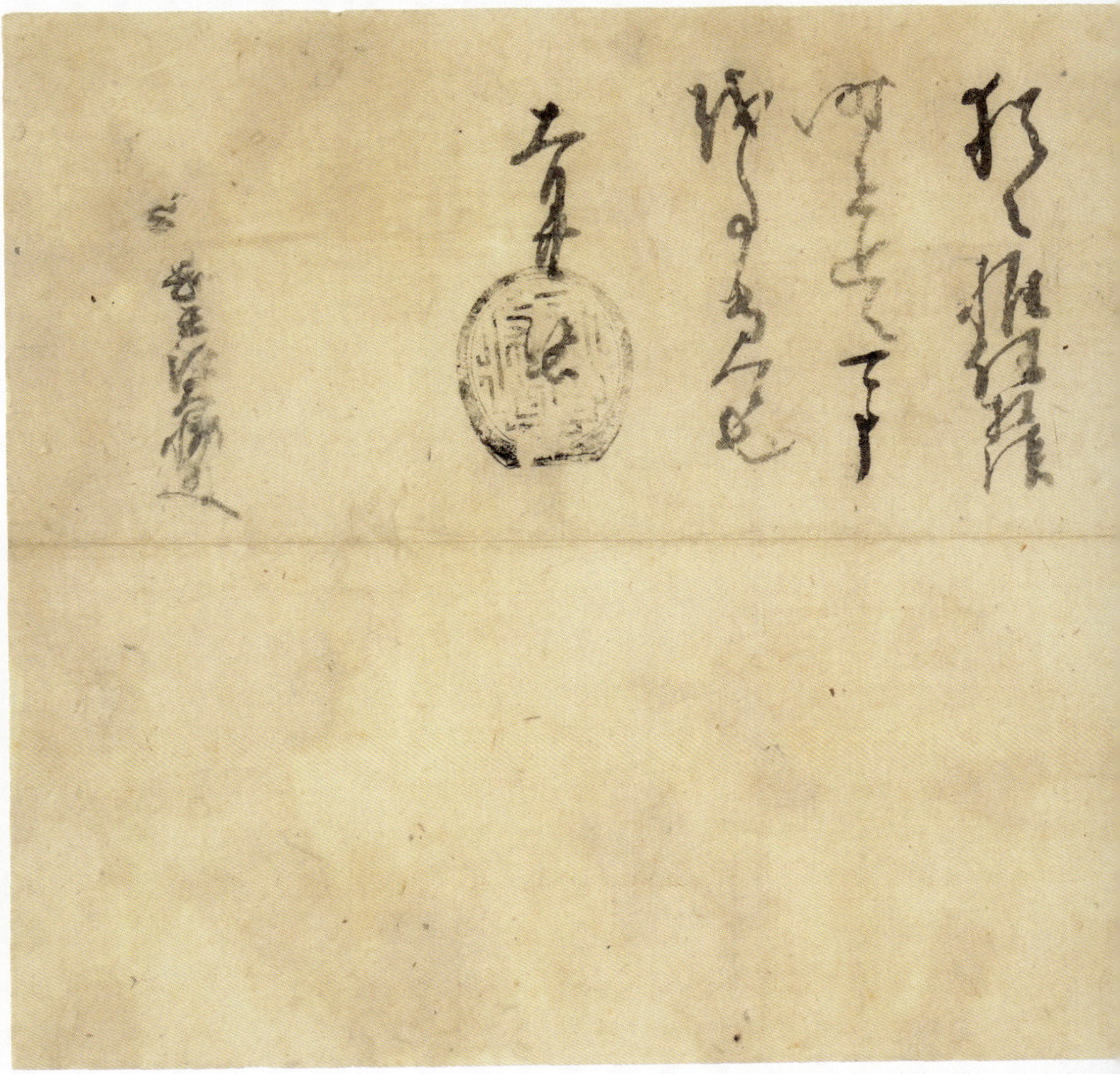

猶々惟任（光秀）相談

時者、追々可申

越事専一候也、

十一月廿日（天正七年）　信長（黒印）

長岡（藤孝）兵部大輔殿

現代語訳

精力的なたびたびの報告、本当に感じ入るところである。なお、光秀と相談した時には、その度に（内容を信長に）報告することが大事だ。

38

織田信長朱印状《おだのぶながしゅいんじょう》

村重の家族が処刑されたその日に打ち出された軍事方針

（天正七年〈一五七九〉）十二月十六日

謀反を起こした当初、有岡城に籠城していた荒木村重は、天正七年（一五七九）九月に尼崎城へ移った。しかし、その結果、有岡城は窮地に陥ってしまう。そこで、城を預かっていた荒木久左衛門等は、「尼崎・花熊両城の明け渡しを村重に意見する」ことを条件に、城内の村重の家族、家臣とその家族の助命を織田信長に要請、№36に示されるように、村重を説得すべく尼崎城に向かう。ところが、村重は説得を受け入れず、交渉は決裂。これを受け、信長は十二月十三日、尼崎で家臣とその家族等六〇〇余名を、十六日に京都で村重の家族等三〇余名を処刑させた。

この文書は、村重の家族が殺害されたまさにその日に、信長が摂津に在番中の細川藤孝・忠興父子に発給した朱印状である。年明けに摂津へ出陣し、尼崎・花熊両城に備えつつ大坂本願寺を攻撃する、と伝えている。荒木関係者の処刑には触れていないが、屈服しない村重の姿勢を踏まえたうえで、今後の方針を決定・通知したものとみられる。（山田）

国指定重要文化財／長岡兵部大輔（藤孝）・長岡与一郎（忠興）宛／紙本墨書　折紙／楠長諳筆／縦二八・七　横四五・六／永青文庫蔵（熊本大学附属図書館寄託）／207・仁・2　信長26

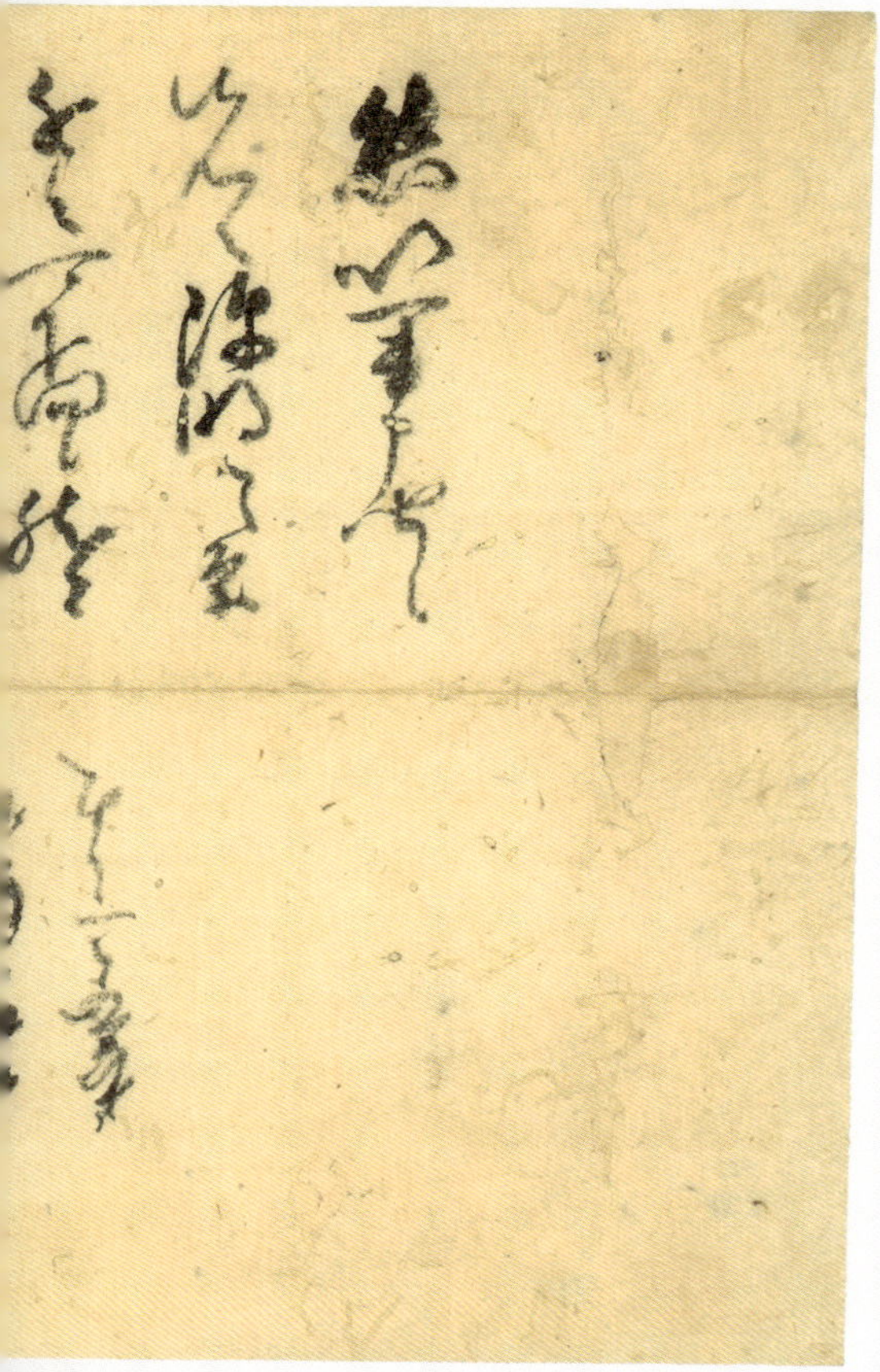

態以一書申聞候、
先々隙明候之条、
近々可下向候、然者、

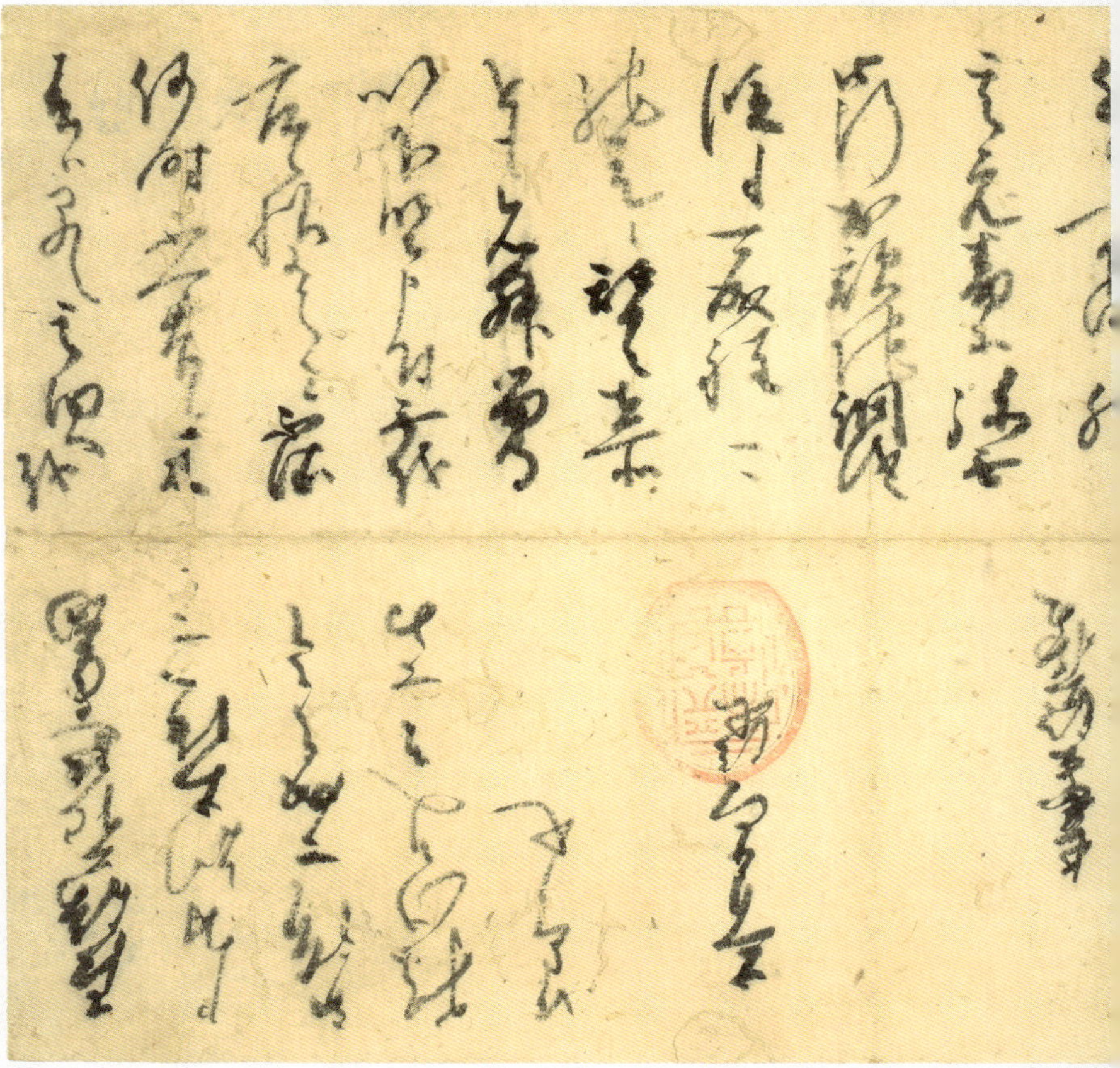

其元番等弥無
由断、於敵地調儀之
段ニも可成程可
馳走候、替之在所
をも見舞、留守
以下堅申付、無越
度候様有之者、不依
何時不可苦候、来
春ハ早々其面ヘ越、

（折り返し）
尼崎（摂津）・花熊（同前）手当
申付、則大坂ヘ可
取詰候、可成其意候、
猶此使者可為
口上候也、
十二月（天正七年）十六日　信長（朱印）
長岡兵部（藤孝）大輔殿
長岡与一郎（忠興）殿

現代語訳

改めて文書で通知する。この先（信長に）時間ができるだろうから、近いうちに（摂津へ）下向するつもりである。そちらの警護などを油断なく行い、敵に対する調略などもなるべく進めておけ。交替した在所も見廻り、留守をしっかり申し付けよ。（在所の見廻りを）ぬかりのないようにしておれば、いつ戦いになっても苦しむことはあるまい。来春は早々に摂津へ参り、（荒木勢の）尼崎と花熊に対する備えを申し付け、大坂本願寺を攻撃するつもりだ。心しておくように。なお、詳細はこの使者に口上で伝えさせる。

荒木村重の謀反　その歴史的意味

論説

天野忠幸

時代を変えた信長の「畿内衆」

元亀四年（一五七三）二月十三日、将軍足利義昭は、朝倉義景・三好義継・松永久秀・本願寺顕如・武田信玄の包囲網に苦しむ織田信長を見限った。ところが、窮地に陥ったはずの信長に味方する者が現れる。坂本城（大津市）の明智光秀、勝龍寺城（長岡京市）の細川藤孝、そして、摂津北部で勢力を伸ばす荒木村重である。信長が二月二十三日付で藤孝に送った黒印状（No.07）によると、村重は信長に「無二之忠節」を励むと伝えたという。

義昭に人質を差し出すも拒絶された信長は、藤孝と村重に逢坂（大津市）で迎えられて京都に進軍し、義昭を降伏させた。義昭は七月に槇島（宇治市）で再度挙兵するが、信長はすぐに撃破しこれを追放した。この後、義昭は諸大名を糾合するも、将軍として京都に復帰することはなかったことを踏まえると、光秀・藤孝・村重の決断は室町幕府の滅亡に向けた大きな時代の流れをつくったと言えよう。

藤孝は西岡（京都市西京区、向日市、長岡京市）を与えられ（No.11）、村重は摂津一国を切り取った。そして、光秀を中心に大坂本願寺との戦いに従事する。天正五年（一五七七）の二月十日付で藤孝に宛てた信長朱印状（No.28）によると、彼らは「幾（畿）内衆」として把握されていた。

村重と信長の認識のズレ

天正六年（一五七八）十月二十一日、突如、村重謀反の一報が信長の元に届いた。『信長公記』によると、信長は虚報だと思い、何か不満があれば聞くと、堺奉行の松井友閑、側近の万見重元、村重の嫡男村次の義父にあたる明智光秀を派遣した。これらは、信長が十月二十五日付で藤孝に宛てた黒印状（No.33）と一致する。藤孝も光秀と共に村重の説得が命じられているのは、将軍義昭追放以来の所縁によるものであろう。十一月二十日付の黒印状（No.37）でも、信長は藤孝に光秀と相談するよう命じた。

村重に関する一次史料と、『信長公記』からうかがえる信長の認識の間には大きな齟齬がある。村重は摂津最大規模の国人である池田氏より池田姓を下賜されるなど、重臣であった。しかし、信長は「一僕の身」、つまり一人の下僕しか持たない低い身分から取り立ててやったと思っていた。また、摂津一国という十分な恩賞を与えたと認識していたが、村重にすれば、摂津は自力で切り取ったものであった。

天正三年（一五七五）、信長が播磨・備前・美作を任せていた浦上宗景が、毛利輝元や宇喜多直家に敗れると、村重が播磨に出陣し国人から人質を取り、戦線を立て直した。その中で、国人の小寺政職らを与力に編成していく。ところが、天正五年（一五七七）に信長は羽柴秀吉を播磨に差し向け毛利攻めを命じる。秀吉は信長の直臣である小寺政職や別所長治を自分の家臣扱いしたため、彼らは不満を募らせていく。また、秀吉の行為は、小寺氏の取次・寄親であった村重の面目や外聞を踏みにじるものであったにも関わらず、信長は村重に秀吉への援軍を命じた。信長は村重を小身から摂津国主にしてやったと思っており、村重の怒りは理解できなかったが、将軍足利義昭や毛利輝元、本願寺顕如は村重の不満を正確に見抜いていた。

村重の長期籠城戦を可能にしたもの

村重が将軍義昭の調略を受け、毛利氏や本願寺と人質を交わして挙兵すると、播磨の小寺氏・在田氏・櫛橋氏・宇野氏らも続いたので、京都まで攻め込まれかねない状況になった。しかし、信長は村重の与力の中川清秀と高山右近を帰順させたことで優位に立ち、村重は摂津西部の有岡（伊丹市）・尼崎（尼崎市）・花熊（神戸市中央区）に籠城することになった。

この後、有岡城は一年一か月、尼崎城と花熊城は一年八か月に渡って、長期籠城戦を展開することになる。この間、村重は天正七年（一五七九）九月に内陸部の有岡城を池田重成に任せ、厭戦気分が蔓延していた海岸部の尼崎城に移って督戦し、毛利氏や雑賀衆に援軍を求めるなど、戦線の立て直しを図った。ところが、十月十五日に有岡城の外城は突破され、天主に追い詰められる。そこで十一月十九日、池田重成は人質を残して尼崎城に赴き、村重に開城を迫った。この交渉は藤孝によって信長へ伝えられており、信長は十一月二十日付の黒印状（No.36）で、尼崎の状況を確認したので油断なく有岡城を包囲せよと命じている。十二月十六日、信長は有岡城で捕えた荒木一族を京都で処刑するが、この虐殺により尼崎城が動揺することを期待したのであろう、同日付で藤孝・忠興親子へさらに調略を尽くせと命じ、来春には自ら出陣し尼崎・花熊・大坂を攻める意向を伝えた（No.38）。

結局、尼崎城と花熊城の結束は揺るがず、本願寺顕如が大坂を退去した後の天正八年（一五八〇）七月二日まで戦い抜いた。それを可能にした最大の要因は、毛利氏や雑賀衆が大阪湾や明石海峡の制海権を確保し、鉄炮や大鉄炮、兵粮、援軍を供給したことにある。尼崎や花熊近郊の兵庫津（神戸市兵庫区）に陸揚げされた物資は、摂津西部の百姓が村重に味方したこともあり、別所長治の三木城（三木市）や大坂本願寺へ運ばれたようだ。

すなわち倭寇の隆盛や大航海時代の影響を受け、日本でも貿易を通じて火薬を調達し、海上輸送により兵粮を補給する兵站の概念が必要になったのである。

本能寺の変へ

『信長公記』では村重単体しか見えていないが、一次史料では尼崎や花熊には、村重だけでなく、毛利氏や本願寺の援軍が籠っている。つまり、連合軍であって、村重や顕如の一存では開城できなかった。信長が畿内や西国の戦争に勝利するには、毛利氏に擁立され、村重を調略し、本願寺に命令していた将軍義昭との決着を図らねばならなかったのである。

こうして、秀吉ら尾張衆との競合、長宗我部元親の取次としての面目の失墜、受け皿としての将軍義昭や雑賀衆の存在など、多くの火種を村重は明智光秀に残すことになった。

参考文献
・天野忠幸『荒木村重』（戎光祥出版、二〇一七年）
・天野忠幸「信長と畿内大名」（藤田達生編『織田政権と本能寺の変』塙書房、二〇二一年）

39

織田信長黒印状《おだのぶながこくいんじょう》

（天正五年〈一五七七〉ヵ）六月五日

藤孝ならできる！　京都の凄腕大工を集めてくれ

織田信長が細川藤孝に腕利きの「大工」を派遣するよう指示した黒印状である。当時の「大工」とは、職人を統括して木造建築を担った棟梁のことを指す。信長は以前の櫓普請のおりに雇用した大工二名の力量をみとめていたらしく、その二名に加え、優れた大工をさらに一〇名ほど探して派遣するように、と述べている。かかる指示が藤孝に下されたのは、もともと室町幕府の幕臣として働き、当時は京都近郊の西岡に拠点を有していたためとみられる。京都では高度な技術を有する建築職人の集団と大工が多く活動しており、藤孝であれば彼等にアクセスできる、との期待が働いたのであろう。

なお、「候也」と記した書止文言、「信長」の署名がみえない形式（書札礼）から、本文書は天正五年（一五七七）ないし同六年に発給されたものと考えられる。加えて、文中に記された「去年矢蔵申し付け候時」を安土城のそれとみてよいのであれば、同五年の発給に絞られることとなる。ただし、確定的ではない。

（山田）

国指定重要文化財／長岡兵部大輔（藤孝）宛／紙本墨書　折紙／楠長諳筆／縦二八・八　横四六・〇／永青文庫蔵（熊本大学附属図書館寄託）／207・仁・2　信長52

去年矢蔵申付候
時、召仕候大工内、

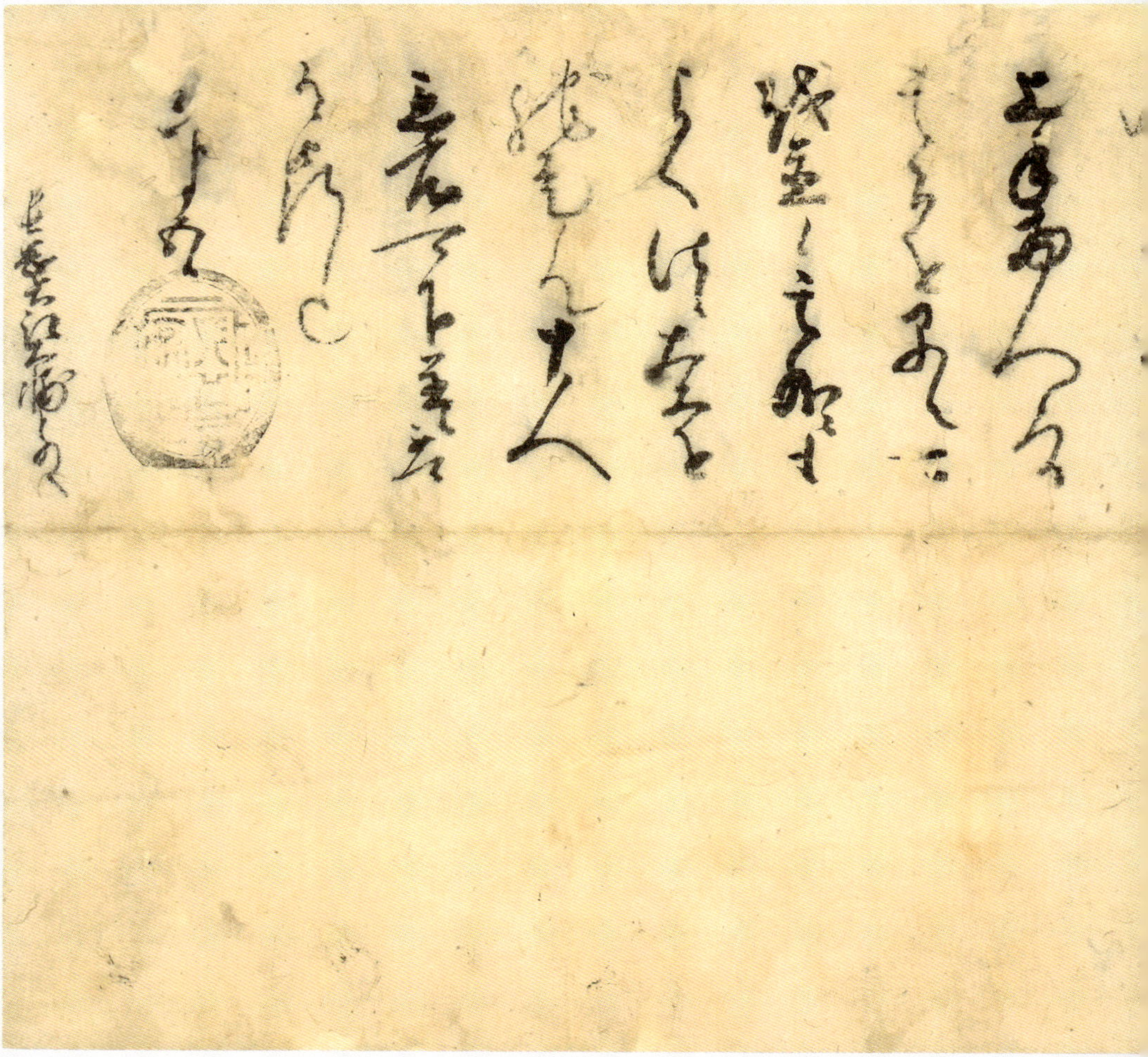

上手両人候つる、
其者を早々可
越置候、其外ニも
よく仕候大工を
馳走候て、十人
急度可下置候、不可
有由断候也、
（天正五年カ）六月五日（黒印）
（藤孝）長岡兵部大輔殿

現代語訳

去年櫓の普請を命じた時に召し使った大工に、上手な者が二人いた。その者を早々に派遣せよ。その他にも腕のたつ大工を探し出し、一〇人を急ぎ派遣するように。油断のないようにせよ。

40

織田信長黒印状《おだのぶながこくいんじょう》

（年未詳）九月九日

藤孝、重陽の節句に小袖を贈る

重陽の節句にあわせ、小袖を贈ってきた細川藤孝に対し、お礼を述べた黒印状。吉例の贈答を、織田信長も喜んでいる。No.45の解説でも述べているように、武家社会では衣替えが細分化して行われており、四月一日からは袷《あわせ》、五月五日（端午の節句）からは帷《かたびら》、九月一日からはふたたび袷、九月九日（重陽の節句）からは綿入れを着用した。すなわち、ここにみえる小袖の贈答は、こういった衣替えを意識してのことである。

年次ははっきりしないが、天正四年（一五七六）のものとおぼしき八月二十二日付黒印状（No.21）の発給以降から同六年のものとおぼしき十月二十五日付黒印状（No.33）が発給される前までの期間、藤孝宛信長文書の書札礼は、①「信長」の署名なしで印判のみ、②書止文言に「候也」と記す形となっている。そうすると、これに当てはまる本文書は、同四年から同六年の間にかけて発給されたものと考えられよう。（山田）

国指定重要文化財／長岡兵部大輔（藤孝）宛／紙本墨書　折紙／楠長諳筆／縦二八・八　横四五・六／永青文庫蔵（熊本大学附属図書館寄託）／207・仁・2　信長48

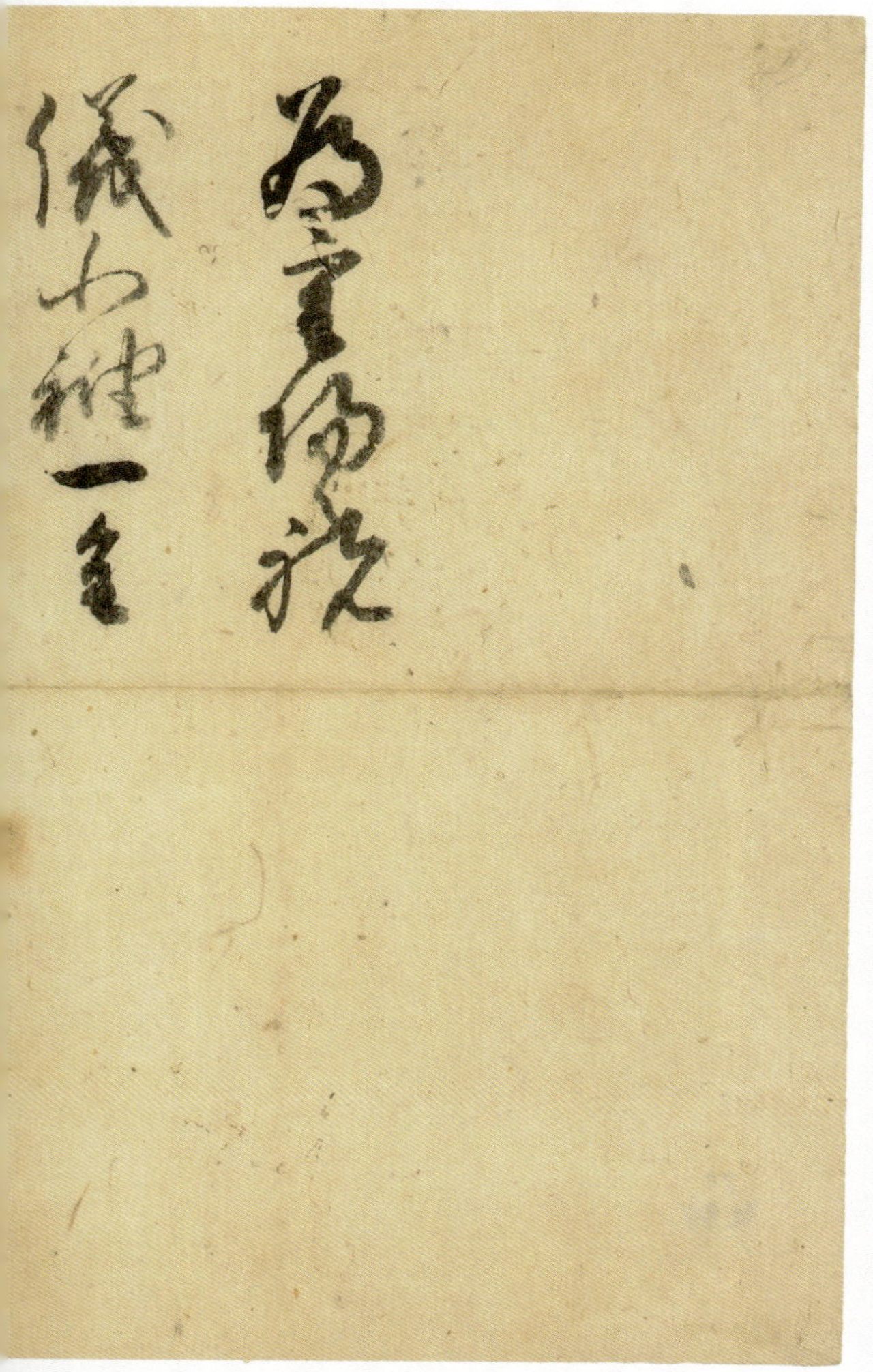

為重陽之祝

儀、小袖一重

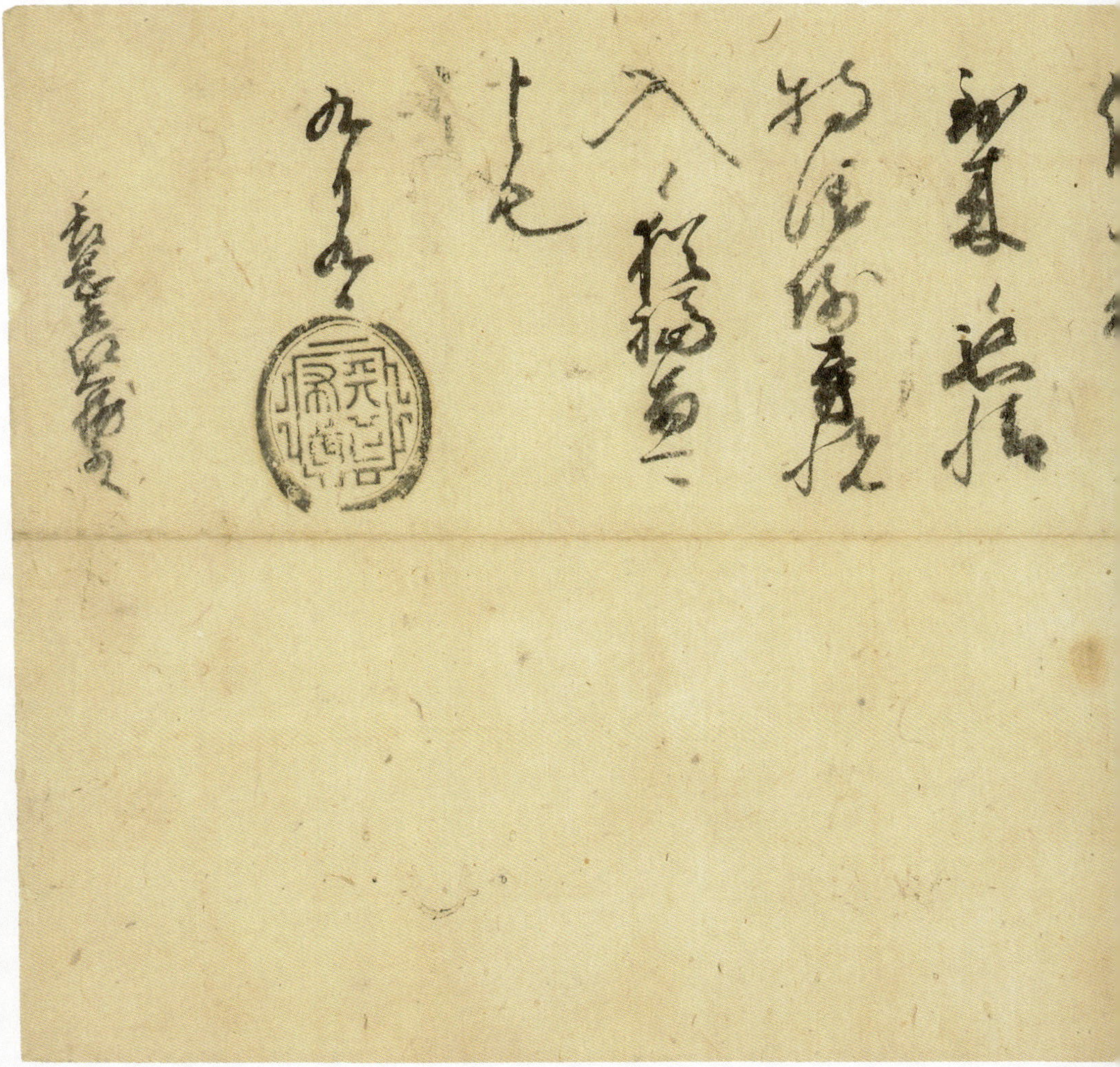

到来候、懇情
特佳例旁悦
入候、猶福富（秀勝）可
申候也、
九月九日（黒印）
長岡（藤孝）兵部大輔殿

現代語訳

重陽の節句の祝儀として、小袖一重が届いた。丁寧なことで、なにより吉例の贈答、喜ばしい限りである。なお、詳細は福富秀勝から伝えさせる。

41

織田信長黒印状《おだのぶながこくいんじょう》

（年未詳）五月四日

端午の節句に帷を贈る

No.45・46と同様に、端午の祝儀に帷《かたびら》を贈答してきた細川藤孝に対し、お礼を述べた黒印状。年次ははっきりしないが、取次役として文面に登場する織田信長の側近大津長昌の没年（天正七年〈一五七九〉三月没）、「候也」と記した書止文言、「信長」の署名がみえないという文書形式（書札礼）を踏まえると、天正五年から同六年にかけての発給と考えられる。（山田）

国指定重要文化財／長岡兵部大輔（藤孝）宛／紙本墨書　折紙／楠長諳筆／縦二八・五　横四六・〇／永青文庫蔵（熊本大学附属図書館寄託）／207・仁・2　信長53

端午之帷二

到来候、嘉例

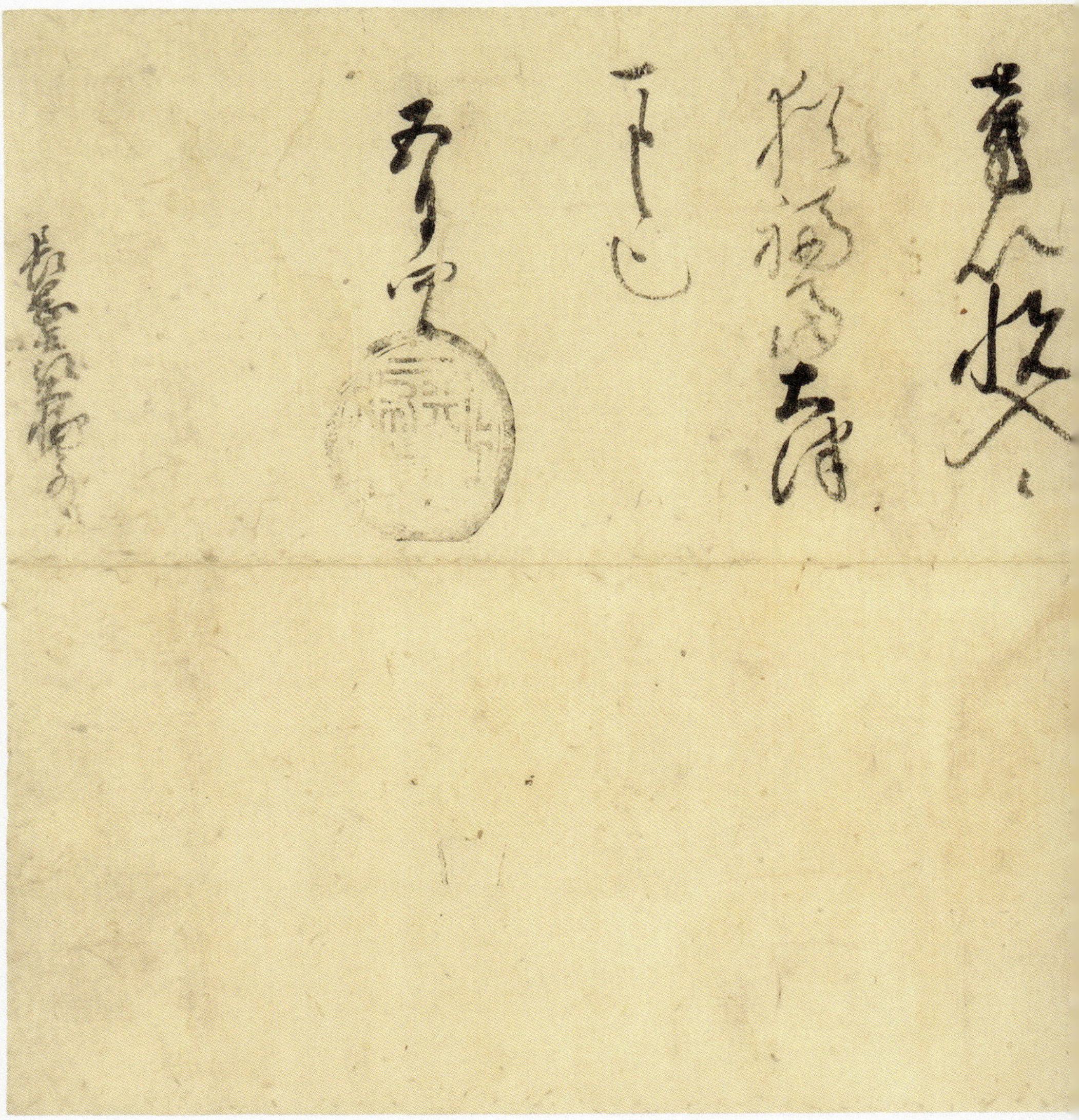

旁以悦入候、
猶福富（秀勝）・大津（長昌）
可申候也、
五月四日（黒印）
長岡兵部（藤孝）大輔殿

現代語訳

端午の節句の帷が届いた。吉例の贈答で、嬉しい限りである。なお、詳細は福富秀勝と大津長昌から伝えさせる。

42

織田信長黒印状《おだのぶながこくいんじょう》

（年未詳）七月六日

七夕の祝儀にも帷を

No.41・45・46と同じく、帷《かたびら》を贈答してきた細川藤孝に対し、お礼を述べた織田信長黒印状。贈答の目的は明記されていないが、時期的に七夕の祝儀と考えられる。

年次もはっきりしないが、取次役として文面に登場する信長の側近大津長昌の没年（天正七年〈一五七九〉三月没）と、No.40に記したような、天正四年八月二十二日以降から同六年十月二十五日より前の間にみられた書札礼のあり様（①「信長」の署名なしで印判のみ、②書止文言に「候也」を使用）を踏まえると、本文書は同五年から同六年にかけて発給されたものとみられる。（山田）

国指定重要文化財／長岡兵部大輔（藤孝）宛／紙本墨書　折紙／楠長諳筆／縦二九・四　横四六・九／永青文庫蔵（熊本大学附属図書館寄託）／207・仁・2　信長47

帷三到来候、

殊恒例旁以

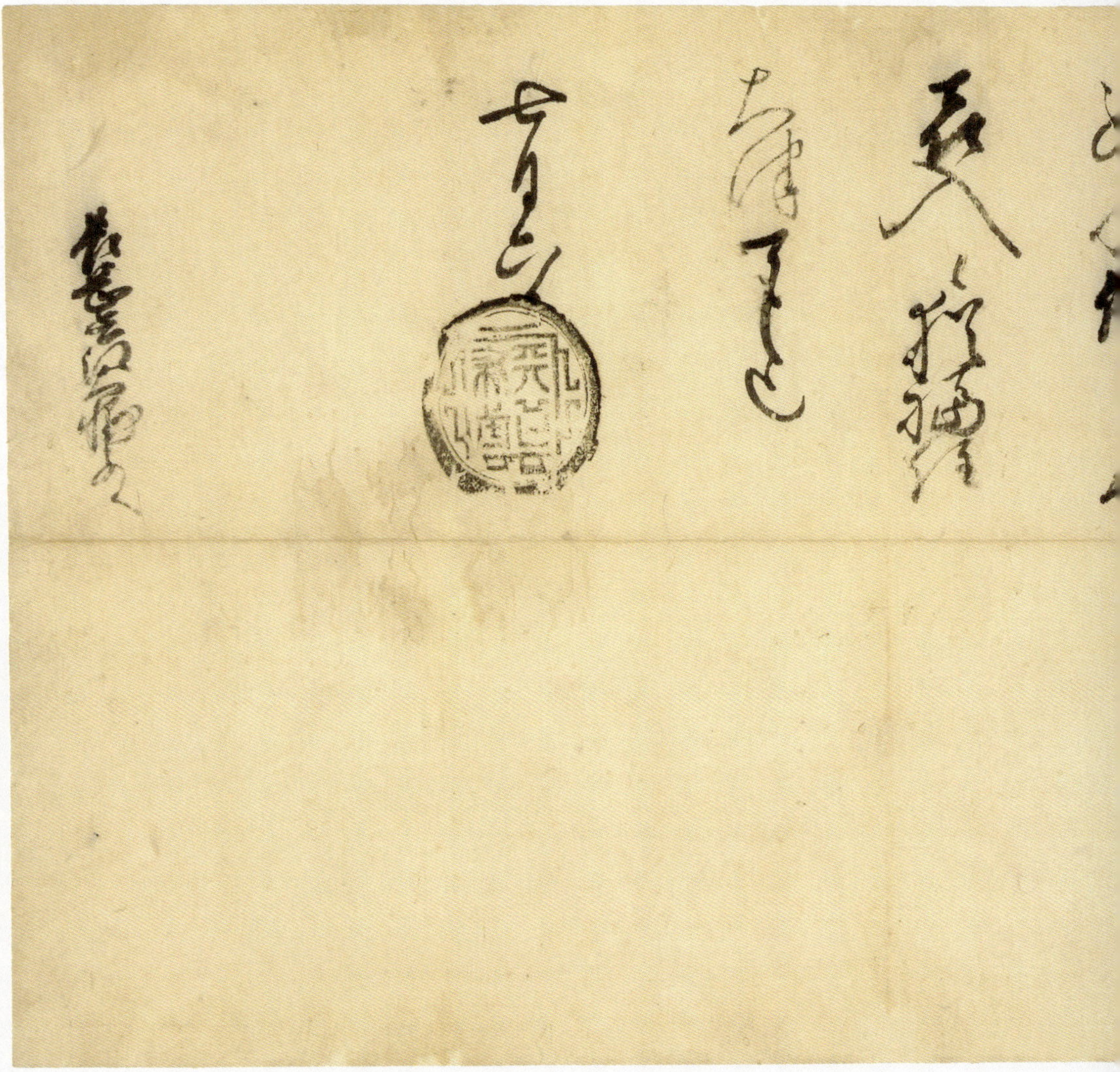

喜入候、猶福住（富）（秀勝）・

大津（長昌）可申候也、

七月六日（黒印）

長岡（藤孝）兵部大輔殿

現代語訳

帷が届いた。恒例のことで、喜んでいる。なお、詳細は福富秀勝と大津長昌に伝えさせる。

43

織田信長黒印状《おだのぶながこくいんじょう》

（年未詳）十一月十六日

包丁名人の藤孝が信長に淀の鯉を贈る

「淀」の鯉を贈ってきた細川藤孝に対し、織田信長がお礼を述べた黒印状。中世の料理書『四条流庖丁書』（群書類従十九）によると、当時の「美物（味の良い食べ物）」は「上ハ海ノ物、中ハ河ノ物、下ハ山ノ物」とされたが、その中でも鯉は「鯉ニ上ヲスル魚ナシ」と言われる食材であった。包丁術に秀で、時には自ら鯉をさばいたであろう藤孝ならでは贈りものである。

産地の「淀」は、今日も多くの太公望が釣り糸をたれる鯉釣りの名所・淀川のことか。あるいは、天正八年（一五八〇）まで藤孝が領知した京都西岡の隣接地域・淀のことか。はっきりしないが、いずれにせよ淀川水系の鯉であろう。

年次は未詳だが、「候也」の書止文言に、「信長」の署名を記す書札礼から、天正六年から同九年にかけての発給であろう。加えて、文中にみえる「取り乱すの時分」という表現、丹後国替の時期などを勘案すると、本文書は、藤孝が荒木攻めで摂津に在陣していた同六年ないし同七年に発給されたものかもしれない。

（山田）

国指定重要文化財／長岡兵部大輔（藤孝）宛／紙本墨書　折紙／楠長諳筆／縦二八・七　横四五・七／永青文庫蔵（熊本大学附属図書館寄託）／207・仁・2　信長54

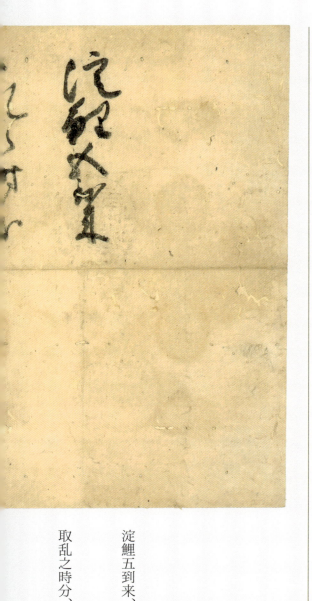

淀鯉五到来、
取乱之時分、

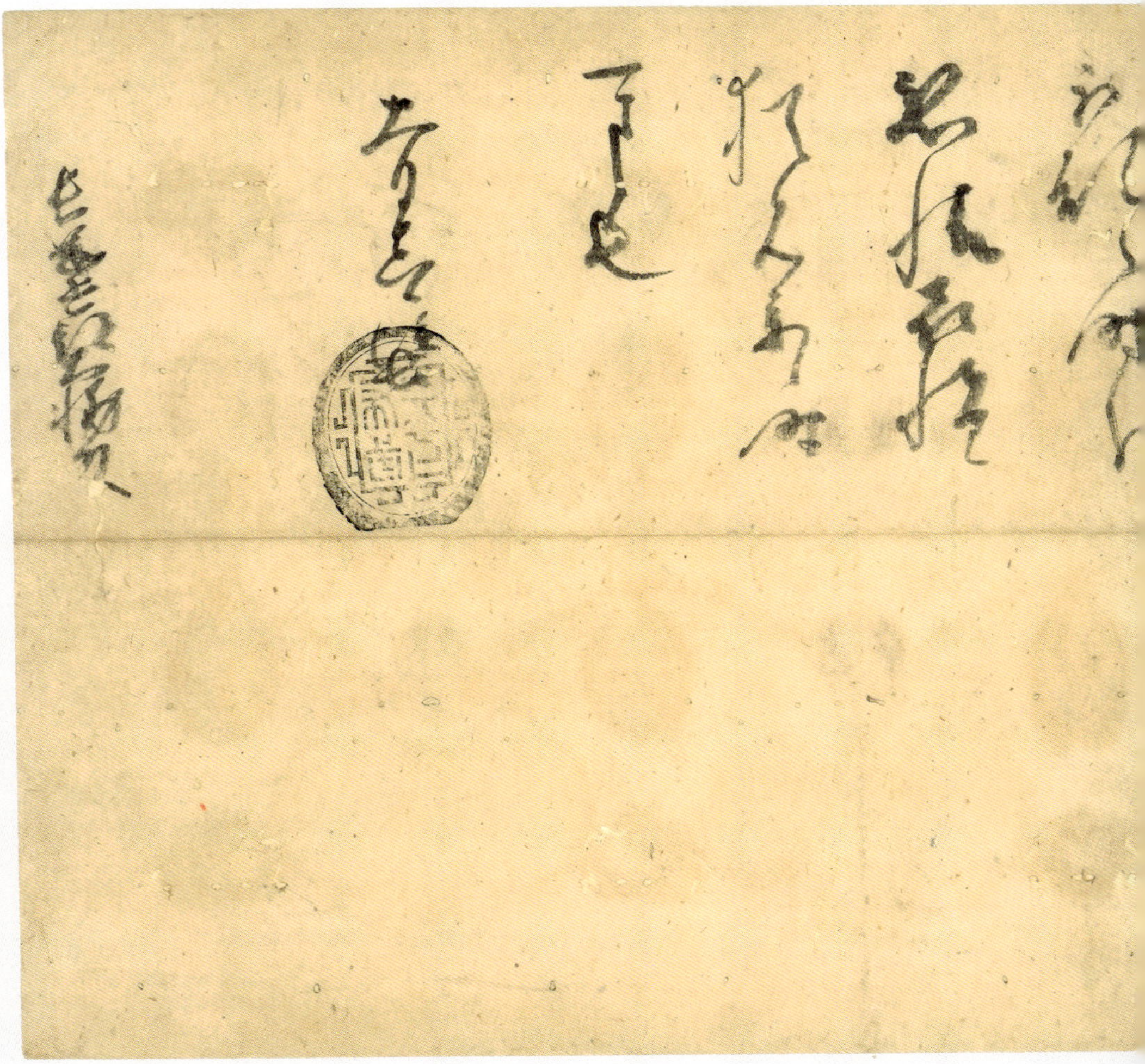

懇情喜悦候、
猶見参候時、
可申候也、
十一月十六日　信長（黒印）
長岡兵部大輔殿《（藤孝）》

現代語訳

「淀」でとれた鯉が届いた。忙しい時期であるにもかかわらず、丁寧なことで、喜んでいる。なお、詳細は対面した時に話すとしよう。

44

織田信長黒印状《おだのぶながこくいんじょう》

忠興から届いた唐錦に驚く信長

（天正九年〈一五八一〉カ）二月十七日

細川忠興から「唐錦一巻」を贈られた織田信長が、お礼と近日上洛の旨を伝えた黒印状。年次はみえないが、天正四年（一五七六）の忠興元服以降で、二月十七日直後に信長が上洛するのは同七〜九年のみ。書止文言を「候也」と記したうえで、「信長」の署名を施す文書形式（書札礼）的にも、この間の発給と考えられる。

文面をみると、信長は「探していたが、ここ（安土）では見つけられなかった。驚いた」と述べ、「唐錦」を絶賛する。京都ゆかりの細川家ならではの贈りものだったのだろう。

ちなみに、一八世紀後半に成立した細川家の家譜『綿考輯録』は、この贈答を天正九年二月二十八日に行われた「京都御馬揃」にあわせたものとみなしている。『信長公記』巻一四に記された「蜀江の錦の御小袖（〇中略）、是は昔年、大国より三巻本朝へ渡りたる内の其一巻なり、永岡与一郎、都にて尋ね捜し求め進上」という、信長の衣装記事を踏まえてのことであろう。

（山田）

国指定重要文化財／長岡与一郎（忠興）宛／紙本墨書　折紙／楠長諳筆／縦三〇・〇　横四七・二／永青文庫蔵（熊本大学附属図書館寄託）／207・仁・2　信長36

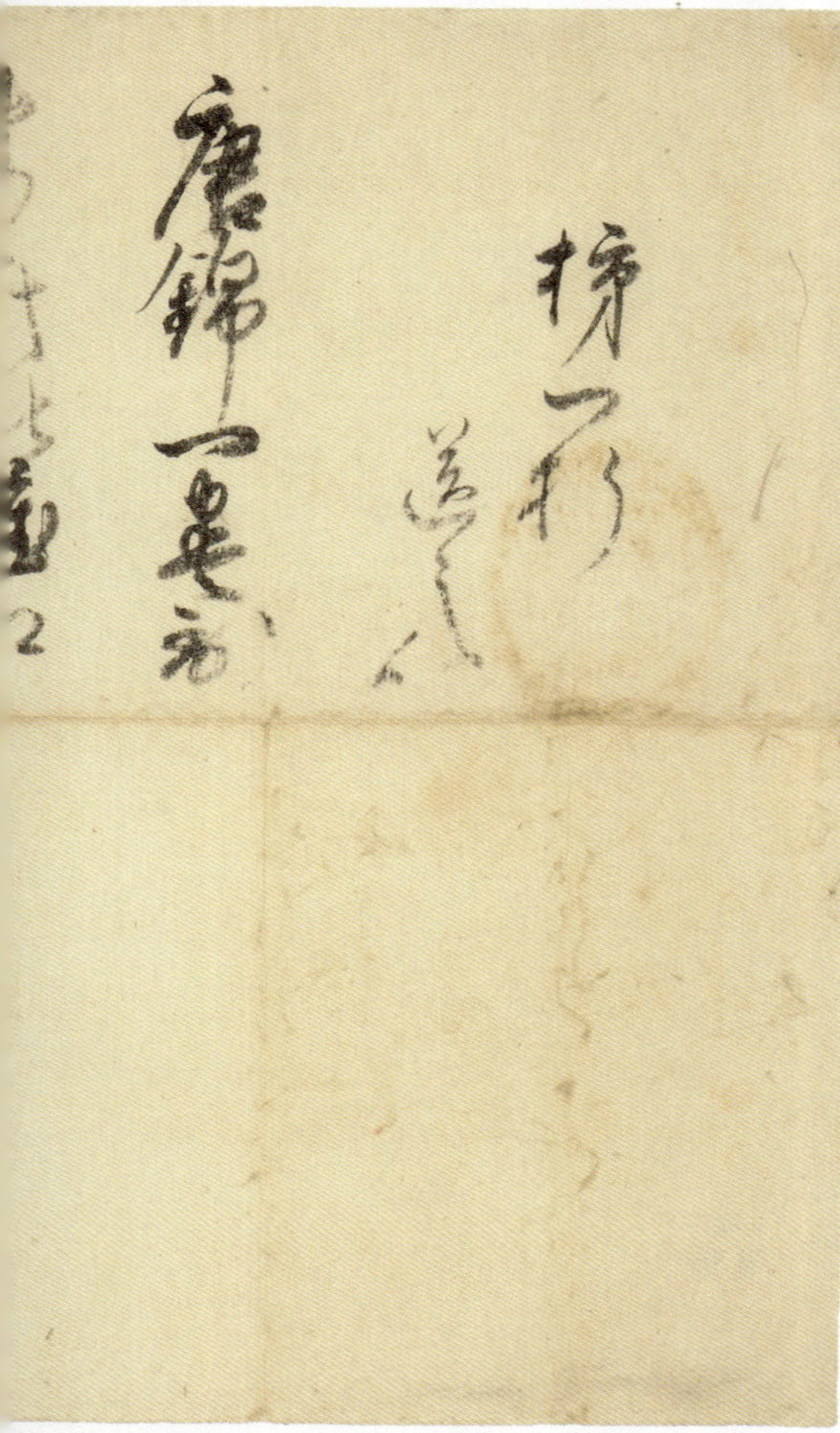

柿一折
送之候、
唐錦一巻到

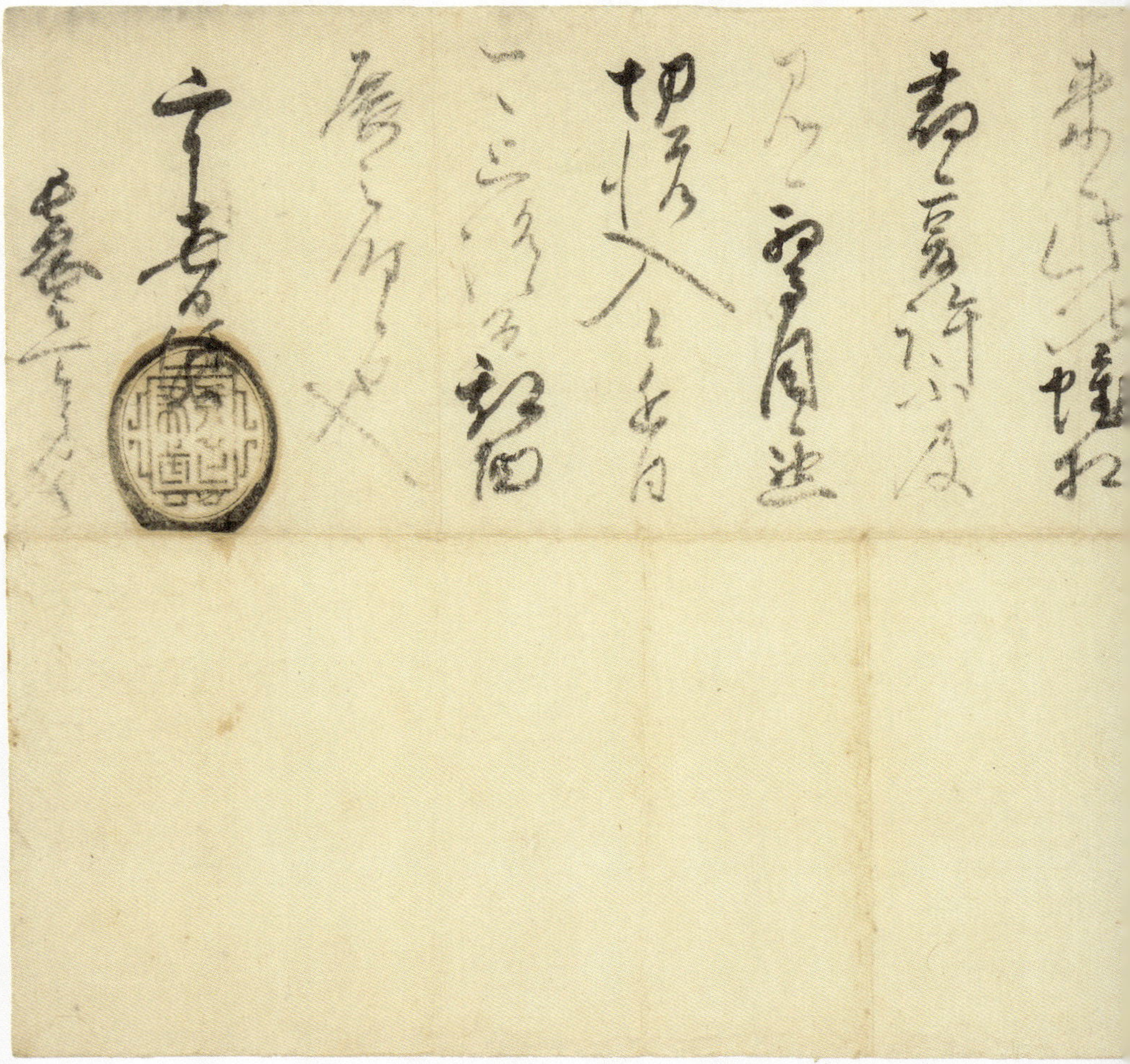

来候、此比雖相
尋候、爰許不及
見候、驚目候、懇
切悦入候、近日
可上洛候間、期面
展之時候也、
二月十七日《（天正九年カ）》　信長（黒印）
長岡与一郎《（忠興）》殿

現代語訳

唐錦一巻を贈ってもらった。近頃探していたのだが、安土では見つからなかった。驚いた。たいへんありがたい。もうすぐ上洛するので、その時にまた会うとしよう。

柿一折を贈ろう。

45

織田信長黒印状《おだのぶながこくいんじょう》

（年未詳）五月三日

端午の節句で夏服に衣替え

端午の節句にあわせて帷《かたびら》を贈答してきた細川藤孝に対し、織田信長がお礼を述べた黒印状である。年次ははっきりしないが、「候也」と記す書止文言と「信長」の署名を踏まえると、天正六年（一五七八）から同十年にかけて発給されたものと考えられる。

ここでいう帷とは、夏季に着用する裏地のない小袖で、麻や葛といった布地で織られた衣類である。平安時代以来、宮中では四月一日と十月一日を衣替えの日とし、四月から夏の装束を、十月から冬の装束を着用したが、武家社会ではより細分化して実施され、四月一日からは袷《あわせ》、五月五日（端午の節句）からは帷、九月一日からはふたたび袷、九月九日（重陽の節句）からは綿入れを着用した。端午の節句のおり、本文書に示されるような贈答が武家の間でみられたのは、こうした衣替えと関係してのことである。（山田）

国指定重要文化財／長岡兵部大輔（藤孝）宛／紙本墨書　折紙／楠長諳筆／縦二九・五　横四四・四／永青文庫蔵（熊本大学附属図書館寄託）／207・仁・2　信長51

為端午之祝
儀、帷二到来、

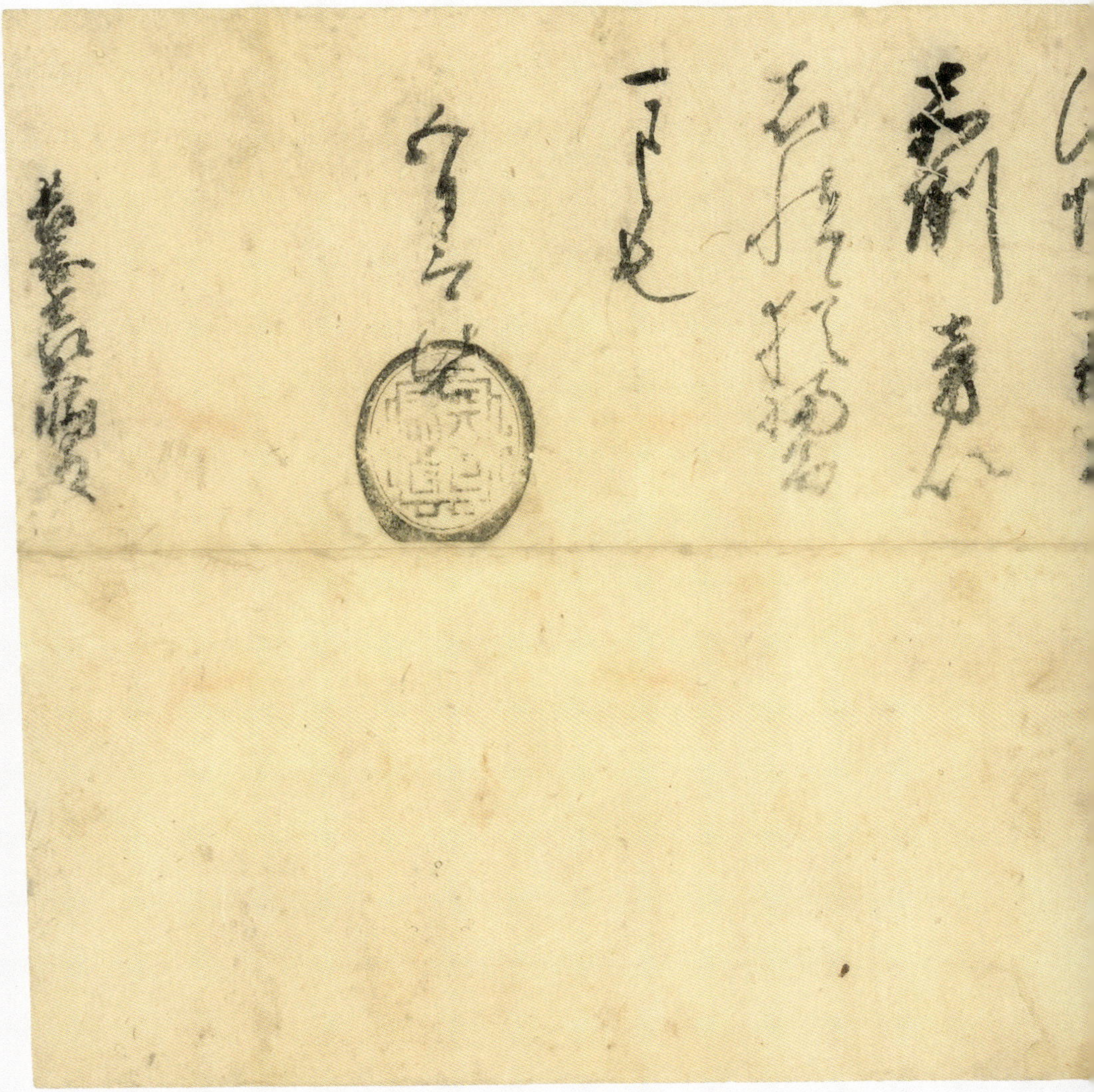

嘉例旁以

喜悦候、猶福富《（秀勝）》

可申候也、

五月三日　信長（黒印）

長岡兵部《（藤孝）》大輔殿

現代語訳

端午の祝儀として帷が届いた。めでたい先例にならってのことで喜んでいる。なお、詳細は福富秀勝に伝えさせる。

46

織田信長黒印状

おだのぶながこくいんじょう

（年未詳）五月四日

信長、藤孝のかわらぬ誠意に感謝を伝える

No.41・45と同様に、端午の祝儀に帷《かたびら》を贈答してきた細川藤孝に対し、織田信長がお礼を述べた黒印状。「候也」という書止文言と信長の署名が記されている点から、書札礼的に天正六年（一五七八）から同十年にかけての発給と考えられる。

ところで、本文書を記したのは、世尊寺《せそんじ》流を学び、当代一流の書家とされた楠長諳《くすのきちょうあん》（大饗正虎《おおあえまさとら》）である。南北朝時代に活躍した武将・楠（楠木）正成の末裔を称する長諳は、将軍足利義輝に仕え、その後は松永久秀のもとで右筆を担当。天正年間初頭までに織田家中へ加わると、武井夕庵《せきあん》とともに信長の右筆を務めた。ただし、右筆の仕事のみに専従していたわけではなく、夕庵ほどではないにせよ、長諳もまた信長の側近として取次や使者、奉行を務めている。「本能寺の変」後は羽柴（豊臣）秀吉に仕え、その右筆を務めた。

（山田）

国指定重要文化財／長岡兵部大輔（藤孝）宛／紙本墨書　折紙／楠長諳筆／縦二九・三　横四六・四／永青文庫蔵（熊本大学附属図書館寄託）／207・仁・2　信長49

為嘉例帷

二到来候、誠不

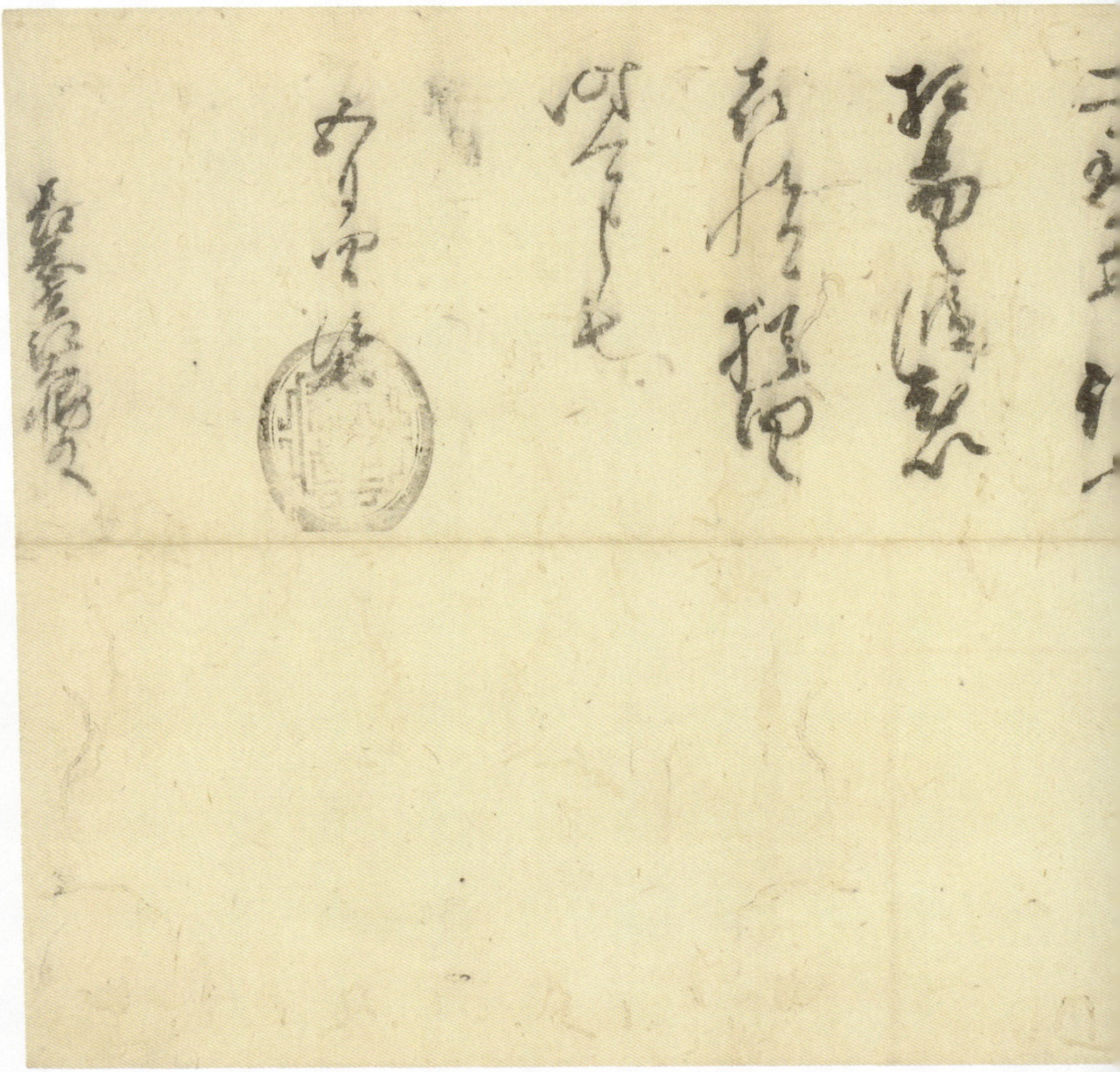

相易之段、尤以
喜悦候、猶面之
時可申候也、
五月四日　信長（黒印）
長岡（藤孝）兵部大輔殿

現代語訳

（端午の）吉例として、帷が届いた。まことに相変わらずの礼儀の贈答で、喜ばしいばかりだ。なお、会った時に話をしよう。

露払《つゆはらい》　細川忠興所用

伝　細川ガラシャ作　安土桃山時代（一六世紀）　麻　染　前丈一〇二・五　後丈九六・七　裄六一・五　永青文庫蔵　3120

本作を納める箱には「三斎様御露拂　但秀林院様御手織同御仕立也」と墨書があり、文字通りに意味をとると、ガラシャ（秀林院）が夫・忠興（三斎）のために自ら織って仕立てた「露払」ということになる。露を払うという名称や、防水効果のある柿渋とみられる茶色の染料は、本作が簡易な雨具であった可能性を示唆している。乗馬がしやすいよう背中心に背割を設けた羽織のような形状をしており、袂の丸みは安土桃山時代の特徴を示している。また、首まわりには別裂の襟がついていた痕跡がある。箱には「砂取男爵家ヨリ御差上品一箱　昭和五年三月五日御神庫納」と書かれた貼紙もあり、本作が忠興とガラシャの長男・忠隆を祖とする細川内膳家より譲られた一領で、昭和五年（一九三〇）に北岡邸（熊本の細川邸）内の「御神庫」と呼ばれる倉に納められたことが分かる。

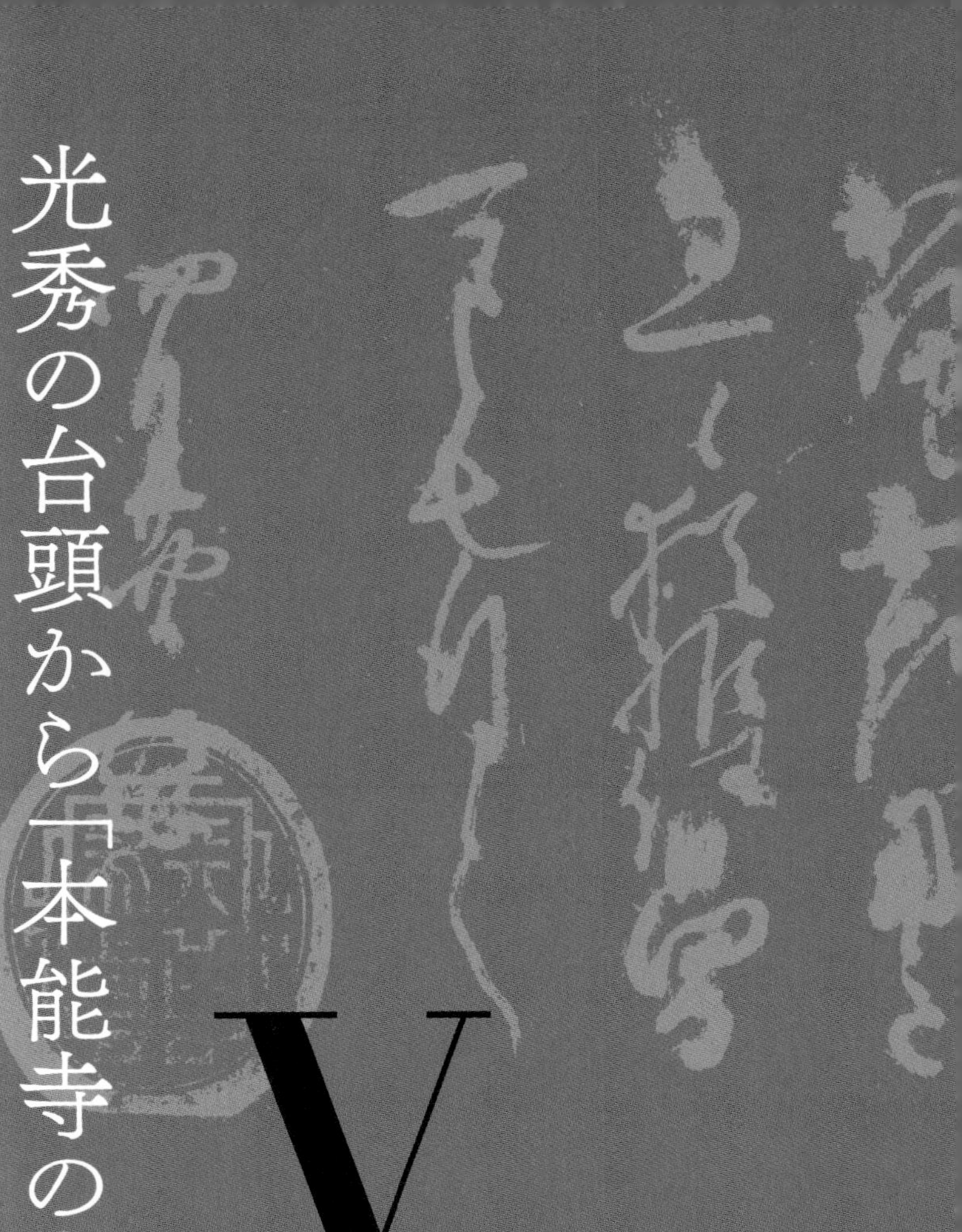

V

No.47～60

光秀の台頭から「本能寺の変」へ――信長・光秀・藤孝

細川藤孝は明智光秀の台頭過程を最も近くでみてきた人物である。光秀の丹波攻めをサポートし、天正八年（一五八〇）には光秀の支援のもとで丹後に入国して、共同で領国支配体制を立ち上げた藤孝。翌年には、光秀と同様に領国一円の石高制検地を断行し、光秀とともに国内領主への知行配分をなしとげる。しかしその過程で、光秀の権限は藤孝ら織田政権下の畿内近国の領主層を包摂するまでに拡大し、「本能寺の変」前夜を迎える。

ここに収録した一四通の信長文書から、信長に最も信頼された重臣が謀反に至るまでの過程を跡づけることができるはずだ。

47
織田信長朱印状《おだのぶながしゅいんじょう》

大坂攻めに口丹波の侍衆を動員せよ

天正三年（一五七五）三月二十二日

天正三年（一五七五）三月、秋に大坂本願寺攻めを予定していた織田信長が、細川藤孝に、山城国に隣接する丹波国船井郡とその西の桑田郡（口丹波）の「諸侍」（在地領主＝国衆）たちの動員権を付与し、本願寺攻めへの出陣に備えさせるよう命じた朱印状。ただし本願寺とは同年に一旦和睦がなったこともあり、藤孝による動員の実績を具体的に知ることはできない。

なお、この年六月以降、明智光秀による両郡の内藤氏や宇津氏への攻撃、一部の国衆の組織化が一定の進展をみせていたことが注目される。さらに、越前一向一揆攻めの直後の九月初めに、信長は光秀に改めて丹波攻めを命じるとともに、藤孝にも船井・桑田両郡の支配権を改めて付与している（『信長公記』）。こうした藤孝の役割の背景には、藤孝と光秀との軍事上の強固な関係と、藤孝が将軍側近時代から保持していた丹波国衆とのつながりがあったものと推察される。

「合（相）城」とは、攻城軍が戦略的に敵の城に向かい合わせにつくる砦のことで、「付城」「向城」ともいう。（稲葉）

国指定重要文化財／長岡兵部太輔（藤孝）宛／紙本墨書　折紙／武井夕庵筆／縦二九・〇　横四四・五／永青文庫蔵（熊本大学附属図書館寄託）／207・仁・2　信長25

来秋大坂合城
申付候、然者丹州

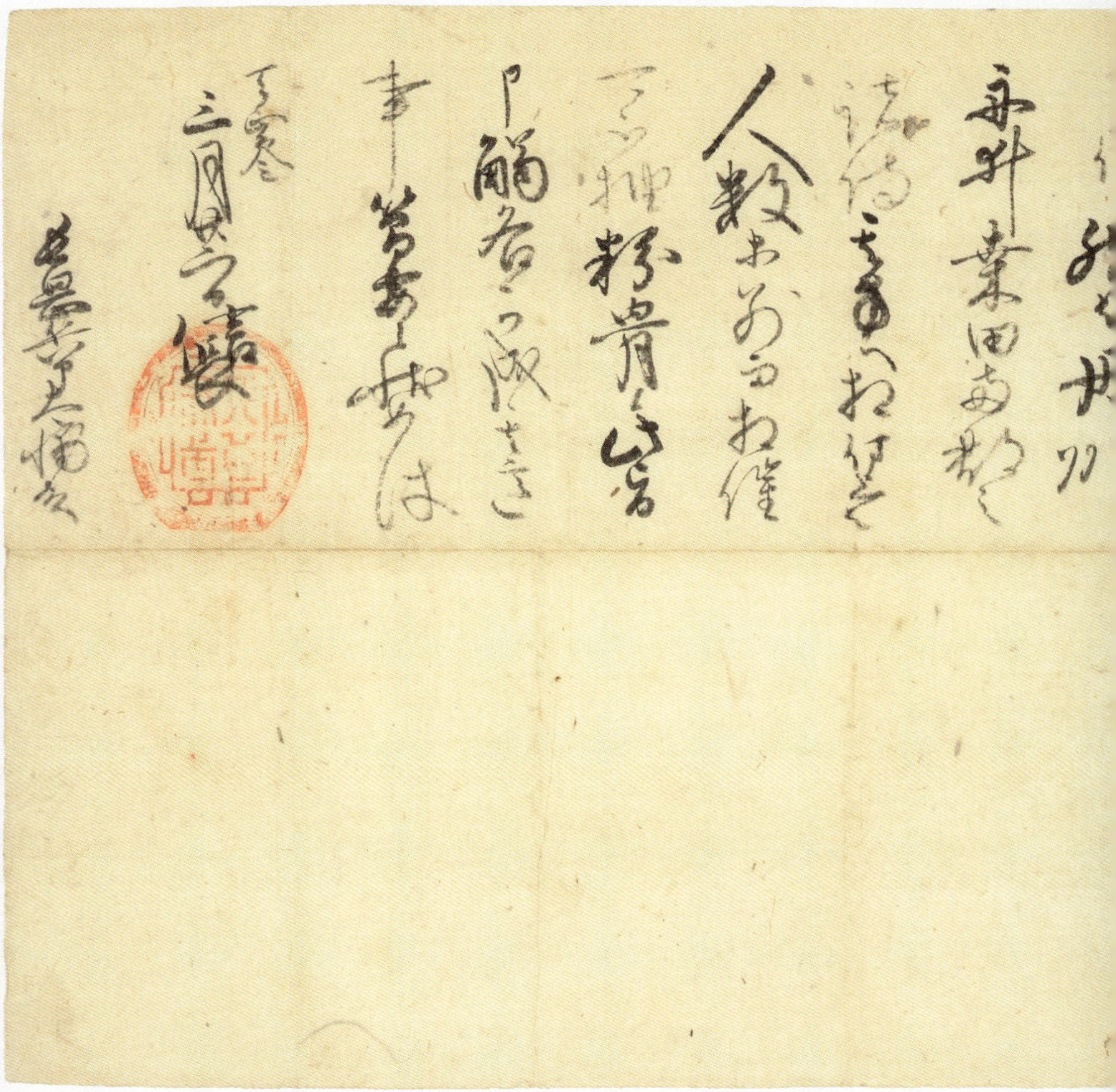

舟井・桑田両郡之
諸侍、其方へ相付上者、
人数等別而相催、
可被抽粉骨候、此旨
申触、各可成其意
事、簡要之状如件、

天正参
三月廿二日　信長（朱印）
長岡（藤孝）兵部太輔殿

現代語訳

来る秋、大坂本願寺に合城を付けて攻撃を開始する。ついては丹波の船井・桑田両郡の侍を藤孝に付属させるので、軍勢をたくさん集め、力の限りつとめよ。この旨を（丹波の侍たちに）周知し、納得させることがきわめて重要だ。

48

織田信長黒印状《おだのぶながこくいんじょう》

（天正三年〈一五七五〉）十月八日

信長は丹州情勢を光秀・藤孝をつうじて把握

天正三年（一五七五）九月、織田信長は越前での対一揆戦の戦後処理にあたりながら、明智光秀と細川藤孝に丹波攻略を、荒木村重に播磨奥郡の国衆の調略をそれぞれ指令し、九月二十六日には岐阜城に帰った（『信長公記』）。信長は藤孝からの播磨・丹後の情勢報告を岐阜で得て、藤孝にこの返書を送った。

播磨については、村重が備前の宇喜多直家の「端城」の一つを実力で確保し、そこに播磨の味方国衆浦上宗景を入れ置いた上で帰陣した、との報告を藤孝から得て、了承している。領土の境目を防衛するために構築された城を「端城」といった。

次いで丹波・丹後方面の状況について信長は、「維任方」＝光秀からも報告を受けているが、藤孝も度々丁寧に報告してくれるといって褒めている。このように、信長から各地に派遣された部将たちには、信長への緊密な情勢報告が求められた。それは逆にいえば、信長の判断が前線の直臣たちからもたらされる情報に依存していたことを示しているのだ。（稲葉）

国指定重要文化財／長岡兵部大輔（藤孝）宛／紙本墨書　折紙／楠長諳筆／縦二八・九　横四五・五／永青文庫蔵（熊本大学附属図書館寄託）／207・仁・2　信長9

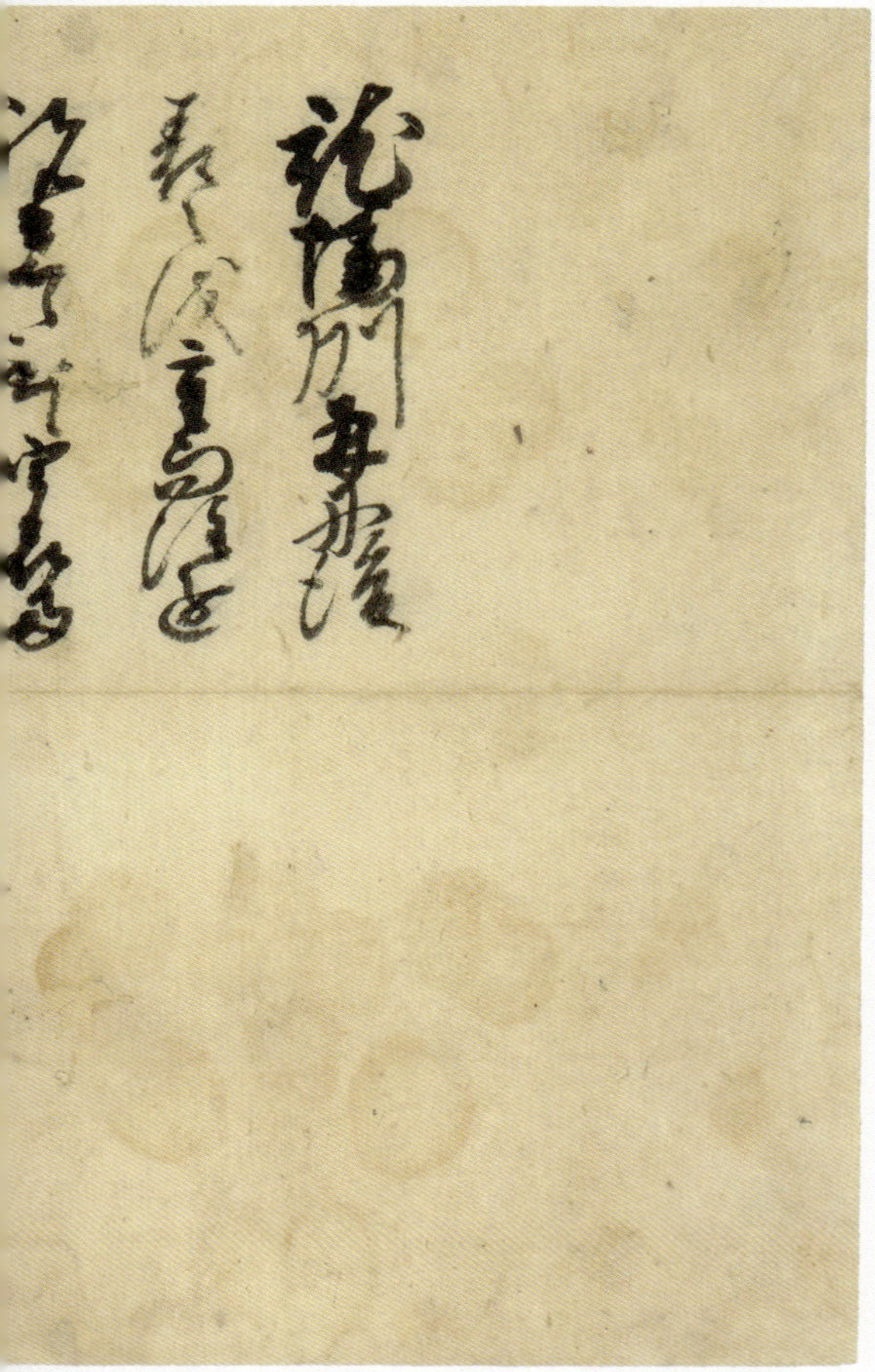

就播州幷丹後
表之儀、重而注進
祝着之至候、宇喜多（直家）

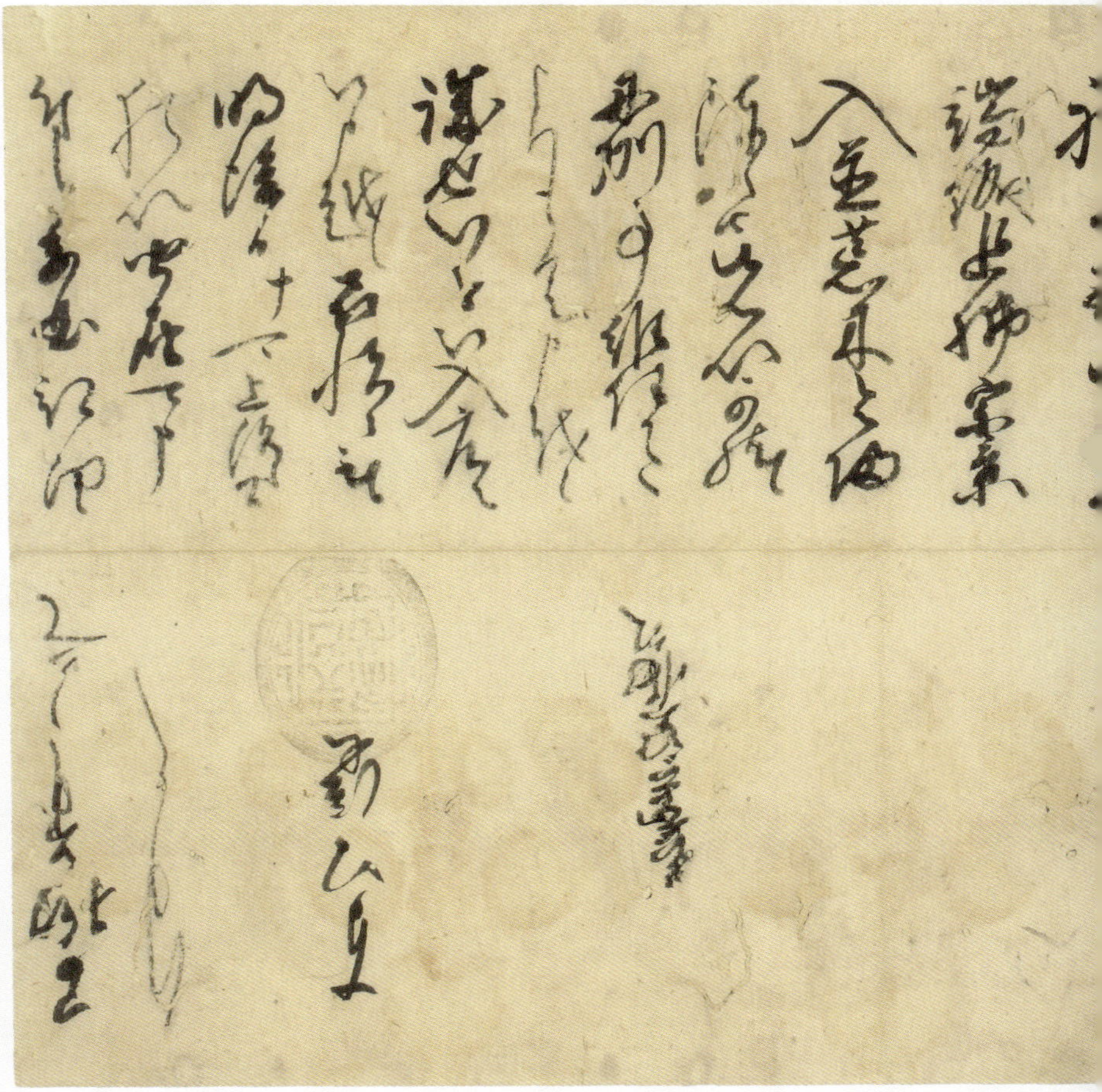

端城追払、宗景（浦上）
入置、荒木（村重）令帰
陣之由、先以可然候、
丹州事、維（惟）任（光秀）かた
よりも具申越候、
誠せいを被入、度々
被申越候、喜悦之至候、
明後日十可上洛候間、
猶以聞届可申
付候、委曲期面候

（折り返し）
間、抛筆候了、恐々
謹言、
十月八日（天正三年）　信長（黒印）
長岡（藤孝）兵部大輔殿

現代語訳

播磨と丹後方面のことにつき、重ねての注進、たいへん満足である。宇喜多勢を端城から追い払い、浦上宗景を入城させ、（織田方の）荒木村重は帰陣したとのこと、まずは承知した。丹波のことは光秀からも詳細な報告を受けた。（藤孝も）まことに熱心に、たびたび報告を入れてくること、喜悦の至りである。明後日十日に上洛するので、引き続き情報収集するように。詳しい話は面会の時にしよう。ひとまず擱筆する。

49

織田信長黒印状《おだのぶながこくいんじょう》

光秀・藤孝は丹波攻略でも名コンビ

（天正三年〈一五七五〉）十月九日

十月八日付の№48に続き、翌九日付の本文書でも、織田信長は細川藤孝・明智光秀から丹波情勢の報告を受けた旨、述べている。二人から信長への情報伝達が驚くべき頻度でなされていたこと、二人が共同で丹波攻略にあたっていたことが、よく示されている。『信長公記』によれば、十月十日、信長は実際に上洛しており、十一月二十四日に岐阜に帰るまで在京している。その間に、藤孝と信長は対面で丹波情勢を議論したものと考えられる。

この年の前半まで信長と対立していたのは、京都に近い桑田郡・船井郡の内藤氏や宇津氏であったが、本文書が出された十月以降に課題となったのは、但馬・播磨と国境を接する氷上《ひかみ》郡黒井城（兵庫県丹波市）にいた荻野氏への対処であった。十一月には丹波国衆の多くを味方に付けて黒井城を包囲した光秀であったが、翌天正四年（一五七六）正月に多紀郡八上《やかみ》城（同丹波篠山市）の波多野秀治の裏切りにあい、失敗に終わることになる。信長と直臣たちの軍事戦略の成否は、国衆すなわち地域領主たちを調略して組織できるかどうかにかかっていたのである。

（稲葉）

国指定重要文化財／長岡兵部大輔（藤孝）宛／紙本墨書　折紙／楠長諳筆／縦二八・八　横四五・六／永青文庫蔵（熊本大学附属図書館寄託）／207・仁・2　信長19

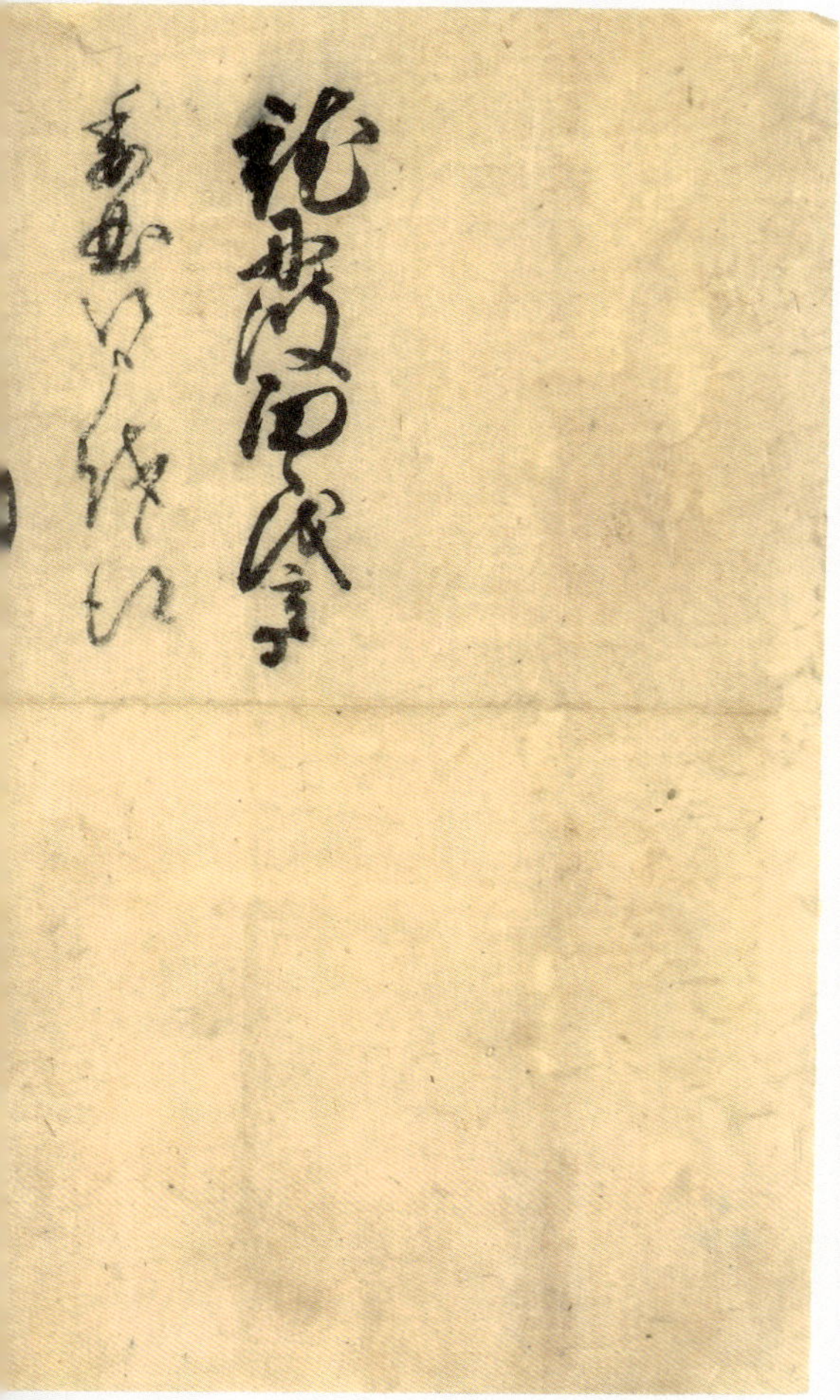

就丹波面之儀、重而
委曲被申越候、得

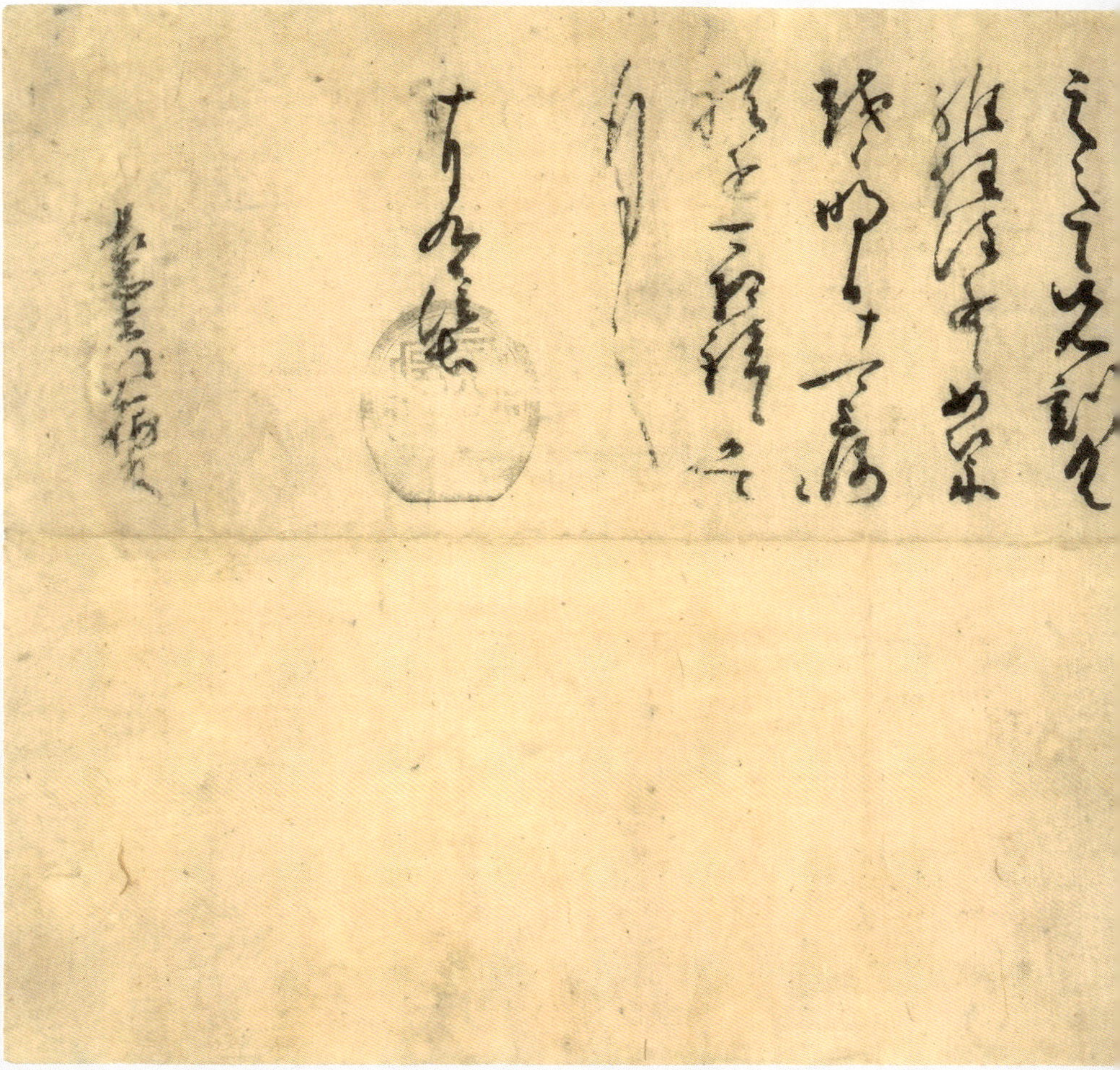

其意候、先刻具
維（惟）任（光秀）注進候、如被示
越候、明日十可上洛候、
程近可相談候、恐々
謹言、
十月九日（天正三年） 信長（黒印）
長岡（藤孝）兵部大輔殿

現代語訳

丹波方面のことにつき、重ねて詳しく報告してもらった。その件、了解した。先ほど光秀からも詳細な報告があった。（藤孝が）報告してくれたのと同様だった。私は明日十日に上洛する。近々また相談するとしよう。

50

織田信長朱印状《おだのぶながしゅいんじょう》

信長、丹波奥郡への軍道の普請を藤孝に厳命

（天正四年〈一五七六〉カ）三月四日

冒頭で織田信長自身が丹波への出馬を宣言し、信長に従わない国衆が蟠踞する多紀郡、「奥郡」（氷上《ひかみ》、天田《あまた》、何鹿《いかるが》郡）へと通じる複数の軍道の普請を細川藤孝に命じた朱印状。命令の根拠は、前年に船井・桑田両郡（口丹波）の国衆に対する動員権を藤孝に付与した№47の朱印状であろう。

本文書は天正六年（一五七八）の第二次丹波攻略に先立つ命令として同年に比定されることが多いが、書止に「謹言」と記して差出に「信長」と記さない様式（書札礼）からみると、天正四年（一五七六）に比定される。そうなると、同年初めの黒井城攻めの失敗を「大軍」で挽回するために、信長自身が出馬する意向があったことを示す文書と位置づけられることになる。

本文書は、明智光秀を先鋒とした丹波攻略に果たす藤孝の役割の深化とともに、信長による直臣大名の動員のあり方をも示している。信長が直臣の動員に際して領知の数量的規模に準じた軍役基準を示した事例は一つとして知られない。本文書も、大雑把にノルマを課しているに過ぎず、在地の人々に対する動員基準は藤孝自身が設定せねばならなかった。こうした方式は、直臣大名に新しい領国支配の仕組みを生み出させ、やがては、信長と直臣大名との権力的な乖離を引き起こしていった。（稲葉）

国指定重要文化財／長岡兵部大輔（藤孝）宛／紙本墨書　折紙／楠長諳筆／縦二八・七　横四六・〇／永青文庫蔵（熊本大学附属図書館寄託）／207・仁・2　信長29

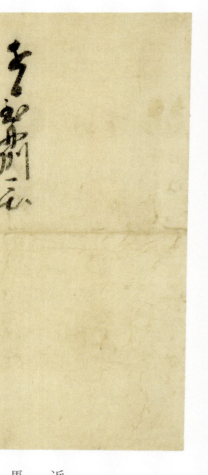

近日至丹州可出
馬候、奥郡・多喜

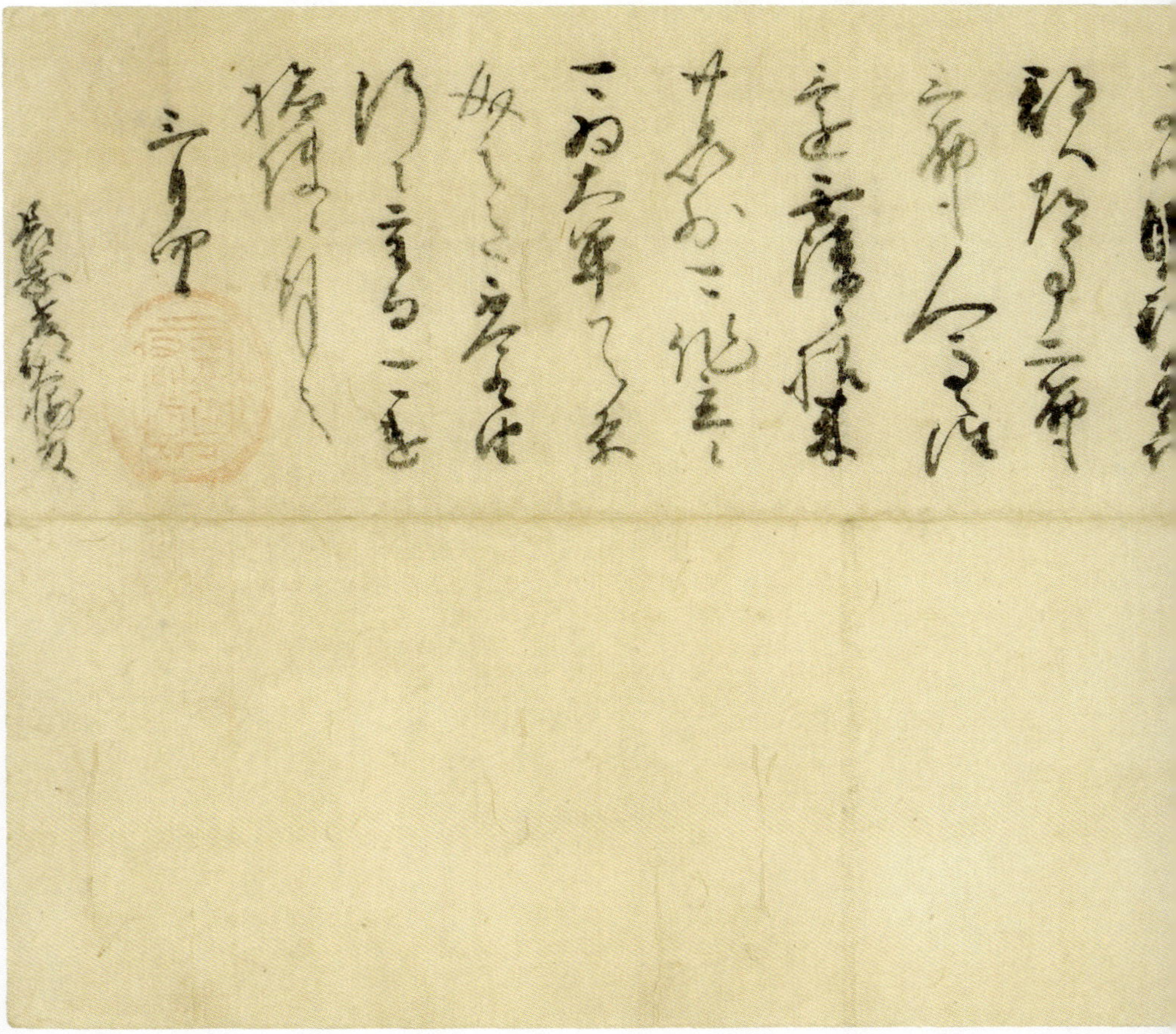

郡へ道事、二筋も
三筋も人馬之往
還無障候様、来
廿日以前可作立候、
可為大軍候之条、
成其意、不可有由
断候、重而可遣
検使候、謹言、
（天正四年カ）三月四日　（朱印）
（藤孝）長岡兵部大輔殿

現代語訳

近日、丹波に向けて出馬する。奥郡・多喜郡への道路を、二筋でも三筋でも、人馬の往還に支障がないよう、来る二十日までに普請し整備するように。大軍になる予定なので、それを承知し、万全の態勢でことにあたれ。重ねて（確認のための）検使を派遣するつもりだ。

51

織田信長黒印状《おだのぶながこくいんじょう》

光秀、藤孝の丹後支配に監督権を行使

（天正八年〈一五八〇〉）八月十三日

天正七年（一五七九）九月、丹波攻めを完遂した明智光秀は、同年十月に織田信長から「丹後・丹波両国一篇」の支配権を付与された（『信長公記』）。そして翌天正八年（一五八〇）八月はじめ、大坂本願寺との対立に終止符が打たれるとすぐ、信長は細川藤孝を山城国西岡から丹後国へと移封する命令を出した。おそらく八月十日頃に丹後に入国した藤孝は、信長に丹後参着を報告。それをうけた信長が十三日付で発した返書が本文書である。

注目すべきは、第一に、藤孝本人の報告に先立って、光秀が藤孝の丹後入国の様子を詳しく信長に報告していること、第二に、信長が丹後の「政道」については光秀とよく「相談」してあたるよう、藤孝に指示していることである。藤孝には光秀との充分な意思疎通のもとで、丹後一国の支配体制樹立に専念することが求められたのだ。

藤孝の丹後支配には光秀の監督権がかぶせられており、それは『信長公記』のいうように、丹波攻めの達成を高く評価した信長が光秀に付与することになった権限であった。織田政権下の畿内近国における光秀の卓抜した地位の一端が窺える。

（稲葉）

国指定重要文化財／長岡兵部大輔（藤孝）宛／紙本墨書　折紙／楠長諳筆／縦二九・一　横四六・〇／永青文庫蔵（熊本大学附属図書館寄託）／207・仁・2　信長5

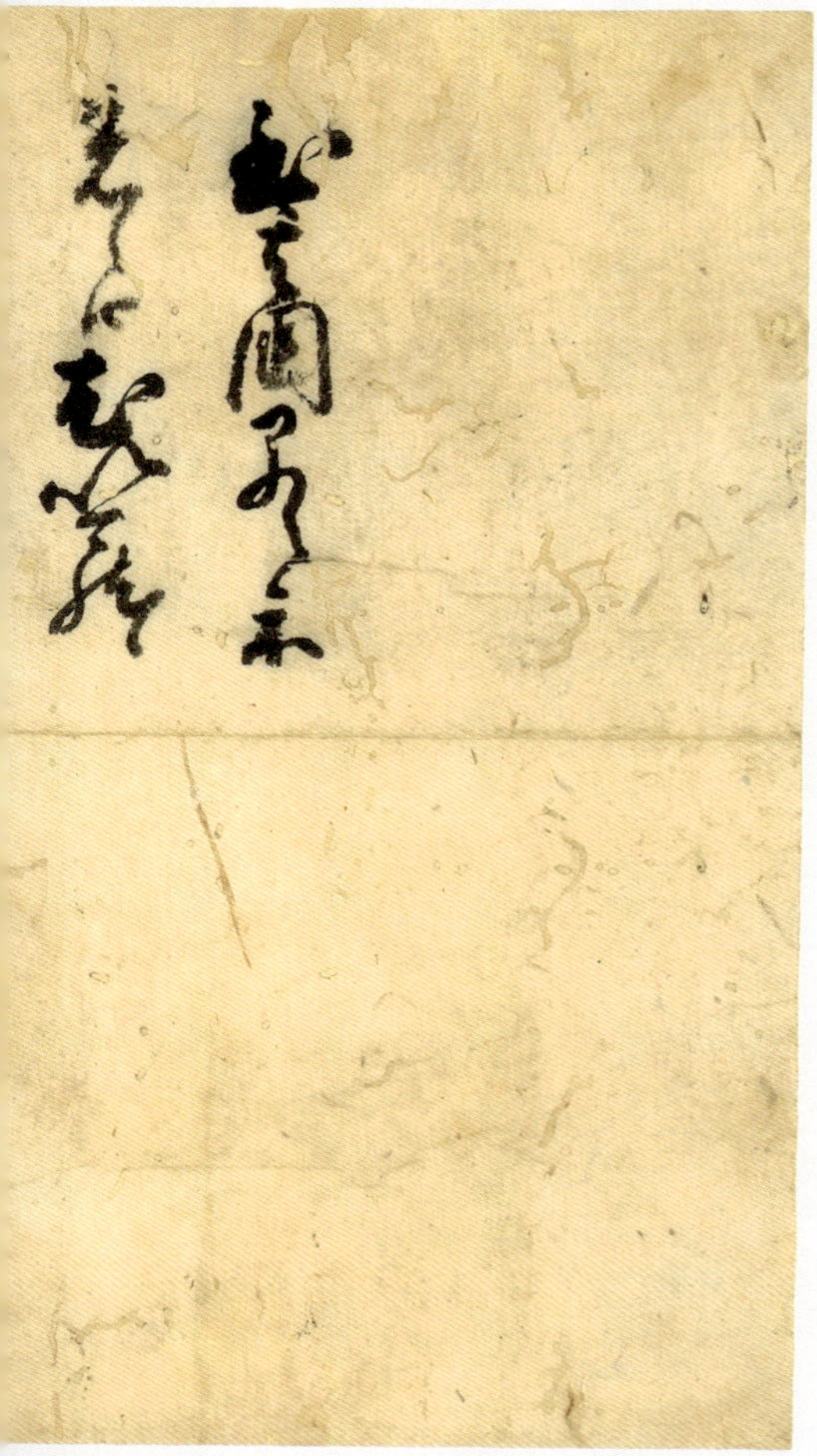

至其国（丹後）早々参
着候由、尤以可然候、

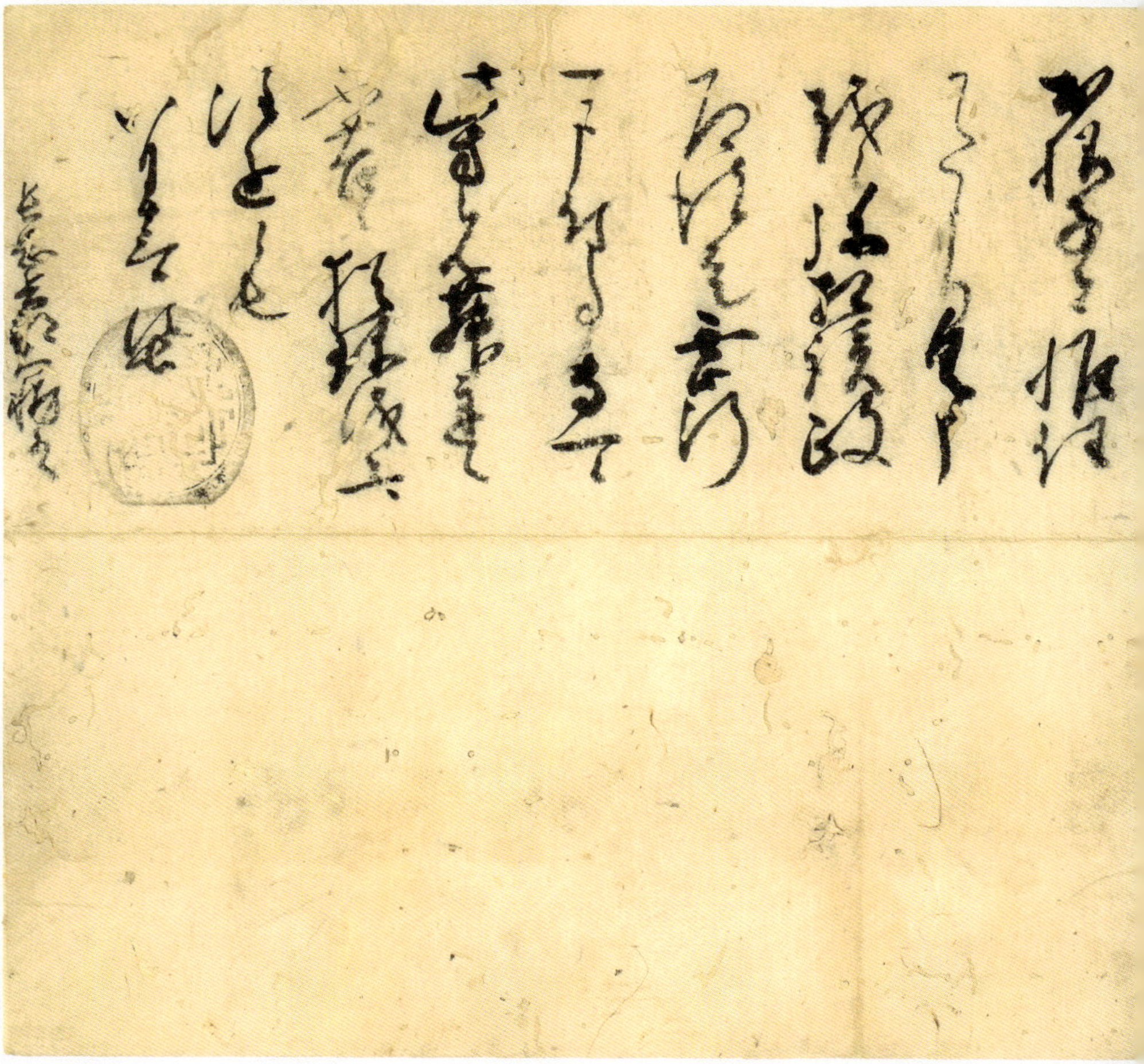

於様子者、惟任（光秀）
かたより具申
越候、弥相談、政
道彼是無由断
可申付事専一候、
此方見舞遅々
不苦候、猶珍儀候者、可
注進候也、
（天正八年）八月十三日　信長（黒印）
長岡兵部大輔（藤孝）殿

現代語訳

丹後へ早々に入国したとのこと、じつに適切な行動である。そちらの様子は、光秀から詳しく報告を受けている。（光秀と）よく相談し、国の統治を万全を期して申し付けよ。自分（信長）への挨拶は、遅くなってもかまわない。なにか異変があれば、すぐに報告するように。

52

織田信長黒印状《おだのぶながこくいんじょう》

丹後支配の本拠地選定に信長は関与せず

（天正八年〈一五八〇〉）八月二十一日

丹後宮津に入部した直後の細川藤孝に織田信長が送った黒印状。本文書からは、丹後一国支配の居城を宮津に定めたのが藤孝自身であったこと、それを信長が「きっといいところなのだろう」と述べてあっさり追認している事実が読み取れる。さらに信長は、宮津城の普請を急ぐべきことについて明智光秀にも朱印状をもって伝えたと述べ、普請についてみずから具体的に指示することもなく、藤孝と光秀が「相談」して実施するよう命じている。

藤孝は、中世都市として発展していた丹後府中ではなく、領国経営の拠点に宮津を選定した。領国支配体制構築の基本的かつ最大の重要案件である居城地の選定は、信長には事後報告されたに過ぎず、築城も光秀の関与のもとに進められたのであり、本状の文言をみれば、信長から藤孝に具体的指示が出された可能性は皆無である。

なお後段では、信長自身が八月十五日に大坂に入り、同地域の城の大半を「破却」したと伝える。長期に及んだ本願寺攻めの戦後処理として、領域的な城郭破却が執行された事実を示す記述として貴重である。（稲葉）

国指定重要文化財／長岡兵部太輔（藤孝）宛／紙本墨書　折紙／楠長諳筆／縦二九・四　横四四・七／永青文庫蔵（熊本大学附属図書館寄託）／207・仁・2　信長1

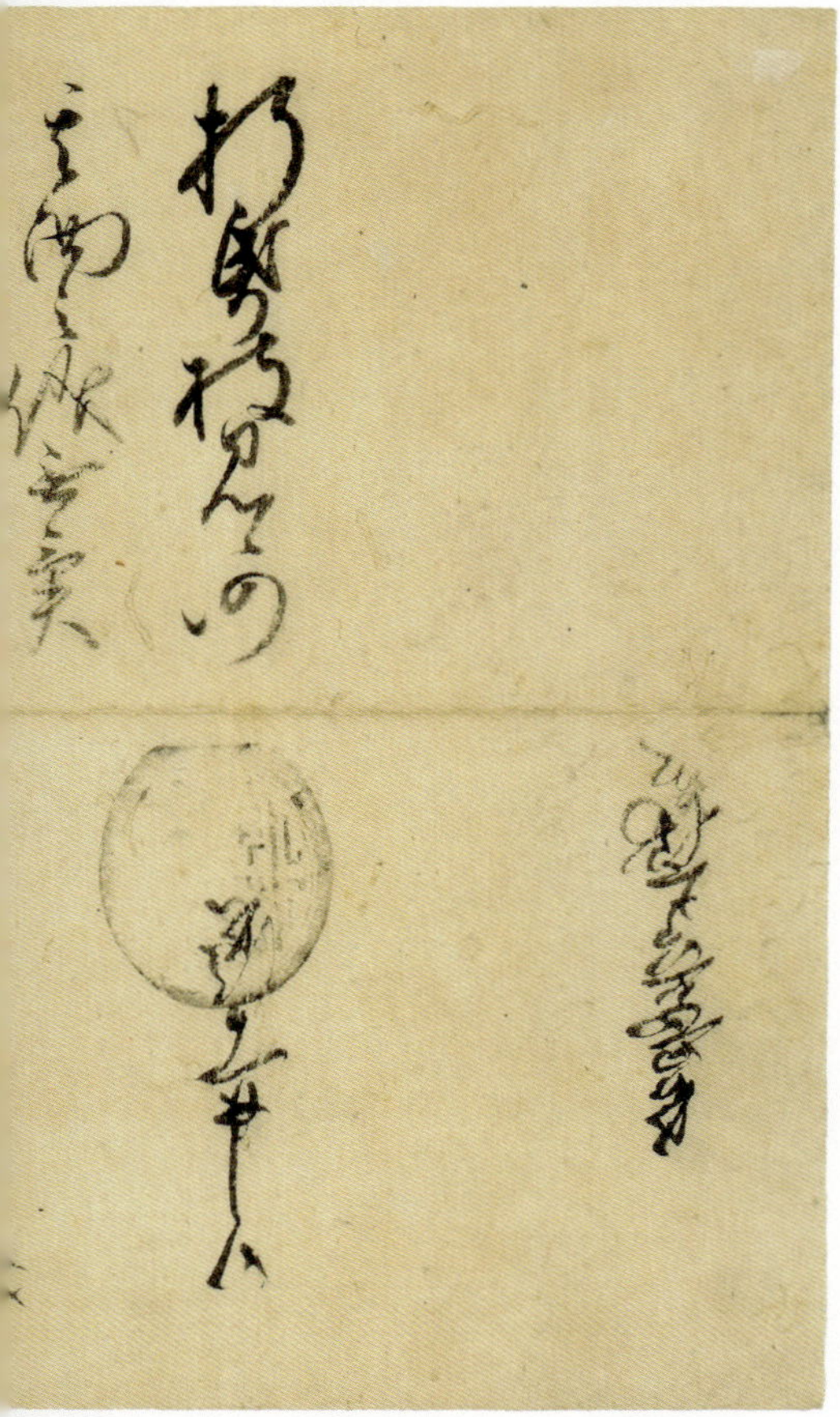

折帋披見候、仍
其面之儀、無異

（折り返し）
令相談丈夫ニ

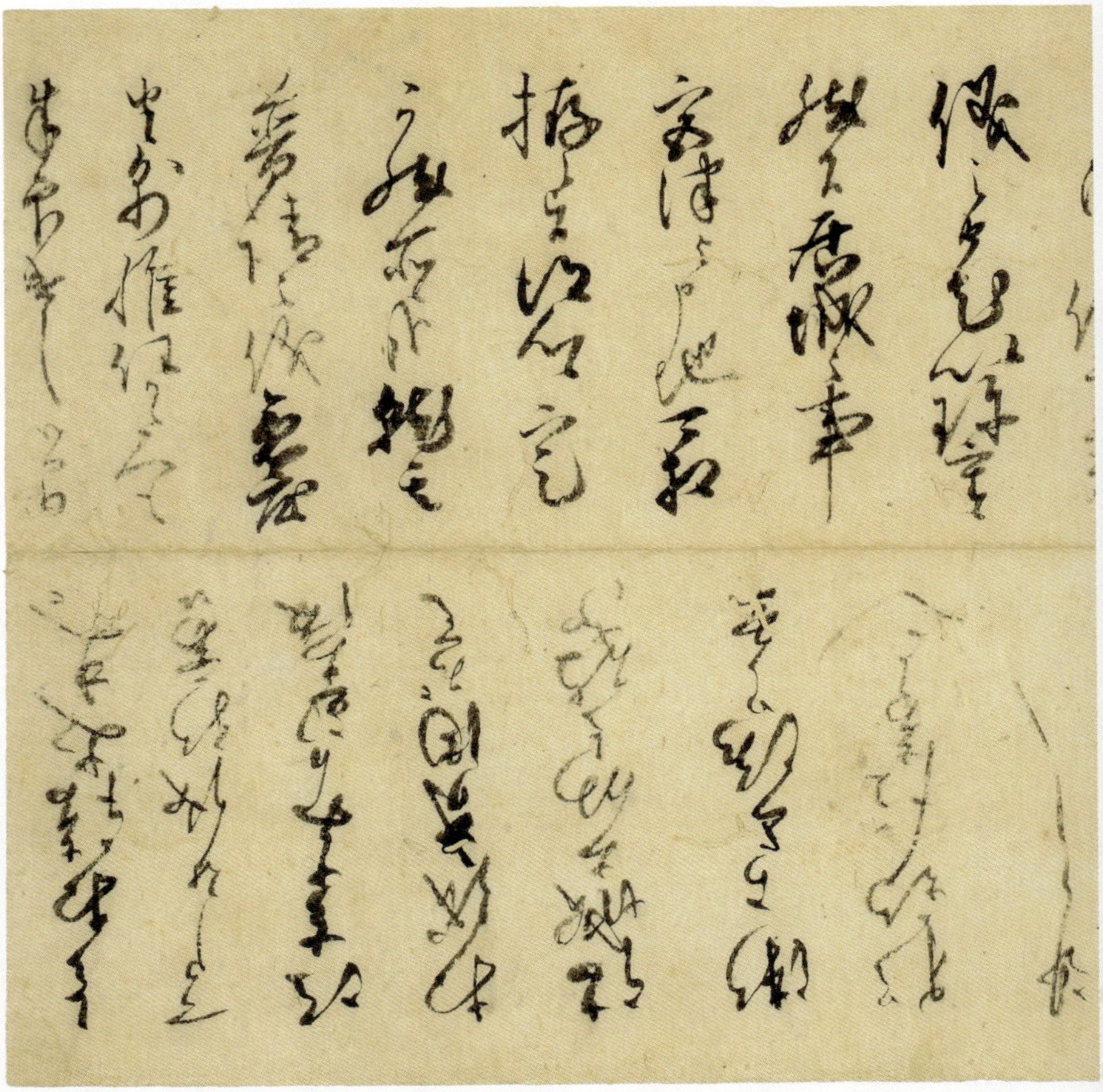

儀之由尤以珍重候、
然者、居城之事、
宮津《丹後》与申地可相
拵之旨、得心候、定
可然所候哉、就其
普請之儀、急度
由候、則惟任《光秀》かたへも
朱印遣之候間、
可申付儀肝要候、
次去十五日至大坂
相越、幾《畿》内ニ有之
諸城大略令破却候、
漸可上洛候之条、
猶期後音候也、
謹言、
八月《天正八年》廿一日　信長（黒印）
長岡《藤孝》兵部太輔殿

現代語訳

（藤孝からの）手紙を読んだ。その方面（丹後）はかわりないとのこと、たいへん珍重である。それで（藤孝の）居城のこと、宮津という場所に普請したいとの旨、了承した。（藤孝と光秀が選んだ場所なのだから）さぞかし築城に適した場所なのであろう。それにつき、普請は急ぐとのこと。光秀にも朱印状を遣わしたので、（光秀と）相談して、しっかりと（普請を）申し付けることが肝要だ。次に、去る十五日に大坂に出向き、畿内にある諸城の大半を破却した。やっと上洛できるので、またの連絡を待つ。

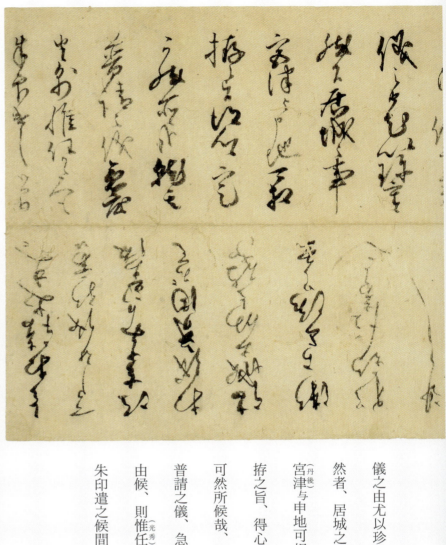

53

織田信長黒印状《おだのぶながこくいんじょう》

（天正八年〈一五八〇〉）八月二十二日

信長、藤孝・光秀による丹後国衆の成敗をあっさり追認

丹後に入国した明智光秀・細川藤孝は、国内の諸領主に宮津への出頭を求め、主従関係を結ぶ手続きをすすめていた。しかし、吉原西雲なる領主が出頭拒否し、「野心」を働かせているため、一族もろとも討ち果たした。光秀・藤孝は大坂にいた織田信長にこう注進し、本文書で信長はこれをあっさりと承認している。西雲は吉原荘（京都府京丹後市峰山町吉原）地頭の出身で、この時期には峰山城を拠点に周辺地域を支配する有力国人に成長していたとみられる。本文書は、丹後入国直後の藤孝による国衆の編成・処分も、光秀と共同で推進された事実を示してくれるのである。

№51・52そして本文書にみられるように、丹後での光秀の権限は、藤孝による支配体制構築の核心部分を掌握しつつ、信長の影響力を実質的に排除するという、集中度と排他性を示しつつあったことが知られる。なお、これらの信長発給文書にみえる「〜由、尤以可然候」「〜旨、得心候」という表現は、直臣大名側からの報告を信長が承諾＝追認するときの定型的文言であり、両者の関係を考える上で重要である。（稲葉）

国指定重要文化財／長岡兵部大輔（藤孝）・惟任日向守（光秀）宛／紙本墨書　折紙／楠長諳筆／縦二九・一　横四五・七／永青文庫蔵（熊本大学附属図書館寄託）／207・仁・2　信長15

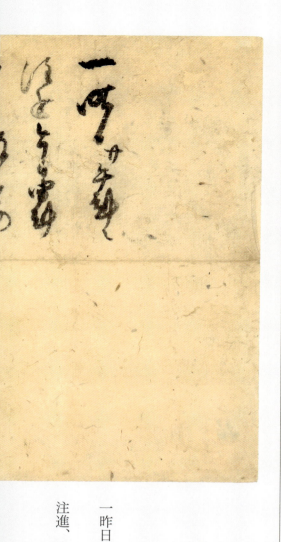

一昨日廿午剋之
注進、今日申剋

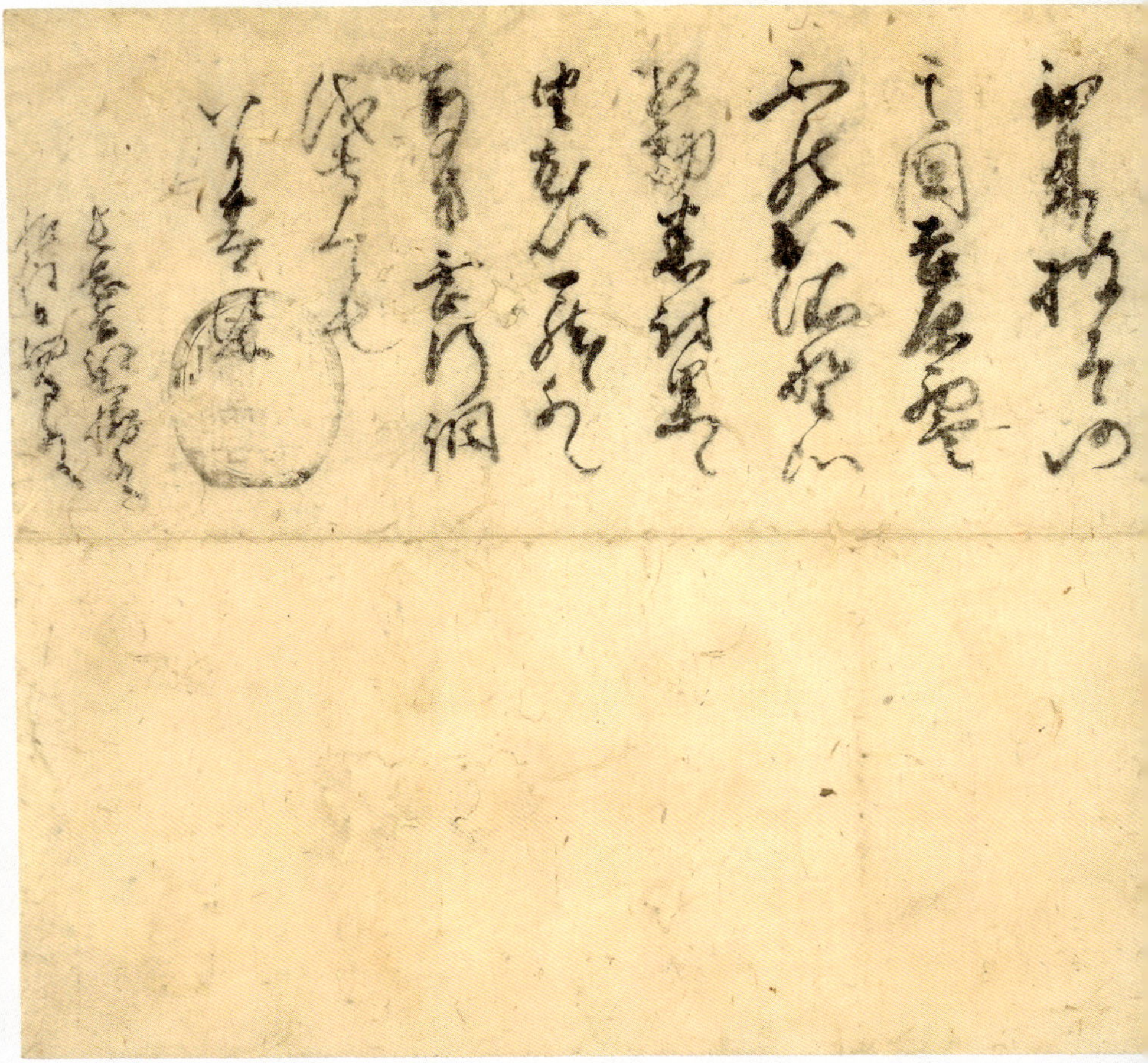

到来候、披見候、仍
其国（丹後）吉原西雲
不罷出、依野心
相動、悉討果候
由候、尤以可然候、尚々
万方無由断調
儀専一候也、
八月廿二日（天正八年）　信長（黒印）
長岡（藤孝）兵部大輔殿
惟任（光秀）日向守殿

現代語訳

一昨日二十日十二時頃発の注進状が今日の十六時頃に届いた。披見した。丹後（峰山城）の吉原西雲が（藤孝と光秀のもとに）出仕せず、「野心」を働かせたため、一族もろとも討ち果たしたとのこと。まことに適切な処置である。なお、何事も油断することなく（丹後の諸勢力との）調整を第一とするように。

54

織田信長黒印状《おだのぶながこくいんじょう》

ずば抜けていた光秀の能力

（天正二年〈一五七四〉）七月二十九日

伊勢長島の一揆を攻めている織田信長が、摂津・河内方面をうかがいながら鳥羽に在陣している明智光秀に出した返書である。当時、光秀らは信長に背いた伊丹城主をはじめとする本願寺側の勢力と対峙していた。

本文書で注目されるのは、「おまえの報告を読んでいると、まるで現場を見ているかのような気持ちになる」と述べて、信長が光秀を称賛していることだ。次に、伊丹城（兵庫県伊丹市）は兵粮が欠乏すればやがて落城するのは必定だから、いきなり攻め込むのではなく、敵と敵城を取り囲んで（「後巻」）、じっくりと攻略するのが良い作戦ではないか、光秀の判断に任せる（「如何分別次第」）、と伝えている。さらに、この直後八月五日付の№13の朱印状によれば、信長は細川藤孝に、光秀と相談しながら大坂の一揆を「根切」にせよ、と命じている。

信長は光秀の情勢把握・判断能力、そして軍事能力を極めて高く評価していたのである。

大坂方面の攻略についての信長の考え方が書き込まれた本文書は、光秀とともに行軍していた藤孝に渡され、そのまま藤孝の手元に置かれたものと推察される。なお後段で信長は、長島一揆攻めが有利に進展していることを詳細に報告している。

（稲葉）

国指定重要文化財／明智（光秀）宛（端裏上書）／紙本墨書　継紙四紙／武井夕庵筆／縦一三・四　横一四五・二／永青文庫蔵（熊本大学附属図書館寄託）／207・仁・2　信長17

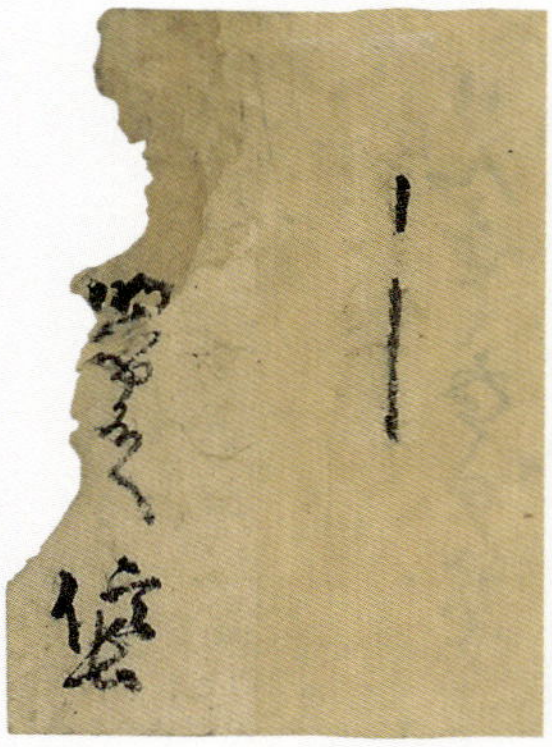

（端裏）

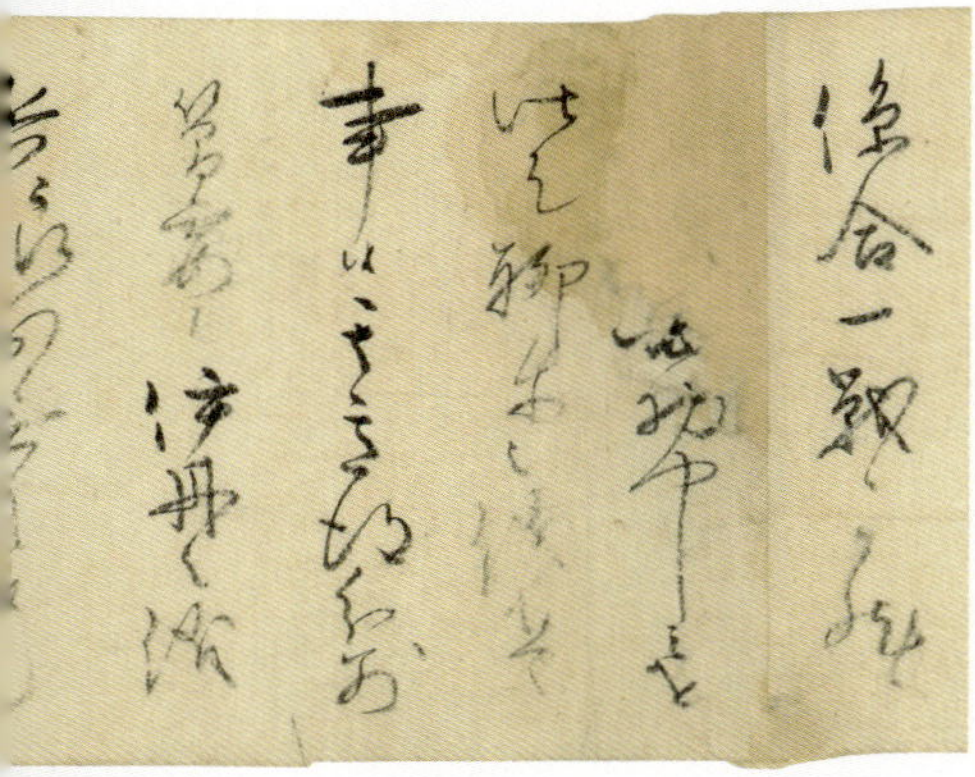

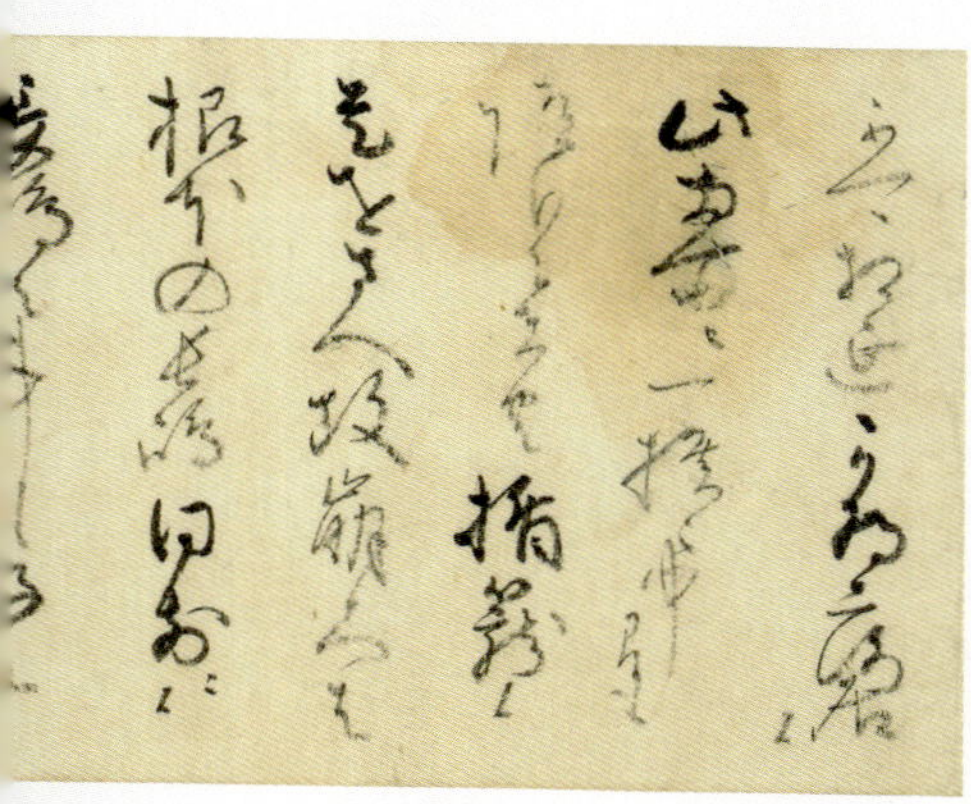

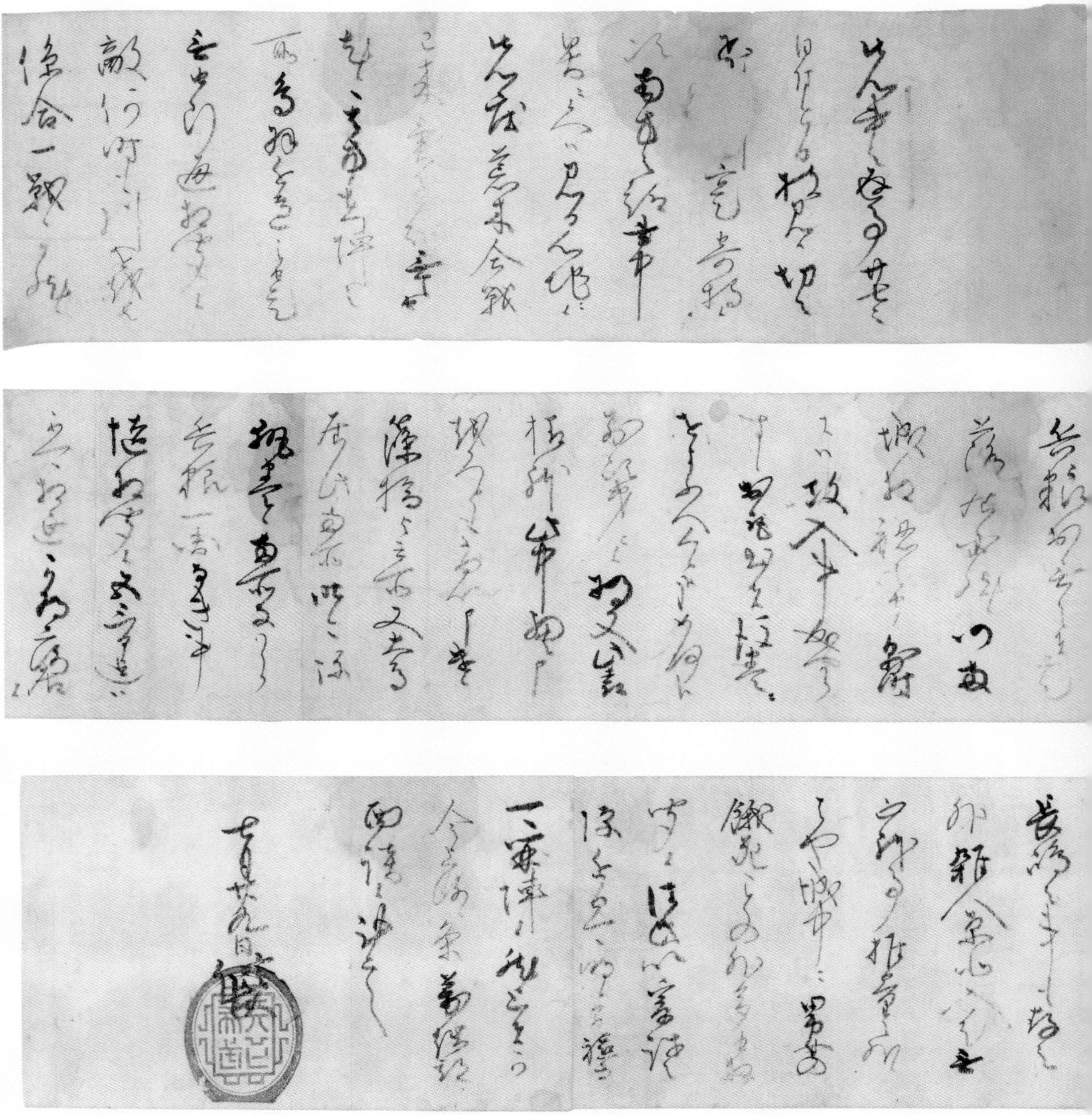

 | 54 織田信長黒印状［（天正２年〈1574〉）7月29日］

「（墨引）（端裏切封上書）
明智（光秀）殿　信長」

先書之返事、廿七之
日付、今日披見候、切々
[　]□寔寄特候、
次南方之趣、書中
具ニ候へハ、見る心地ニ候、
先度荒木（村重）合戦
已来異子細無之由
尤候、其方在陣之
所、鳥羽（山城）近辺之由、定
無由断通相聞候、
敵何時も川を越候者、
係合一戦可然候、
[　]必物やしミを
城相躵之由候、則時
にハ攻入事成へから
す候、於取出者、後巻ニ
をよふへく候哉、如何分
別次第ニ候、将又此表
様躰、此中細々申
越候へとも、尚以申遣候、
篠橋（伊勢）与云所、又大鳥（同前）
居此両所昨今弥
執巻候、両所なから
兵粮一円なき事、
慥相聞候、五三日迄ハ
不可相延、可為落居候、
此両所ニ一揆之中にても
随分之者共楯籠候、
はや城中ニ男女の
餓死ことの外多由相
聞候、彼此以爰許之
隙近日可明候間、軈而
可開陣候、然上者可
令上洛候条、万端期
面談候、謹言、
（天正二年）七月廿九日　信長（黒印）

仕候て、聊爾之儀在之
事候、其意得分別
簡要候、伊丹《（摂津）》之儀、
兵粮於無之者、定
落居必然候、仍両
是をさへ攻崩候へ者、
根本の長嶋《（伊勢）》同前ニ候、
長嶋之事も存之
外雑人原北入候て、無
正躰事推量之外候、

現代語訳

先日（信長が出した手紙）の返事、二十七日付のものを今日披見した。懇切であり［（破損）］本当に殊勝なことだ。大坂方面の戦況は、（光秀の）文中に詳細ゆえ、まるで現場を見ているような心地だ。先頃の荒木の合戦以来、変わった動きはないとのこと。光秀の陣所は鳥羽近辺で、その備えは確実であると聞いている。いつでも敵が川を越えたならば、攻撃せよ。［（破損）］侮って、無思慮な結果となることがある。それをよく理解して、判断することが重要だ。次に伊丹城については、兵粮が尽きれば確実に落城するだろう。そこで、両城の様子をうかがうのだ。すぐには攻め入ってはならない。敵が攻め出たら取り囲んでじっくり攻めてはどうか。どうするかは（光秀の）判断に任せる。さて、こちらの様子はこの間も詳細に申し伝えたが、再度報告しておく。伊勢の篠橋というところ、また大鳥居、この両所をこのところずっと包囲している。両所とも兵粮は全くないことは確実だとみられる。あと三日から五日もかからずに落城するだろう。この両城に一揆のうちでも大物が複数人立て籠っている。これらの城さへ攻め崩してしまえば、一揆の本拠地長島も同じ目にあわすことができる。長島にも思いのほか雑兵たちが逃げ込んでいて、城内の秩序が保てなくなっているのは明らかだ。早くも城中には男女の餓死者が大量に出ているとの情報がある。こういう状況なので、こちらは近日、片が付くだろうから、もうじき撤収となるだろう。そうしたら上洛するので、すべては（京都での）面談の時を期そう。

55

織田信長朱印状《おだのぶながしゅいんじょう》

天正九年（一五八一）三月五日

信長、丹後一国検地・知行配分権を藤孝に委任

天正九年（一五八一）夏から秋にかけて、丹後国では明智領丹波国とほぼ並行して、一国の石高制検地と知行配分が推進された。織田信長は本朱印状で細川藤孝に、丹後検地と知行配分の枠組みを以下のように示した。㈠丹後一国にすべて免除地なく検地を実施し、㈡丹後在来の土豪・国衆や藤孝直臣（「諸給人《きゅうにん》・手前面々」）から前もって提出させていた知行指出の数値を正確に宛《あて》行《が》い、㈢「余分」すなわち検地増分は、藤孝の責任と判断（「覚悟」）のもとで土豪・国衆給人と藤孝直臣らに配分して、速やかに軍役（軍事動員基準）を規定せよ。すなわち信長から藤孝への、㈠一国検地権、㈡国内領主層への知行宛行（配分）権、㈢彼らへの軍役賦課（免除）＝動員権の全面委任であった。

注意するべきは、こうした検地・知行配分が明智領国丹波のそれと内容も執行時期も共通・連動していたことだ。そしてNo.56～59の朱印状から読み取れるように、現実に光秀は細川領国丹後での特に知行配分に深く関与していたのである。（稲葉）

国指定重要文化財／長岡兵部太輔（藤孝）宛／紙本墨書 折紙／武井夕庵筆／縦三一・五 横五〇・四／永青文庫蔵（熊本大学附属図書館寄託）／207・仁・2 信長23

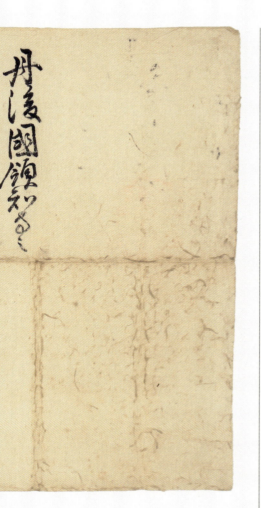

丹後国領知方之
事、国中無所残

遂糺明、諸給人・
手前面々指出之
員数無相違充
行、於余分者、其
方任覚悟、軍役
已下速可申付也、
天正九
三月五日　信長（朱印）
長岡（藤孝）兵部太輔殿

現代語訳

（藤孝の治める）丹後国の領有・支配のこと。国中残すところなく（検地して）石高を把握し、（丹後在来の）諸給人と藤孝直臣たちに、それぞれの自己申告の数値通りに（石高を）宛行い、（差し引いて）余った分については藤孝の判断で配分し、（彼らに）軍役を速やかに申し付けよ。

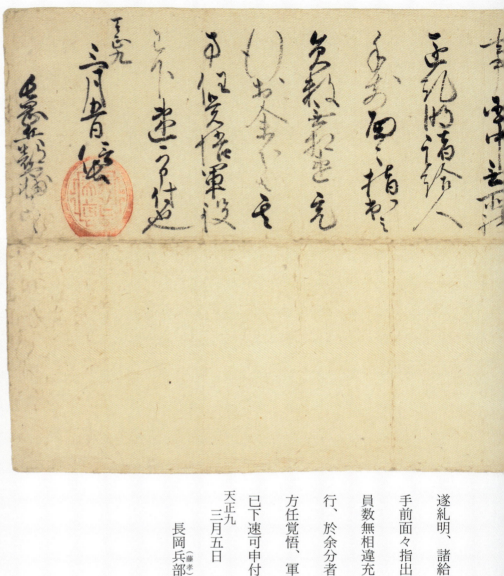

56

織田信長朱印状《おだのぶながしゅいんじょう》

信長直臣への知行宛行にも藤孝・光秀の意向が反映

天正九年（一五八一）九月四日

天正九年（一五八一）九月二日、細川藤孝は京都で従兄弟の吉田兼見《かねみ》に会い、三日に安土に行き、帰路五日にまた京都で兼見に会っている（『兼見卿記』）。つまり九月四日付の本文書と№57は、藤孝が安土で織田信長から直接受給した朱印状である。

経緯は以下のように考えられる。丹後の検地を終えて知行配分に取り組んでいた藤孝は、丹後国守護の系譜を引く信長直臣・一色五郎と、丹後東部の有力国人で信長直臣の矢野藤一への、知行宛行《あてがい》および増分の扱いについて、信長の判断を乞うた。彼らはすでに天正三年（一五七五）八月の越前攻め時点で信長直臣となっていて、№55の(二)国内領主層への藤孝の知行宛行（配分）権が適用されない存在だったためだ。

しかし、現実の知行高決定には藤孝そして明智光秀の意向が強く影響していた。本朱印状によれば、信長は矢野の知行分を「最前申上員数四千五百石」と決め、「残分」はすべて藤孝に与えている。検地結果を踏まえて、矢野の知行石高を四五〇〇石とするべきだと信長に「最前」つまり先ほど提案した主体は、藤孝とみてよいだろう。

藤孝は五日に兼見に会った際に、「丹後の検地分をすべて拝領した」と機嫌よく語っていたという（『兼見卿記』）。

（稲葉）

国指定重要文化財／長岡兵部大輔（藤孝）宛／紙本墨書　折紙／楠長諳筆／縦三〇・〇　横四七・五／永青文庫蔵（熊本大学附属図書館寄託）／207・仁・2　信長4

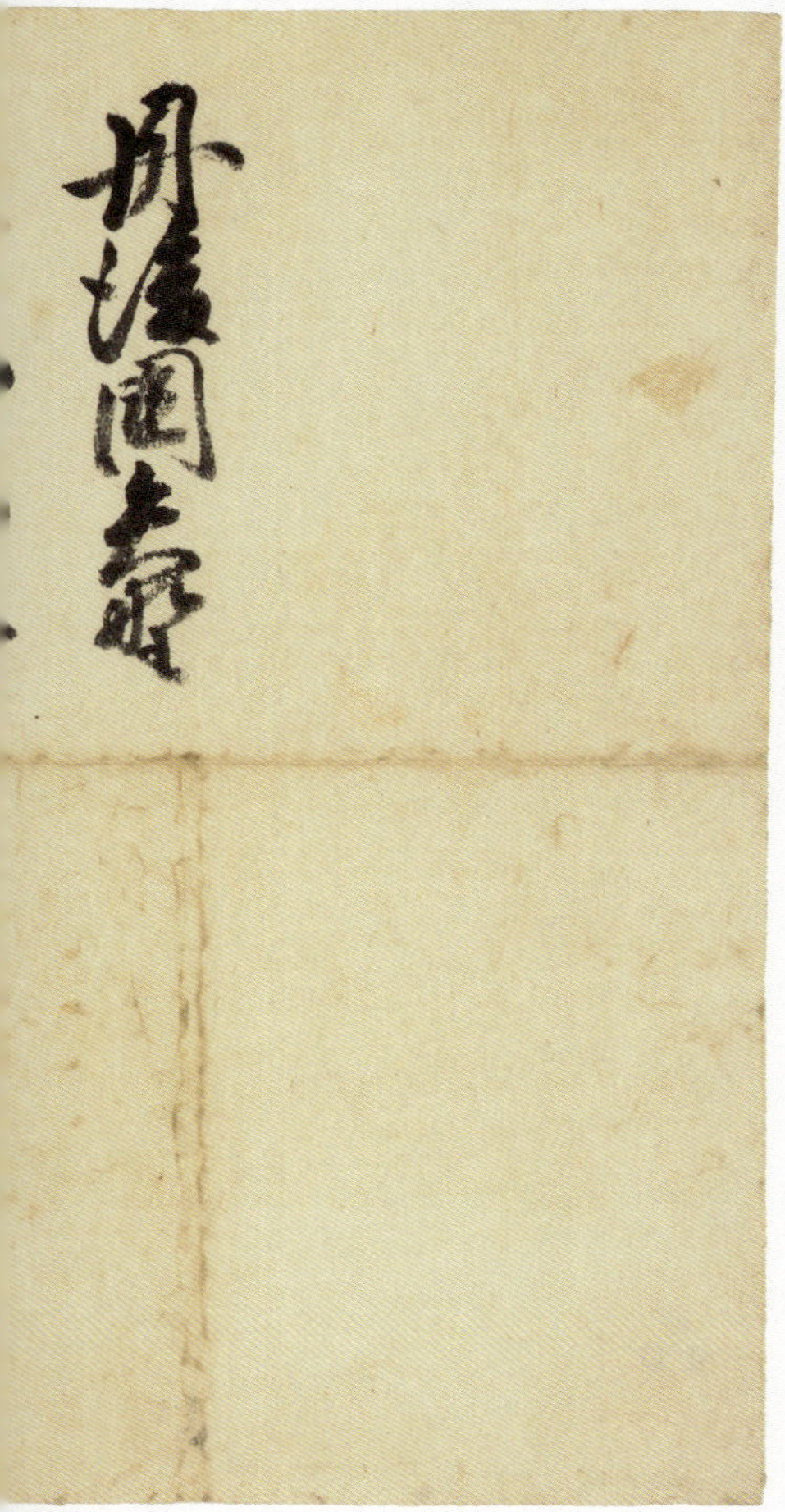

丹後国矢野

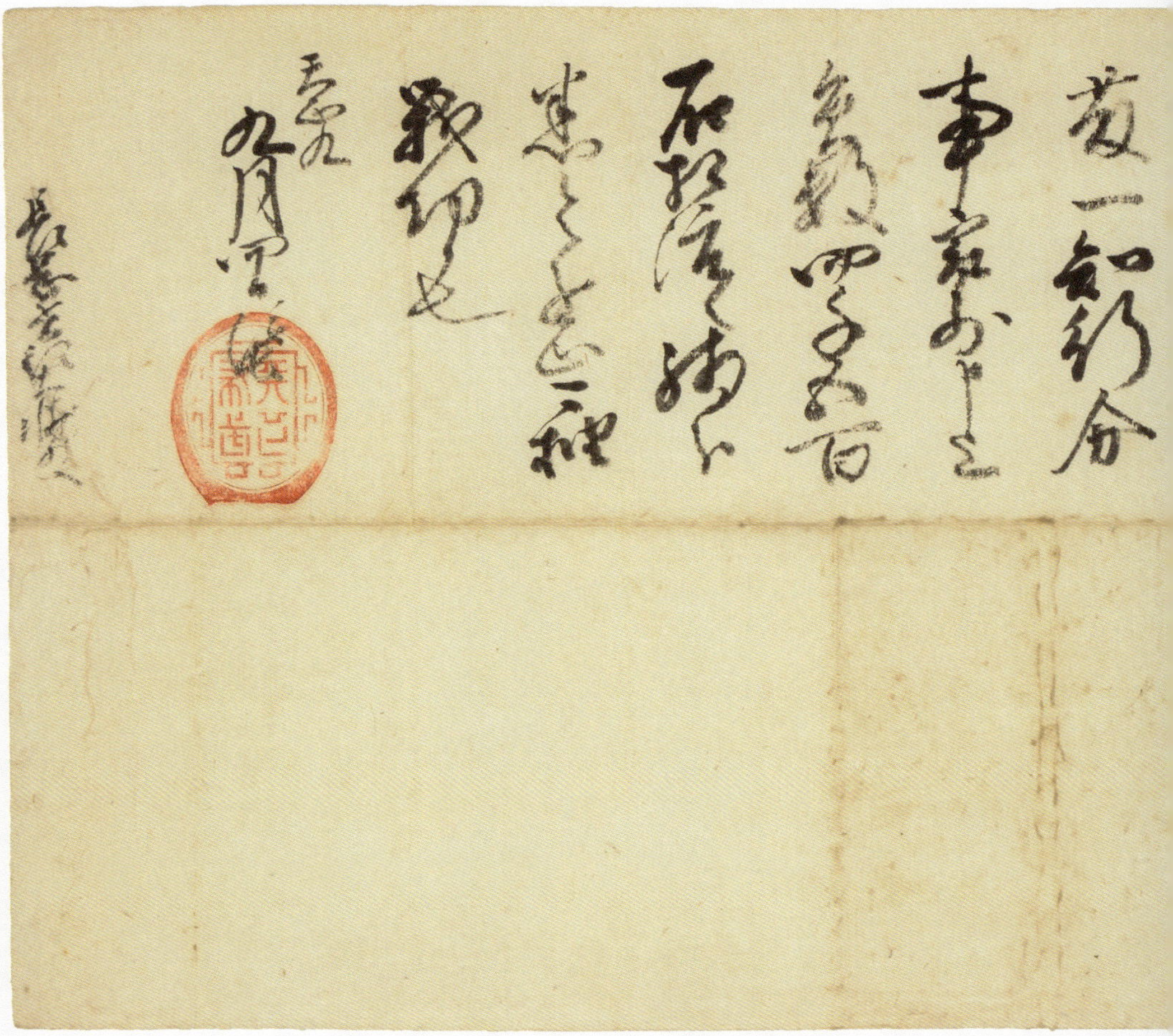

藤一知行分
事、最前申上
員数四千五百
石相渡候、残分
悉令進止、可抽
戦功候也、
天正九
九月四日　信長（朱印）
長岡《（藤孝）》兵部大輔殿

現代語訳

丹後の矢野藤一の知行分は、先ほど（藤孝から）提案のあった員数四五〇〇石を遣わす。（検地で把握した）残りの分はすべて（藤孝が）支配し、戦功をあげるよう励め。

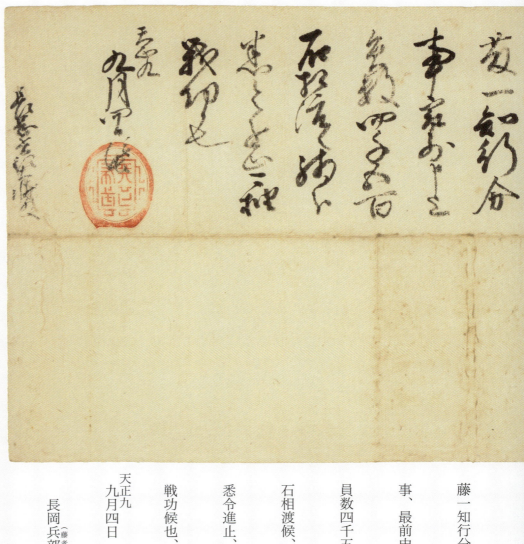

57

織田信長朱印状《おだのぶながしゅいんじょう》

（天正九年〈一五八一〉）九月四日

光秀、丹後の信長直臣一色氏の検地増分を預かる

九月四日に安土に下った細川藤孝のもう一つの懸案は、「一色知行出来分」すなわち信長直臣一色五郎の検地増分高をどう処置するかという問題であった。安土で藤孝と面談した織田信長は、「一色知行出来分」は明智光秀に「預け置き」、配分について光秀とよく相談せよ、それを踏まえて追って指示を与える、と明記した一筆を交付した。それが本状である。

一色氏は矢野氏と同様に、天正三年（一五七五）段階からの信長の直臣であった。にもかかわらず信長は、本主から収公して藤孝に与えた矢野藤一領の増分高と同様に、一色領の増分高も本主一色五郎から収公した上で、光秀に預けると判断したのだ。それが光秀・藤孝の意向に規定された結果であったことは明らかであろう。

なお、本文書の「天下布武」朱印は、永青文庫所蔵の信長文書のうちで、もっとも鮮明に捺されたもののうちの一つである。（稲葉）

国指定重要文化財／長岡兵部大輔（藤孝）宛／紙本墨書／折紙　楠長諳筆／縦三〇・二　横四七・五／永青文庫蔵（熊本大学附属図書館寄託）／207・仁・2　信長2

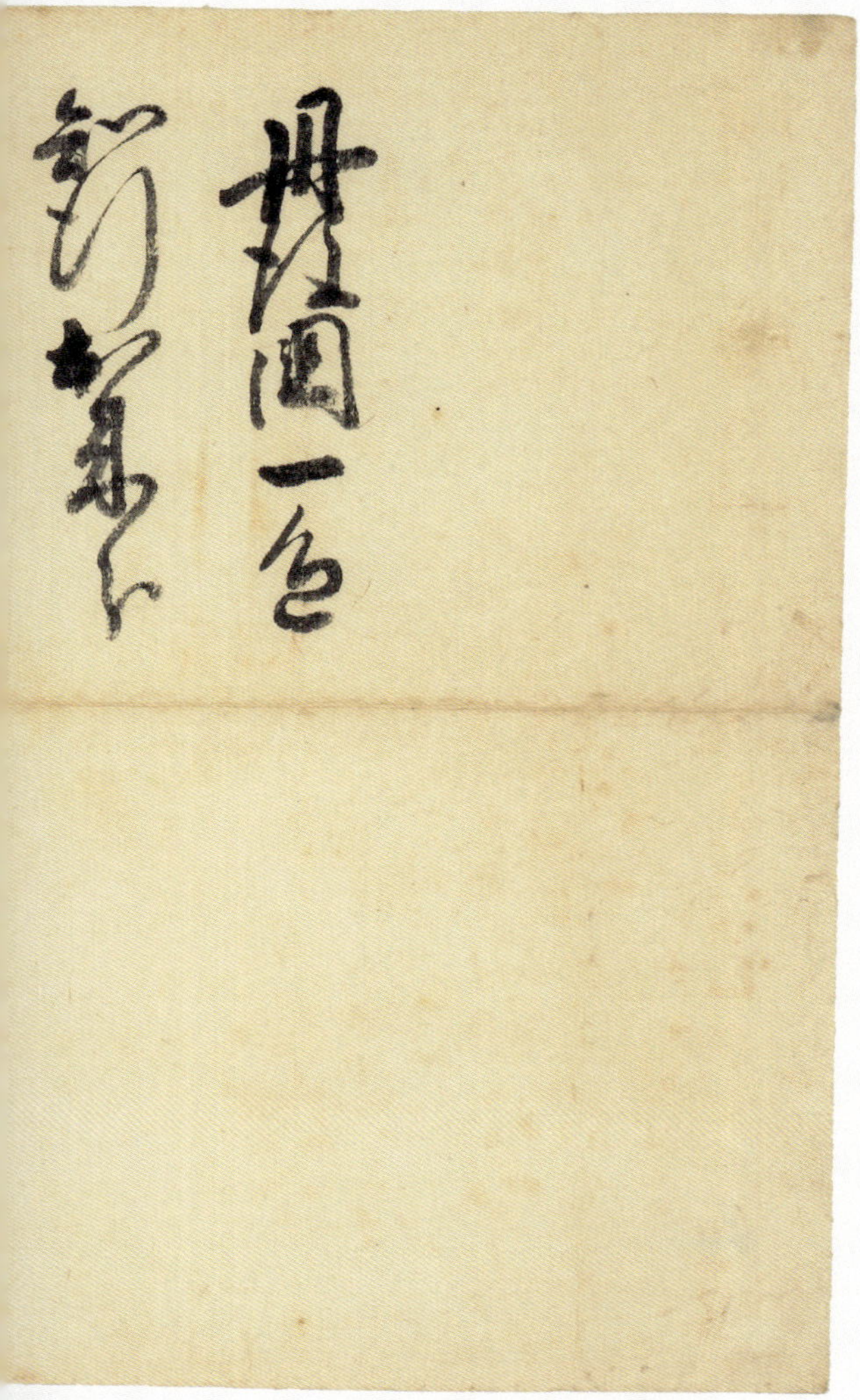

丹後国一色
知行出来分

事、預置惟任
日向守（光秀）、可令相談、
猶追而可申出候也、
九月四日（天正九年）　信長（朱印）
長岡兵部大輔（藤孝）殿

現代語訳

丹後の一色氏の知行（分から検地で生じた）増加分は、光秀に預け置き、（配分について光秀と）相談するように。（相談の結果を踏まえて）追ってまた指示を与えよう。

58

織田信長朱印状《おだのぶながしゅいんじょう》

天正九年（一五八一）九月七日

光秀、一色氏の検地増分二万石を信長から獲得

天正九年（一五八一）九月四日に安土で織田信長から№56・57を手渡され、五日に京にて吉田兼見《かねみ》に会った後の細川藤孝の行動は、以下のように考えられる。彼は№56・57を手に、明智光秀居城の亀山に出向いただろう。二通の主旨を踏まえて相談した二人は、一色領の知行増分高については二万石を光秀が受け取り、残りを光秀から藤孝に遣わすという配分案で合意したものと推察される。二人はこの旨を安土の信長に報告、信長は報告を承認する旨を記した本朱印状を七日付で光秀に宛てて発給したのであろう。

天正八年（一五八〇）、毛利勢力との対決を余儀なくされた信長は、山陰侵攻態勢を構築するため、藤孝を丹後に入封させるが、丹波に領国を形成していた光秀に藤孝を監督する権限を与えざるをえなかった。その結果、光秀の監督権は丹後在来の信長直臣らに対しても拡大行使され、ついに丹後一国検地の結果に基づく知行配分に際して、一色五郎の知行増分二万石を獲得するまでになったのであった。

本朱印状は、光秀が丹後国内に二万石を受け取ったのと引き換えに藤孝に渡され、永青文庫細川家に伝えられることになったとみられる。（稲葉）

国指定重要文化財／惟任日向守（光秀）宛／紙本墨書　折紙／楠長諳筆／縦三〇・三　横四七・三／永青文庫蔵（熊本大学附属図書館寄託）／207・仁・2　信長30

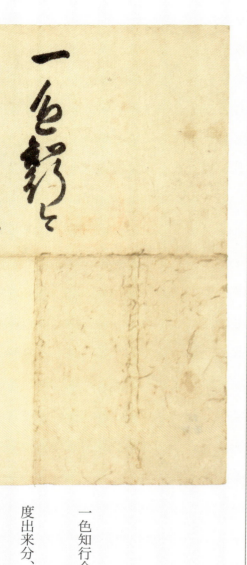

一色知行今
度出来分、前後

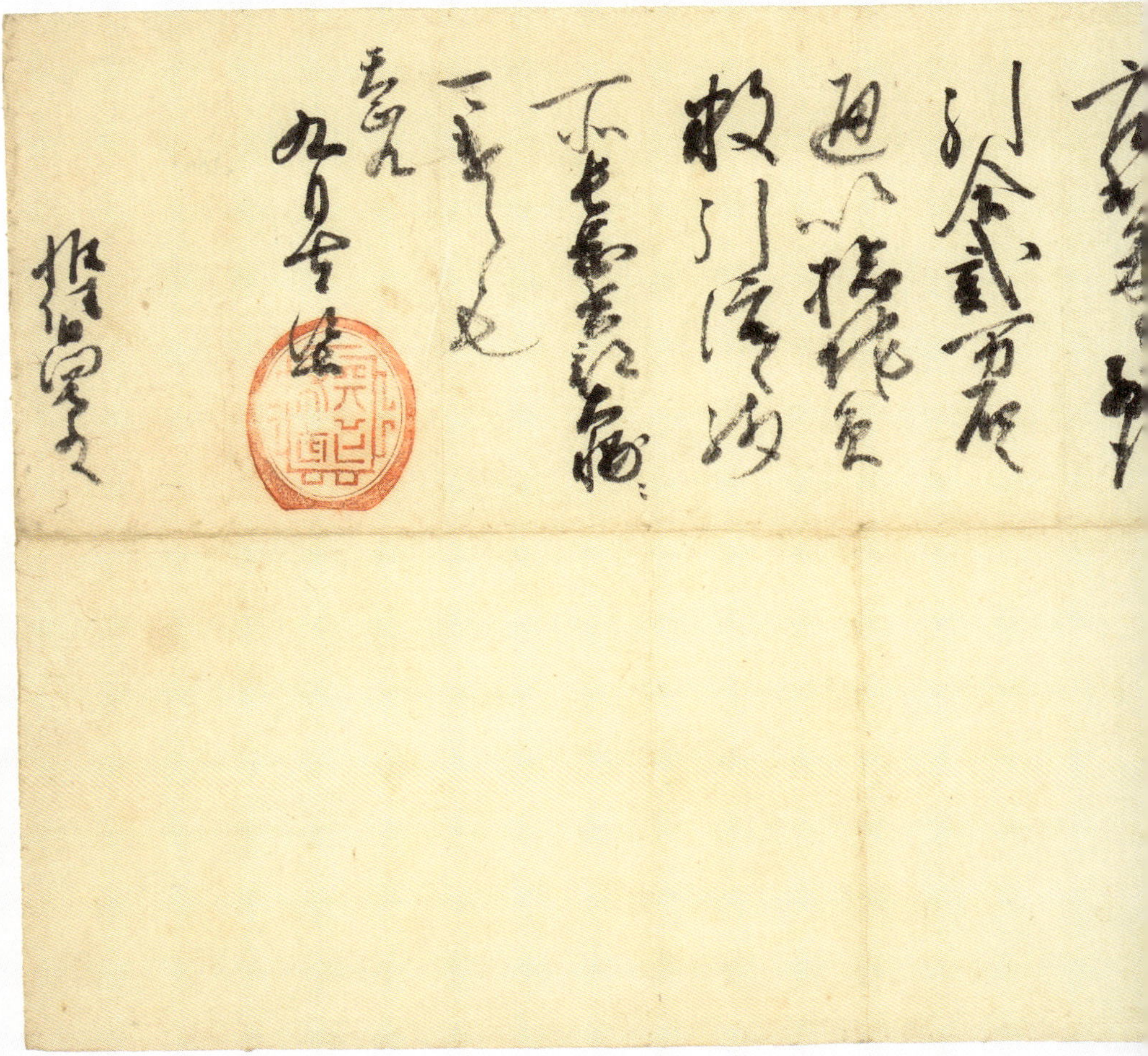

引合弐万石之
通、以検地之員
数引渡候、残
所長岡（藤孝）兵部大輔ニ
可遣之候也、
天正九
九月七日　信長（朱印）
惟任（光秀）日向守殿

現代語訳

一色氏の知行（から今度の検地で生じた）増加分については、検地前後の石高を照合し、都合二万石を、検地で把握した員数（データ）に基づいて（光秀に）引き渡す。残りの石高は、藤孝へ遣わすこと。

59

織田信長朱印状《おだのぶながしゅいんじょう》

（天正九年〈一五八一〉）九月十日

信長直臣の知行の引き渡しを光秀・藤孝がコントロール

No.56・57・58を携えて丹後に入り知行引き渡しに臨もうとした明智光秀・細川藤孝だが、矢野領で問題が生じていた。矢野藤一自身が因幡方面に在陣中であるため、帰陣前に知行増分を藤孝に引き渡す「上使《じょうし》」（織田信長の執行官）を無理に入れるとトラブルが発生しかねない状況だったのだ。こうした報告への信長の返書が本朱印状である。

上使入部は矢野の帰国以後とするのが適切である。また、「矢野本地」の本人への引き渡しは検地の「員数」のとおり「郷切」（村ごと）に実施し、決して紛争が生じないようにせねばならない。本文書で信長はこう述べているが、「帰国の時申し付け尤もに候」「申す事無く候様候て然るべく候」と明記されるように、上使入部の延期と「郷切」による本地引き渡しは、現地の問題状況を知った光秀・藤孝から信長に提案され承知されたものと解釈するべきである（No.53の解説も参照）。

丹後一国検地で懸案となったのは、在来の信長直臣の知行増分高の処置・配分であった。それは本来、一色・矢野の主君である信長の判断に任されるべきなのだが、光秀・藤孝の意向が色濃く反映されて、一色・矢野には大半が給与されず、上使の活動も光秀・藤孝によってコントロールされていたのである。（稲葉）

国指定重要文化財／長岡兵部大輔（藤孝）・惟任日向守（光秀）宛／紙本墨書　折紙／楠長諳筆／縦三〇・〇　横四七・二／永青文庫蔵（熊本大学附属図書館寄託）／207・仁・2　信長21

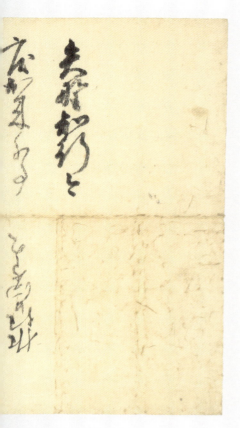

矢野（藤一）知行今
度出来分事、
長岡（藤孝）ニ遣之候き、

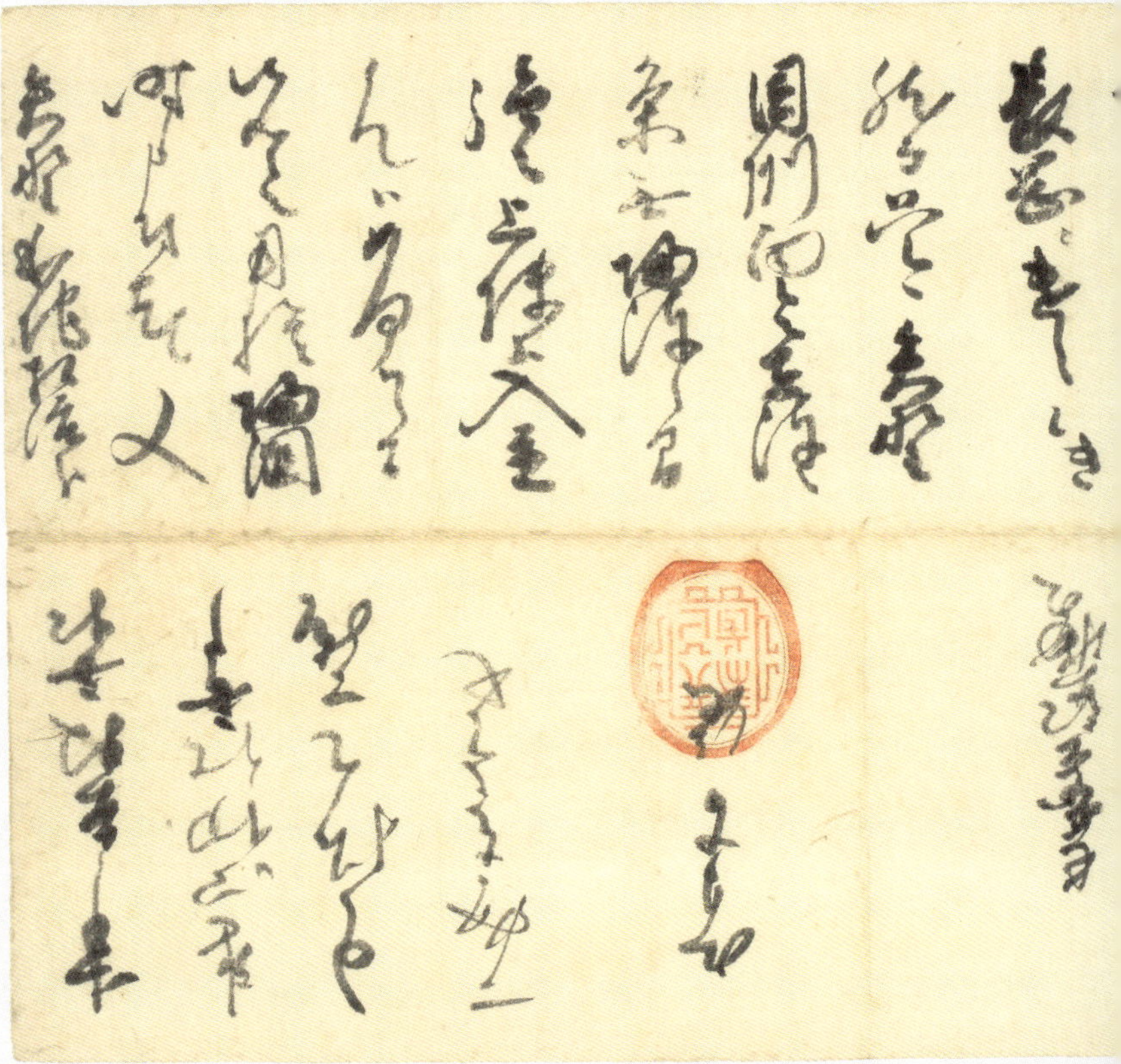

然而只今矢野
因州面令在陣之
条、無帰陣之間、
強々上使等入置
候てハ如何候之間、
先令用捨、帰国
時申付尤候、又
矢野本地相渡分

（折り返し）
事、員数無相
違郷切仕、無申
事候様候て可然候、
可成其意候也、
九月十日（天正九年）　信長（朱印）
長岡（藤孝）兵部大輔殿
惟任（光秀）日向守殿

現代語訳

（丹後の有力国人）矢野藤一の知行地から今度（の検地で）生じた増加分は、長岡（細川藤孝）に遣わした。しかし、現在矢野は因幡方面に出陣しているので、帰陣するまでは、信長からの（引き渡しの）使者を強引に矢野領に入らせてはトラブルが生じる危険性がある。そこでまずは保留し、（矢野の）帰国後に処置するのが、適切な対応である。矢野に本領を引き渡すに際しては、検地のデータを決して齟齬のないよう郷（村）ごとに確定し、紛争が生じないように手続きするのが適切である。そのように対応するように。

60

織田信長朱印状《おだのぶながしゅいんじょう》

（天正十年〈一五八二〉）四月二十四日

「本能寺の変」前夜、光秀の到達点　信長の信頼は揺るぎなく

永青文庫に伝わる信長文書のうち最後の一通、「本能寺の変」直前の織田信長・明智光秀・細川藤孝の関係を示す決定的な文書である。武田攻めから安土に凱旋したばかりの信長は、中国出陣について、指示次第で軍勢を出せるよう準備に専念せよ、と丹後の藤孝と一色五郎に伝えている。

注目するべきは、中国地方への軍勢発出について詳細は光秀から伝える、という末尾の一文である。

これより先、天正九年（一五八一）二月に京都で挙行された信長の馬揃え（閲兵式）は、京都の公家衆や旧幕臣衆から畿内と丹後も含む周辺地域のあらゆる領主層を対象とした光秀のコミュニケーション能力に依存して実現された（『信長公記』ほか）。その背景には、義昭・信長幕府以来、京都統治への取り組みの中で光秀が培った人脈と信頼、さらにそれ以前に京都の経済動脈である西近江で培った基盤があったものと推察される。

こうして、信長の光秀への継続的な依存は、天正九年以来の光秀による畿内衆や藤孝も含む丹後衆に対する監督・統率事実を、実権にまで高めつつあったのではないか。本状末尾の「なお惟任日向守申すべく候也」という一文には、こうした光秀の到達点が表現されているのだ。（稲葉）

国指定重要文化財／一色五郎（義有）・長岡兵部大輔（藤孝）宛／紙本墨書　折紙／楠長諳筆／縦三〇・八　横五一・一／永青文庫蔵（熊本大学附属図書館寄託）／207・仁・2　信長27

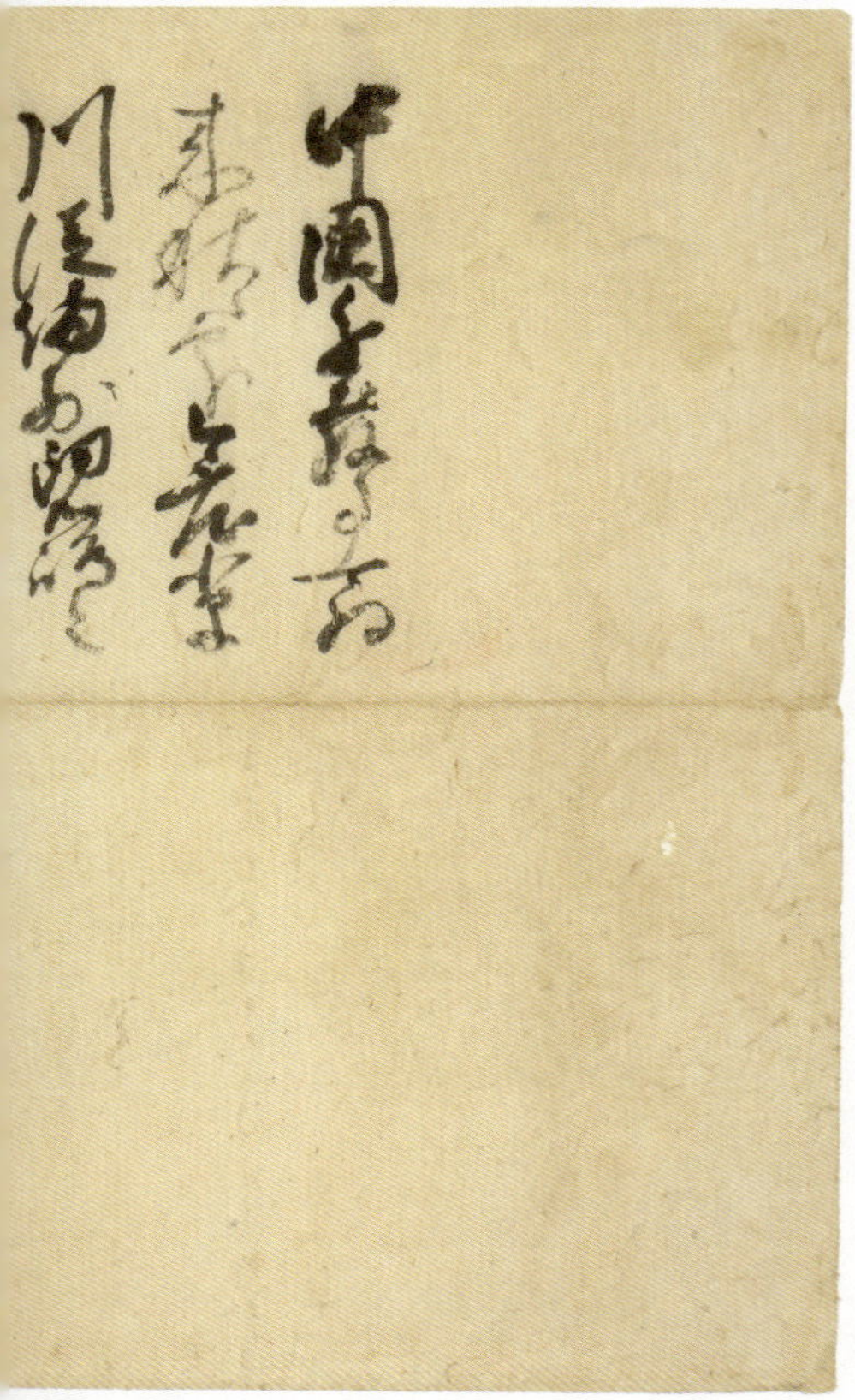

中国進発事、可為
来秋之処、今度小早（隆景）

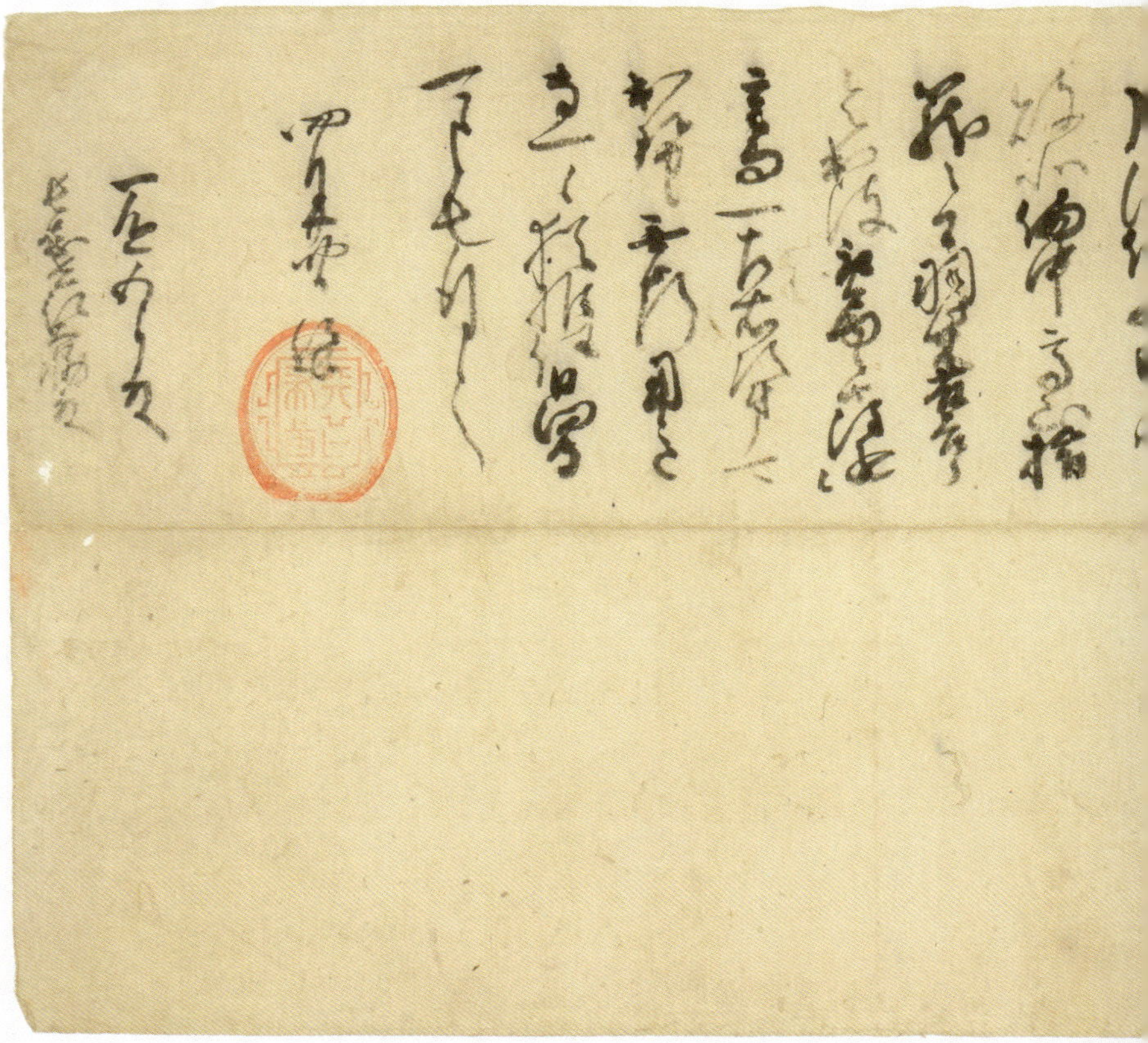

川従備前児嶋令
敗北、備中高山楯
籠之間、羽柴藤吉郎《秀吉》
令出陣取巻之由注進候、
重而一左右次第可
出勢候、無由断用意
専一候、猶惟任日向守《光秀》
可申候也、謹言、
四月《天正十年》廿四日　信長（朱印）
一色五郎《義有》殿
長岡兵部大輔《藤孝》殿

現代語訳

中国地方への出陣のこと、来秋を予定していたが、このたび、備前児島で敗北した小早川隆景が備中高山城に籠城し、羽柴秀吉の軍勢がそれを包囲しているとの注進があった。今後の指示次第で、いつでも出兵せよ。万全を尽くして準備に専念するように。なお、詳細は明智光秀が申し伝える。

論説

織田政権末期における明智光秀の政治的位置

稲葉継陽

織田政権末期の光秀

天正八年（一五八〇）八月、大坂本願寺との抗争に終止符が打たれ、信長はやっとここに五畿内という意味での「天下」への「布武」を実現した。上洛からじつに一二年間の歳月を要していた。

すでに天正七年九月、近江国滋賀郡とともに丹波一国の領有を実現していた光秀は、信長から、京都周辺の領主たちに対する軍事統率権を付与された。さらに翌天正八年九月末、光秀は大和一国の諸領主から領地の規模・内容を文書で申告させて（「指出《さしだし》」）、安堵（保障）する政策を担当した。これらによって、彼の軍事統率権は山城・大和・西近江・丹波を包摂する絶大な権限となった。

光秀の権限は、さらに丹後国へと拡大された。天正八年八月に断行された細川家の丹後国替えが契機である。丹波や大和の領主層を一国規模で組織するような大仕事をやってのける光秀の手腕は、丹後でも藤孝の支配体制づくりを監督するかたちで発揮された。丹後入国時には在地からの申請者に禁制を交付して不可侵を保障し（成相寺文書）、居城を宮津に選定して一国の「政道」を定め（No.51・52）、従わない領主を滅ぼし（No.53）、日本海側の毛利勢力の攻撃に備える（No.64）など、丹後支配の基本政策はすべて監督者光秀と藤孝によって現地で執行され、信長には事後報告されたに過ぎなかった。

二人が丹後で推進した政策のうち特に注目するべきは、明智領丹波国と並行して実施された石高制検地である。江戸時代の社会編成の基礎となった村高（村の規模を米穀量で表した数値）の確定と石高配分が、信長と光秀・藤孝との明確な意思共有のもとで実行されたことがわかるのが、天正九年の丹後である。これら一連の政策の実態は、光秀の政治的到達点をはかる指標として、極めて重要だ。

まず同年三月に信長は、丹後国内の村々を検地し諸領主の領地規模を石高で把握して、前もって諸領主から提出させていた領地高自己申告書（「指出」）の数値をそこから引いて検地増分高を確定し、それを藤孝の判断（「覚悟」）で家臣・諸領主に配分するよう指示した（No.55）。検地の実施とその結果確定される増分高の処分を、信長は当初から藤孝に一任していたのである。

しかし、藤孝の判断だけでは石高配分（知行宛行）が決定できない信長直臣がいた。丹後国守護の系譜を引く一色五郎と、丹後東部の有力国人矢野藤一である。藤孝から安土でこの旨を伝えられた信長は、九月四日、一色五郎の本来の領地から生じた増分高（「出来分」）を光秀にいったん預け置き、光秀とよく「相談」して配分案を検討するよう指示し（No.57）、矢野については藤孝の希望をいれて、「知行」分を四五〇〇石とし、残りは藤孝に与えるとした（No.56）。その三日後、信長は光秀に、「一色五郎の増分高二万石を光秀に引き渡す。残りは藤孝に与えるように」と、朱印状でもって伝えた（No.58）。光秀・藤孝の「相談」結果の追認であったとみて間違いない。また矢野領の増分を藤孝に引き渡す信長の執行官（「上使」）の活動も、光秀・藤孝によって管理されていた（No.59）。

このように、毛利勢力との対決を余儀なくされた信長は、山陰侵攻で秀吉をフォローアップする態勢を構築するため藤孝を丹後に入封させるが、光秀に藤孝を監督する権限を委譲せざるを得ず、その監督権は丹後在来の信長直臣らに対しても拡大行使され、ついに光秀は、丹後一国の知行配分に際して一色領の増分高二万石を獲得するまでになったのである。山城衆や筒井順慶をはじめとする大和衆らとの関係についてはさらに検討する必要があるが、少なくとも丹後について光秀は、信長から委譲された権限を信長の意思から相対的に自立した判断に基づき行使し始めていた。にもかかわらず信長は、畿内および周辺の支配について光秀に依存しつづけ、それは「本能寺の変」直前まで変わらなかったのである（№60）。

光秀・信長の中世と近世

石高制による社会編成とは、契約的統治の体系であった。

江戸初期に六万を数えた住民（百姓）共同体である村の田畑等の面積を検地（実測）し、それに反当りの公定石高を掛け合わせれば、各村の経済的規模が石高で表示される。①百姓たちは、この数値を基準にして年貢や夫役《ぶやく》（労働負担）を領主に納入する。②大名家の家臣たちは、こうした村の石高を主君から自分の知行として与えられ（知行割）、いざ戦争というときは、その数値に見合った人数を率いて参陣した。③そして大名家は、自領内の村々の石高の総和である領知高（加賀一〇〇万石、熊本五四万石など）に準じて、中央政府からの軍役動員をうけた。

このように石高とは、江戸時代における負担と動員の基準として、村から中央政府までを連動させながら客観的に機能する数値であった（石高制）。光秀や柴田勝家、それに羽柴秀吉といった直臣大名たちは、畿内周辺の村々と対峙する過程で、右の①②の仕組みを構築していった。天正九年（一五八一）に光秀が定めた②の基準値は、知行高一〇〇石につき六人（夫役百姓二人を含む）の動員であった。

織田権力における根本的な問題は、信長自身と光秀らとの間に、③の基準が成立していなかったことである。例えば№56や58の朱印状で、信長が藤孝に給付する増分の高を記しておらず、実際に永青文庫細川家に伝来する六〇通の信長発給文書に藤孝の領知石高を記したものが一通として存在しないという事実が、信長権力の中世的性格を象徴的に物語っている。

百姓＝村共同体の政治的力量の高まりに規定されて、百姓や家臣を客観的数値基準によって動員せざるを得なくなった光秀ら＝近世的大名権力と、基準なき軍事動員を光秀ら直臣大名に要求し続ける信長＝中世的中央権力。両者のズレ、すなわち織田政権の内部矛盾は、信長が地方大名に対する武力行使を激化させた天正十年六月、頂点に達したのではないか。

織田政権は、近世的分権に対応しきれなくなった中世国家の最後のかたちではあるまいか。

参考文献

・池上裕子『織田信長』（吉川弘文館、二〇一二年）
・稲葉継陽「明智領国の形成と歴史的位置」（同『近世領国社会形成史論』吉川弘文館、二〇二四年）
・鈴木将典「明智光秀の領国支配」（戦国史研究会編『織田権力の領域支配』岩田書院、二〇一一年）
・福島克彦『明智光秀』（中公新書、二〇二〇年）

論説

細川ガラシャ、若き日の肖像

山田貴司

ガラシャに対する一般的イメージ

歴史好きの方であれば、細川ガラシャの名前を一度は耳にしたことがあろう。一般的にはガラシャという洗礼名で呼ばれることが多いが、俗名は玉（玉子）という。明智光秀の娘にして細川忠興の妻となり、後半生はキリシタンとして信仰生活を送った。しかし、関ヶ原合戦の約二ヶ月前に石田三成を中心とする西軍が上方で挙兵したおりに、人質になることを拒んで死を選んだ。そういう女性である。

では、本書に収録される織田信長文書がやり取りされていた元亀年間から天正十年（一五八二）にかけて、ガラシャはどこで何をしていたのであろうか。巷間では、信心深いキリシタン女性というイメージと、関ヶ原前夜に細川家のため、夫の忠興のために命を投げ出した悲劇のヒロインというイメージが定着しているが、その他の動向は意外に知られていない。限られた情報ながら、ここでは若き日のガラシャにスポットをあてることとしたい。

出生から忠興との結婚まで

一八世紀に編纂された細川家の家譜『綿考輯録』によると、ガラシャは永禄六年（一五六三）に光秀の娘として生まれた。生誕地は確定的ではないが、美濃から越前に移った光秀が長崎称念寺（福井県坂井市）の門前に一〇年ほど住んでいたとする『遊行三十一祖京畿御修行記』の記事を踏まえると、ここで生まれたのかもしれない。

父の流浪と仕官、出世にともない、やや不安定で流動的だったとおぼしき若き日のガラシャに訪れた最初のハイライトは、天正六年（一五七八）、一六歳の時に実現した忠興との結婚である。『綿考輯録』によれば、縁組を提案したのは信長。畿内方面軍として活動をともにしていた明智・細川両家のきずなを強めよう、という狙いがあってのことであろう。

なお、夫となった忠興は、天正五年十月の大和片岡城（奈良県上牧町）合戦のおりに信長自筆感状（№03）を与えられているように、信長お気に入りの青年武将。その一方、ガラシャは家臣団の出世レースで先頭を走っていた光秀の娘であった。そんなふたりの結婚は、家中きってのゴールデンカップル誕生とみなされたものと思われる。

忠興との新婚生活

忠興とガラシャの新婚生活の舞台は、当初は細川家の居城勝龍寺城（京都府長岡京市）であった。ただ、勝龍寺城時代は短く、天正八年（一五八〇）八月に義父の細川藤孝が丹後に新領地を与えられると、ガラシャもまたそちらへ移ったとみられる。

ところで、忠興との新婚生活は順調だったのだろうか。ふたりの関係を知る手がかりは本当に少ないが、ひとつ指標になりそうなのは、ガラシャの出産状況である。彼女は本能寺の変が起こった天正十年六月までの四年間弱で、長男の忠隆と長女の長を生んでいる。忠隆は同八年四月二十七日生まれ。長については、先行研究では同七年生まれとされてきたが、筆者の研究によって同十年生まれであることが明らかとなった。なお、長の出産が近づいたおりに、忠興は親戚にあたる神道家の吉田兼見に祈祷を依頼し、出産の無事を願っている（『諸社祠官伝授案并祓表書』）。こうした一面も踏まえると、まずもって順調な新婚生活を送っていたとみて差し支えあるまい。

宗教関係者のネットワークの中で

結婚後のガラシャの環境を考えるうえで見逃せないのは、細川家の親類に多くの宗教関係者が存在した点である。たとえば、先ほど登場した吉田兼見は、藤孝の従兄弟にして吉田神社の神主である。藤孝の弟の玉甫紹琮《ぎょくほじょうそう》は、後に大徳寺一三〇世となった禅僧。近年の研究によれば、子息忠隆が営んだガラシャ七回忌仏事にもかかわっていたという。藤孝の甥の英甫永《えいほえい》雄《ゆう》は、近世狂歌の祖といわれる碩学の禅僧で、後に建仁寺二九二世となった人物。『綿考輯録』等によれば、ガラシャは彼のもとに「参学」し、禅宗を学んだとされる。

冒頭でも述べたように、ガラシャといえばキリスト教への厚い信仰心でよく知られている。ただ、それはあくまで天正十五年（一五八七）に改宗して後のことである。それ以前は、このような宗教関係者のネットワークの中にあり、具体的には禅宗を学んでいた。ただ、その学びが後半生の信仰生活とまったく無縁だったとは言い切れない。かかる環境で宗教に対する知識や関心を高めていたからこそ、彼女はキリスト教に強く魅かれていったのかもしれないのである。

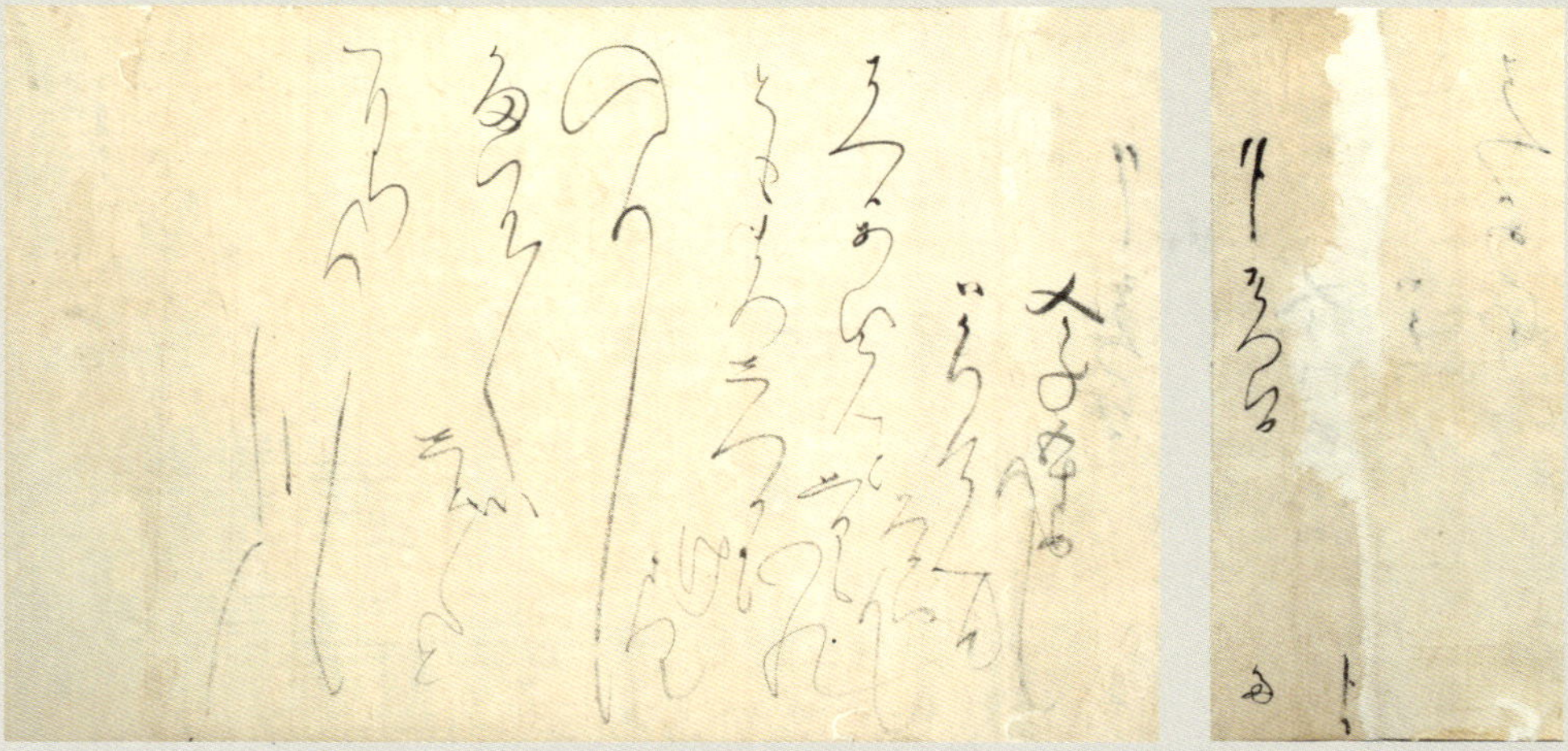

［参考図版］　そつ（三宅藤兵衛）宛《細川ガラシャ消息》桃山時代　16世紀　三宅家文書（熊本県立美術館所蔵）
甥のそつ（後の三宅藤兵衛）に宛てたガラシャの手紙。貴人と（忠興と？）対面するにあたっての心構えを説き、金子を与えると伝えている。右の画像は消息裏面の端裏書。左下にみえる「た」の文字が、ガラシャの俗名「たま」の署名である。

すべてを変えた本能寺の変

このようにみてくると、若き日のガラシャは、光秀が出世街道に乗るまでは紆余曲折があったのかもしれないが、その後は出世頭の娘にして有望な青年武将の妻という立場に落ち着き、順調な歩みをたどっていたように思われる。ただ、そんな立場や歩みは、天正十年（一五八二）六月二日に光秀が本能寺の変を起こし、間もなく羽柴秀吉に敗れてしまったことにより、崩壊することとなった。この謀反劇は多くの人々の人生を狂わせたわけだが、ガラシャもまた、それに巻き込まれたひとりだったのである。

参考文献

・日向志保「玉甫紹琮によるガラシャ七回忌」（『戦国史研究』八二号、二〇二一年）
・山田貴司『ガラシャ　つくられた「戦国のヒロイン」像』（平凡社、二〇二一年）

梅鶯図・月下松図袱紗《うめうぐいすず・げっかまつずふくさ》

伝 細川ガラシャ作　安土桃山時代（一六世紀）　絹本墨画　縦四四・〇　横四〇・五　永青文庫蔵　3121

平絹二枚を縫い合わせた袱紗。片面には梅樹にとまる一羽の鶯が、もう片面には月下の松と波が、墨で描かれている。露払（一四〇頁）と同じ箱に納められて細川内膳家に伝わったもので、箱書に「秀林院様御帛紗　但梅松御自画同御仕立也」とあることから、これもガラシャ自らが筆をとり仕立てたものとして知られている。シミや汚れが全体に広がり見えにくいが、梅樹の構図などに安土桃山時代の絵画の特色がみられ、手慣れた描きぶりが窺える。

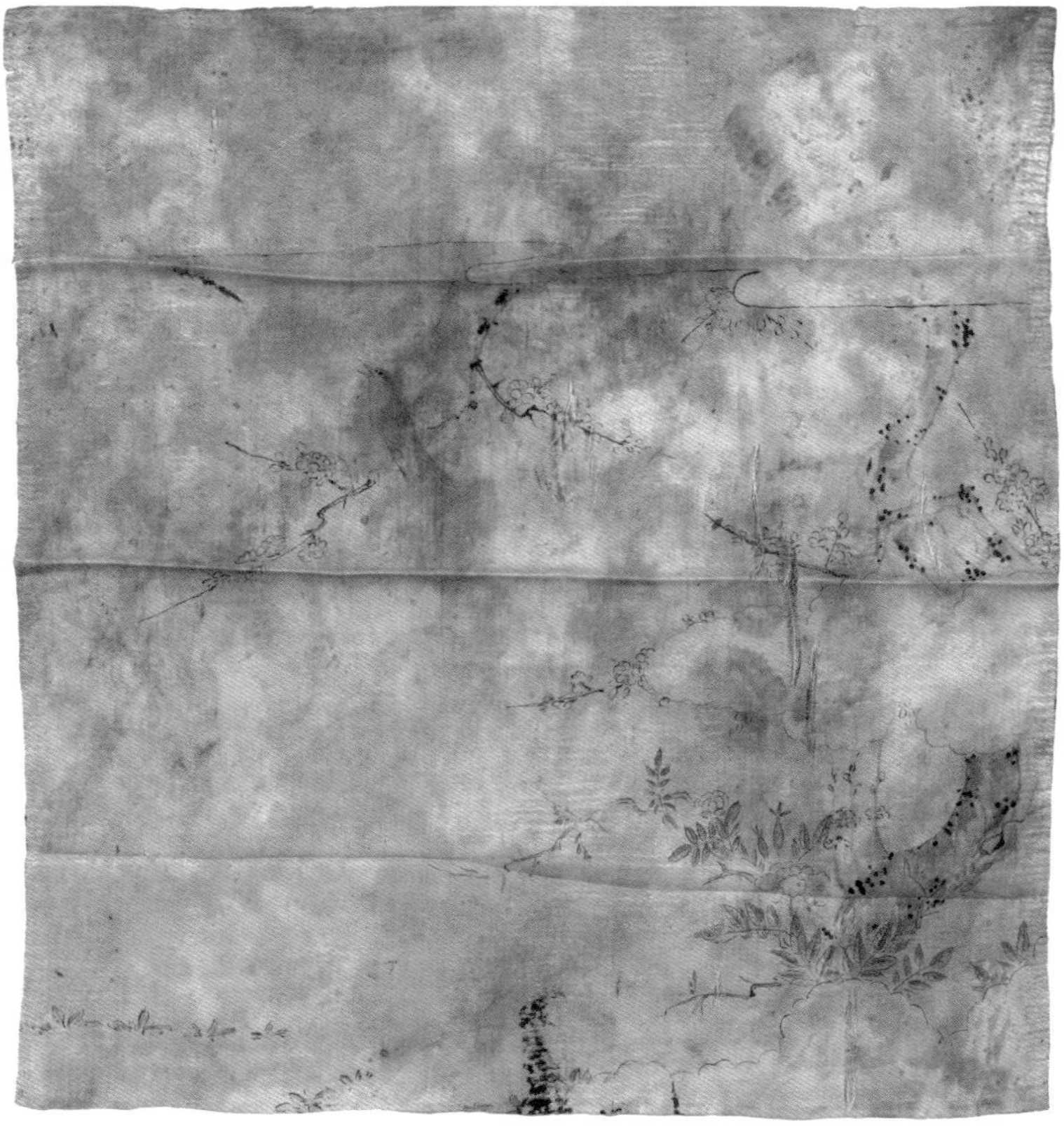

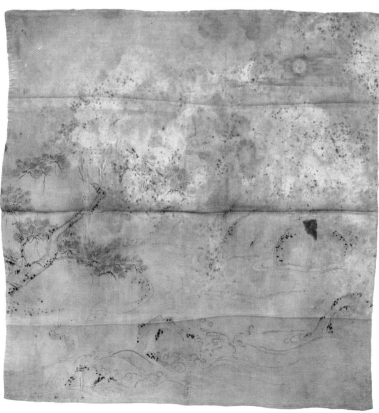

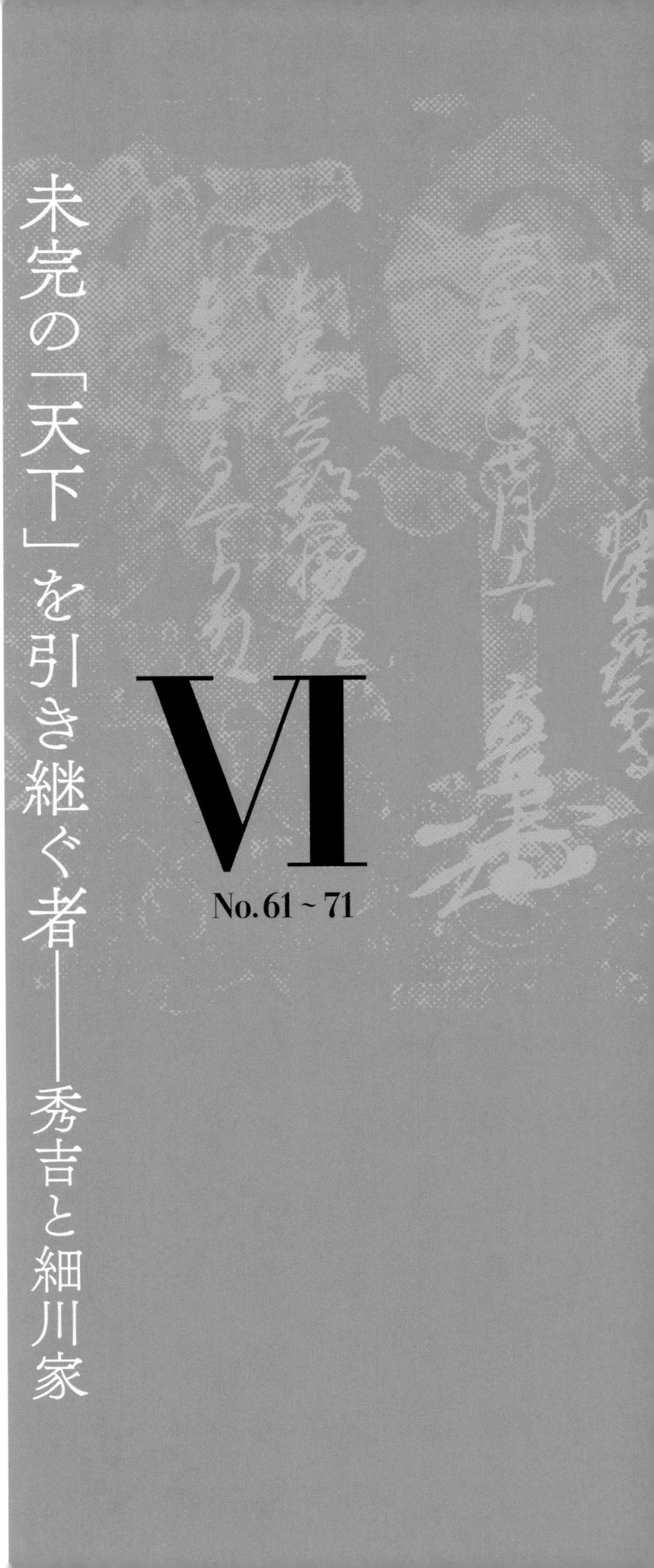

未完の「天下」を引き継ぐ者——秀吉と細川家

VI

No. 61 ~ 71

天正八年（一五八〇）八月に大坂本願寺との抗争に決着をつけた時点で、織田信長の「天下」は、五畿内からその外側へと拡大する可能性を得た。東国とともに、中国・四国・九州の諸大名領主との関係づくりが具体的な政治課題にのぼったのである。

細川藤孝は、丹後への国替え以降、毛利氏勢力圏の山陰筋を攻める羽柴秀吉との関係を深めた。明智光秀による信長殺害直後には、光秀の出兵要請を拒絶して秀吉と同盟を結ぶ。さらに、光秀を滅ぼして畿内近国の支配領域を信長から引き継いだ秀吉のもと、子息忠興とともに、「天下」（近世国家）の構築に尽力していくこととなる。

秀吉と藤孝・忠興それに細川家老松井康之との関係を軸に、激動の政治史と、その主役となりまた翻弄された彼らの人物像を読み解く。

61
織田信長黒印状《おだのぶながこくいんじょう》

（天正五年〈一五七七〉）三月十五日

前線と信長とをつなぐ「猿」は秀吉？

和泉国南部に陣をはり、紀州雑賀《さいか》の一揆勢力を攻撃中の織田信長が、細川藤孝ら前線の部将四名に出した黒印状。油断なく敵に相対するよう指示している。宛所四名の筆頭に名の見える藤孝が戦場から持ち帰り、永青文庫細川家に伝来することになった。

本文書の冒頭部分には、「猿」が本陣に帰ってきて前夜の戦の様子をつぶさに報告した、とある。この「猿」について、かつて奥野高廣氏は名著『織田信長文書の研究』において、羽柴秀吉を指す可能性があると述べた。

一方、江戸時代中期に成立した細川家記『綿考輯録』は、信長配下の忍の者の呼称であるとする。容易に判断はつきかねるが、『信長公記』によれば、二月段階から秀吉は藤孝らとは別の山側から攻め入る部隊に属していたとされる。停戦目前となった三月半ば段階に、秀吉が前線と本陣の信長とをつなぐべく動いていた可能性は、ないとはいえない。実際に信長は秀吉を「猿」と呼んでいたのだろうか。その観点からも興味の尽きない文書である。（稲葉）

国指定重要文化財／長岡兵部大輔（藤孝）・惟住五郎左衛門尉（長秀）・瀧川左近（一益）・惟任日向守（光秀）宛／紙本墨書　折紙／楠長諳筆／縦二九・四　横四六・一／永青文庫蔵（熊本大学附属図書館寄託）／207・仁・2　信長34

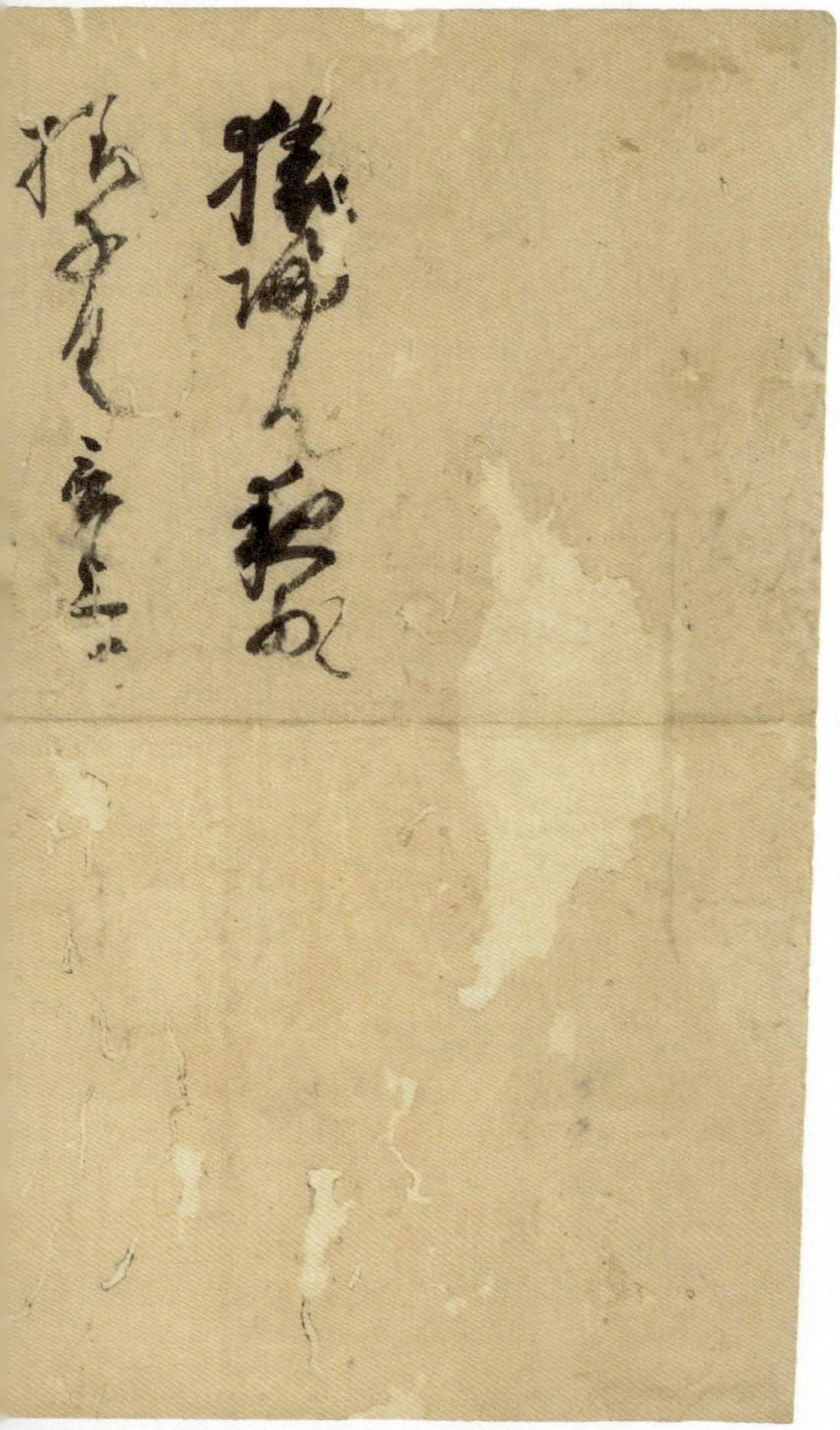

猿帰候て夜前之
様子具言上候、

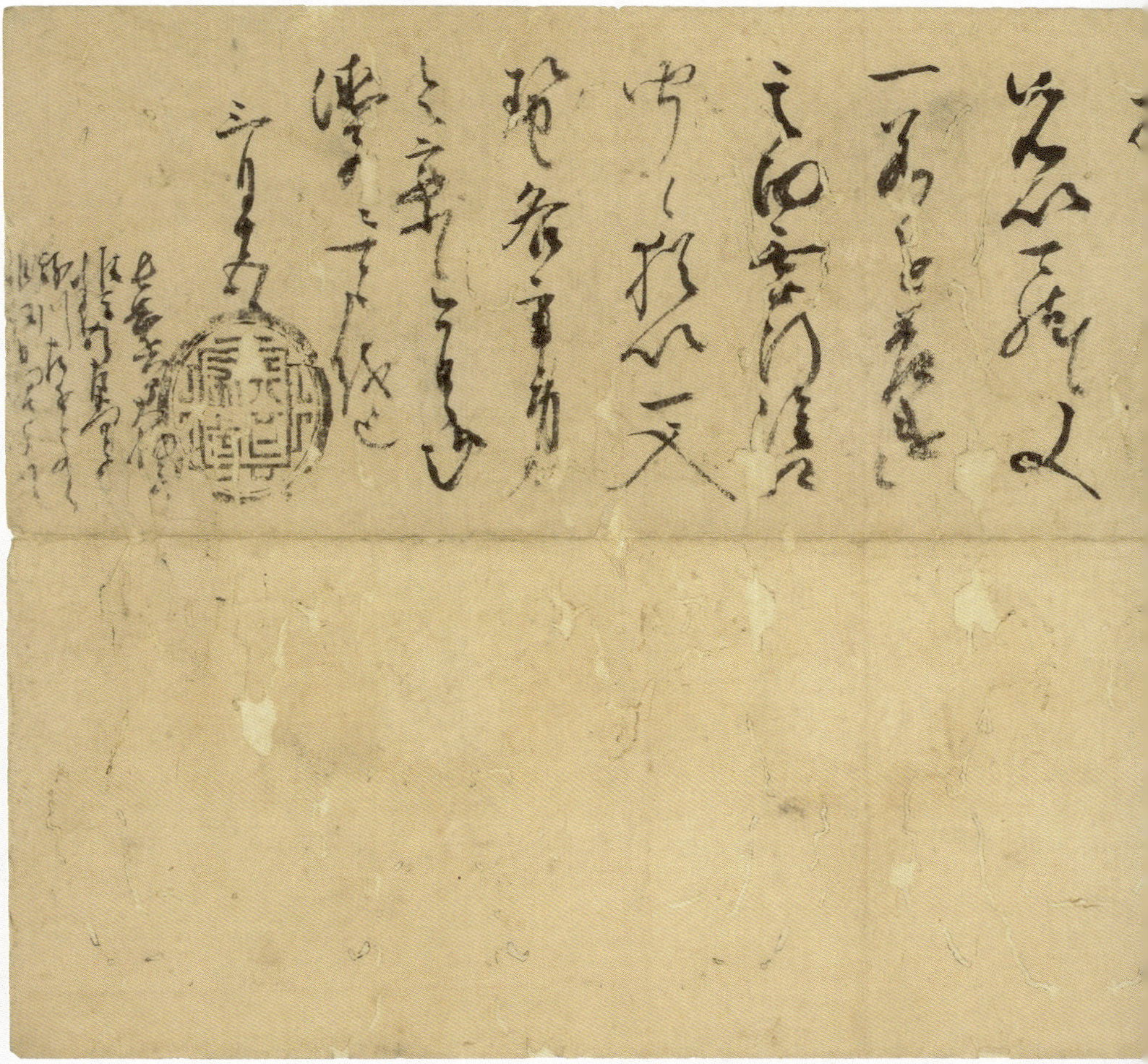

先以可然候、又
一若を差遣候、
其面無由断雖相
聞候、猶以可入
勢候、各辛労
令察候、今日之趣
徳若ニ可申越候也、
（天正五年）三月十五日　（黒印）
長岡（藤孝）兵部大輔殿
惟住（長秀）五郎左衛門尉殿
瀧川（一益）左近殿
惟任（光秀）日向守殿

現代語訳

猿が（本陣に）帰ってきて、昨夜の（戦の）様子を詳細に報告した。まずは承知した。また一若を（前線へ）派遣した。そちらの方面の備えは万全だと聞いているが、なお戦に専念するように。おのおのの辛労は察している。今日の状況については徳若へ報告するように。

62

織田信長黒印状《おだのぶながこくいんじょう》

（天正八年〈一五八〇〉）六月一日

秀吉と藤孝、鳥取城攻めを指示する信長の手紙を共有

毛利氏との最前線で因幡鳥取城（鳥取県鳥取市）を攻める羽柴秀吉に対して、織田信長が五ヵ条にわたって城攻めの具体的指示を書き送った黒印状。第一条によると、秀吉は天正八年（一五八〇）五月二十一日から、いわゆる第一次鳥取城攻めを開始したことがわかる。信長は秀吉からの情勢報告をいちいち確認しているが、第四条には、「鳥取城は最重要な城なので、侮って敗れるようなことがあってはならない。長期戦になってもよい。朝も夜もこの黒印状に書いてあることを守り、油断なく事を運べ」とある。注目されるのは、秀吉に対して発給された本文書が細川家に伝来した事情である。No.63に示されるように、翌年七月、細川藤孝は丹後から鳥取城を包囲する秀吉に援軍を派遣するべく準備を進めていた。秀吉は山陰攻略の焦点は鳥取だという信長の認識と鳥取城攻略の経緯を藤孝に正確に伝えるため、本文書を藤孝に転送し、そのまま細川家に伝来したのではないかと考えられる。

天正九年（一五八一）の第二次鳥取城攻めでの協働を契機に、藤孝と秀吉は深い結び付きを得た。それは「本能寺の変」に際してクローズアップされ、豊臣政権における藤孝＝幽斎の位置に反映されていく。（稲葉）

国指定重要文化財／羽柴藤吉郎（秀吉）宛／紙本墨書　継紙三紙／楠長諳筆／縦一四・三　横一三二・四／永青文庫蔵（熊本大学附属図書館寄託）／207・義・六番・2　信長58

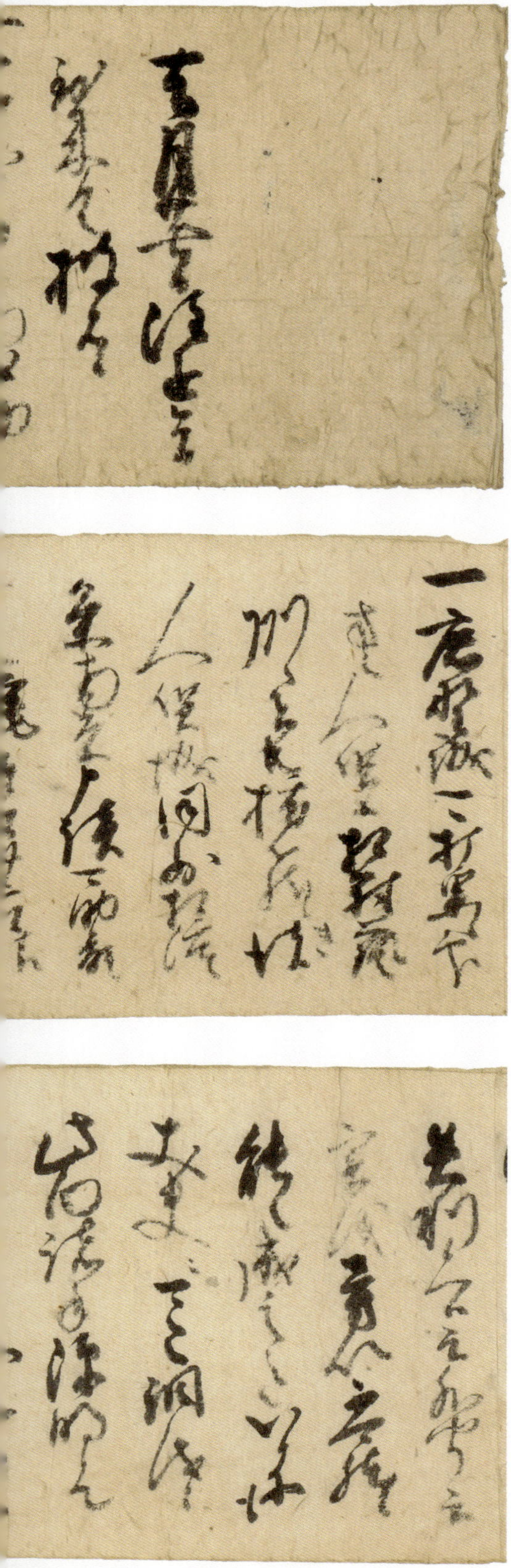

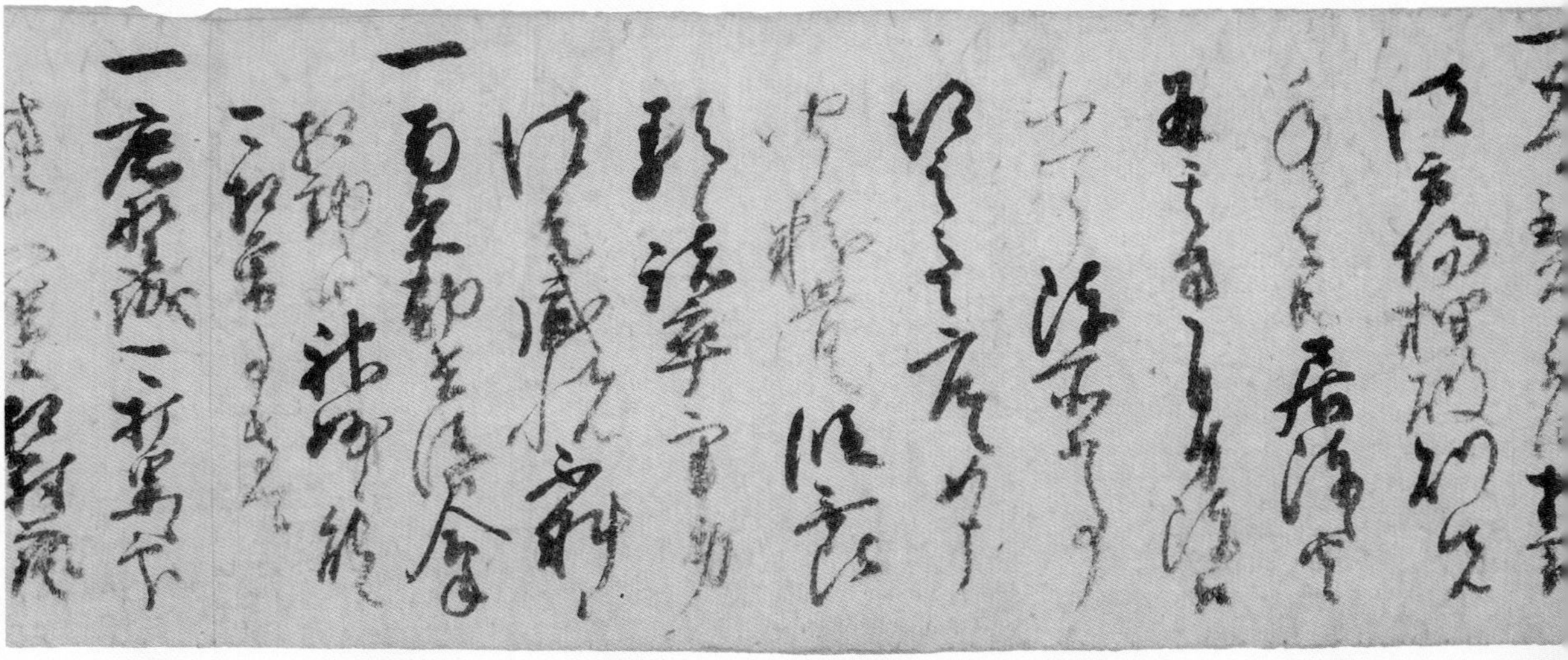
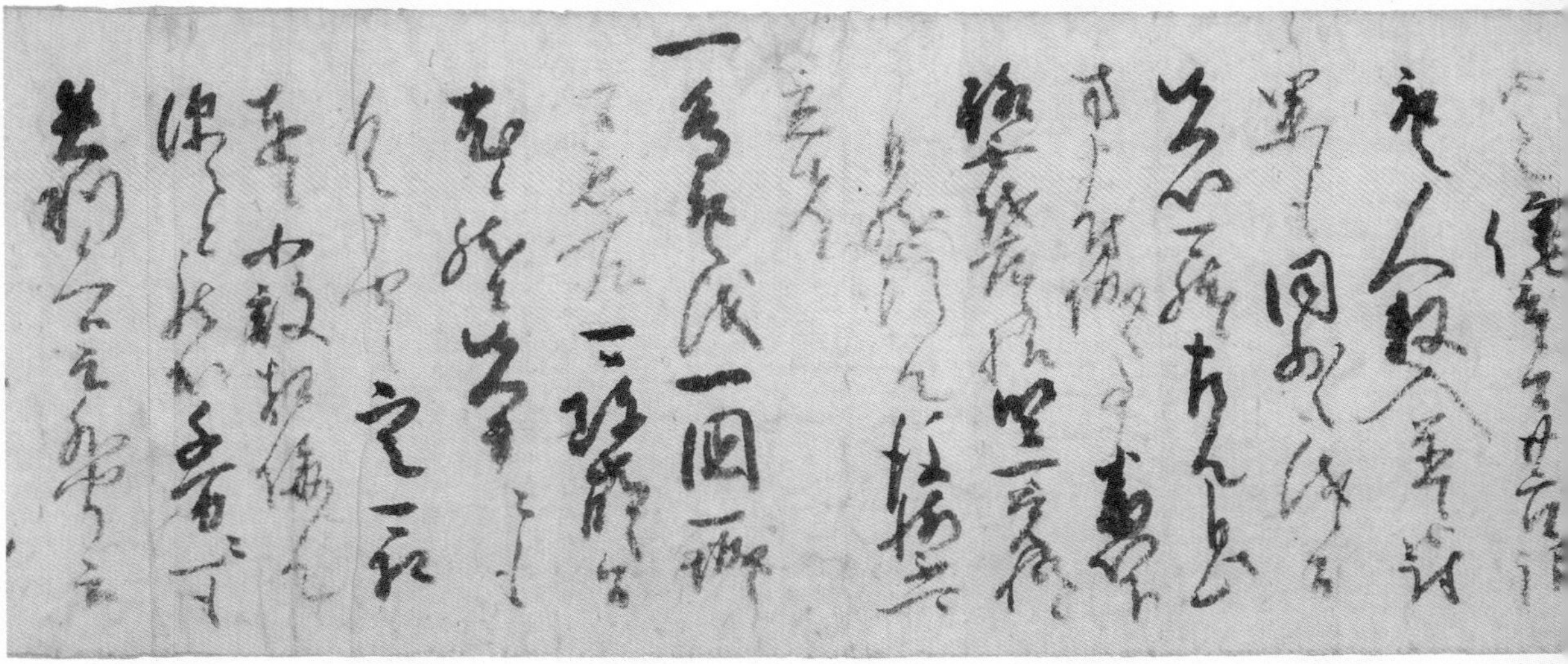
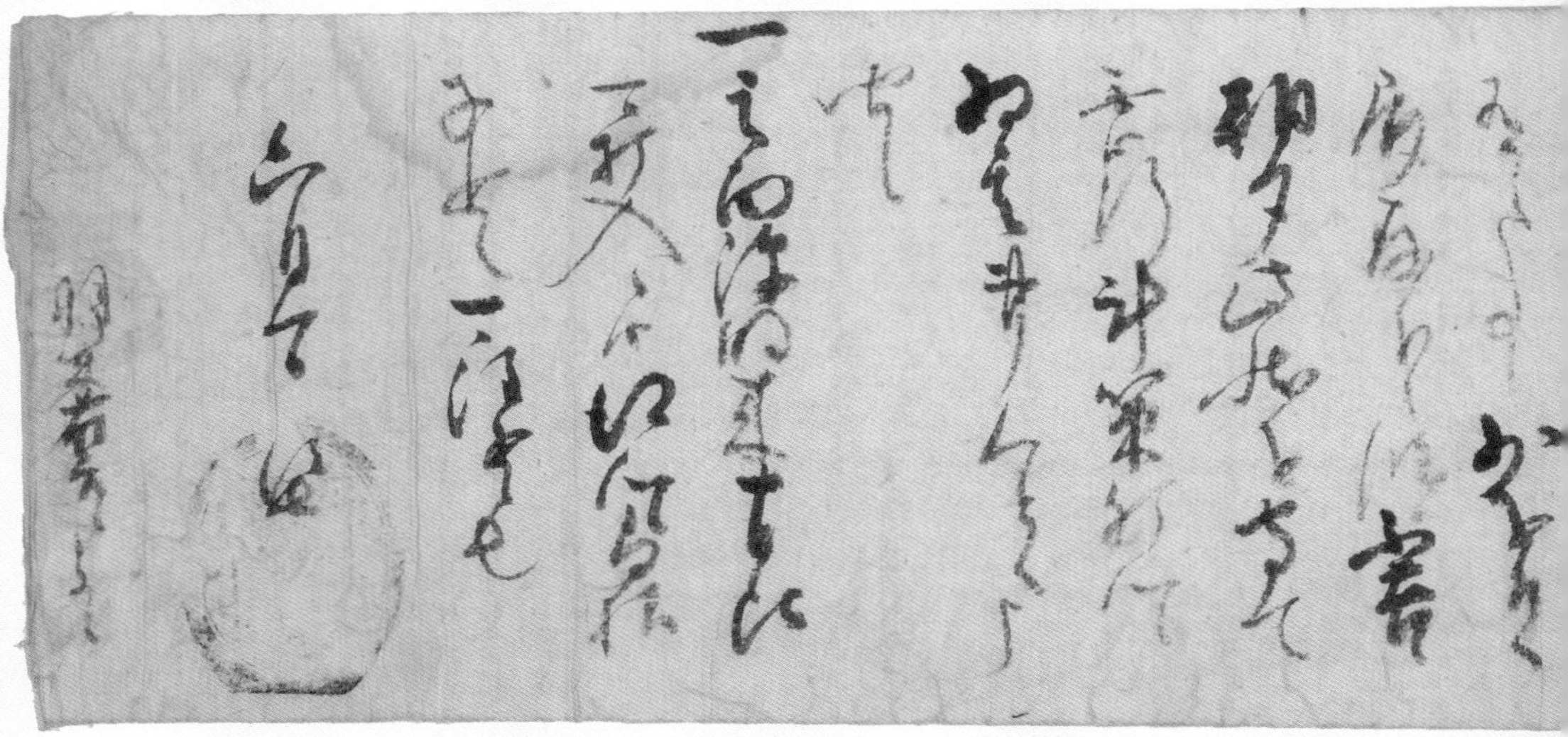

（端裏切封上書）
「（墨引）
□（羽）柴□□□（藤吉郎殿）　信長」

去月廿七日注進今日到来、具披見候、

一、廿一日至鳥取（因幡）面相動、彼方備押破、則先手之者共居陣之由候、幷其方自身陣取・小一郎（羽柴秀長）陣所等之事、得其意候、度々如申聞、粉骨之段無比類候、諸卒辛労彼是感悦不斜候、

一、南条勘兵衛尉（元続）合手相動候由神妙候、能々可相究事専一候、

一、鹿野城（因幡）可打果候処、方々人質等、相対芸州之者共楯籠候き、彼人質城同前相渡候条、南条申談、可助命由候也、侘言候間、廿六日請取之、人数入置候由、討果候も同前之儀候間、先以可然候、左候て自此方申付城之事、番以下聊無越度候様、堅可覚悟候、自然由断候て、後悔不可立先候、

一、鳥取之儀、一国一城候間、急度可攻崩之旨尤候、然者先書ニも具申聞候、定可相達候、小敵故侮候て、深々と罷出、千万ニ一も失利候へハ、云外聞云実儀旁以不可然候、能々成其意、いかにも丈夫ニ可令調儀候、此面諸手隙明候て有之事候、少をそく属存分之段、不苦候、朝夕此状を守て無由断計策肝心候、為其事くと申聞候、

一、其面隙明、来十日比可打入候由得心候、尚様子追々可注進候也、

（天正八年）
六月一日　信長（黒印）

羽柴藤吉郎（秀吉）殿

（端裏）

現代語訳

先月二十七日の注進状が今日届いた。全体をよく読んだ。

一、（五月）二十一日に鳥取表に着陣し、毛利方の備えを打ち破り、先手の者が陣取ったとのこと。あわせて秀吉自身の陣取り、秀長の陣所のことも了解した。たびたびおまえに言っているように、粉骨の働き比類なきものである。軍勢も辛労であろう。いろいろと大変よくやっていることを高く評価している。

一、南条元続は味方として戦っているとのこと神妙である。よくよく態度を見究めておくことが重要だ。

一、鹿野城を討ち果たそうとしたところ、方々からの人質らと毛利方の者どもが籠城していた。その人質も城とともに渡すので、南条を間に立てて交渉し、助命してほしい。敵はそう求めてきたので、五月二十六日に城を受け取り、こちらの軍勢を城に入れたとのこと。これは討ち果たしたも同然の処置なので、まずはこれでよろしい。そうして、こちらの城については、番衆以下いささかも落ち度がないように、しっかりと対応せよ。もし油断したならば、後悔先に立たずだぞ。

一、鳥取城は一国でもっとも重要な城であり、かならず攻め崩すとのこと、承知した。ついては、前の書状にも詳しく記しておいた。もう到着しているはずだ。小敵と侮り、深追いし、万にひとつも失敗したならば、表向きも内実も良くないことだ。よく指示を理解し、厳密に計らえ。こちらの軍事情勢が一段落したので、鳥取城攻めの決着が多少遅くなっても問題ない。朝夕この手紙の内容を守り、油断なく事を運ぶようにせよ。そのために、くどく申し聞かせるところである。

一、一段落して六月十日頃に総攻撃する予定だとのこと、承知した。なお状況はその都度注進せよ。

63

織田信長黒印状《おだのぶながこくいんじょう》

藤孝と松井康之、丹後の「賊船」を組織して秀吉を支援

（天正九年〈一五八一〉七月二十八日）

毛利氏支配下の山陰地方への織田信長・細川藤孝の戦略を示す黒印状。天正九年（一五八一）七月、信長は安土におり、山陰における毛利氏の拠点・因幡鳥取城（城将吉川経家）を羽柴秀吉が包囲していた。藤孝は丹後宮津で信長と連絡を取りながら出陣の準備を進めている状況であった。

本文書で信長は、八朔の祝儀（贈答品）の礼を述べた後、藤孝に丹後の「賊船」を組織して山陰方面に派遣するよう命じたところ、藤孝が松井康之に指揮させることを提案したのでこれを了承する旨、伝えている。

藤孝と秀吉との結び付きを山陰の戦場で強固なものとしたのは、康之であった。藤孝と同じく足利義輝・義昭に仕えた康之は、藤孝が最も信頼する重臣となり、丹後に入国すると藤孝らとともに宮津を拠点にして、丹後海賊衆すなわち海の小領主たちの編制を担当したものと考えられる。康之の組織力と軍事統率の力量は、秀吉による鳥取城攻めの支援活動において、存分に発揮されることになる。（稲葉）

国指定重要文化財／長岡兵部大輔（藤孝）宛／紙本墨書　折紙／楠長諳筆／縦二九・四　横四七・二／永青文庫蔵（熊本大学附属図書館寄託）／207・仁・2　信長31

両通披見候、仍
為八朔祝儀、

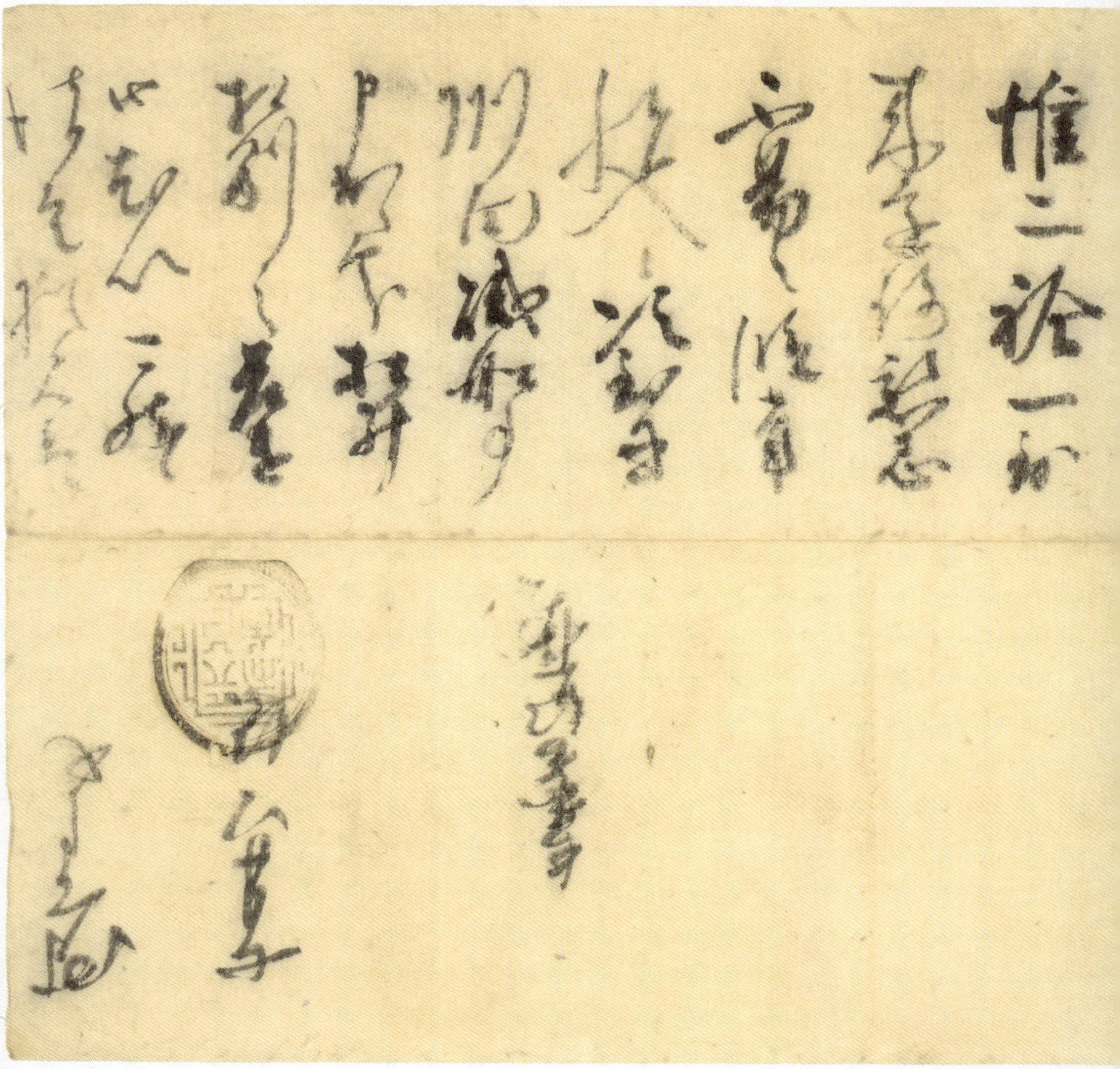

帷二・袷一到
来、遠路懇志
不易之段、旁
悦入候、次至丹
州面賊船事
申出候処、松井（康之）
相副之差遣
由、尤以可然候、
彼是猶見参之
（折り返し）
時可申候也、
（天正九年）七月廿八日　信長（黒印）
長岡（藤孝）兵部大輔殿

現代語訳

（藤孝からの手紙）二通を読んだ。八朔の祝儀として帷《かたびら》二と袷《あわせ》一が到来した。遠路ながら変わらないこころざし、嬉しいことである。次に丹後の海賊（海の領主）の船のこと、（以前に）指示しておいたところ、松井康之を副えて派遣するとのこと、承知した。いずれもまた会った時に相談しよう。

64

織田信長黒印状《おだのぶながこくいんじょう》

光秀と秀吉の間にあって奔走する藤孝・康之

（天正九年〈一五八一〉）八月二十三日

第二次鳥取城攻めをめぐる織田信長・明智光秀・細川藤孝・松井康之・羽柴秀吉の関係を示す貴重な黒印状である。

まず、本文書の後段によれば、No.63の黒印状に記される計画のとおり、康之は丹後の海の武士団を組織して出動し、藤孝に書状で因幡方面での戦いぶりを報告し、それが信長に送られて披見されていたこと。康之の任務が、毛利方勢力と相対している味方の城々への丹後からの兵粮米の搬入、敵船の拠点となる浦々への攻撃であったこと、がわかる。鳥取城を包囲している秀吉を補給・戦闘の両面からバックアップする態勢であった。

次に本文書の前段をみると、こうした支援活動に刺激された毛利方水軍が丹後方面に反撃に出ることが予想され、信長は藤孝自身にこれを迎え撃つよう指示し、藤孝が準備を進めていたことが読み取れる。そして信長は、丹後におけるこうした臨戦態勢構築の「様躰」を、「惟日」＝惟任日向守、すなわち光秀からの報告によって把握していたのであった。

藤孝と康之は、最前線の秀吉と、背後にあって信長に自分の動きを逐一報告する光秀との間にはさまれながら、難しい役目にあたっていた。

（稲葉）

国指定重要文化財／長岡兵部大輔（藤孝）宛／紙本墨書　折紙／楠長諳筆／縦二九・七　横四七・二／永青文庫蔵（熊本大学附属図書館寄託）／207・仁・2　信長16

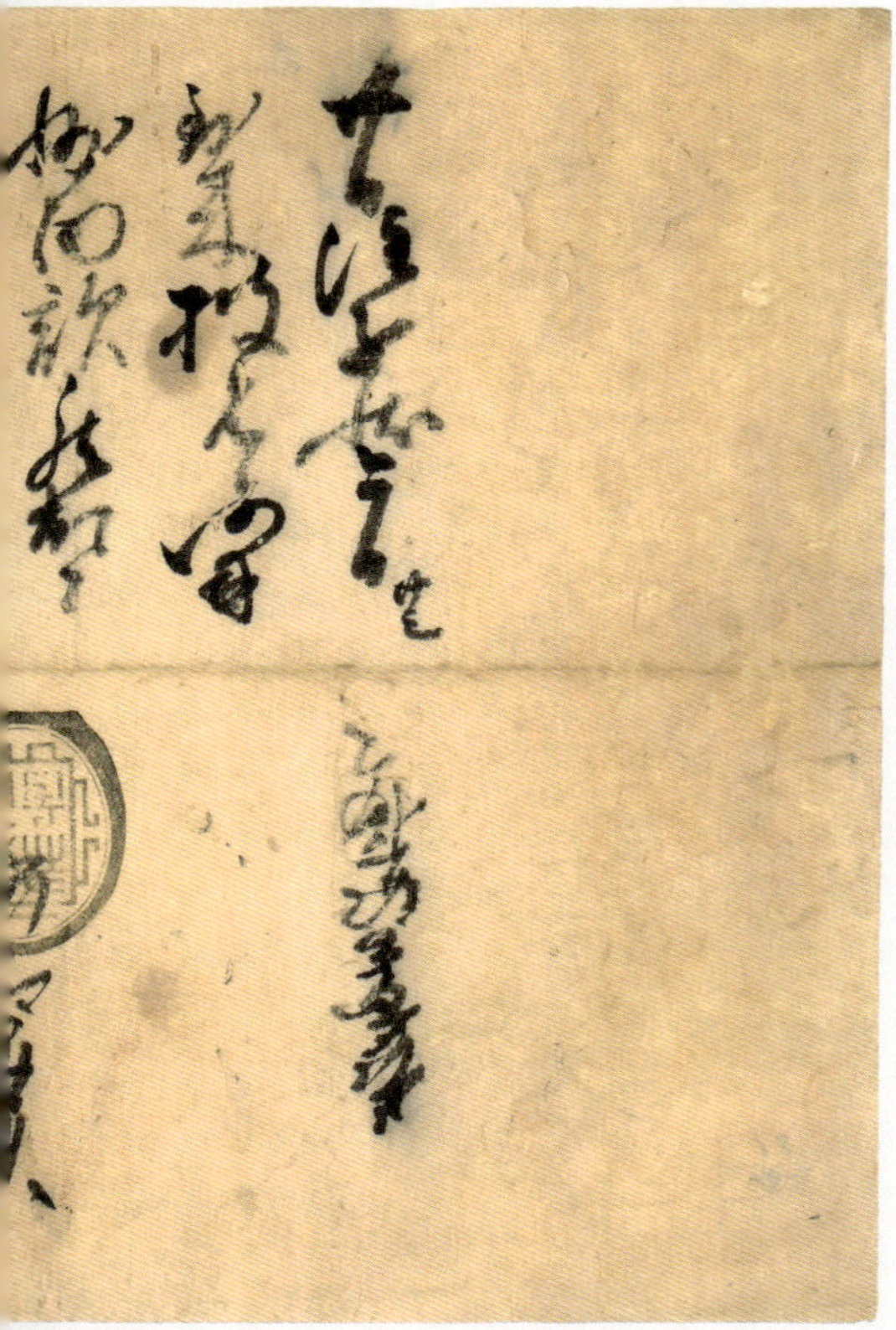

廿日注進状、今日廿三
到来披見候、仍丹
州面敵罷出候者、

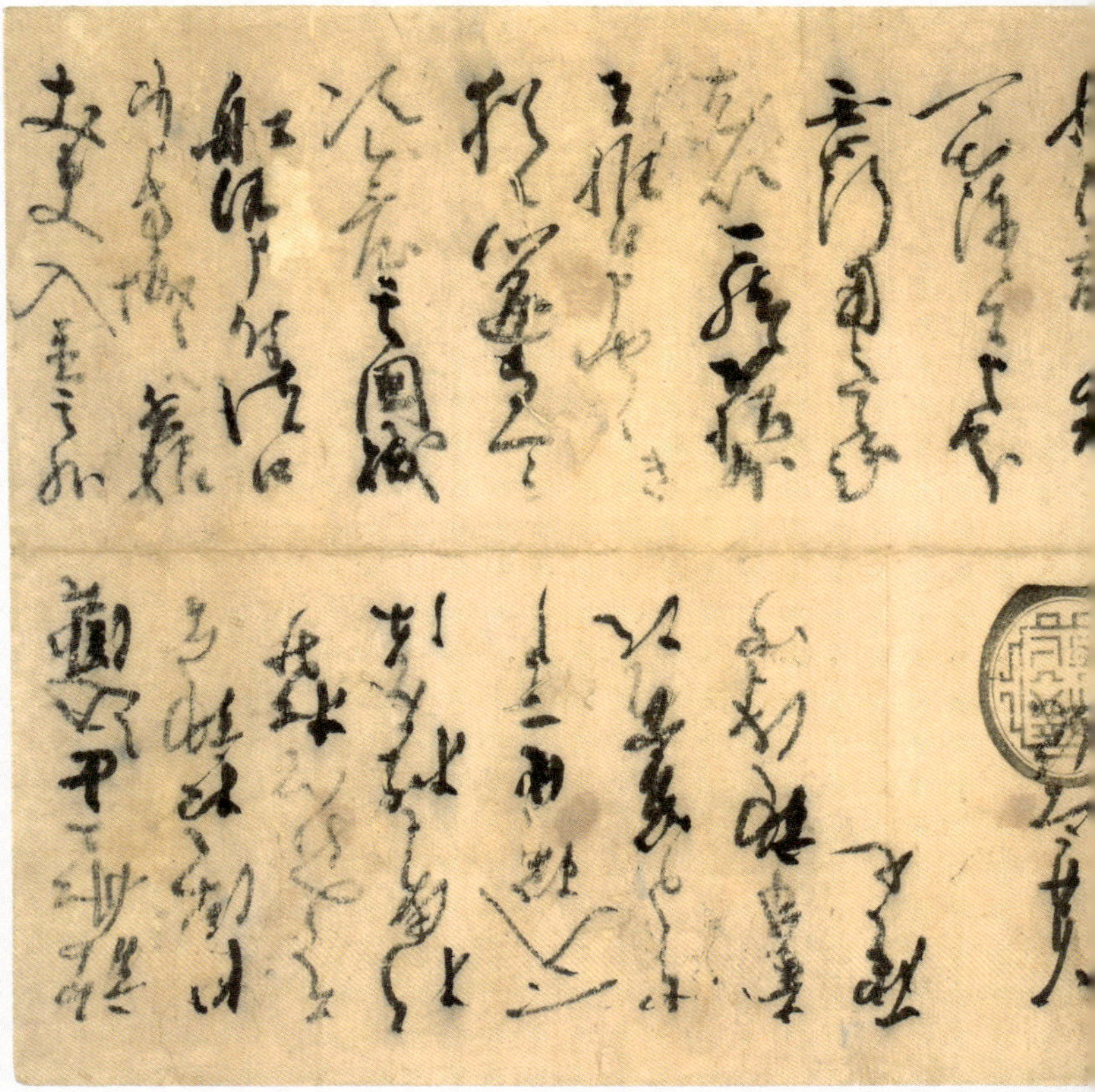

可出陣候旨申候処、
無由断用意之趣、
尤以可然候、於様躰
者惟日（明智光秀）申聞候き、
猶々心懸専一候、
次今度其国（丹後）賊
船依申付、彼口
身方城々へ兵粮
丈夫入置、其外

（折り返し）
敵船等追込、灘太
風深々相動之旨、
是又肝（感）心候、松井（康之）
折帋も披見候、弥
可入勢之由、可申
聞事簡要候、次
南方動之儀も聞
届候也、
八月（天正九年）廿三日　信長（黒印）
長岡兵部（藤孝）大輔殿

現代語訳

二十日の注進状が今日二十三日に到来し、読んだ。丹後方面へ毛利勢が進出したら、（藤孝が）出陣するよう指示していたところ、油断なく用意しているとのこと、まことに適切である。具体的なことは明智光秀からも報告を聞いている。なお一層の心がけが大切だ。次に、このたびは丹後の水軍衆に命じ、因幡・伯耆方面の味方の城々へ兵粮を確実に搬入し、その他にも敵の船を追い込み、潮流も速く風も強かったにもかかわらず（敵領の）奥深くまで攻め入ったとのこと、これまた感心するところだ。松井康之からの報告書も見た。いよいよ力を尽すよう、（康之と配下の者たちに）申し聞かせることが肝要だ。次に、南方（伊賀方面）での軍事活動のことも（現地から）報告を受けている。

65

織田信長黒印状《おだのぶながこくいんじょう》

（天正九年〈一五八一〉九月十六日）

鳥取城攻めの現場で結ばれた秀吉・康之のきずな

対毛利勢力の前線に出張った松井康之からの注進状で因幡・伯耆方面での彼の活躍ぶりを知った織田信長が発給した感状。丹後水軍を組織した康之は、鳥取城を攻める秀吉軍に兵粮を搬入するのみならず、伯耆・因幡国境の要害泊城（鳥取県東伯郡湯梨浜町）、大崎城（同鳥取市気高町）といった毛利方の拠点を攻略し、敵船六五艘を撃破して城下を焼き払った。これらの城は鳥取救援のための毛利方の基地であった。信長は細川藤孝に対して、康之の軍功を称賛するとともに、今後も態勢を維持して粉骨するよう、藤孝から激励せよと伝えている。毛利方の鳥取救援路を断つ康之の働きが信長の中国戦略に大きく貢献したことが、彼を名指しで称賛した文言に表現されている。

なお『松井家先祖由来附』によれば、康之の船団は泊城攻撃に先立って鳥取城下の湊川河口で秀吉と対面し、同所で毛利方船団を撃破、その様子は秀吉から安土へ注進されて、信長から感状を賜ったという（本状とは別、近世初期に焼失）。秀吉と康之の縁もまた、鳥取城攻めの現場で強く結ばれた。この縁は、翌年の「本能寺の変」直後の秀吉と藤孝の連携実現に重大な役割を果たすことになる。

（稲葉）

国指定重要文化財／長岡兵部大輔（藤孝）宛／紙本墨書　折紙／楠長諳筆／縦三二・四　横五〇・四／永青文庫蔵（熊本大学附属図書館寄託）／207・仁・2　信長45

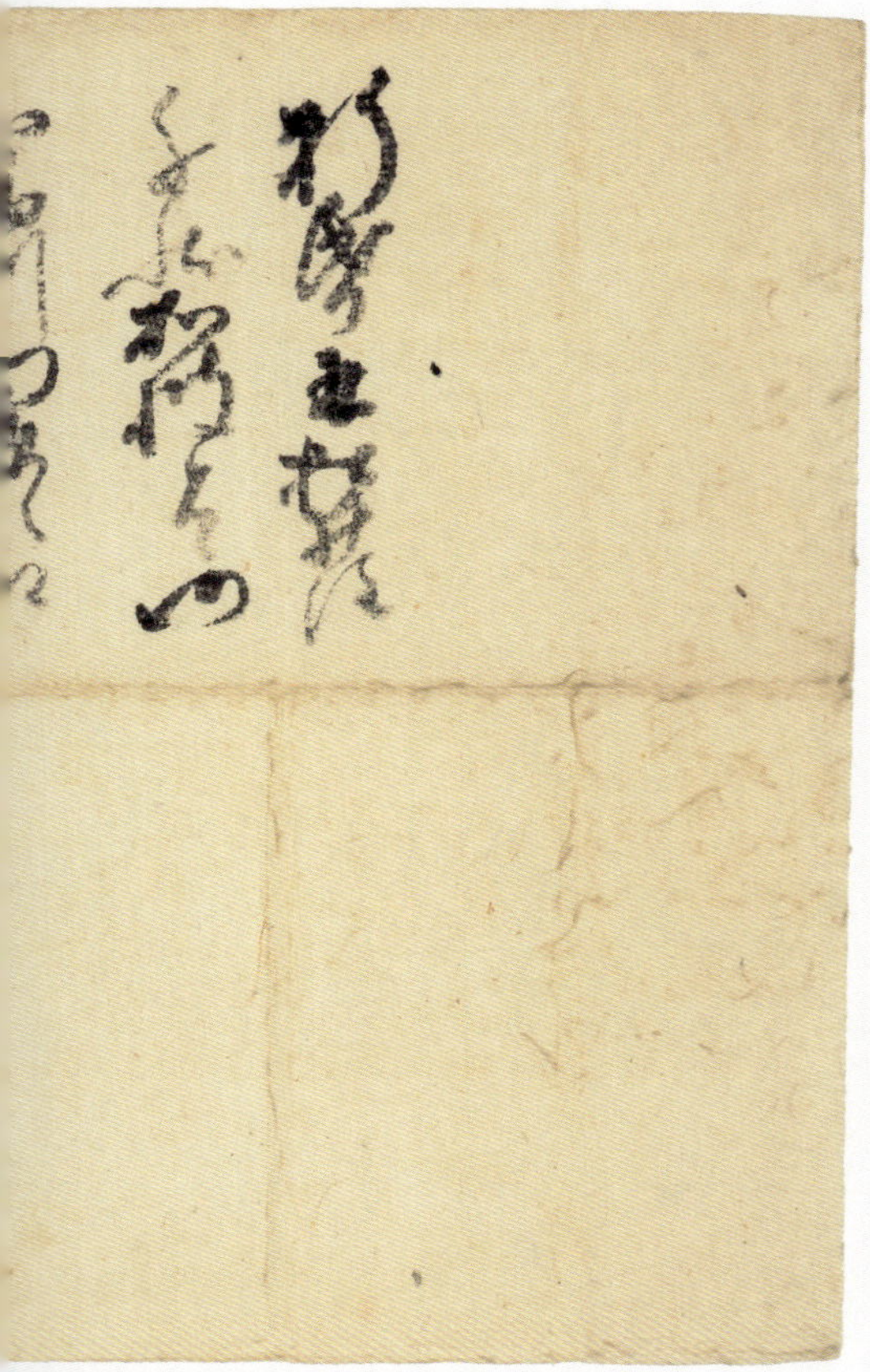

折帋幷松井（康之）注
進状加披見候、仍
至伯州面深々相

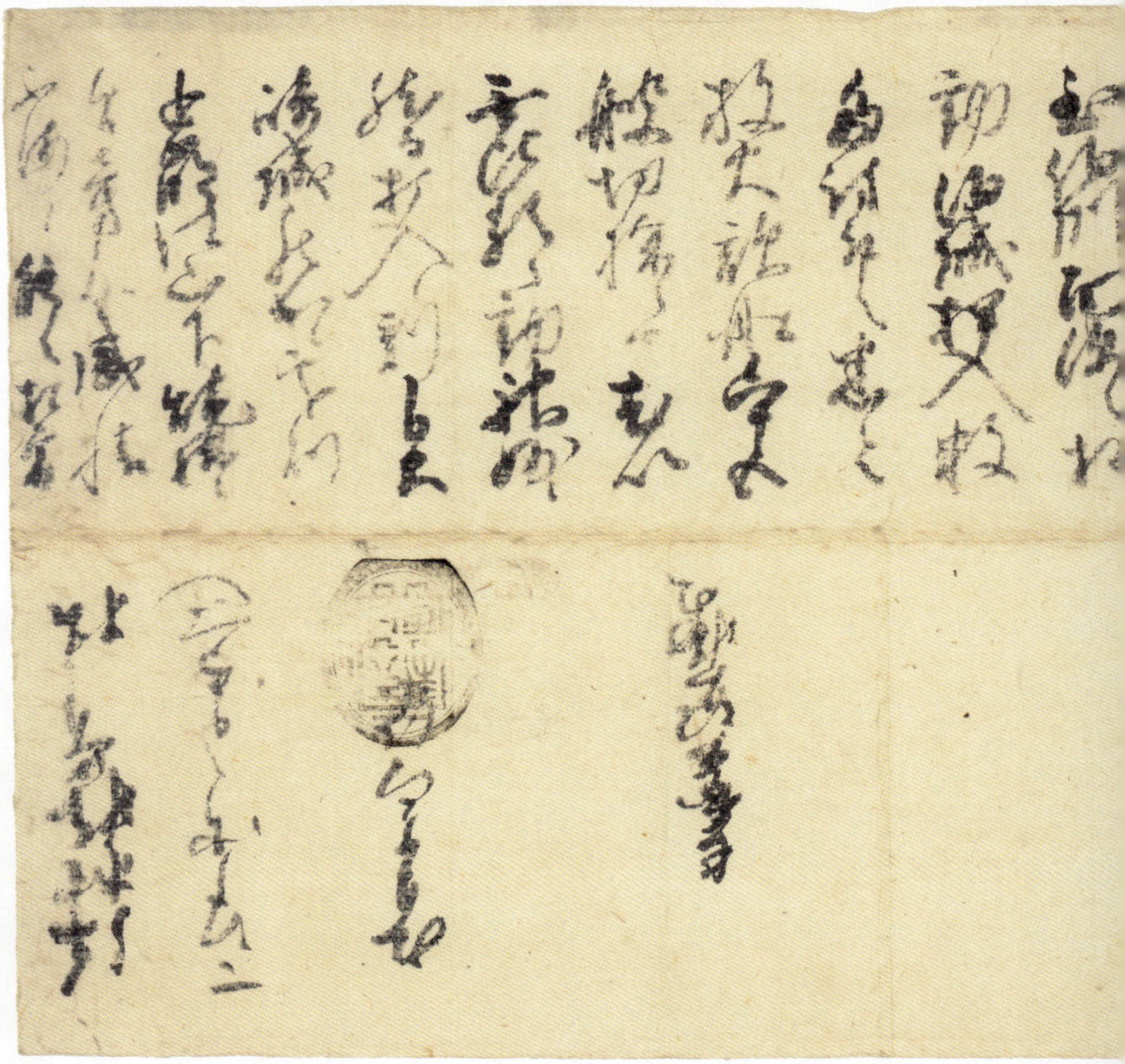

動、泊城（伯耆）押入、数
多討取之、悉令
放火、敵船六十五
艘切捨之由、尤以
無比類之動、神妙候、
然而打入候刻、自大（因
幡）崎城罷出候処、則
追崩、彼山下焼払候
旨、旁以感情
不浅候、能々相究

（折り返し）
弥抽粉骨候様、
可被申聞事専一候也、
九月十六日（天正九年）　信長（黒印）
長岡兵部大輔（藤孝）殿

現代語訳

（藤孝・忠興からの）書状と松井康之からの注進状を読んだ。伯耆方面の奥深くへ進み、泊城へ攻め入り、数多の敵を討ち捕り、ことごとく放火し、敵船六五艘を切り捨てたとのこと、比類なき働きであり神妙である。さらに泊城攻撃の時に、大崎城から（敵勢が）出動してきたところ、すぐに撃退し、大崎城の麓まで焼き払ったとのこと、いずれもたいへんな戦功である。（力を尽くした者を）よく把握し、ますます励むよう、（前線の松井らに）しっかりと申し聞かせよ。

66

織田信長黒印状《おだのぶながこくいんじょう》

（天正九年〈一五八一〉）九月十六日

藤孝・康之・忠興のトロイカ体制で秀吉をバックアップ

No.65と同時に当時弱冠一八歳であった細川与一郎（忠興）宛に発給された感状である。丹後水軍（「其国船手之輩」）の伯耆国方面での活躍を称賛している。

細川家記『綿考輯録』にも、同じく松井家の『松井家先祖由来附』にも、天正九年（一五八一）九月の因幡・伯耆国境への丹後水軍の出撃を忠興が指揮したとの記録はみられない。指揮官として前線に出たのはあくまで松井康之であった。にもかかわらず、忠興に感状が発給されたのはなぜか。No.65の冒頭部分によれば、康之は現場から細川藤孝・忠興に宛てて戦功報告（「松井注進状」）を書いて急送し、それは藤孝（兵部大輔）・忠興（与一郎）連署の信長宛報告書（「折紙」）とともに安土の信長に送付されたものと考えられる。そのため、同日付で康之の戦功をたたえた二通の感状が父子それぞれに宛てて発給されたのであろう。

このように、天正九年時点の忠興はすでに藤孝と並び立つ不動の地位を得ていて、細川家には、父子の分身ともいえる康之とあわせたトロイカ体制が確立していた。彼らはこの体制で、翌年六月の「本能寺の変」への対応を迫られることになるのである。（稲葉）

国指定重要文化財／長岡与一郎（忠興）宛／紙本墨書　折紙／楠長諳筆／縦三一・六　横五〇・四／永青文庫蔵（熊本大学附属図書館寄託）／207・仁・2　信長41

其国（丹後）船手之輩、
伯州面動之趣、

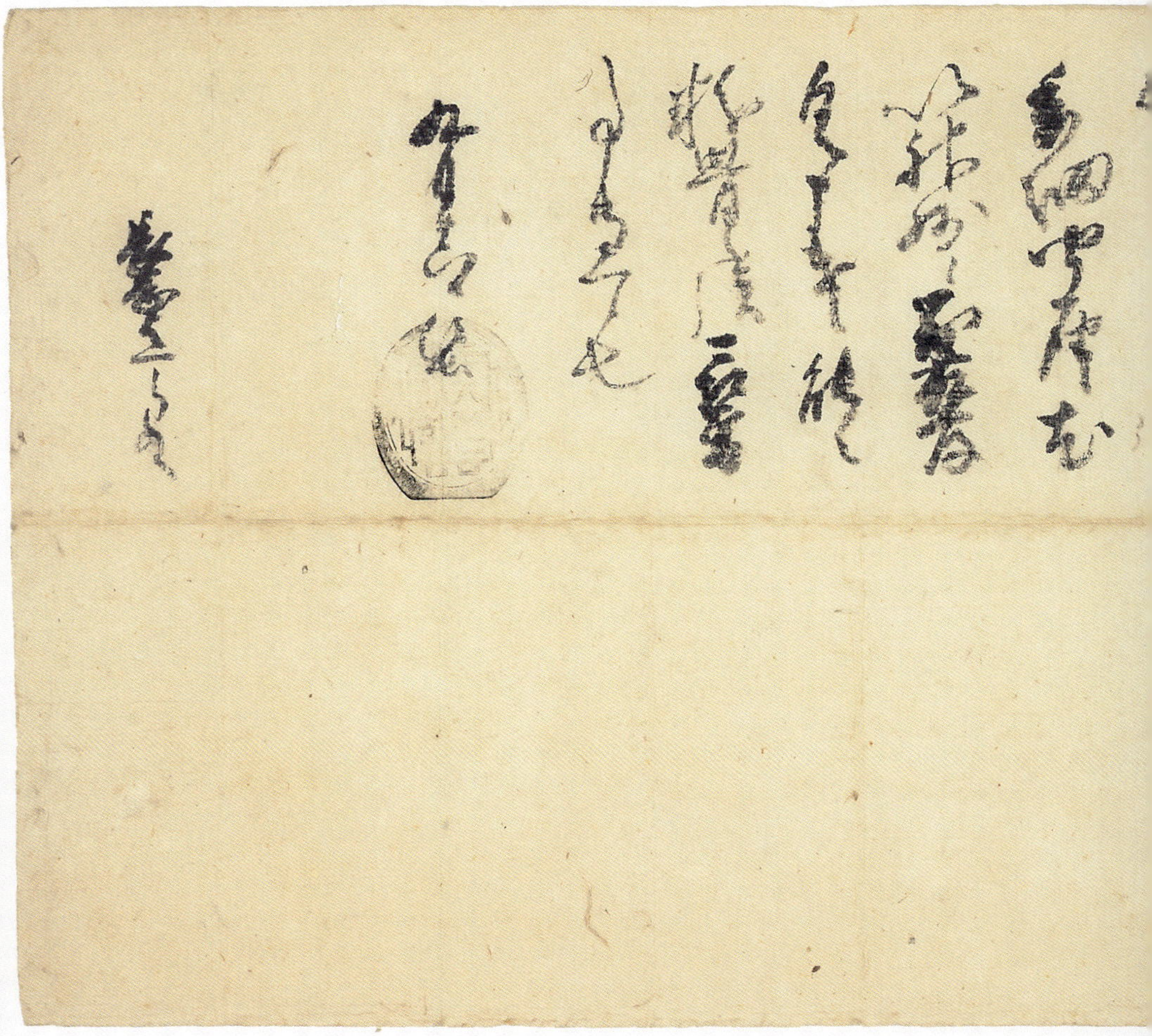

委細聞届候、尤
以神妙候、対藤孝
具申遣候、能々
粉骨之族可相究
事、専一候也、
九月十六日《（天正九年）》　信長（黒印）
長岡与一郎《（忠興）》殿

現代語訳

丹後の水軍衆の伯耆方面における働き、委細報告を受けた。じつに感心なことだ。藤孝へ詳しく申しておいた。力を尽くした者のことをよく把握しておくことが大事である。

67

織田信長朱印状写《おだのぶながしゅいんじょううつし》

（天正九年〈一五八一〉）九月七日

秀吉・信長、鳥取城攻めに態勢万全

永青文庫には、「信長公御状写」との表題があり、ひどく破損した巻子が伝えられてきた。内容は秀吉重臣から近世大名となった蜂須賀家に伝来した織田信長・豊臣秀吉文書等一四通の写しである。内訳は、信長印判状秀吉宛一通、同蜂須賀彦右衛門尉宛四通、織田信忠の蜂須賀彦右衛門尉宛判物一通、秀吉の同人および蜂須賀阿波守宛て朱印状・判物八通。信長文書の翻刻文はすべて奥野高廣『増訂 織田信長文書の研究 補遺・索引』に掲載されているが、その底本がこれだ。このたび修理がなったのを機会に、天正九年（一五八一）の第二次鳥取城攻めに関する一通を紹介する。

安土にいた信長が秀吉の拠点姫路の留守をつとめていた蜂須賀に宛てた朱印状である。秀吉の要請を受けた信長が池田恒興を奉行とした援軍を姫路に派遣すること、もし毛利・小早川勢が鳥取で秀吉を包囲するようなことになったなら、信長自身が出馬するので、姫路からも軍勢を派遣させよ、と伝えている。鳥取城攻めへの秀吉・信長の万全の態勢をよく伝える史料である。

（稲葉）

蜂須賀彦右衛門尉（正勝）宛／紙本墨書　巻子装／（総寸）縦一七・〇　横一〇八四・〇／永青文庫蔵（熊本大学附属図書館寄託）／十一番（「信長公御状写」）

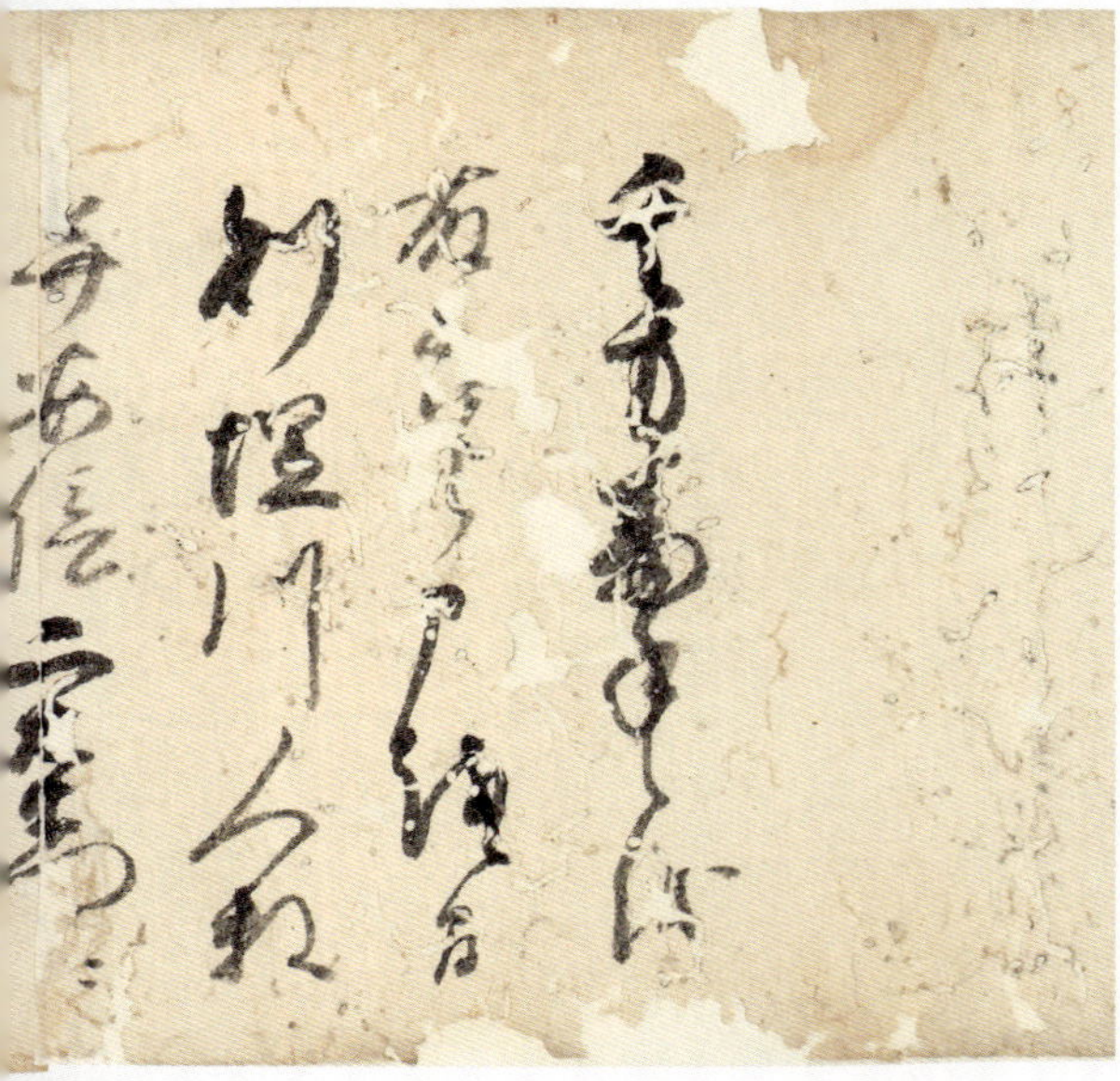

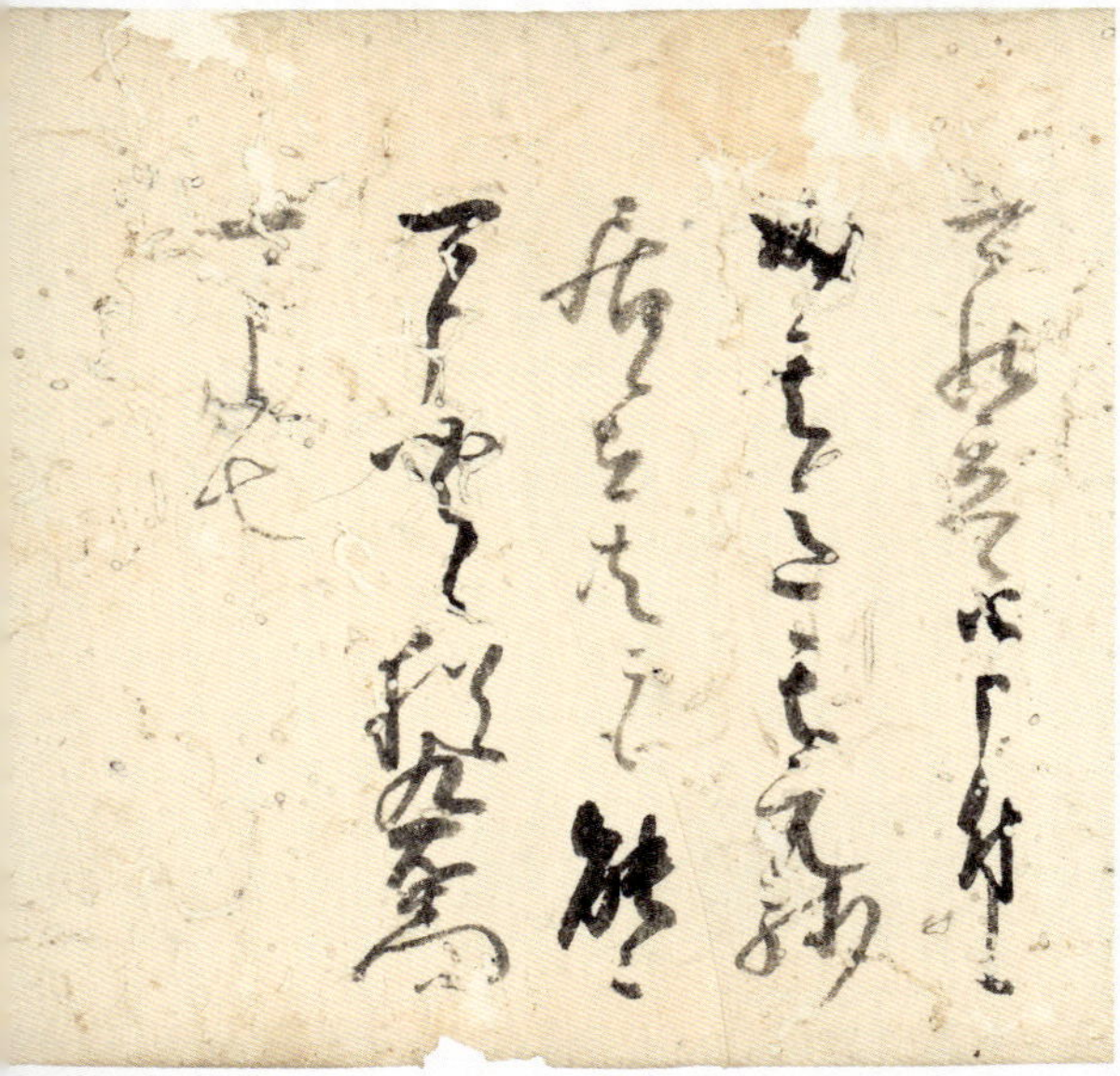

其方番手之儀、
藤吉郎（羽柴秀吉）申越候間、
則塩川（吉大夫）人数
幷安倍二右衛門ニ
池田勝三郎（恒興）奉行
相副遣候、万一毛利・
小早川至藤吉郎

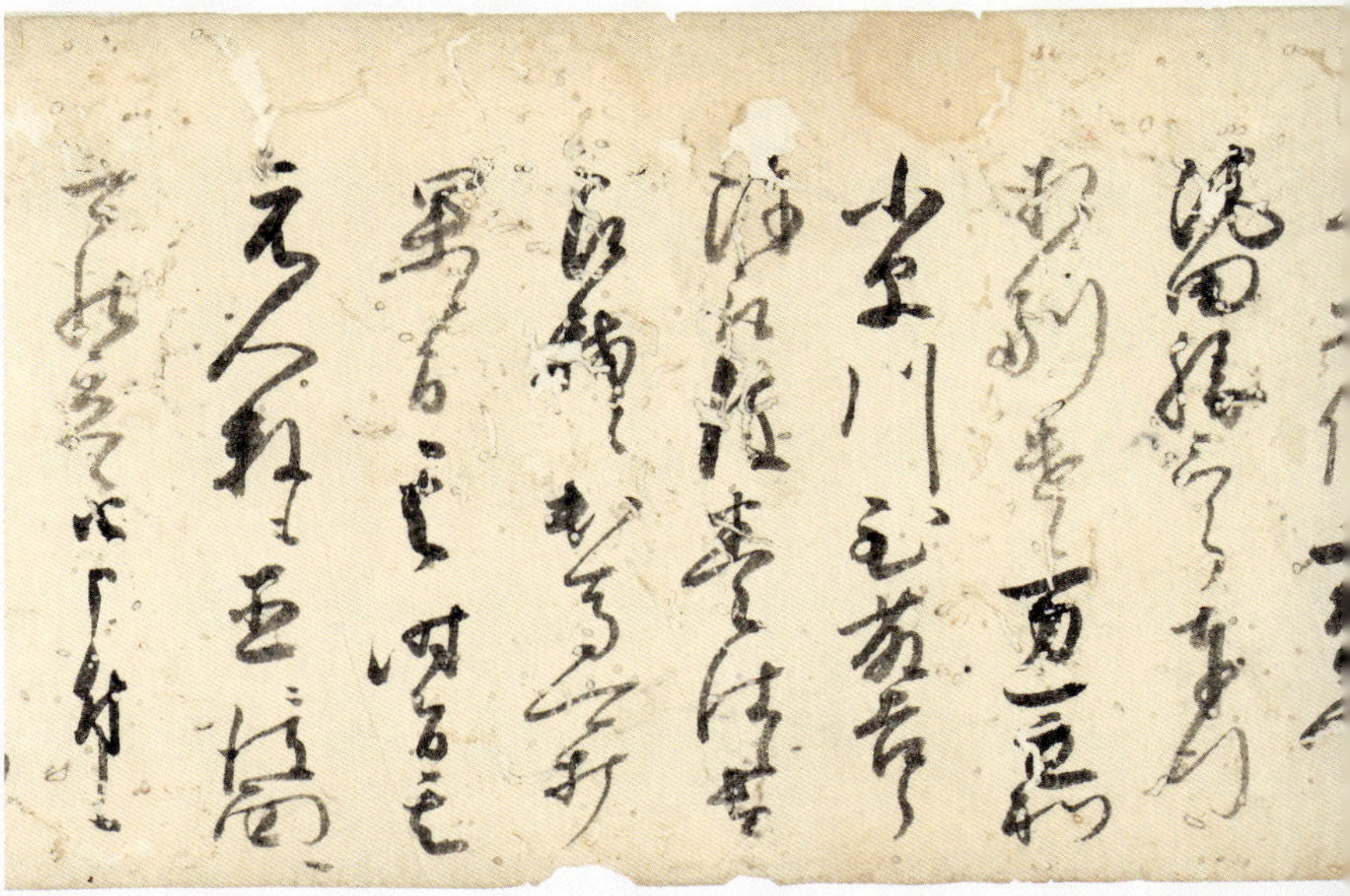

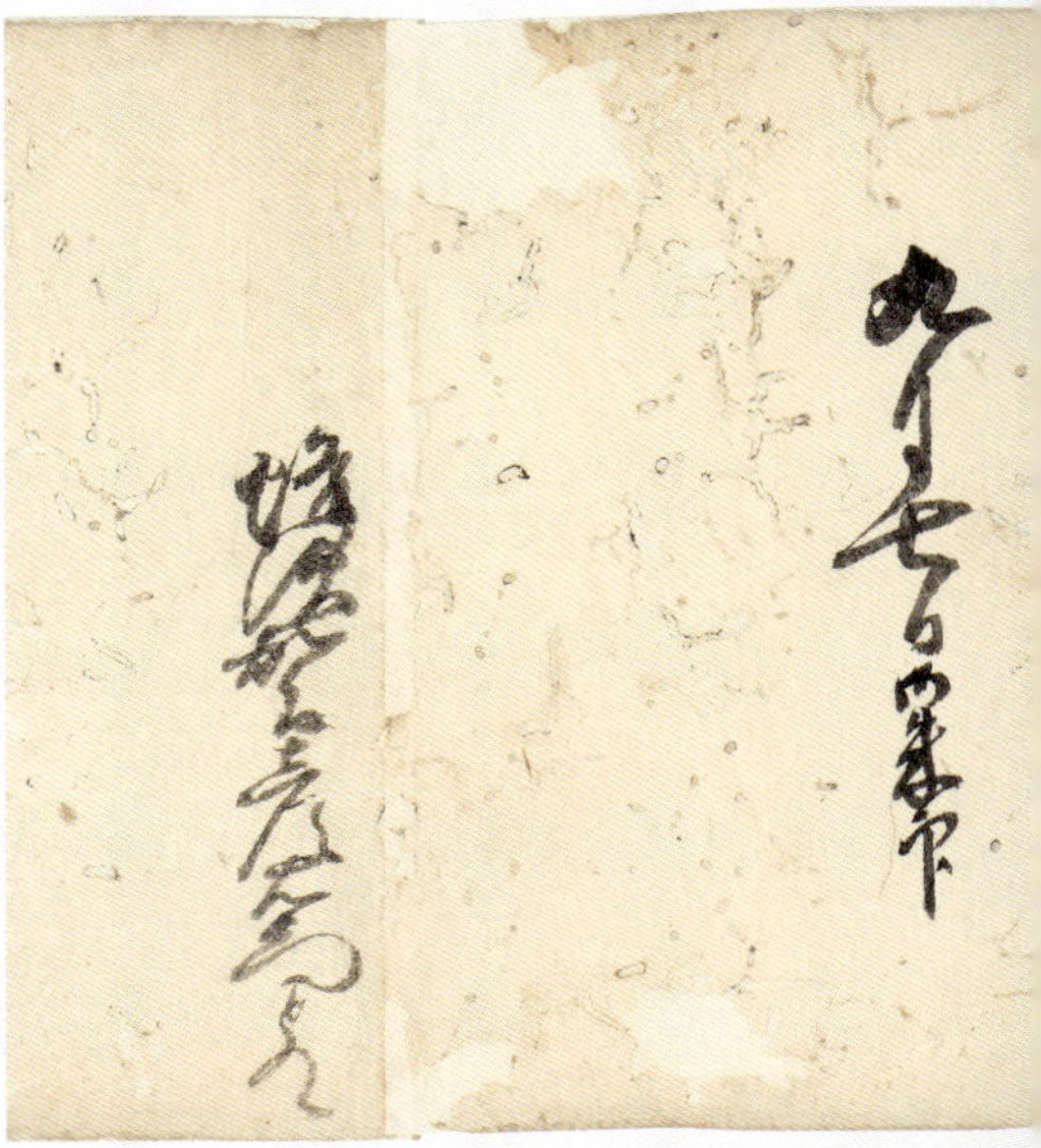

陣取後巻仕候者、即我々出馬可打果候間、其時者其元人数も直ニ彼面へ可罷立候由、申付候、成其意、其元残居候者共ニも能々可申聞候、猶九右衛門《（菅屋長頼）》尉可申候也、

《（天正九年）》九月七日　御朱印

蜂須賀《（正勝）》彦右衛門尉殿

現代語訳

姫路城の防衛のため、羽柴秀吉からの要請により、塩川吉大夫の手勢と安倍二右衛門の勢に池田恒興を奉行として付けて派遣した。もしも毛利・小早川勢が（鳥取で）秀吉の近くに陣取して、逆に秀吉を取り囲むようなことになったなら、すぐに自分も出馬して敵を討ち果すつもりなので、その時は、姫路の軍勢も直接鳥取に向けて出立させるよう（池田らに）命じておいた。そのことを心得て、姫路に残っている侍たちにもよく承知させておくようにせよ。詳しくは菅屋長頼から伝えさせせる。

「再発見」された永青文庫所蔵『蜂須賀文書写』（「信長公御状写」）について

村井祐樹

まず本史料発見の経緯について記しておきたい。二〇一一年頃、『戦国遺文　瀬戸内水軍編』（東京堂出版刊、二〇一二年）を編纂していた折、奥野高廣編『増訂　織田信長文書の研究』（吉川弘文館刊、以下『研究』）に収載されていた永青文庫所蔵「蜂須賀文書写」所収信長黒印状写を、原本から採録したいと考えた。奥野氏の注記によると、当時史料編纂所（以下編纂所）に在籍していた橋本政宣氏からの教示であったとのこと。そこで編纂所の所報を調べたところ、一九七五年に永青文庫の史料採訪に訪れた際、開披困難な「信長公御書写」という史料をマイクロカメラで撮影したという記録があった。しかしフィルム自体は登録されていたにもかかわらず、なぜか行方不明となっていた（編纂所所蔵の登録済みフィルム約二万リールのうち、不明はこれのみ）。そこで、当時熊本県立美術館におられた山田貴司氏（現福岡大学）を通じて、永青文庫（熊本大学附属図書館）に問い合わせたところ、現状該当史料は見えないが、総目録を作成中であり、完成の暁には出てくるかもしれない、とのご返答であった。

二〇一五年三月、『熊本大学寄託永青文庫資料総目録』全四冊が刊行されたので、早速検索したが、各冊数百頁の厚冊で、「蜂須賀文書写」「信長公御書写」を見つけ出すことはできなかった。数年後に『細川家史料』の編纂者から、関係者用の目録エクセルデータを入手し、「蜂須賀文書写」「信長公御書写」で検索したがやはり当たらず、並行してそれらしい史料をいくつか確かめていただいたが、いずれもハズレだったので諦めて放っておいた。それからしばらく経た二〇二二年の九月頃、何かの拍子にふと「信長公」だったらどうだろと思いつき、改めて検索をかけたところ、「信長公御状、写」「信長公御状写」がひっかかった。備考欄に「該当文書不明。虫損・破損にて重傷につき展開不能。直径五～六センチの巻にて長尺。端裏に「信長公御状写」「十一番」（朱書）。」とあった。これだと前掲の本所の報告と符合する。さらに内容欄には「就当《マヽ》国内調之儀両使越置候墨《マヽ》付以下被《マヽ》見候」と文頭部分が記されており、これが『研究』収載文書（補遺二五四）の翻刻とほぼ一致したのであった。「御書」で探しえなかったのも当然である。早速永青文庫の学芸員伊藤千尋氏にお知らせし、同図書館にて、同大の稲葉継陽氏に確認していただいたところ、当たりのようだとのお返事。そして三ヶ月後の十二月に無事実物を拝見できた。目録に書いてあったように破損がひどく、開披も難しい状態であったが、何とか拡げてメモ写真を撮った。そして編纂所に借用して修理を施し、デジタル撮影完了後にお返しし、しかるべき段階で全点の写真・翻刻を掲載した報告書を作成する、という段取りとした。

帰京後に写真および原本で確認したところ、信長文書のみならず羽柴秀吉発給文書も写されていた。全容は信長文書五通・秀吉文書八通・織田信忠文書一通で、信長文書は『研究』に全て採録されていたものの（文書の状態がかなり酷かったにもかかわらず、『研究』の翻刻が極めて正確であったことに驚いた）、秀吉・信忠は新出で、全点が蜂須賀氏に充てられたもの（正勝充て一二通・家政充て一通・秀吉充て＝実質正勝充て一通）、すなわち本史料の原本は蜂須賀氏が所持していた文書群だったことが判明したのである。

信長文書は『研究』にあるので省略するとして、秀吉文書は元亀三年が一通（知行充行）、天正六年が一通（中国攻め）、天正十二年が一通（小牧長久手の戦い）、十三年が四通（四国攻め）、十四年が一通（阿波材木徴収）。信忠文書は発給年次未詳で、正勝から隼を送ってもらったことに対する礼状である（この内、十二年から十四年の秀吉文書は、『大日本史料』

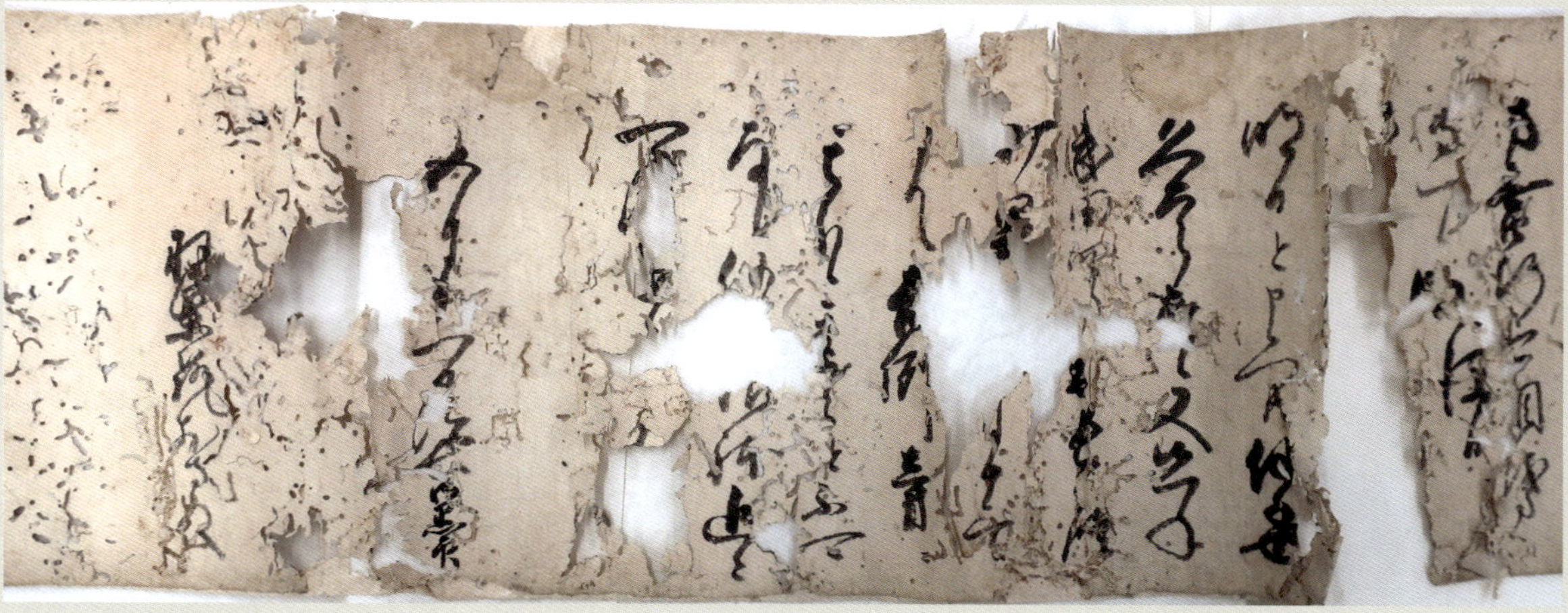

［図1］　修理前（部分）

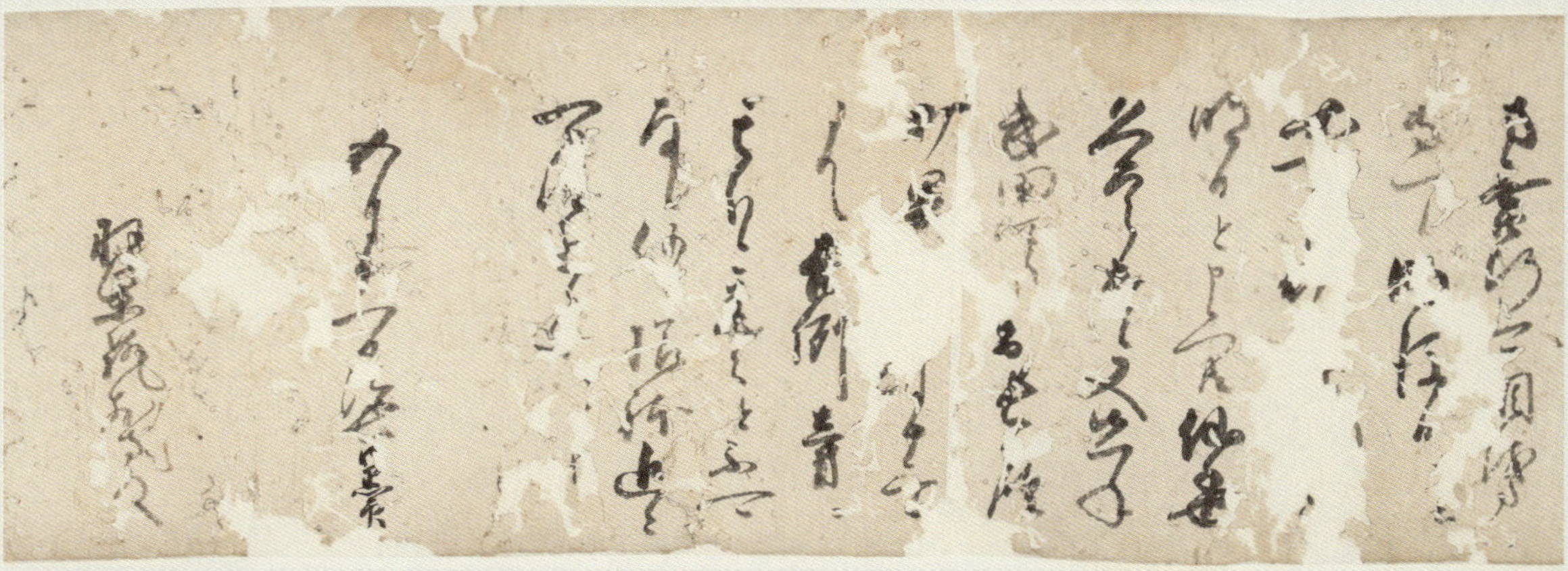

［図2］　修理後（同上）

第十一編之三十に掲載させていただいたが、修理完了の結果、二ヶ所の訂正が必要であることが判明した）。

文書が写されている料紙を、顕微鏡で分析したところ、繊維や粒子の特徴から、江戸時代のものではあり得ず、当時秀吉が実際に使用していた、楮に米粉を加えた、いわゆる杉原紙と同じ紙質であることがわかった。さらに筆跡も、影写（敷き写し）したのではないかと思うほど精密なもので、おそらくは、蜂須賀氏のもとに集積されていた原文書を、同時期（天正期後半頃）に、当時使用していた杉原紙を使い、相当な精度の筆写を行ったものと考えられるのである（なお、本史料が細川家に伝わった経緯は、様々な可能性が想定できるものの、今後の課題とせざるを得ない）。

本史料は、写しではあるが原本と同等と見なせ、秀吉の知られざる活動を新たに明らかにすることができるのみならず、戦国織豊期における写本作成の実態を知る上でも、極めて貴重なサンプルである。この度の「再発見」は非常に価値があるものと言える。

68

杉若藤七書状写《すぎわかとうしちしょじょううつし》

光秀覚条々執筆の前日に細川・羽柴同盟が成立！

（天正十年〈一五八二〉）六月八日

秀吉家臣の杉若藤七が松井康之に与えた書状の写しで、六月二日に織田信長を殺害した明智光秀が、同九日付で細川父子の出勢を乞う（No.05）前日に、細川・羽柴同盟が成立していた衝撃の事実を示す史料だ。

『松井家先祖由来附』の説明によれば、丹後宮津の細川家には三日に「本能寺の変」勃発の飛報が入り、細川藤孝は落髪、忠興は元結を払い、松井康之は探索のため密かに出京。羽柴秀吉が信長の弔い合戦にのぞむとの情報を得て、かねて細川家と昵懇で、このとき大坂にいた丹羽長秀に、光秀の逆意には決して同心しないとの藤孝・忠興の「飛札」を示した。さらに康之は秀吉家臣の藤七をつうじて、忠興は光秀縁者として疑われる立場ではあるが信長への忠義を守る、との飛札を秀吉に出し、秀吉自身から返書を得た（ただし近世初期に焼失）。本書状はそれへの添状だという。なお、原本は数十年前から所在不明。

細川家のトロイカ体制にとって、逆意の企てをさげすむ思想と、直近の鳥取城攻めで強化された秀吉との関係こそが、光秀の軍事権限や血縁関係に優越する価値として選択された。それに基づく判断の速さと康之の行動の的確さは、驚くべきものであった。（稲葉）

松井猪助（康之）宛／紙本墨書　冊子装／縦二五・二　横一八・二／個人蔵（八代市立博物館未来の森ミュージアム寄託『松井家先祖由来附』）

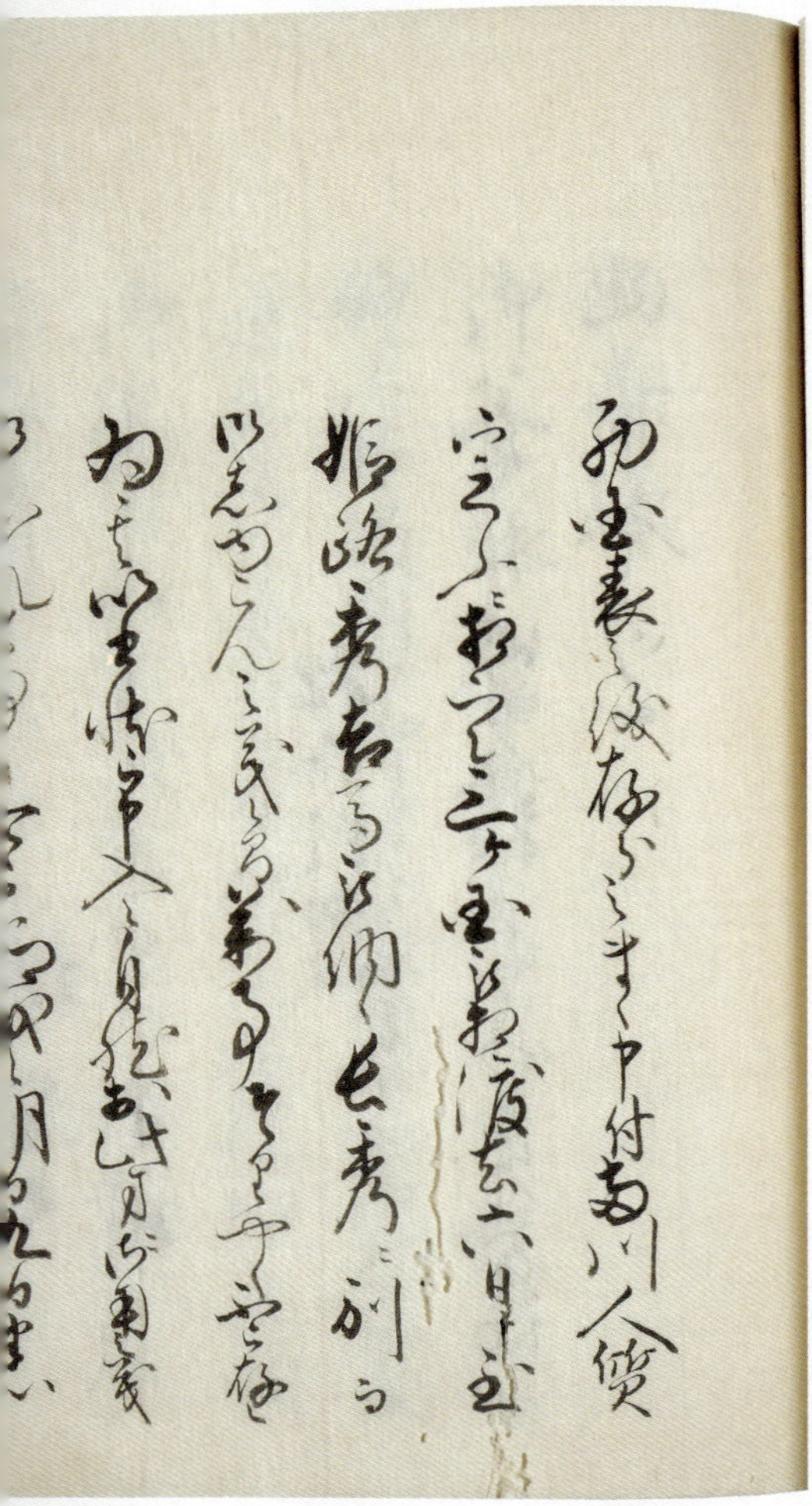

西国表之儀、存分之まゝ申付、両川（吉川・小早川）人質
定ふ（丈夫）ニ相定、三ヶ国被相渡、去六日ニ至
姫路、秀吉馬被納候、長秀（丹羽）ニ別而
御しゅこん之義候間、万事そりやく不被存候、
為其、以書状被申入候、自然於此方ニ御用之義、
御しんそなく可被仰越候、明日九日悉

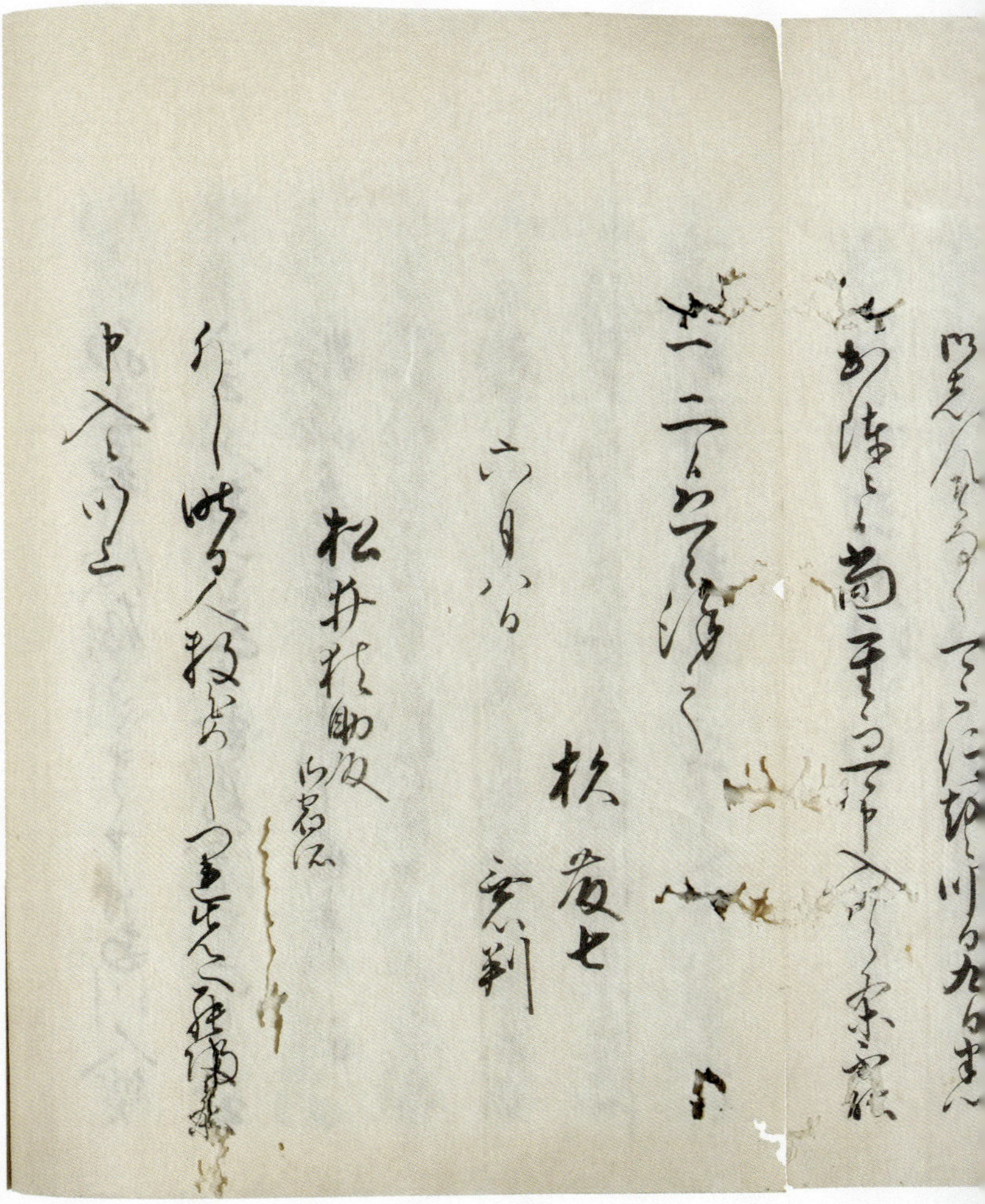

出陣ニ候、尚重而可申入候条、不能
一二候、恐々謹言、
（天正十年）六月八日　　杉　藤七　無心判
松井猪助（康之）殿
御宿所
尚々、昨日人数をめしつれ、先へ罷帰候条、
申入候、以上、

現代語訳

西国（中国）方面を（秀吉の）考えどおりに措置し、吉川・小早川からの人質について明確に定め、（備中・美作・伯耆）の三ヵ国を（毛利方から）割譲されて、去る六日に秀吉は（本拠の）姫路に到着した。（藤孝・忠興殿は）丹羽長秀と特別に御昵懇であるので、（秀吉としても）いっさい粗略はない。そのことを、（秀吉の）書状ではっきり申し入れるものだ。もしこちらに御用があるときは、なんでもお伝え願いたい。明日九日には全軍で（京に向かって）出陣する。再度連絡するので、詳細はまた。

なお昨日、手勢を引き連れ秀吉より先に大坂まで戻った。

藤孝家老・松井康之論

林 千寿

織田信長が重臣明智光秀によって殺害されたように、有能で力量のある家臣の存在は、もろ刃の剣であった。言い換えるならば、大名が生き残るには、有能で裏切らない家老が必要だったということだ。

細川藤孝に家老として仕えた松井康之（一五五〇〜一六一二）は、まさしく有能で裏切らない家老であった。まずは、その有能さについて見てみよう。

優れた軍事指揮官

戦国時代において家老に求められた最たる役割は、戦場で軍団を指揮し、主君を勝利に導くことであった。二〇歳の頃から藤孝に仕えた康之は、藤孝配下の将として織田信長の天下統一戦争に参陣、数々の軍功をあげている。その代表的なものが、天正九年（一五八一）の因幡鳥取城攻めである。

毛利氏が支配する中国地方への進出を企図した信長は、その足がかりとして、羽柴秀吉に鳥取城を攻めさせた。これを海上から支援するよう命じられた康之は、丹後水軍を率いて出陣。毛利方の重要拠点である伯耆泊城（現在の鳥取県東伯郡湯梨浜町）、大崎城（現在の鳥取市気高町）を攻略するなどの働きをみせた。康之の活躍を知った信長は、康之を賞賛する書状（No.65）を藤孝宛に送っている。その書状には、「泊城に攻め入り、悉く放火し、敵船六五艘を切り捨てたとのこと、比類なき働きである」、「大崎城から出て来た敵を追い崩し、城下を焼き払ったとのこと、その働きに感激している」と記されており、信長が康之の働きを高く評価したことがわかる。

忠義を貫く

このように康之は、優秀な軍事指揮官であったが、その能力をもっぱら主君のために使ったところに、康之の特徴がある。信長の死後、天下の覇権を握った秀吉は、康之を直属の家臣とするため、石見半国（現在の島根県西部）を与え、大名に取り立てようとした。これに対し康之は、細川藤孝・忠興父子を裏切るようなことはできないとし、秀吉の誘いを固辞したという。康之は大名になることよりも、細川父子に忠義を尽くす道を選んだのである。

このような康之の忠義は、主君から不当な扱いを受けたときも揺らがなかった。秀吉死後の慶長四年（一五九九）、康之は細川父子の勘気を蒙り伏見屋敷に蟄居させられている。「松井家先祖由来附」によると、これは石田三成の謀略によるもので、康之を細川父子から離反させようとした三成が、「秀吉から大名並に取り扱われ、家康とも懇意にしている康之の心中は図り難い」との讒言を行ったためだという【1】。三成の讒言については作為の可能性が考えられるものの、康之が秀吉から厚遇されたのは事実であり、そのことが細川父子の不信感を招いたのは確かだろう。

このような中、忠興が徳川家康から謀叛の嫌疑をかけられるという事件が起こる。金沢城主前田利長とはかって家康の暗殺を企てたというのである。暗殺計画の真偽は定かでないが、家康は丹後討伐をも辞さぬ厳しい態度で藤孝・忠興に接したという。当時康之は蟄居中であったが、細川父子の危機を知ると、即座に大坂へ赴き、家康と交渉。その結果、起請文と人質（忠興の三男忠利）の提出を条件に、謀叛の件は不問に付されるとになった。冷遇される状況にあっても康之は、主君のために力を尽くしたのである。

家老の謀叛を防ぐ

家康と和睦した忠興は、関ヶ原合戦で家康方に付き、論功行賞で豊前三〇万石の大名になった。康之は引き続き家老として忠興に仕えたが、豊前入国からほどない慶長六年（一六〇一）十二月、再び細川家を震撼させる事件が起こる。忠興の弟で、康之とともに家老をつとめていた細川興元が小倉城から無断で退去したのである。これは、豊前における領地配分に不満を抱いての行動だったらしいが、行動に及ぶに際し興元は、康之とその嫡男興長に共闘をもちかけており、興元が忠興に対抗するため家中の分裂を企てたことがわかる。康之・興長父子が誘いに応じなかったため、御家騒動の激化は回避されたが、興元の行動は、家老という存在が御家の脅威となりうることを、あらためて知らしめるものであった。

この問題と対峙した康之は、亡くなる直前、一つの答えを提示している。慶長十六年（一六一一）十月、死期が近いことを悟った康之は、松井家臣二五〇人あまりに対し次のような起請文【2】を提出させている。

天罰霊社起請文前書之事

一、式部少輔（松井興長）殿に対し奉り、相替らず無二の覚悟をもって、御奉公申し上ぐべく候事、

一、御座あるまじき儀に御座候へども、御若輩の条、万一、殿様（細川忠興）へ御無沙汰の儀御座候はば、おのおの達て御異見申し上げ、その上にても御同心なく候はば、言上致し、御逆意の御一味仕らず、殿様御諚しだいに覚悟致すべき事、

一条目には、康之のときと変わりなく新当主たる興長に奉公すべきことが記されている。二条目には、興長が忠興をおろそかにするようなことがあれば、興長に異見し、それでも興長が改心しないならば、興長の逆意に加担せず、忠興にそのことを知らせ、忠興の命令に従うことが記されている。新当主興長への忠義を誓いつつも、興長と忠興が対立した場合は、忠興に従うことを誓約しているのであり、これは細川家当主が松井家当主によって滅ぼされる事態を防ぐための起請文であった。つまり康之は、細川という大名家の永続性を担保するため、家老松井家の権力を自ら規制してみせたのである。

この起請文が作成された翌年の慶長十七年（一六一二）一月二十三日、康之は六三歳で死去する。直臣も陪臣も細川家の利益を第一に行動すべきという康之の考えは、息子興長に引き継がれ、徳川政権成立期の細川家を支えていくことになった。

注

【1】『八代市史　近世史料編Ⅷ　松井家先祖由来附』（八代市教育委員会、一九九九年）八四頁。

【2】『松井文庫所蔵古文書調査報告書三』（八代市立博物館未来の森ミュージアム、一九九八年）四七一号。

参考文献

・八代市立博物館未来の森ミュージアム展覧会図録『ザ・家老　松井康之と興長～細川家を支え続けた「忠義」～』（二〇一八年）
・林千寿『家老の忠義　大名細川家存続の秘訣』（吉川弘文館歴史文化ライブラリー五一九、二〇二一年）

69

羽柴秀吉血判起請文《はしばひでよしけっぱんきしょうもん》

天正十年（一五八二）七月十一日

現存唯一の秀吉血判起請文　秀吉と細川父子、関係強化

天正十年（一五八二）六月十三日、明智光秀は羽柴秀吉・織田信孝連合軍に山崎の地で敗れ、滅亡した。秀吉は織田家中の政治的主導権を握り、七月上旬には山城国で検地を開始していた。

本文書はその時期に秀吉が細川父子に発給した血判起請文で、父子が光秀に与同せず、自分と同盟して丹後から動かなかった事実を、「比類なき御覚悟を持っていて頼もしかった」と激賞し、今後の入魂《じっこん》を誓っている。姻戚であり、しかも光秀の軍事統率権のもとにあった細川父子さえ丹後から動かなかったことは、明智方の士気を著しく低下させただけではなく、決戦直前の世論をも決定づけたであろう。それが「頼もしかった」という秀吉の言葉に含意されているように読める。

起請文とは、みずからの主張や約束が偽りなきことを仏神に誓約する文書で、前半部分に主張・約束の内容を記し（「前書」）、後半には寺社が発行する「牛王宝印《ごおうほういん》」と呼ばれる護符の裏面に、前書の内容を担保する自己呪詛文言（「神文《しんもん》」）を書いて貼り継ぐ様式が、一般的であった。本文書は戦国期に一般化した血判起請文の典型例で、秀吉花押上の血痕はもちろん本人のものである。（稲葉）

国指定重要文化財／長岡兵部大輔（藤孝）・長岡与一郎（忠興）宛／紙本墨書　続紙／楠長諳筆／（前書）縦三二・五　横三七・〇（牛王紙）縦二二・三　横二九・七／永青文庫蔵／7873　秀吉18

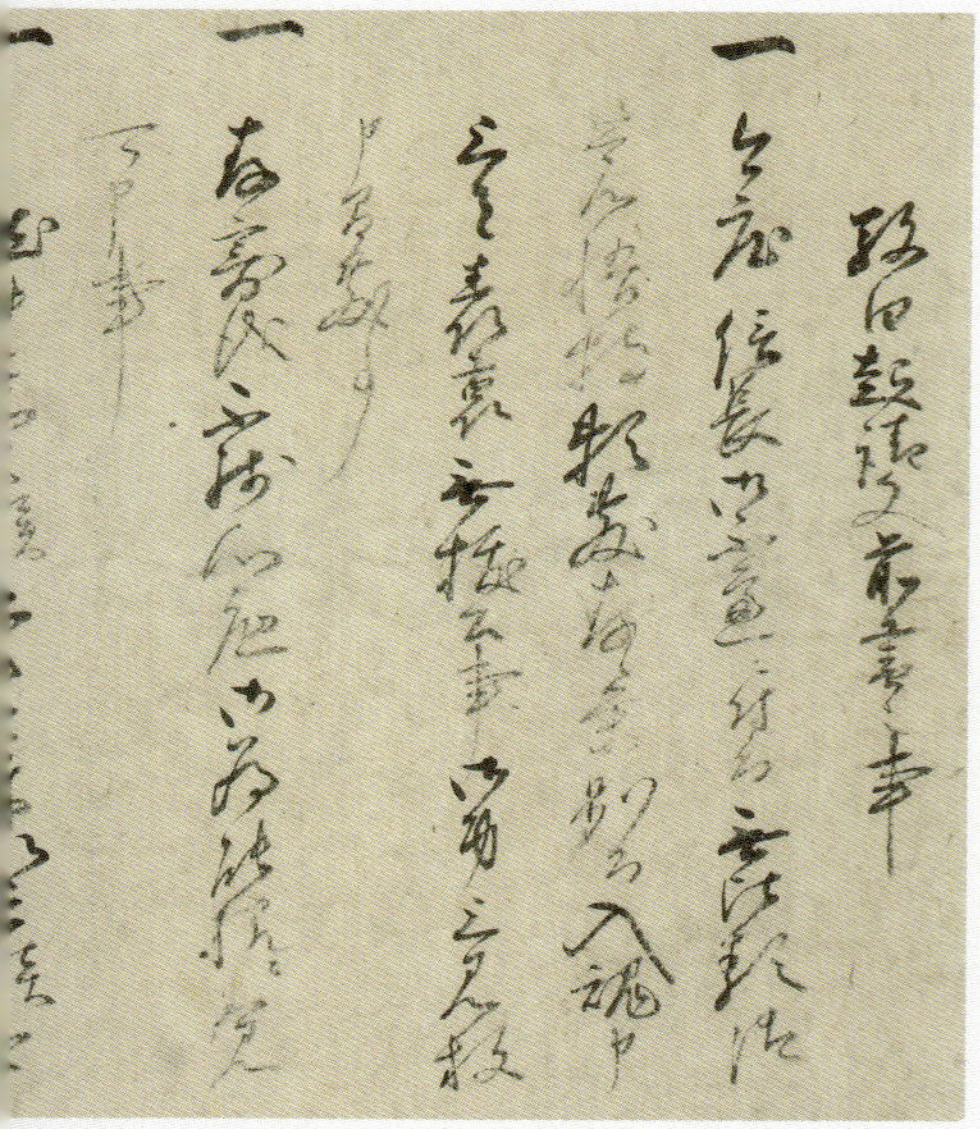

敬白起請文前書之事

一、今度信長御不慮ニ付而、無比類御覚悟持頼敷存候条、別而入魂申上者、表裏無抜公事、御身上見放申間敷事、

一、存寄儀、不残心底、御為能様ニ異見可申事、

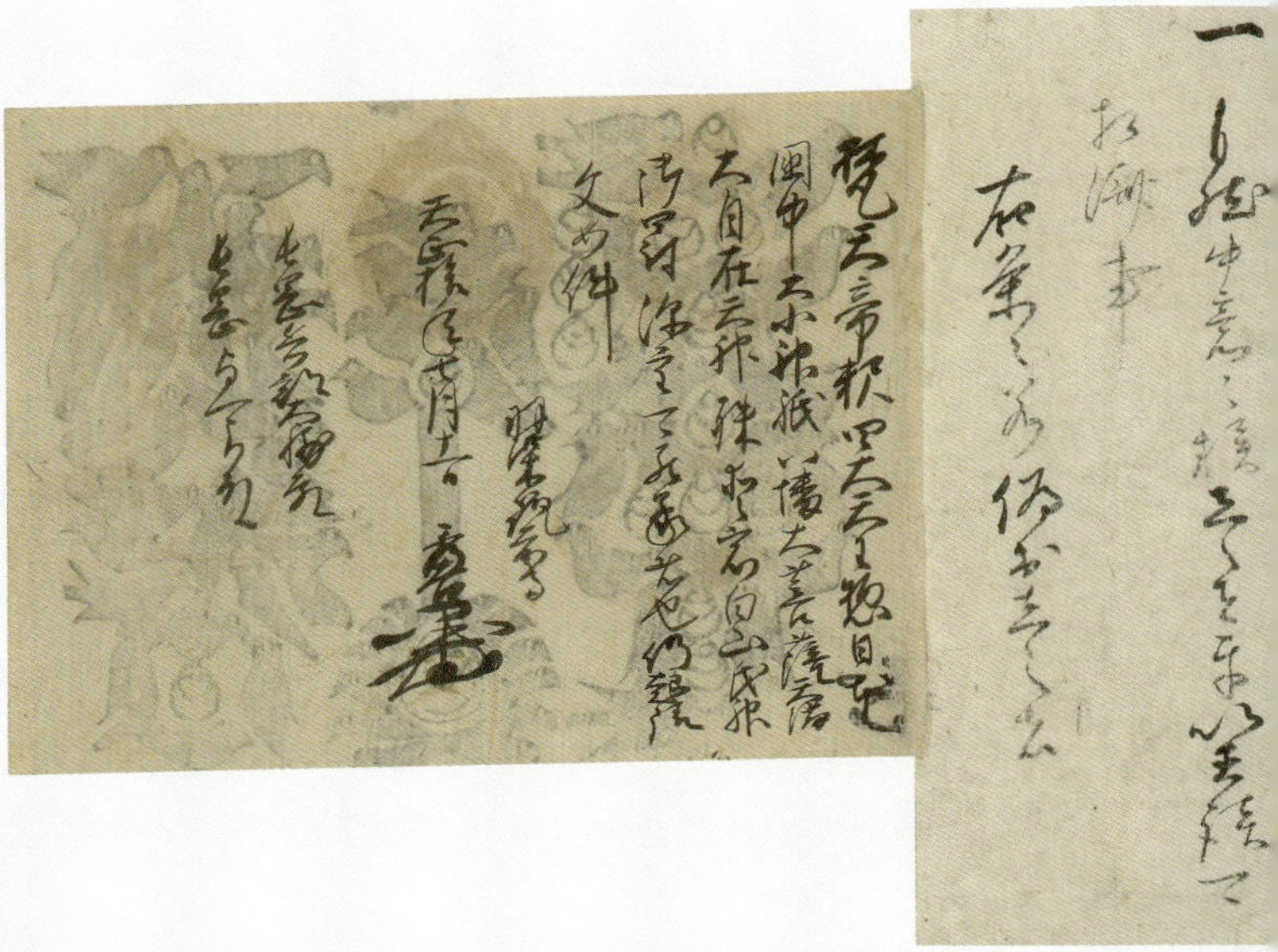

一、自然中意(注)之族在者、互以直談可
相済事、
右条々若偽於在之者、

（神文）
梵天・帝釈・四大天王、惣日本
国中大小神祇、八幡大菩薩・天満
大自在天神、殊愛宕・白山・氏神
御罰深重可罷蒙者也、仍起請
文如件、

羽柴筑前守
天正拾年七月十一日　秀吉（花押・血判）
長岡兵部大輔《（藤孝）》殿
長岡与一郎《（忠興）》殿

現代語訳

謹んで申し上げる起請文前書のこと

一、（光秀による）信長殺害に際して、お二人は比類なき御覚悟を持っていた。（そして信長への忠義を第一として、丹後から動かなかった。）それは自分にとって頼もしい限りであった。これからは特別入魂の間柄となり、表裏公私ぬかりなく、決して御身上を見放すようなことはありません。

一、自分の考えは腹蔵なくお伝えし、あなた方のためを思って、言いづらい意見もします。

一、もし我々にとって注意すべき人物がいたら、私とあなた方との直談によって事にあたり、解決します。

もし、この三ヵ条の約束を破ったなら、国中のあらゆる神々の罰を被ることを誓います。

70

羽柴秀吉書状《はしばひでよししょじょう》

光秀が丹後に残した爪痕を秀吉・忠興が払拭

（天正十年〈一五八二〉）七月十一日

No.69とともに細川忠興宛に出された羽柴秀吉書状。明智方は自領の丹波から国境を踏み越えて細川領丹後国の内に城を構え、細川領の一部を実力支配していた。忠興は勝者秀吉にその返還を訴え、秀吉は勝者が敗者の知行地を没収・再配分する権限を行使して、矢野藤一知行分とともに、これらを忠興に新知行として与えると伝えている。

論説「光秀覚条々の執筆事情」で述べたように、光秀自身が細川父子を敵と認定したとするなら、それは六月十日以後である。それから十三日までの間に、明智方に細川領との境目を占拠する余裕はなかっただろう。城の構築と実力支配は、「本能寺の変」以前の既成事実であったとみられる。つまり、光秀が細川父子ら近畿地方の領主たちに行使した上級権限は拡大し、ついに織田信長が提示する領国支配の枠組みを超越して明智領が設置されるまでになっていたのだ。これが「本能寺の変」前夜の状況の一端である。

末尾で秀吉は、「新知行のうち三分一を松井康之に遣わすのがよい」と述べている。康之は但馬との国境にあたる要衝・久美浜城に移ることになる。一国支配拠点としての本城の他に、最も重要な境目の城を家老の松井家が預かるという細川家の体制は、ここで骨格が形成され、江戸時代には肥後の熊本・八代二城制として定着する。

（稲葉）

国指定重要文化財／長岡与一郎（忠興）宛／紙本墨書　もと折紙　巻子装／縦一五・三　横九四・〇／永青文庫蔵（熊本大学附属図書館寄託）／二〇七・信・1　秀吉5

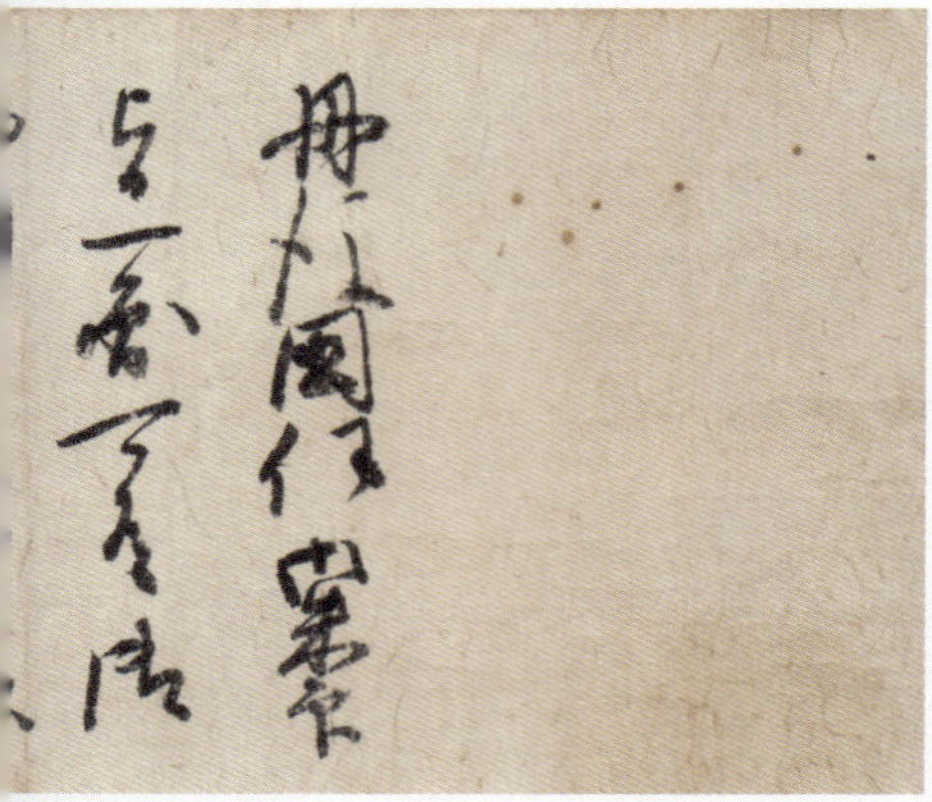

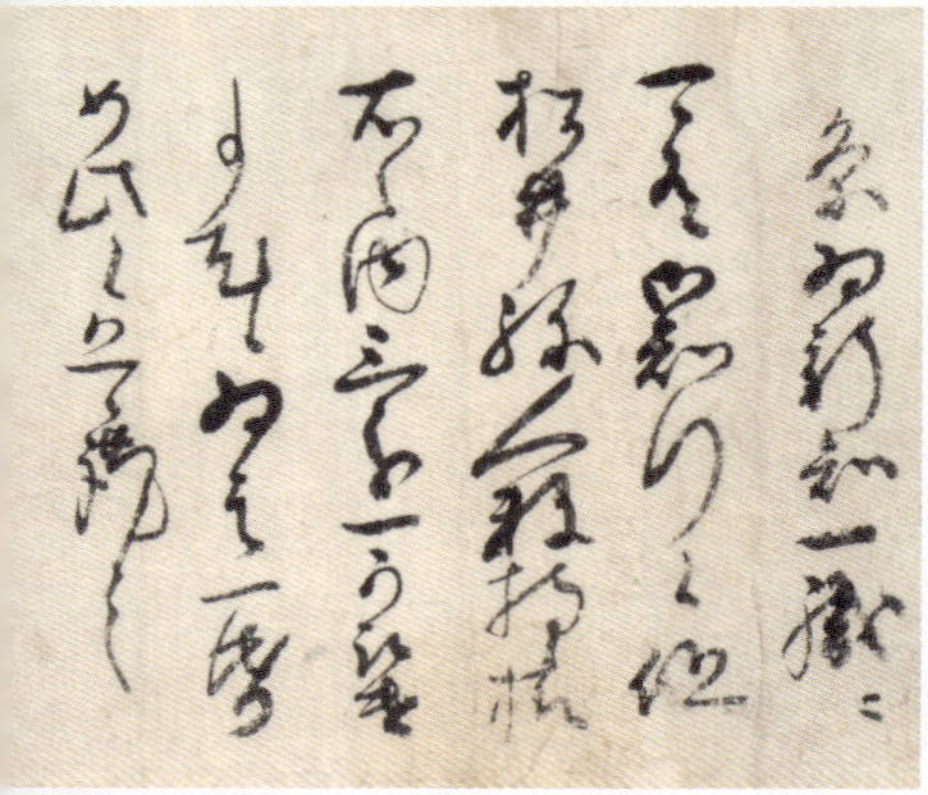

丹後国任　御朱印
旨、一円可有御

条、為新知一職ニ
可有御知行候、但
松井弥人数持候様、
右之内三分一可被遣
事尤候、為其一帋
如此候、恐々謹言、

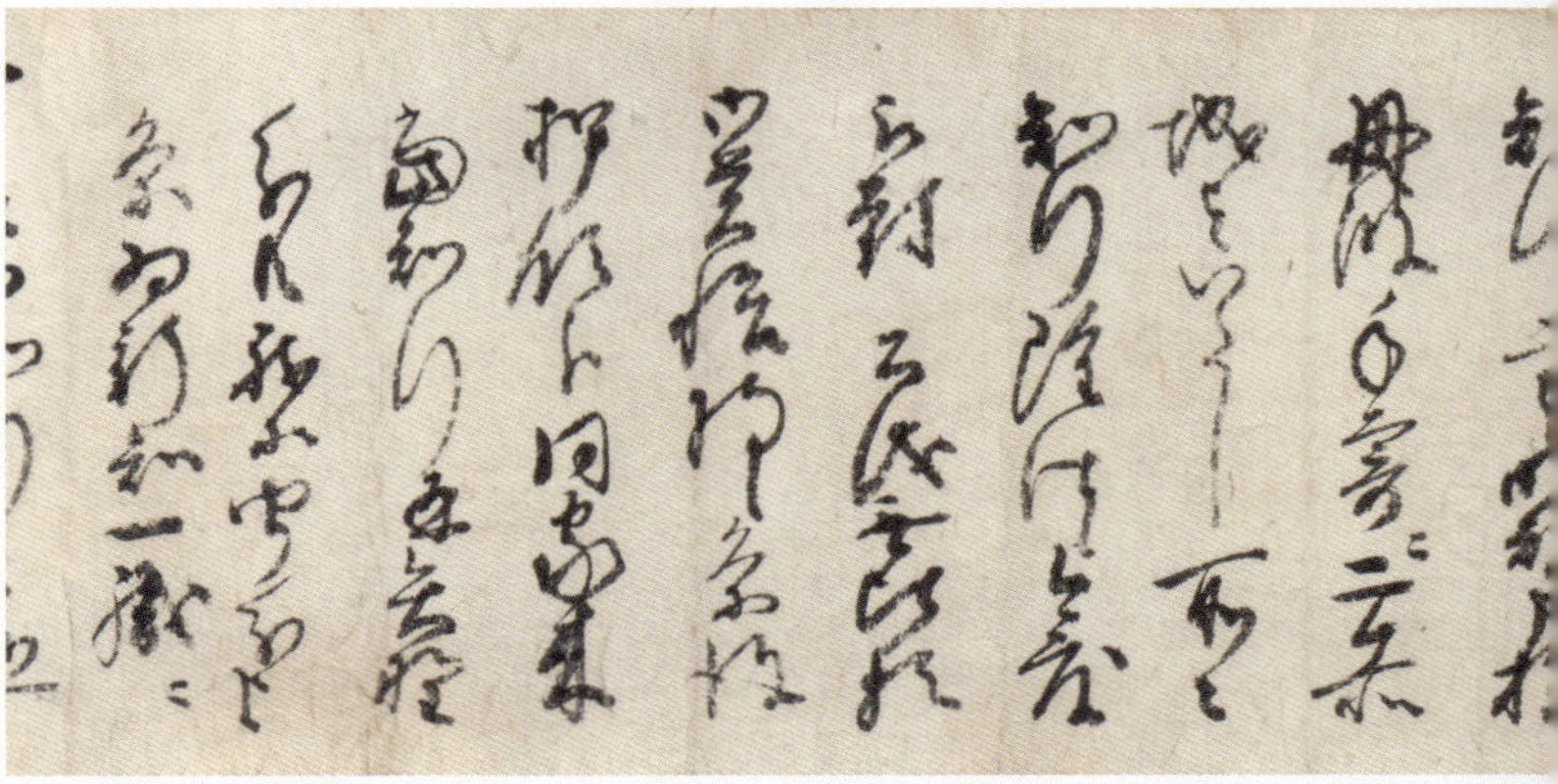

知行処、明智申掠、
丹波手寄ニ二ヶ所
城をいたし、所々
知行雖仕候、今度
被対　公儀無比類
御覚悟持候条、彼
押領分、同家来
当知行幷矢野
分共、我等聞分申候

羽柴筑前守
（天正十年）七月十一日　秀吉（花押）
長岡与一郎（忠興）殿
御宿所

現代語訳

丹後国は（信長様の）御朱印（No.55ヵ）で保障されているとおり、細川家が全体を領有するべきなのに、明智は不法にも丹波寄りの地域に二つ城を築いて、あちこち何か所も支配していました。だが、今度の政変で（忠興は）公儀（信長）に対して比類なき御覚悟をもって行動されたので、「明智の押領分（不法占拠分）と明智家来の支配地、それに（明智に味方して没落した有力領主）矢野氏の知行分を、すべて細川家に返還してほしい」という（忠興からの）要望を、自分は聞き入れました。新知行としてすべて支配してください。但し、松井康之に多くの手勢を持たせるため、この新知行分の三分一を彼に給与するのがよい。そのためこの手紙を遣わすものです。

71

羽柴秀吉書状《はしばひでよししょじょう》

（天正十年〈一五八二〉八月八日）

秀吉の戦後処理態勢に対応する藤孝・忠興

明智光秀を見殺しにせざるをえず、その一月後の時点で羽柴秀吉と血判起請文（№69）を交換し、丹後国一円の知行を保障される（№70）ことになった細川藤孝・忠興父子。さらにその後一ヵ月間の秀吉・藤孝・忠興の動向を示す史料である。

冒頭にあるように、秀吉は光秀の領国であった丹波から姫路へと移動した時点で本状を書いており、畿内近国の要地を飛び回り戦後処理にあたっていた。その拠点は交通の要衝・山崎（京都府大山崎町）であった。いうまでもなく光秀軍との決戦の地である。

本状からは、第一に、忠興が山崎の秀吉のもとに「逗留」して、秀吉の意向を丹後の藤孝に伝達（「言伝」）していたこと。第二に、藤孝のいる丹後では、各地の不要な城の破却（城割）が進められていたこと。第三に、細川父子にも秀吉から今後の軍事動員への備えが求められていたこと。以上が読み取れる。

このように、秀吉による戦後処理態勢への藤孝・忠興の対応は迅速であり、細川家にとって光秀さらに信長の存在は、あっという間に遠い過去のものとなっていった。これが政治の現実であった。

（稲葉）

国指定重要文化財／長岡兵部大輔（藤孝）宛／紙本墨書　もと折紙　掛幅装／縦三〇・〇　横四八・三／永青文庫蔵／3676　秀吉9

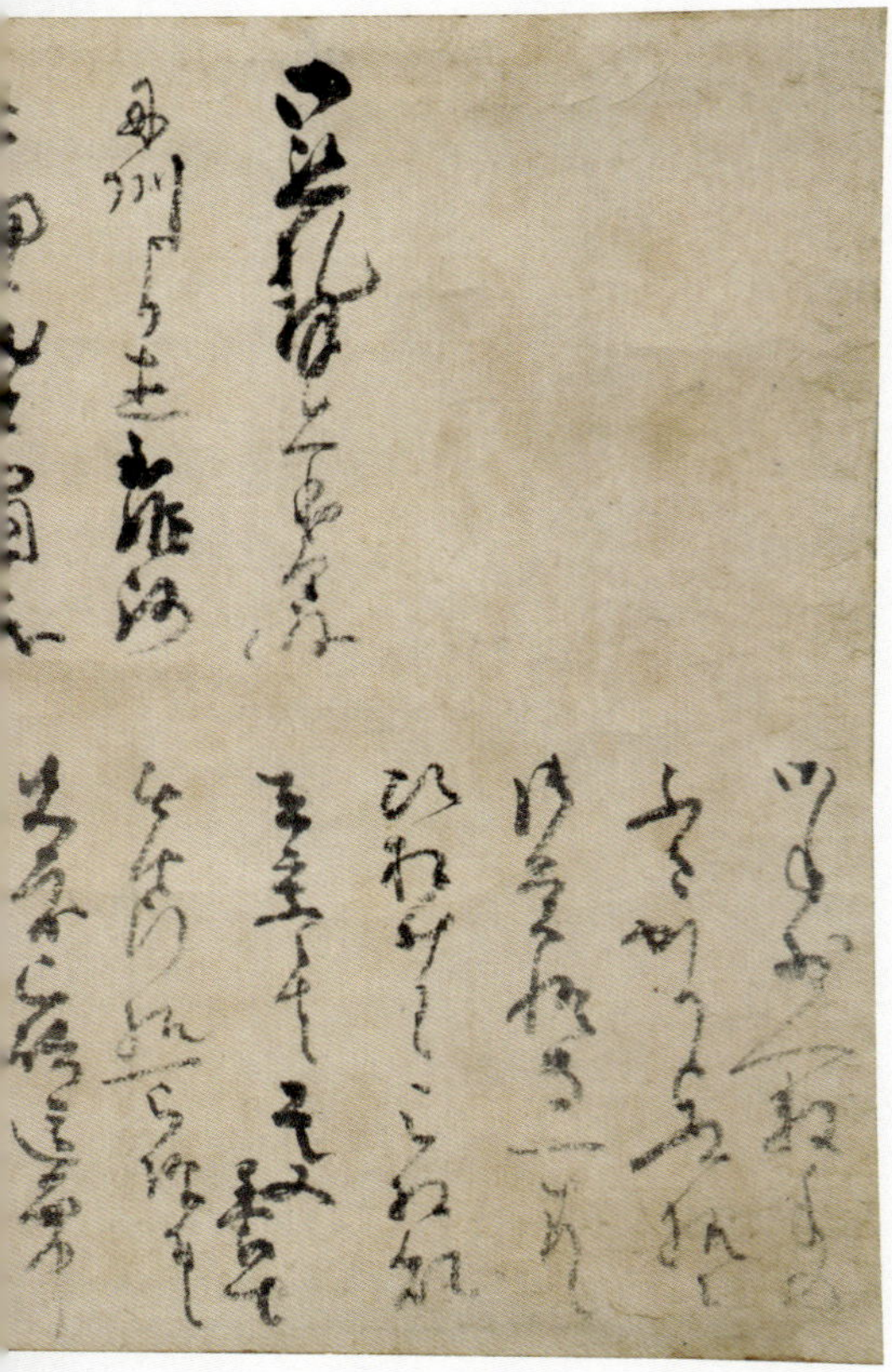

御懇札拝見、本望存候、
丹州より直至姫路
令帰候、然者西国之儀、
御手前人数手の
ふさかり候ハぬ様に
御覚悟専一存候、
次松井于今被相煩、
在京之由候、是又養生
無由断様、可被仰付候、
先度山崎逗留中、
与一郎殿御逗留候て
令満足候、猶追而可申

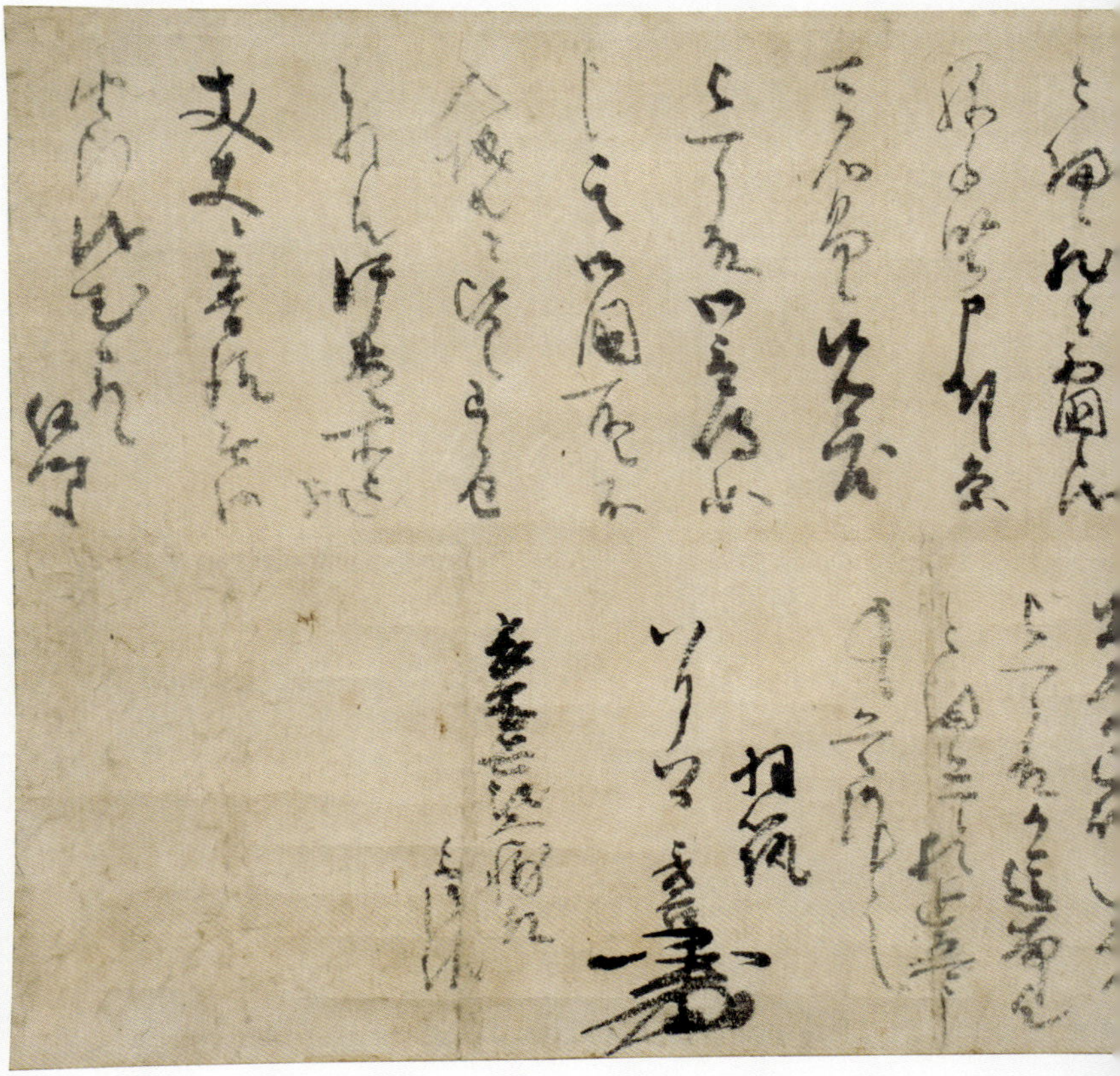

弥手堅申付候条、
可御心易候、先度
与一郎殿御言伝如
申候、其御国所々不
入城共者、皆々わら（割）せ
られ候て、肝要之所迄を
丈夫ニ普請無御
由断儀、尤にて候、何時も

承候、恐々謹言、
羽筑
（天正十年）八月八日　秀吉（花押）
長岡兵部（藤孝）大輔殿
参御報

現代語訳

お手紙拝見し嬉しく思っています。丹波から直接姫路に帰りました。西国については、しっかり（戦後処理を）命じていますので、ご安心ください。この前に忠興殿を通じてお伝えしたように、丹後のあちこちのいらない城をすべて破却して、重要な場所の城だけをしっかりと普請しているとのこと、承知しました。いつでも細川軍が動けないことなどないよう、備えておかれることが重要です。次に松井康之がまだ病気で京都に逗留しているとのこと。これもまた養生に専念するようお伝えください。先だっては、私が山崎に逗留している間、忠興殿もご逗留になり、満足しております。またご連絡ください。

山崎合戦の勝因

論説

福島克彦

はじめに

天正十年六月十三日、羽柴秀吉は、本能寺の変で信長を倒した明智光秀と大山崎周辺で戦い、これを撃滅した。この山崎合戦は、織田から豊臣への転換を示す象徴的な戦いとして知られている。では、羽柴秀吉の勝因は何か。その第一の要因は、いち早く本能寺の変の情報を知り、速やかに畿内へ戻れたことであろう。変事の直前、秀吉の備中高松城攻めは毛利本軍による後詰にさらされ、膠着状態になっていた。この緊迫した状況下、秀吉が「毛利氏がそれ（変）を知るよりも早く己れに有利な和睦を結」び（フロイス『日本史』）、速やかに東上（中国大返し）を敢行したことが注目される。秀吉は、信長横死という突飛な情報を瞬時に確実なものと判断し、単独で毛利氏と和睦したことになる。

流言飛語が飛び交う戦国時代、当時の人々には虚実を見極める慎重な能力が求められていた。秀吉が独断で毛利氏との和睦を締結するには、変事に対する確信があったことを示す。変事の情報は、京都町衆長谷川宗仁による使者（『池田氏家譜集成』）、あるいは秀吉に捕えられた光秀の使者（『別本川角太閤記』『常山紀談』）などから伝えられたとの説がある。ただ、偶然変事の情報を聞いたことと、これを事実と確信して敵と単独講和を結ぶ判断の間には大きな隔たりがあると思う。秀吉文書には変事を知った情報の出所は明かしていない。本稿では、秀吉が備中高松において正確な情報を知り得る条件を改めて考察し、山崎合戦へ至る東上行動を可能にした要因を考えてみたい。

本能寺の変の情報

まず、前提として、織田方の部将たちが六月二日の本能寺の変を知った時の状況と彼らが連絡を取り合っていた様相を確認したい。天正十年六月十三日以降の柴田勝家と推定される書状によれば、越後・越中国境で上杉景勝と対峙していた勝家は六月六日に変事を知ったという。勝家は若狭を介して、同国を任国としていた大坂滞在中の丹羽長秀と連絡をとりあっていた。その際、勝家は光秀の近江制圧を報じる一方、津田信澄の自害、徳川家康の帰国などの情報を得ていた。さらに長秀から「南方・中国其外所々丈夫ニ相調旨」と聞き、大坂からの南方、あるいは中国（西国）表の話題が出ている。ただし、ここでは秀吉と連絡を取り合った形跡がみられない（金子 二〇一六）。

一方の秀吉は、本能寺の変をいつ知ったか。天正十年と推定される十月十八日付秀吉書状（「金井文書」）によれば「於京都上様御腹めされ候由、同四日ニ注進御座候」と記し、六月四日としている。下って同十八年五月二十日付秀吉書状（「浅野文書」）には「三日の晩ニ彼高松表へ相聞」と記し、やや早く三日晩としている。つまり、三日夜から四日にかけてということになる。秀吉の情報入手経路は、不明だが、少なくとも柴田勝家よりも二日早く知り得た点は特筆すべき点である。ちなみに秀吉は、和睦直後の東上段階から摂津国衆の中川氏へ書状を送っており、これらは変事以前から継続していたものと考えられる。そこで以下、天正八〜十年の秀吉の動向と京都方面との関係を通覧していきたい。

秀吉の中国攻めと信長西国出陣

天正八年八月、本願寺が大坂を退去したことにより、信長は畿内近国をほぼ制圧した。すでに同年三月には正親町天皇の勅使派遣によって信長と本願寺の和睦は規定路線となっていた。それに伴って信長の西国（中国）攻めも再考する契機となり、一時期織田方と毛利方との間で和睦交渉を行なった形跡がある。天正八年と推定される五月十二月付で安国寺恵瓊書状（『厳島文書』）によれば、織田方の丹羽長秀、武井夕庵、さらに光秀が毛利方の吉川元春子息と信長息女の婚姻、鞆の足利義昭を「西国之公方」に承認することを条件に和睦が折衝された（藤田 二〇一五）。対して、秀吉は西国戦線において宇喜多氏を自軍へ引き入れ、毛利氏と対峙する方策を堅持しており、織田権力中央と前線の間で矛盾が生じていた。結果的に、毛利氏との和睦は成就せず、秀吉の方策通り毛利氏との全面戦争に突入していく。

ただ、こうした経過から、前線にいる秀吉は京都や安土などの織田権力中枢との間に大きな齟齬を実感したに違いない。以後、秀吉は信長による西国出陣を強く意識するようになる。天正八年と推定される十一月二十一日付、黒田孝高宛秀吉書状（『黒田文書』）には「来年西国表御出馬之儀候条、武者道具用意、不可有油断候」と述べ、来たる天正九年における信長の西国出馬を喚起している。十二月八日には因幡の亀井茲矩に対して「来年西国表　御働(動)座」を伝え、翌九年二月十三日には「御出馬被成御急候付而、此方御座所之普請、日夜無由断申付候、来月中旬比ニハ可為出来候」と、信長の御座所普請の計画と完成予定を記している。御座所の場所は不明だが、信長出陣の際、その居所が強く意識されている。

同年四月頃から、秀吉による鳥取城攻め（第二次）が開始され、六月に城から東に七、八町隔てた場所に「大将軍の居城」を築いた（『信長公記』）。「大将軍」は信長、「居城」は鳥取城攻めの陣城太閤ヶ平と推定されている。太閤ヶ平は信長御座所の実例として注目される。

天正十年の様相

年が変わって、天正十年正月八日にも、秀吉は茲矩に対して、信長の「御出馬不可有程候条」と述べて「其元無越度」精を入れるよう命じた（『亀井文書』）。また自らが安土城へ参上するため「一人も飛脚以下も御越事無用」と伝えている。秀吉は正月を本拠地長浜で迎え、安土城参上予定なので飛脚を送らなくてもよいとする。これは前線と秀吉本人との間で、常に連絡を密にしていたことが理解できよう。結果として、秀吉は二月六日には姫路帰城し（『黒田文書』）、三月十七日頃より、宇喜多氏の作戦行動に同行して、毛利方との山陽方面における交戦状態に入る。

一方、信長は二月九日には甲斐武田氏攻めが本格化し、信長本人は三月五日に安土を発ち、武田氏を滅ぼした後、四月二十一日頃安土に帰着した。結果として同年正月から検討された西国攻めは見送られたが、同年と推定される正月十三日付の明智光秀書状（『吉田文書』）にも「来初秋西国可為御陣旨」と記されており、信長の西国出陣は織田政権の中央も含めた計画でもあった。

一方、秀吉は五月八日頃には清水宗治の籠る高松城を包囲した。卯月二十四日付の宛名欠の秀吉書状（『米蟲剛石氏所蔵文書』）では、東国から帰着した信長が「則軈而此表へ可被成　御動座旨候」と記し、信長が「此表」へ「御動座」することを伝えていた。五月二十七日には織田信忠は父信長が「中国表近々御馬」を出されることを報じている（『小畠文書』）。

以上、述べてきたように、秀吉は天正八年以降の西国攻めにあたり、一貫して信長出陣を強く意識していた。そのため、前線と京都や安土との連絡を緊密にしていたと考えられる。自明ながら、秀吉に限らず、当時前線にいた織田系部将（柴田勝家ら）も常に現地の情報を信長やその側近へ伝え、その指示を仰いでいたであろう。しかし、西国の場合、信長出陣に伴い、御座所造営やルート確保、現地土豪の参上を伴うため、より多様で緊密な連絡を要した。その点が結果として、秀吉の東上にも好都合に運んだものと考えられる。

おわりに

天正八〜十年の秀吉の西国攻めには、前線と権力中枢との政策の齟齬、さらに信長の出陣・御座所構築が伴っており、さまざまな政策上の利害が折り重なっていたと考えられる。そのため、親征ルートの確保、御座所の築造、現地土豪の参上、友好行事と、さまざまな分野との連絡、交渉に波及することになったと言えよう。こうした京都と結んでいた諸活動が、本能寺の変という逆境のなかで、秀吉による正確な情報把握、東上ルートの確保にもつながっていったと考えられる。秀吉が迅速に東上できたこと、ひいては山崎合戦に勝利したことも、こうした西国攻めの特性が背景にあったと推定したい。

参考文献
・金子拓「本能寺の変の『時間』と情報」（『大信長展』太陽コレクション、二〇一六年）
・藤田達生「織田停戦令と派閥抗争」（藤田他編『明智光秀　史料で読む戦国史』八木書店、二〇一五年）

論説

「花伝書抜書」紙背文書の石田三成自筆書状

林　晃弘

永青文庫の所蔵史料から石田三成が細川忠興に宛てた書状【写真1】が出てくるとは思いがけないことであった。二人は不仲であったとされ、慶長五年（一六〇〇）九月十五日の関ヶ原の戦いでは敵味方になる。それに先だつ七月十七日に、忠興の妻玉（ガラシャ）は、西軍から人質となるよう迫られ自ら死を選ぶ。戦後の九月二十三日に、三成が捕らえられたとの情報を得た家康は、忠興に「定めて御満足たるべく候、（三成は）今日は此地へ来るべく候、早々御目に懸けたきまでに候」（読み下し）と述べている【1】。新史料からはこのような運命を迎えることになる若き日の二人の日常的な交際の一コマが明らかになるのである。

三成の書状は、忠興の記した「風姿花伝」の抜書の紙背文書に含まれていた【2】。「花伝書抜書」と題されたその史料【3】は全二二紙で、第三紙を除く二一紙は忠興が受け取った手紙などの裏面を再利用したものである。もとは冊子体であったようだが、近代に巻子に改装され、厚い裏打ちがなされていたため、裏面は十分に読解できない状態にあった。そこで、許可を得て東京大学史料編纂所の史料保存技術室で裏打ちを外し、調査を行った。現在は一紙ごとの状態になっている。

第一三紙紙背文書の茶カブキの記録に天正十四年（一五八六）十一月二十日の日付があり、また、同年十一月二十五日の後陽成天皇の即位式の準備に関すると思しい書状もあることから、一連の文書はこのころのものと考えられる。前年に関白となった羽柴（豊臣）秀吉が上杉景勝や徳川家康を臣従させた年であり、忠興は二四歳で、玉との間に三男忠利が誕生する。三成は二七歳である。

三成書状は第五紙紙背で、自筆とみてよいであろう【4】。現状の法量は縦二六・五センチメートル、横四二・二センチメートル。下部（地）が切り詰められ、文字が欠けている箇所もある。翻刻は次の通り。

「(墨引)《(端裏捻封ウハ書)》　越州様《(細川忠興)》　石治部少《(石田三成)》
　　御報　　」

返々目出度候、／以上、
御茶之御やうす《(様子)》承候て、於／我等一身まんそく《(満足)》申候、／今日我等のやうなるふの／よきものかね《(金)》をかし申候間《(カ)》、／御はいりやう《(拝領)》と存事ニ候間《(カ)》、／金子四五まい御すそわけ／可有候、金子ならす候ハヽ、さけの／うを成共壱ツ可給候、又、さきほと／御用ニたち申候金子五まい分、／たしかにうけ取申候、恐惶謹言、

十一廿三日　　三成（花押）

このような書状は本人たちの間で話が通じればよいため、よく理解できない部分もあるが、以下の三つの要素がある。

（一）忠興は、茶席に関することで良い出来事があったようである。それについて三成は、自らも満足であると伝え、追伸でもめでたいことだと繰り返している。次に出てくる金子の拝領もこのことに関わるものであろう。

（二）「今日我等のやうなる」の「我等」は一人称単数の代名詞とみておく。今日、私（三成）のような「ふのよきもの」は金を貸すので、忠興が拝領した金子を四・五枚、三成に裾分けしてはどうかと提案している。「ふのよき」は、「ふ」に「符」の字を当てて「運がよい」という意味があり、同時代の『日葡辞書』にも用例がみえる。また、金子がだめなら酒肴（さけのうを）でも一つくださいと言っている。よくわからないが、やはり三成も何かめでたいことがあったのだろう。つまり、幸運な出来事があった三成は、この機会に貸付をしようとして

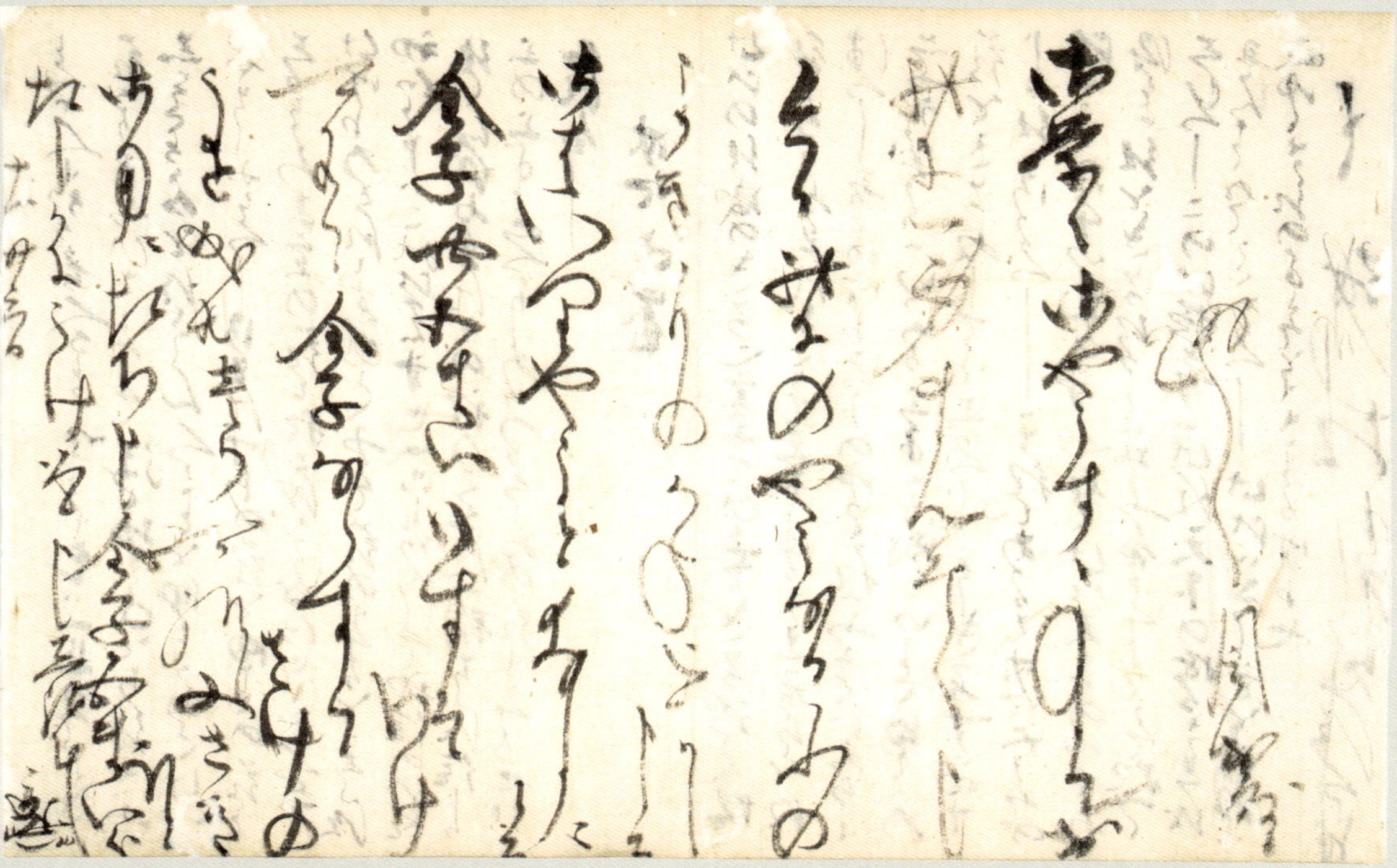

［写真１］「花伝書抜書」第五紙紙背　石田三成書状（永青文庫所蔵）

おり、忠興にも出資するよう誘っているということではないか。

（三）最後の「さきほと御用ニたち申候金子」以下は、忠興がこれ以前に借りていた金子を返したということであろう。拝領の金子により返済したのかもしれない。

以上のように、千利休の高弟として知られる忠興の茶の湯の力量が高く評価されたらしい点、経済感覚に秀でたイメージのある三成がまさにそのような姿をみせる点で注目される書状である。

注

［１］　熊本大学文学部附属永青文庫研究センター編『永青文庫叢書　細川家文書　中世編』（吉川弘文館、二〇一〇年）織豊期文書一一五号。

［２］　一連の紙背文書のうち、三通の古田重然書状は、拙稿「「花伝書抜書」紙背文書の古田重然自筆書状」（『季刊永青文庫』一二〇号、二〇二三年）で紹介した。

［３］　永青文庫編『細川家永青文庫叢刊一四　芸道秘書集』（汲古書院、一九八三年）。

［４］　「徳川美術館所蔵文書」二月十一日付石田三成書状（斎村左兵衛政広〈赤松広英〉宛）は筆跡がよく似ているように思われる。この文書については谷徹也「総論　石田三成論」（同編著『シリーズ・織豊大名の研究七　石田三成』戎光祥出版、二〇一八年）参照。

付記　調査・解読の過程において、高島晶彦・畑山周平・松澤克行・村井祐樹・山口和夫の各氏よりさまざまなご教示をいただいた。もちろん本論説の内容はすべて筆者の責任に属するものである。

黒糸威横矧二枚胴具足 細川忠興所用

くろいとおどしよこはぎにまいどうぐそく

熊本県指定重要文化財 安土桃山時代（一六世紀） 兜高一八・三 胴高三七・八 胴廻一〇三・〇 永青文庫蔵（熊本県立美術館寄託） 4084

関ヶ原合戦で細川忠興が着用したと伝わる具足。具足とは、一六世紀に登場した鎧の一種で、兜・面頬《めんぽお》・胴・袖・籠手《こて》・佩盾《はいだて》・臑当《すねあて》などを備えて全身を隙間なく防御するものを指す。

細川家の家譜『綿考輯録』（巻一六）の「関原合戦御武具之覚」には、忠興が用いた具足として、黒熊《こぐま》の引廻《ひきまわ》しの付いた黒塗の頭形兜《ずなりかぶと》、山鳥の尾の立物、緋色のビロードで包んだ草摺といった特徴が記されており、本具足と一致する。目元まで保護できる革製のヘルメット型の兜（頭形兜）や、鞍にあたって音が出るのを防ぐビロード包みの草摺、細長い篠を連ねただけの臑当は、軽量で簡素なつくりであり、実用本位で機能性に優れている。忠興がこの具足で関ヶ原合戦に臨み勝利したことから、細川家では御吉例の具足と貴ばれ、以後幕末にいたるまで歴代藩主の甲冑にこの形式が規範として採用された。

細川忠利像《ほそかわただとしぞう》

矢野三郎兵衛吉重筆　沢庵宗彭賛　寛永十八年（一六四一）　絹本著色　掛幅装　縦九三・四　横五一・一　永青文庫蔵　3296-1

細川家三代・忠利（一五八六～一六四一）の肖像画。忠利は、細川忠興と明智光秀の娘である玉（ガラシャ）との間に生まれた。長兄・忠隆が廃嫡、二男・興秋も出奔したため、三男の忠利が父の隠居に伴って家督を相続し、元和七年（一六二一）豊前小倉藩主となった。その後、加藤家改易を受けて肥後五四万石を封ぜられ、寛永九年（一六三二）より細川家熊本藩主の初代として国づくりに邁進した。

本肖像画は、忠利の没年・寛永十八年（一六四一）に細川家の御用絵師・矢野三郎兵衛吉重によって描かれたものとされる。忠利が厚く帰依した沢《たく》庵宗彭《あんそうほう》が着賛しており、賛冒頭（左端）の「台雲《だいうん》」は沢庵が忠利に与えた道号（仏道に入った後に付けられる号）である。沢庵はこの「台雲」について、「文殊菩薩が住む五台山の峰は雲の上にそびえ、そこに澄み切った青空のような禅の境地がある」と説いている（掛幅「台雲」永青文庫蔵）。

（左から）
妙解院殿臺雲五公大居士肖像
未施寸刃却牢強
長夏秘腰三尺霜
若是為臣可如此
恰斉炎漢有張涼
寛永十八辛巳年夏月日
前大徳澤庵老拙漫賛之（朱文方印）（朱文印）

VIII

肥後細川家と信長文書——熊本への収集

No.72～76

六〇通を数える永青文庫細川家の織田信長文書は、主たる受給者・細川藤孝の手元からすんなりと肥後細川家に伝えられたわけではなかった。それらは、藤孝隠居家（幽斎家）を引き継いだ細川孝之（長岡休斎）の手元をはじめ、諸所に分置されていた文書が、藤孝の孫にあたる熊本藩主細川忠利、その子光尚の二代にわたる努力によって熊本に集約された、いわば家伝のコレクションであった。


信長文書を把握するために奔走する戦国の生き証人・沢村大学助。

信長感状の写を見て感激し、大名仲間に誇らしく見せつける忠利。

「信長・秀吉の頃のことはみな忘れた。事実は「書物」にあるとおりだ」と述べて、幽斎家に伝わった信長文書を忠利に渡した忠興（三斎）。

歴史資料は、それを未来に伝えようとする人々の意志があってこそ保全され、数百年の時を経て事実を語りだすのである。

72

麝香消息《じゃこうしょうそく》

藤孝夫人麝香、信長文書を引き継いだ末子を気遣う

（慶長十四年〈一六〇九〉）十二月七日

細川幽斎（藤孝）の正室麝香《じゃこう》から、孫の細川忠利に宛てた手紙。細川家小倉藩時代の慶長十四年（一六〇九）に比定される。翌年正月から始まる名古屋城公儀普請を控えて江戸で待機していた忠利は、小倉にいた麝香に爪刀を贈っている。麝香は、この年四月に結婚して中津にいた「ひめさま」（小笠原秀政娘）にもお礼を伝えたと書いている。

麝香は、若狭熊川宿の有力奉公衆沼田光兼の娘であり、室町将軍、織田信長、豊臣秀吉のもとでの藤孝の働きぶりの一部始終を見てきた女性だ。この祖母を忠利は、父忠興の機嫌を損ねてしまったときなどに頼りにしていた。しかし晩年の幽斎・麝香夫妻は、幽斎家を継がせた末子の中務《なかつかさ》（細川孝之）を溺愛し、手元の信長文書を彼に譲っていた。

本状で麝香は、忠興の後継者に内定していた忠利に、「孝之と仲良くしてくれて嬉しい」と伝えている。だが、やがて知行を返上して休斎と名乗り、気ままに暮らすようになった孝之と、忠利との間柄は、険悪になっていく。後の寛永十五年（一六三八）、原城攻めを経験した忠利は、幽斎の武功を示す信長文書群を休斎のもとから奪取するべく活動を開始する。

（稲葉）

内記（細川忠利）宛／紙本墨書　もと折紙　折本装／一紙目：縦一七・〇　横五〇・七　二紙目：縦一六・七　横五〇・五／永青文庫蔵／1020

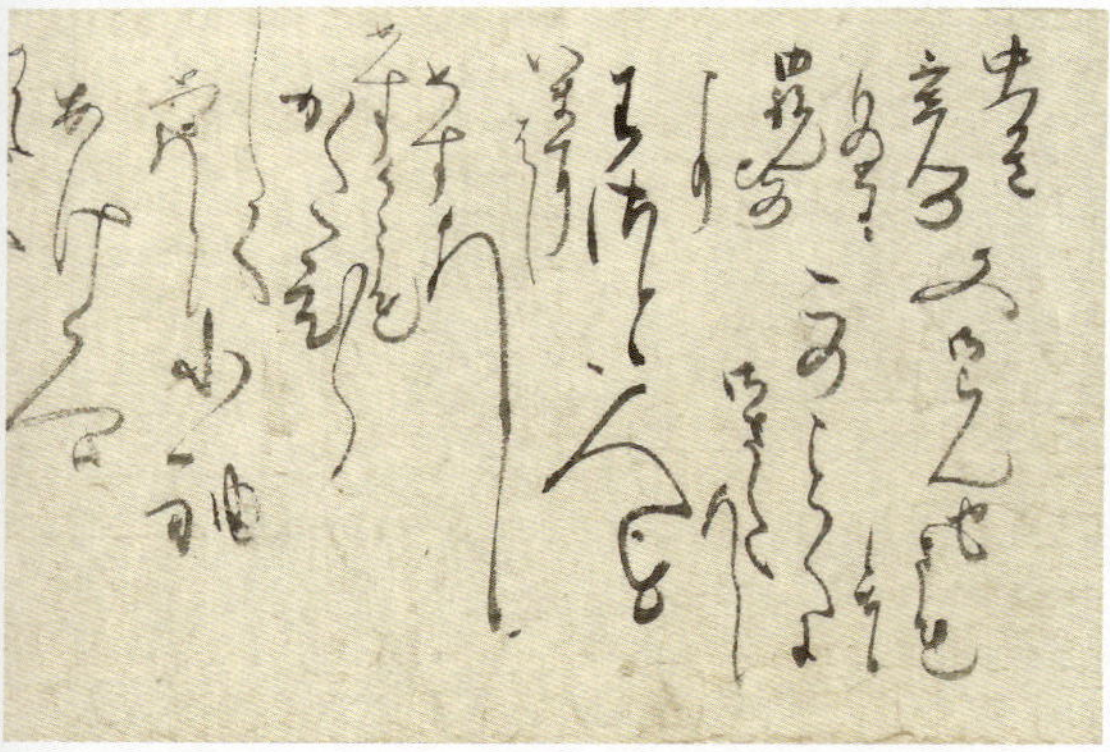

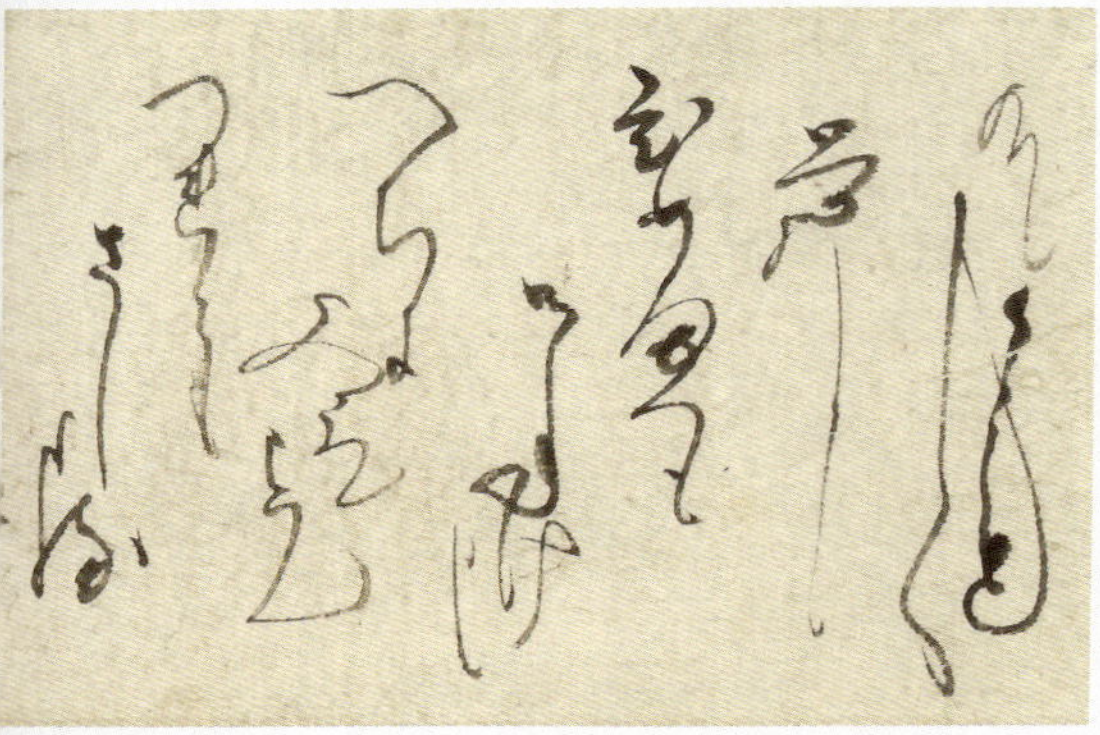

文御らんセされ　　候て、
候まゝ　　つまかたな
このことくに　　おひたゝ
御さた　　しく
候べく候、　　（折り返し）
中つかさ　　給候、うれ
ふしんの　　しく
ものとも　　思ひまいらせ候、
御ねん比の　　ひめさま（忠利室）へも
御事、　　御事つけ
いまに　　申候、
はし　　へちに

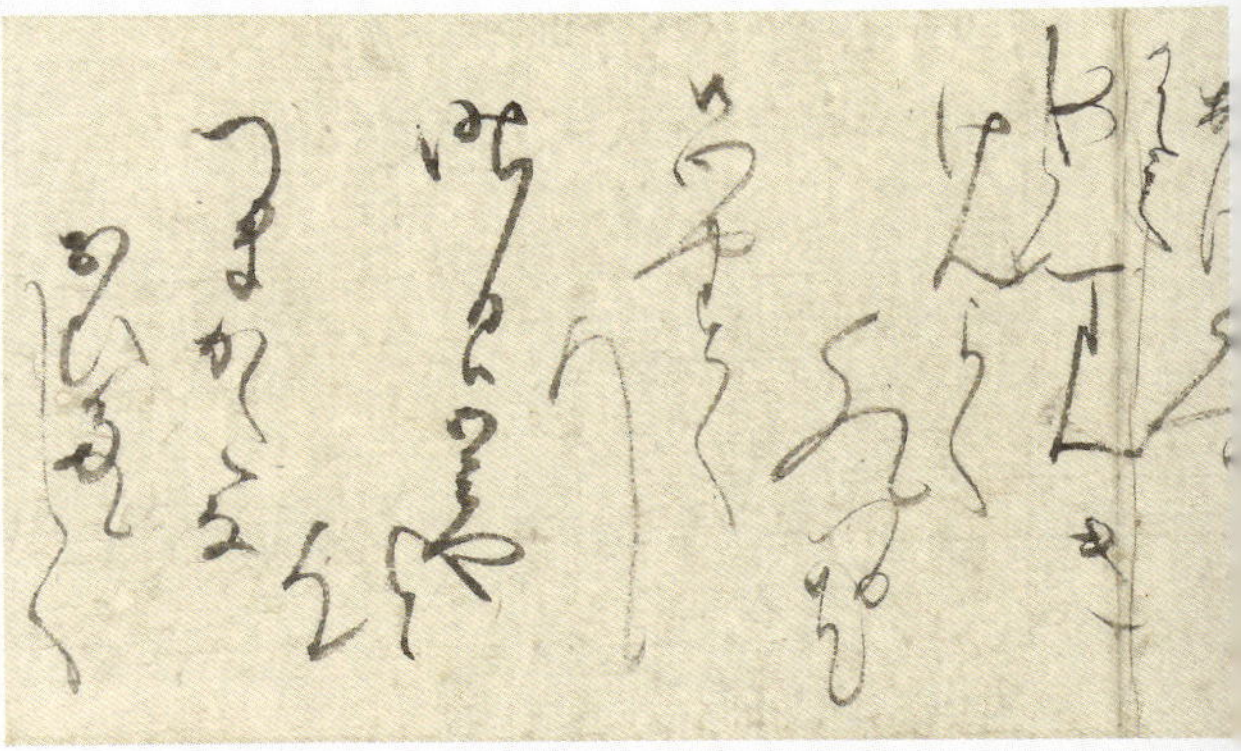

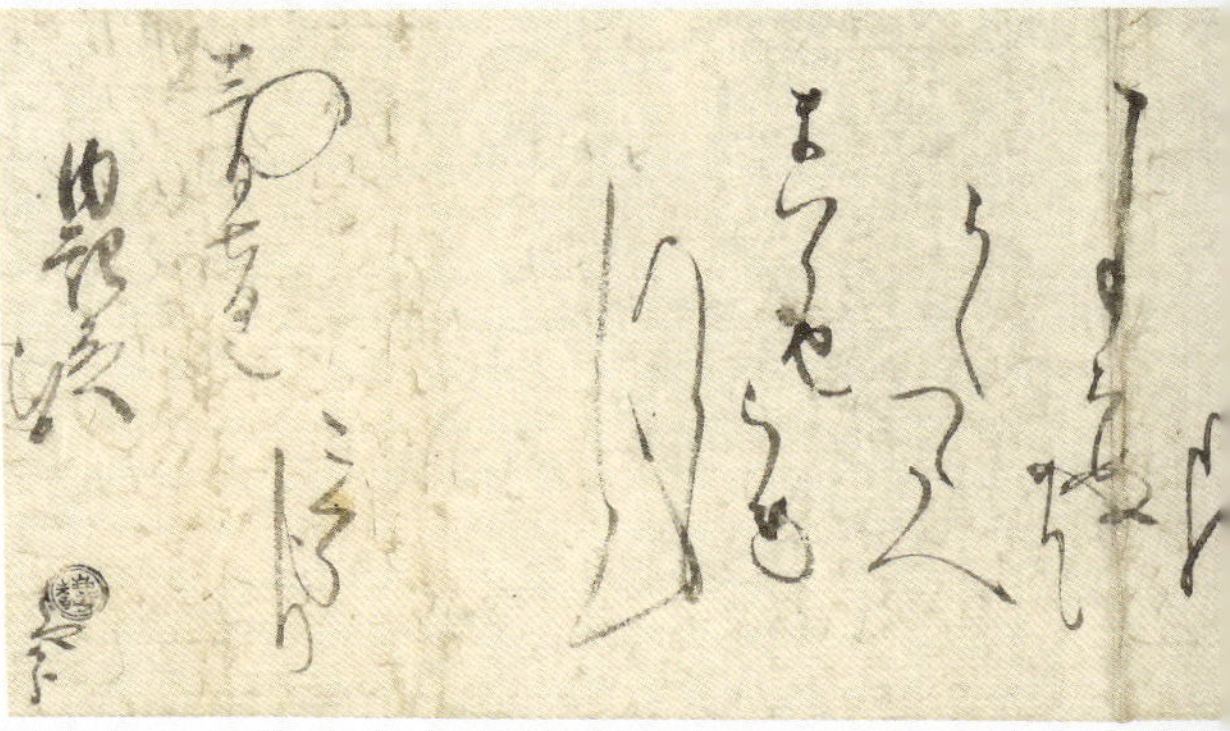

めす御うれ
しく
思ひまいらせ候、
めてたく
かしく、
わさと人を
まいらせ候、
かたひら
小袖
あけ候へハ
一たんき
けんよく
御入候つるまゝ
御心やすく
まいらせ候、
昨日ハ御ミやと

文にて
申候ハん
つれとも
さしたる
御事候ハぬ
まゝ
よくつたへ
まいらせ
られ
候べく候
かしく、
こくら
より
（慶長十四年）
十二月七日也
（細川忠利）
内記殿
（印）
まいる
しやかう

現代語訳

わざわざ使者を遣わしました。帷《かたびら》・小袖を進上しましたら、一段、御機嫌よくいらっしゃったということで安心いたしました。昨日は御土産に爪刀（爪を切るための小刀）の立派なものを頂戴しました。うれしく思っております。姫様へも御言づけいたしました。別にお手紙を書こうかとも思いましたが、さほどのことはないので、よく御礼をお伝えください。この文をご覧になったら、すぐに以上のように御礼をお伝えください。中務（細川孝之）と（名古屋城）普請の中務の家来たちに御懇ろにしてくださることは、少しもお変わりなく、うれしく思っております。

73

細川忠利書状案《ほそかわただとししょじょうあん》

（寛永十六年〈一六三九〉）三月八日

熊本藩主細川忠利、祖父幽斎（藤孝）の武功に強い関心

寛永十五年（一六三八）頃から、細川忠利は長岡休斎（細川孝之）管理下の細川藤孝（幽斎）宛て織田信長文書の熊本への一元管理実現をめざして活動を始めた。本史料は上方にいた忠利が細川三斎（忠興）の側近にあてた書状の控えである。

問題は、幽斎から信長文書を引き継いでいた休斎が忠利と不仲で、コミュニケーションが成立しないことだった。そこで忠利は、父の三斎（休斎の兄）や、実兄の休無（細川忠隆）を介して、休斎に信長文書の提出を迫っていたのだ。三斎隠居家に由来する宇土細川家に伝来した休斎書状（九州大学所蔵）によれば、寛永十六年十二月、ついに休斎は六通ほどの信長感状の原本を三斎に提出したことが知られる。

本史料で忠利は、「信長の御感状が埋もれて（散逸して）しまうのは惜しい」と述べて、信長文書の中でも特に感状に強いこだわりをみせている。推測だが、細川家は寛永十四年から十五年にかけての「島原・天草一揆」の原城攻めに出陣して本丸一番乗り、大将四郎の首を取るという大手柄をあげた。この経験が、藩祖幽斎の武功を証明する信長感状の収集への強い意志を忠利に喚起させる契機となったのではないか。（稲葉）

熊本県指定重要文化財／魚住与介宛／紙本墨書　冊子装／縦二七・五　横二〇・九／永青文庫蔵（熊本大学附属図書館寄託）／8・1・34・4『三斎様御書案文』

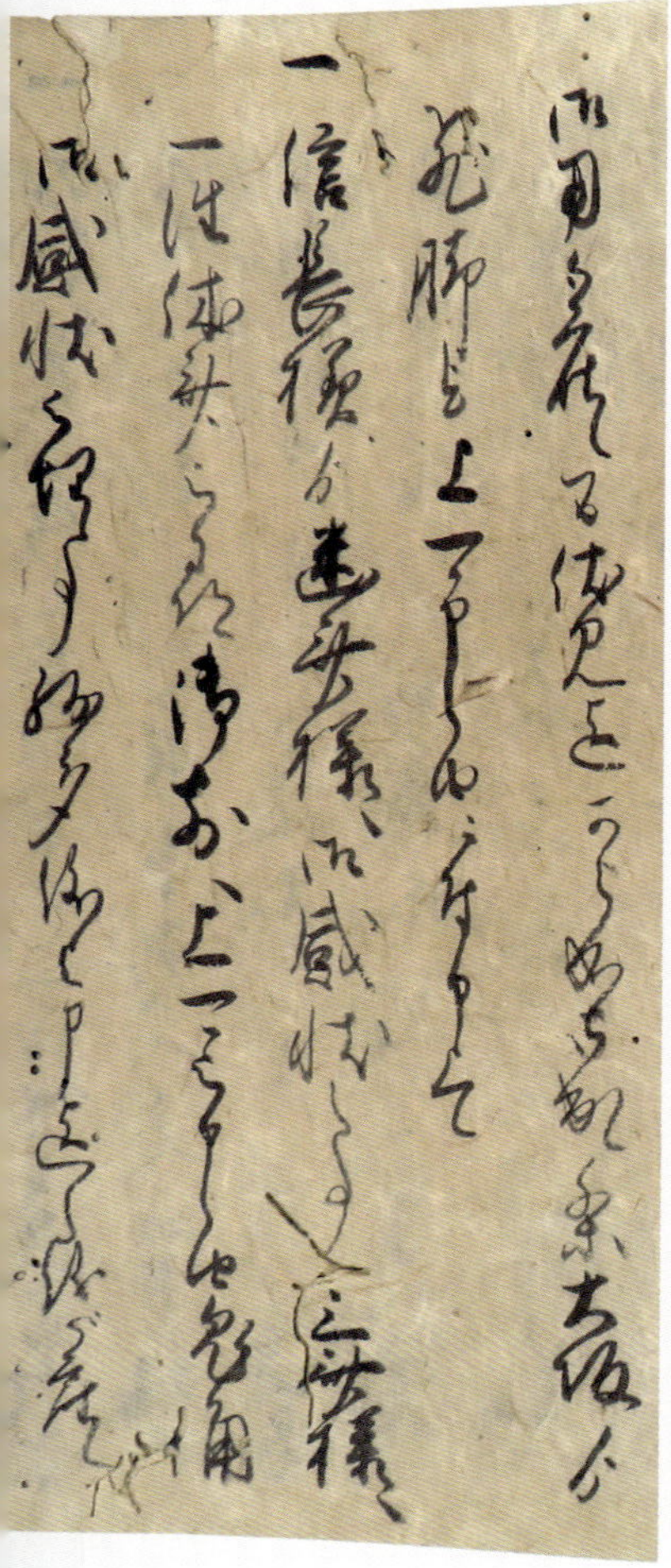

御用御座候間、伏見迄可被成御出候条、大坂ゟ
飛脚を上可申候由ニ付、申上候、
一、信長様ゟ幽斎様へ御感状之事、三斎様へ
一往休斎被尋、御前へ上可被申之由、兎角

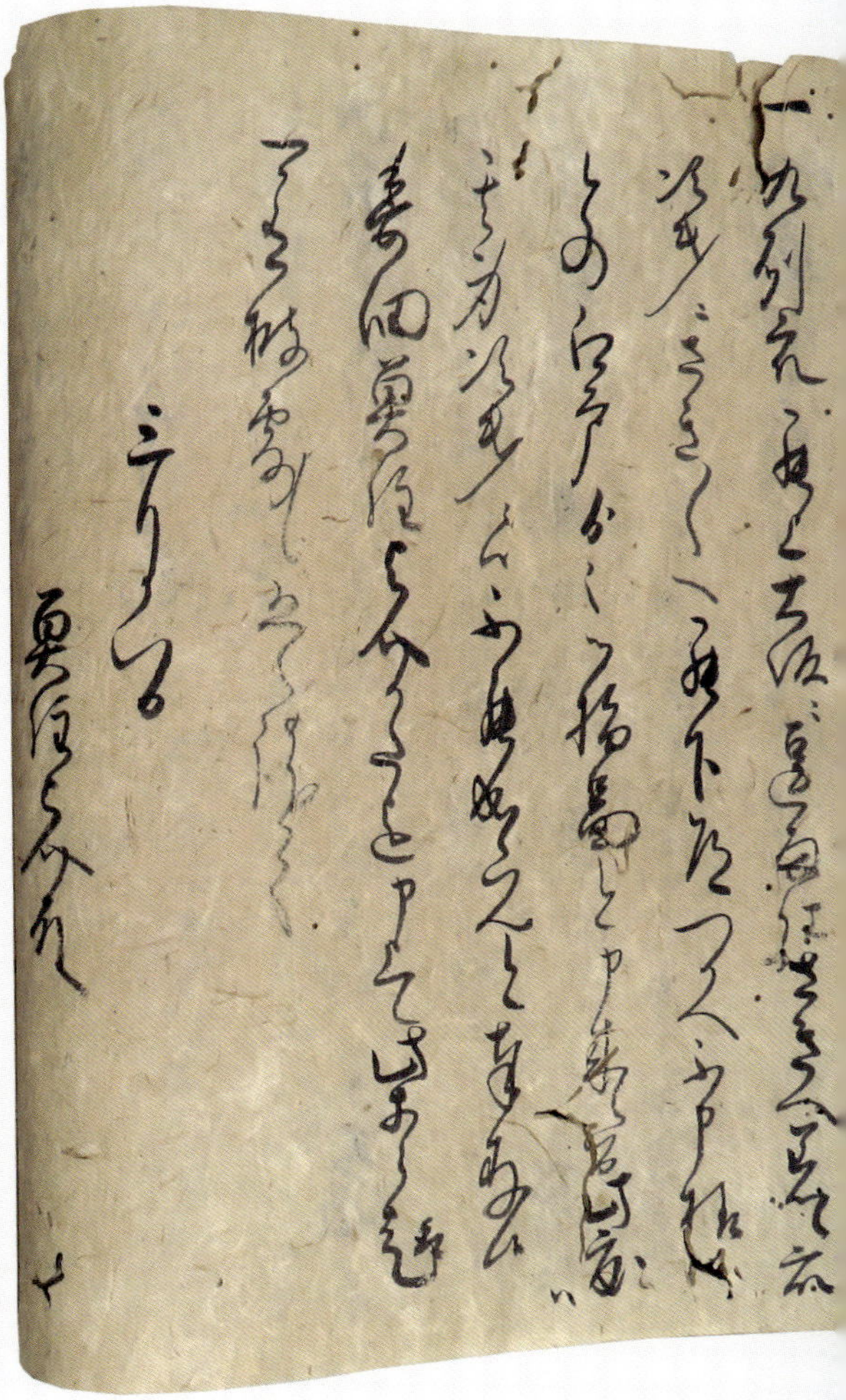

御感状被埋候事、残多儀与申迄儀ニ御座候、
（一条省略）
（寛永十六年）
三月八日
魚住与介殿

現代語訳

（三斎様が）御用のため伏見までお出でになるとのことですので、（細川家の）大坂（屋敷）から（伏見に）出す飛脚に、この手紙を持たせました。

三斎様へ（信長感状を持っている）休斎から一応の連絡があって、かつて信長様から幽斎（藤孝）様へ発給された感状を三斎様のところに提出するとの意向が伝えられたとのこと。とにかく信長様の御感状が散逸してしまうのは、たいへん残念だと思っていました。

74

沢村大学助披露状写《さわむらだいがくのすけひろうじょううつし》

（寛永十六年〈一六三九〉カ）五月九日

戦国の生き証人・沢村大学助、信長感状一一通を忠利・光尚に提出

永青文庫には、冒頭に「従信長様幽斎様へ御感状之写」と表記し、織田信長の感状等一一通を写して、末尾に沢村大学助から細川忠利の後継者細川光尚の側近に宛てた披露状を写した、興味深い史料が伝わる。写真は末尾の披露状写の部分だが、写されている感状等一一通のうち一〇通は永青文庫に原本が伝わっている（本書No.11、12、15、16、20、30、31、32、47、65。他の一通は『錦考輯録』巻四所収）。大学助が奔走して諸方から収集したのであろう。

細川家臣の由緒記録（『先祖附』永青文庫蔵）によれば、大学助は若狭国大飯郡高浜（福井県高浜町）の土豪出身で、その地の領主逸見《へんみ》氏に仕えたが、逸見氏は滅び、天正十年（一五八二）の「本能寺の変」の直後頃に隣国丹後を領していた細川忠興に仕えた。寛永十六年（一六三九）頃には八〇歳にもなる信長時代の生き証人であり、忠利・光尚との主従の絆も深かったことが知られる。

信長文書をみずから収集して忠利をサポートし、若き光尚の目をも先祖の受給文書へと向けさせた大学助は、近世初期における「史料保存」の功労者であったといわねばならない。

（稲葉）

住江元馬宛／紙本墨書　切継紙／（総寸）縦一六・五　横三五八・〇／永青文庫蔵（熊本大学附属図書館寄託）／十八番1（「従信長様幽斎様へ御感状之写」）

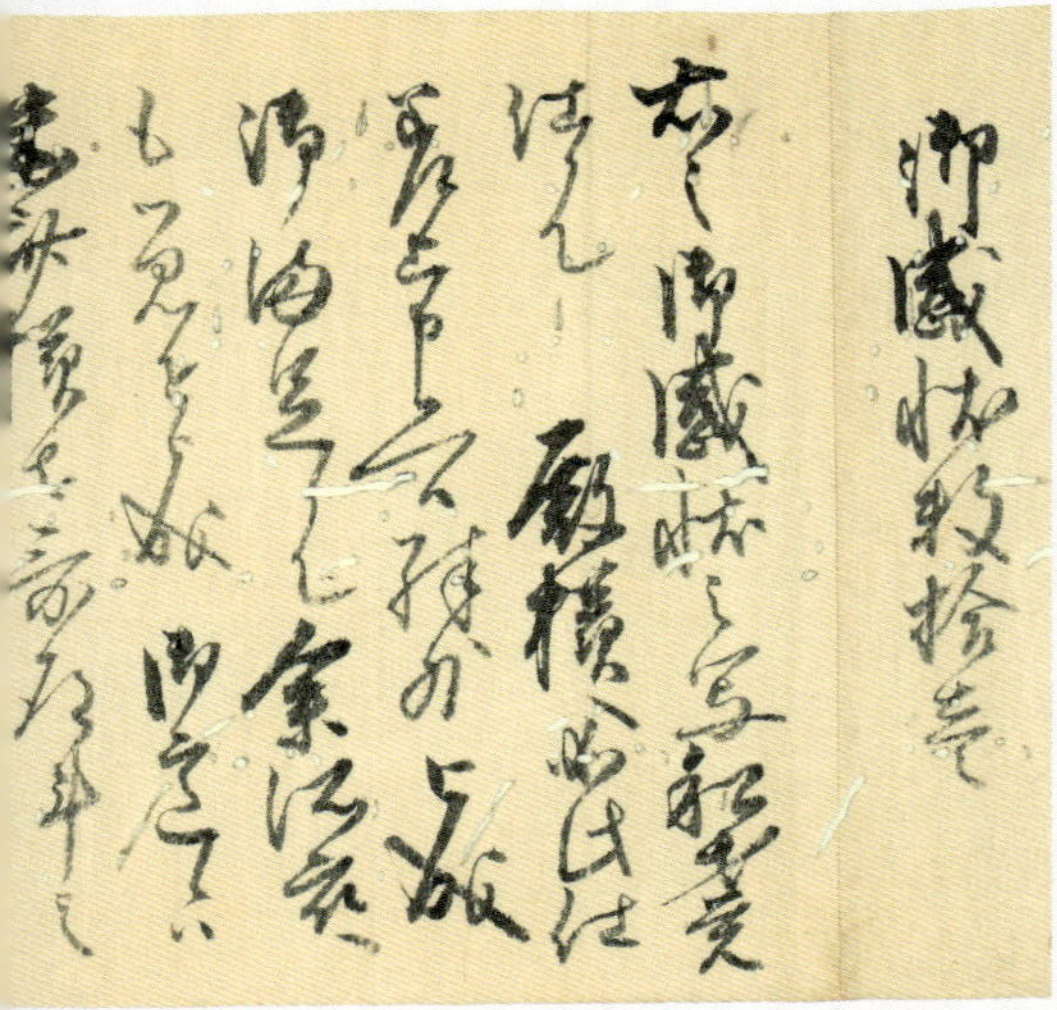

御感状数拾壱
右之御感状之写、私才覚
仕候て　殿様へ如此仕
差上申候へハ、殊外被成
御満足候て、余所衆へ
も御見せ被成　御意候ハ、
幽斎様者歌道斗之

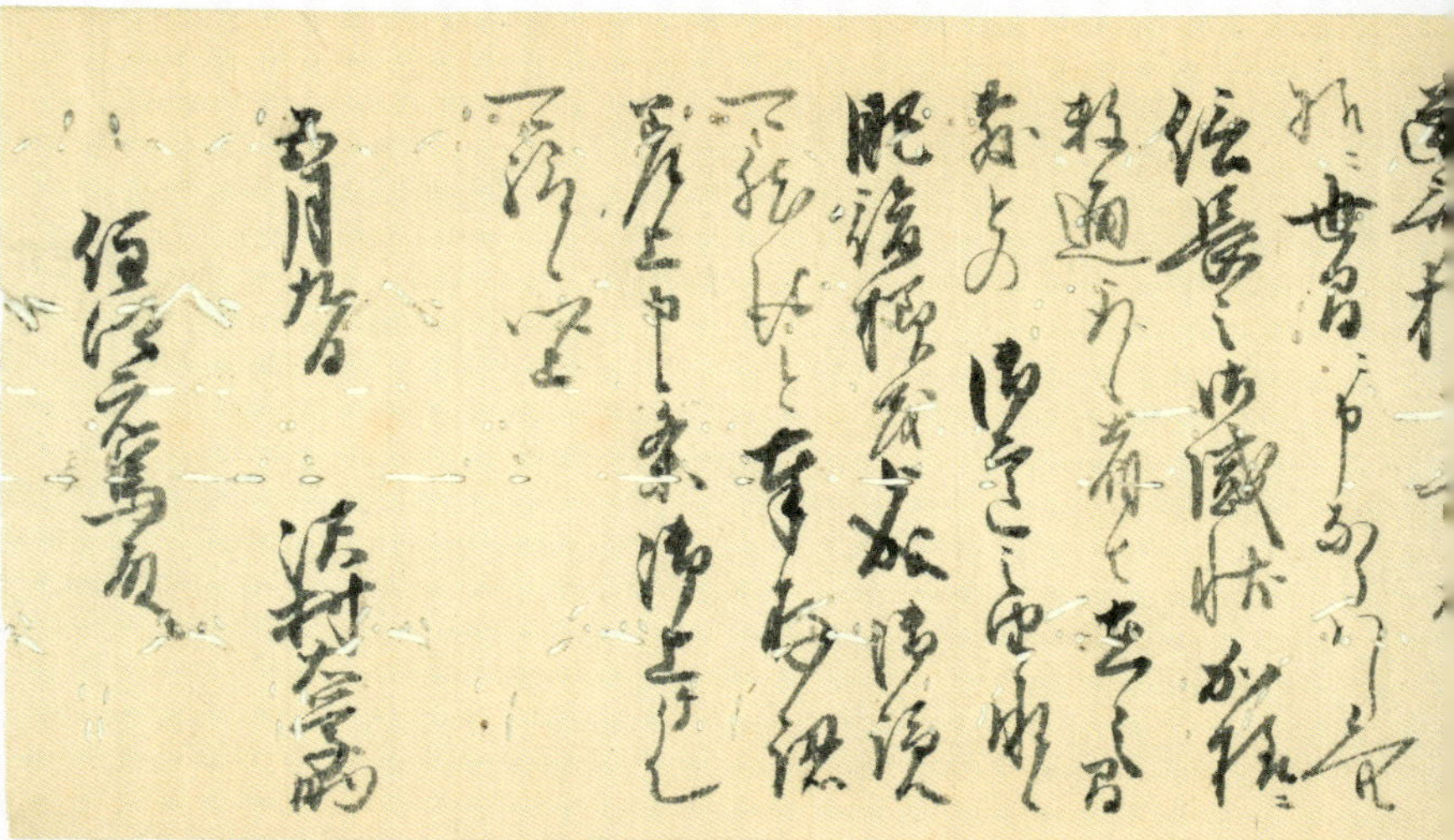

様ニ世間ニ申ならハし候へ共、
信長之御感状、か様ニ
数通取候者は在之間
敷との　御意之由承候、
肥後様（細川光尚）茂被成　御覧
可然儀と奉存、認
差上申候条、御上ヶ候て
可給候、以上
五月九日（寛永十六年カ）　沢村大学助
住江元馬殿

現代語訳

御感状一一通

これらの御感状の写を、私が苦心して（収集し）、忠利様へこのように仕立てて差し上げましたら、たいへんご満足され、他の大名衆へもお見せになり、次のようにおっしゃいました。幽斎様（の業績）は歌道ばかりのように世間では評価されているが、信長の御感状をこれほどの数、獲得した武将は他にいないだろう、と。光尚様もご覧になるべきだと存じまして、写を作って差し上げますので、お手元に進上してください。

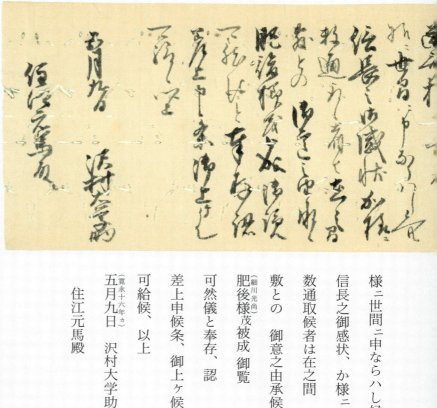

75 細川三斎書状《ほそかわさんさいしょじょう》

（寛永十八年〈一六四一〉）三月九日

忠利の執念みのる　幽斎所管文書群が三斎経由で熊本へ移管

細川忠利による信長文書の熊本への集約過程には、第二の契機も存在した。寛永十八年（一六四一）、幕府による諸大名家の系図に関する調査、すなわち『寛永諸家系図伝』の編纂開始である。

同年に比定される本書状で、七九歳の細川三斎（忠興）は、熊本にいる忠利に、「氏系図」の調査にかかる「幽斎家之書物」はすべておまえに渡した、自分はその他には「書物」は一切所持していない、と伝えている。また、織田信長や太閤秀吉は侍の出自などにこだわらず、その人物を評価して登用した、だから自分も先祖のことなどに関心はないし、昔の記憶もない、という三斎の発言は、織田・豊臣権力の本質に触れているとともに、「書物」＝文書史料こそが過去を知る唯一の手段であることをも言い当てている。

ともかくも、長岡休斎（細川孝之）から三斎のもとに提出された信長文書、すなわち本書に掲載された文書の大半が、この時、ついに熊本に集約されたのだ。忠利の執念がみのった形だが、しかしこの三斎書状が書かれたわずか八日後、忠利は熊本にて急死したのであった。（稲葉）

熊本県指定重要文化財／越中（細川忠利）宛／紙本墨書　折紙／縦三一・八　横四六・〇／永青文庫蔵（熊本大学附属図書館寄託）／二十一印63

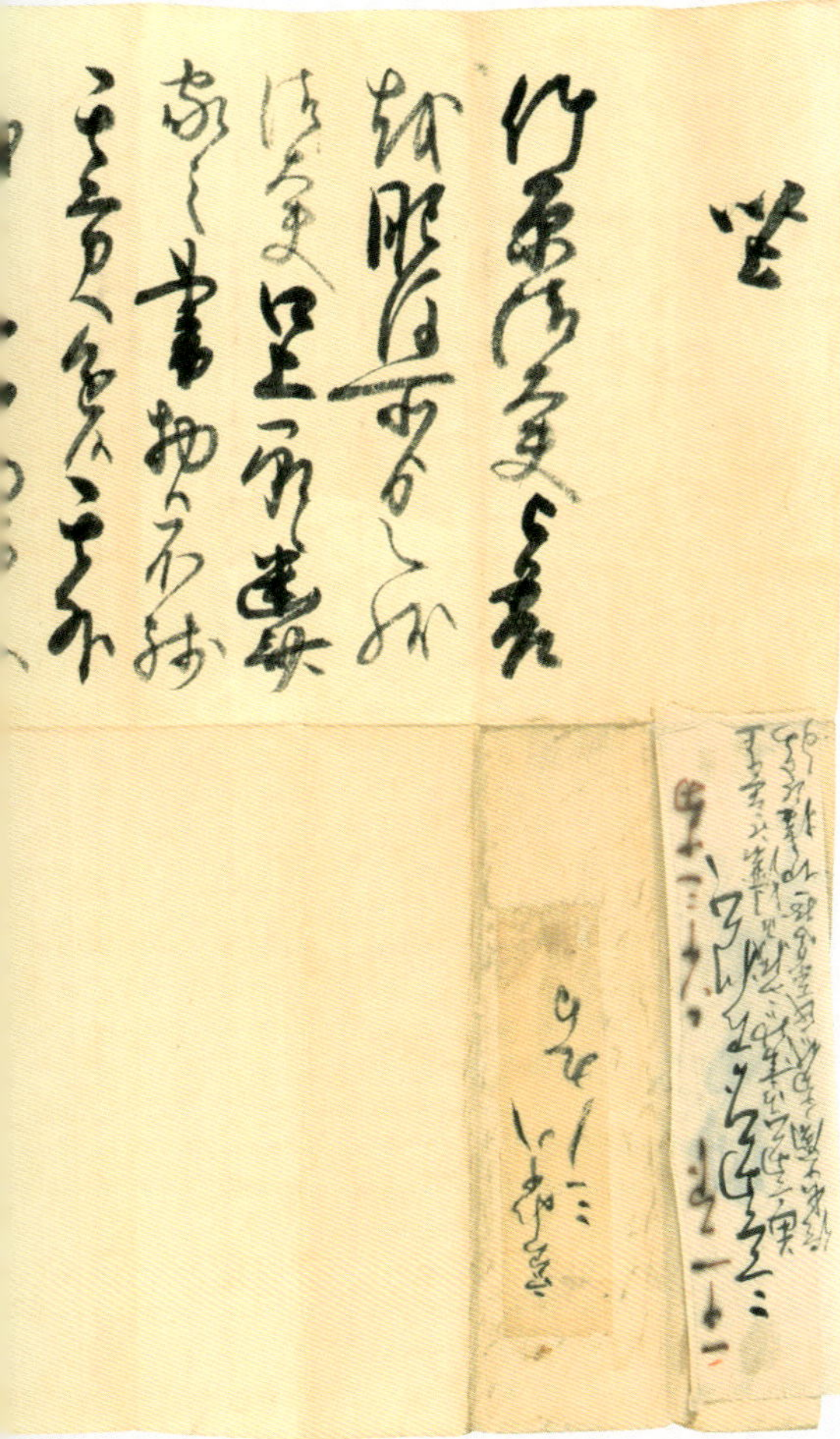

以上
竹原清大夫被差
越、肥後(細川光尚)所ゟ之状、
清大夫口上承候、幽斎
家之書物ハ不残
其方へ進候、其外
我々ハ書物持不
申候、其上我々不弁

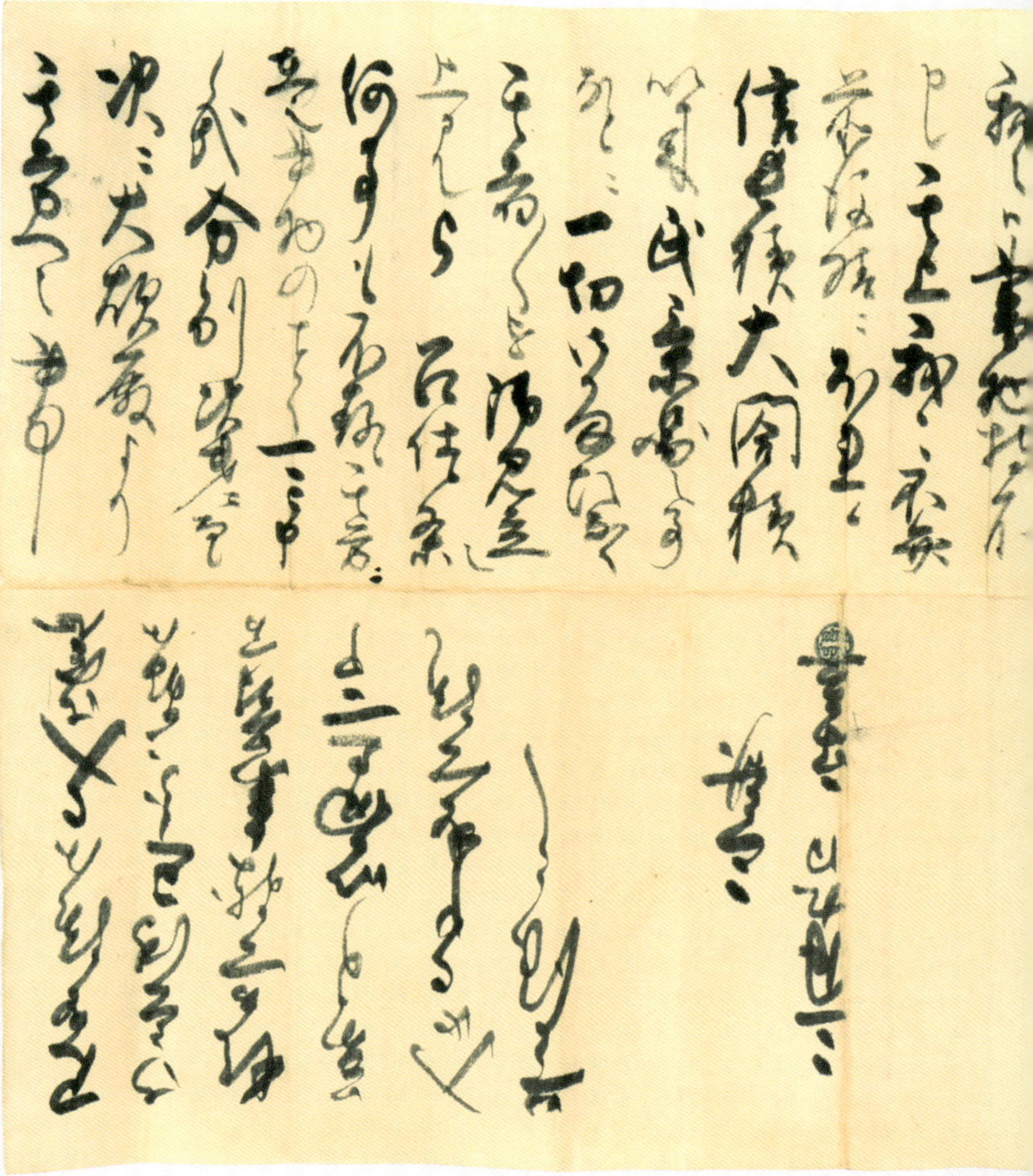

前後様ニほれ候、
信長様・太閤様
以来、氏系図之事
なとニ一切かまひなく、
其者〳〵を御見立之
上にて被　召仕候条、
何事も不存候、其方ニ
在之書物のことく可被申
候哉、分別次第ニ而候、（中略）

三斎

（寛永十八年）
三月九日　宗立（ローマ字青印）

（表書、貼紙下）
「越中殿
（細川忠利）
御返事」

現代語訳

使者の竹原清大夫から、光尚よりの書状、清大夫の口上ともに承った。幽斎の家に伝わる（休斎に引き継がれていた）書物（文書）は、残らずおまえ（忠利）に渡した。その他には自分は書物を持っていない。そのうえ、自分は（過去の出来事の）前後もわからないほどにもうろくした。信長様・太閤様の頃から、氏系図のことなどに一切こだわらず、一人一人の侍の人物をお見立てになった上で、奉公させてきたので、（自分の系図のことなど）なにも知りはしない。おまえのところにある書物のとおりに（幕府に）申し上げればいいのではないか。おまえの判断にまかせる。

76

細川光尚書状写《ほそかわみつなおしょじょううつし》

永青文庫の信長文書群、熊本にて形を成す

（寛永十八年〈一六四一〉）十二月五日

No.75で細川三斎（忠興）は長岡休斎（細川孝之）のもとにあった幽斎家のすべての文書を細川忠利に渡したと明言していたが、それでもまだ何通かの信長文書が休斎の手元に保持されていたようだ。信長文書収集にかけた忠利の遺志は、彼の死去の直後に熊本藩主となった細川光尚へと引き継がれた。

本史料は、家督相続直後の光尚が三斎の八代隠居家を継承していた細川立孝（三斎四男）に宛てた書状の控え。光尚もまた『寛永諸家系図伝』に細川家代々の事績をまとめて供しようと考え、休斎も容易には抗えない三斎・立孝をつうじて、休斎に圧力をかけようとしたのである。

光尚は四年前に若冠一八歳で天草・島原に初陣。それ以前から戦国大名武田氏家臣小幡昌盛の子で『甲陽軍鑑』の編纂者である小幡勘兵衛に甲州流兵学を学び、寛永十九年（一六四二）には『甲陽軍鑑』の秘伝奥義を伝授されている。

織田信長時代の生き証人である沢村大学と通じていた光尚（No.74）は、天下泰平の確立期の藩主であるにもかかわらず、戦国兵学に強いこだわりを抱いていた。永青文庫の信長発給文書群は、そんな光尚のもとで現在の形を成し、いまに伝えられることになったのだ。（稲葉）

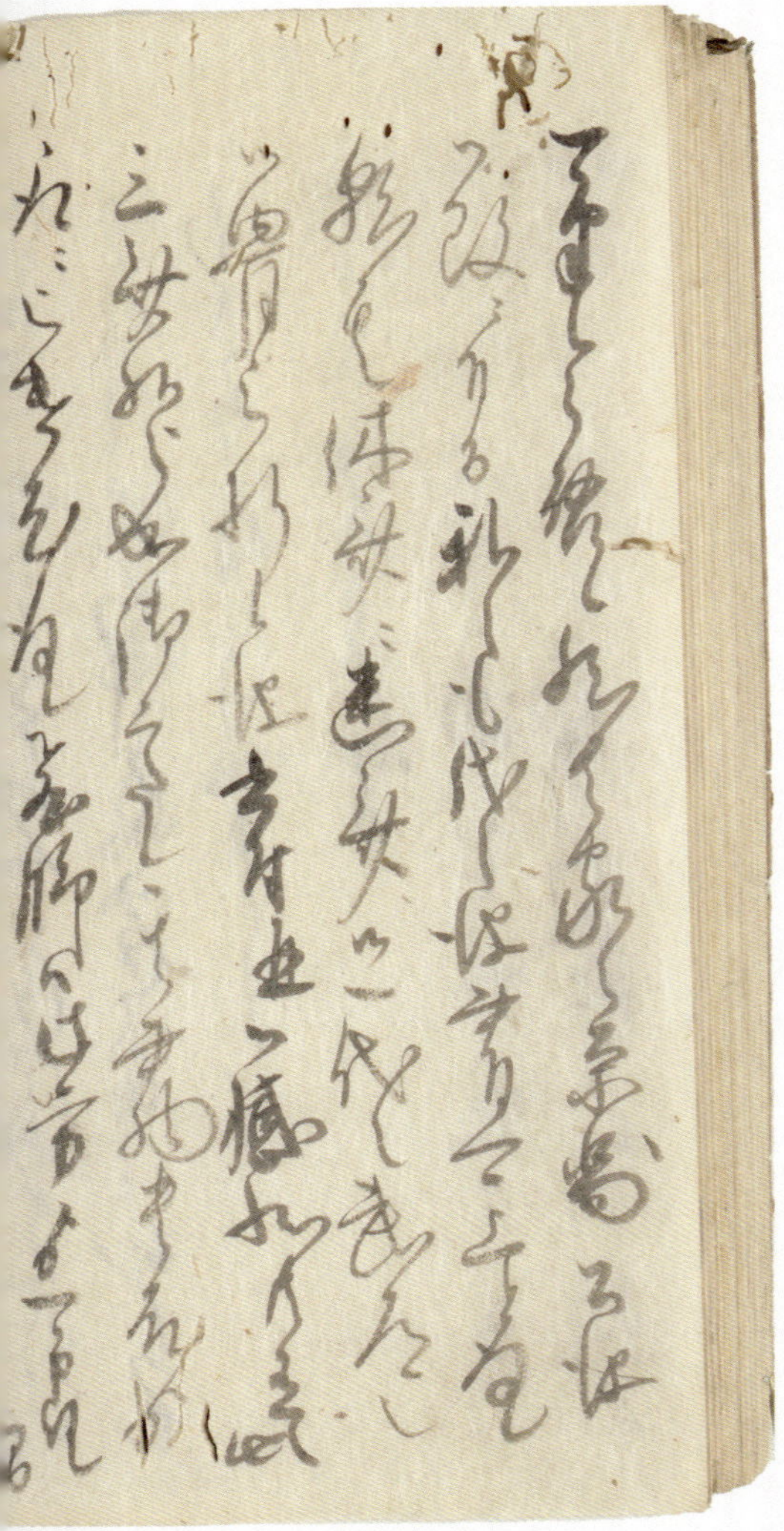

細川中務太輔（立孝）宛／紙本墨書　冊子装／縦二七・一　横一八・八／永青文庫蔵（熊本大学附属図書館寄託）／10・23・18（「公儀御書案文」）

一筆令啓候、然者家之系図 公儀
御改ニ付而、我々も代々儀書付可上と存候、
就其休斎ニ幽斎御一代之武道之
御骨之折候儀、書付并御感状共有之由、
三斎様被成御意候、其書物貴殿ゟ
取ニ被遣尤存候、飛脚ハ此方ゟ可申付候間、

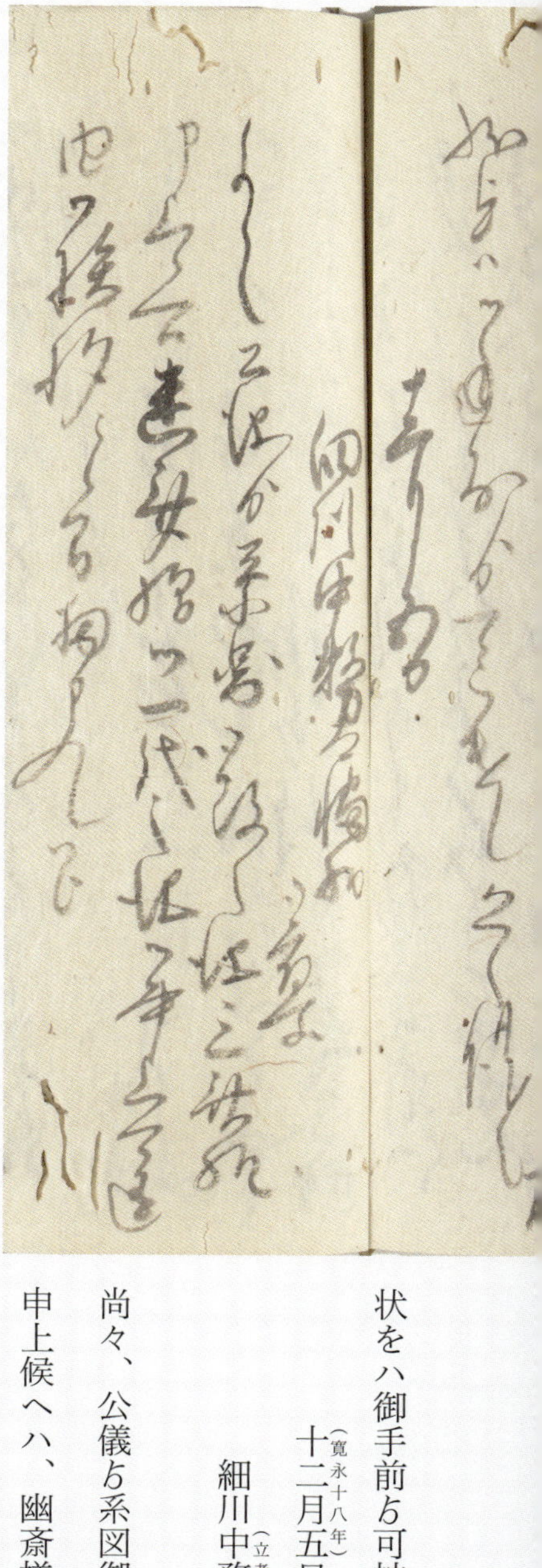

状をハ御手前ゟ可被遣候、恐々謹言、
（寛永十八年）十二月五日
細川中務（立孝）太輔様
御宿所
尚々、公儀ゟ系図御改之儀、三斎様申上候へハ、幽斎様御一代之儀御書上可進由、御挨拶ニ候間、扨申入候、以上、

現代語訳

一筆申し入れます。諸大名家の系図を幕府が調査していることについて、私も代々の事績を書き付けて提出しようと思います。それについて、休斎のところに幽斎（藤孝）御一代の武道のご活躍を示す文書や感状があるとのことを、三斎（忠興）様から伺っています。それら文書類を、あなたから（休斎のところまで）使者を出して、ぜひとも取りにやってほしいのです。飛脚はこちらから出します。（休斎への）手紙はあなたから遣わしてください。

なお、幕府による系図調査について三斎様に申し上げたところ、幽斎様御一代のご活躍を書き上げて（幕府に）提出するべきだとのお返事ですので、このようにお願いするものです。

細川家における光秀・信長らの鎮魂

論説

稲葉継陽・有木芳隆

宮津盛林寺における光秀・一色五郎の供養

戦国大名が近世大名として存続していくには、中立維持が不可能な内戦をかいくぐらねばならず、盟友や姻戚を裏切り、あるいは見捨てざるを得ないこともしばしばであった。細川家の歴史にとっては、いうまでもなく「本能寺の変」直後に明智光秀らを見限ったときが、最大の分岐点となった。当時本拠地だった現京都府宮津市には、「本能寺の変」にまつわる光秀らの鎮魂の痕跡が色濃くのこる。

宮津市街の南の山あいに、「光秀の首塚」で知られる曹洞宗盛林寺がある。近世中期の地誌『丹後州宮津府志』によれば、同寺は本来、戦国期宮津の有力領主である「上宮津城主小倉播磨守」の「菩提寺」として建立された。しかし天正八年（一五八〇）の細川藤孝入国以後は、細川家の関係者を供養する役割を果たすことになる。すなわち、同寺の過去帳（『宮津市史 史料編 第一巻』所収）には、「盛林寺殿月嶺一洞大居士 天正六寅十月十七日 小倉幡（播）磨守殿」と記され、同じ法名の位牌が伝わっているが、次いで天正十年八月二十一日の項には「即安梅心大禅童子 幽斉（斎）様子」と記され、この子の位牌と肖像画【写真1・2】も伝来している。**写真2**の賛は、幽斎（藤孝）の甥にあたる建仁寺英《えい》甫《ほ》永雄《えいゆう》によるものだ。盛林寺では細川家記『綿考輯録』などの公式記録には名のみえぬ藤孝男子の供養がつづけられてきたのである。

さらに、過去帳に「賞雲源忠大禅定門 天正十壬午年九月「廿」八日 一色「五郎」様」（「」内は後筆）とあるのが注目される。これは本書No.60の信長最後の朱印状の宛所に藤孝とともにみえる一色五郎その人で、丹後国守護の系譜をひく信長直臣であった。『綿考輯録』巻九によれば、「本能寺の変」後の九月八日、忠興は丹後一国の支配を固めるため「一色義有」を宮津城に誘い出して暗殺したとする。この「義有」は五郎のことだろう。

［写真1］ 即安梅心大禅童子（幽斎様子）位牌

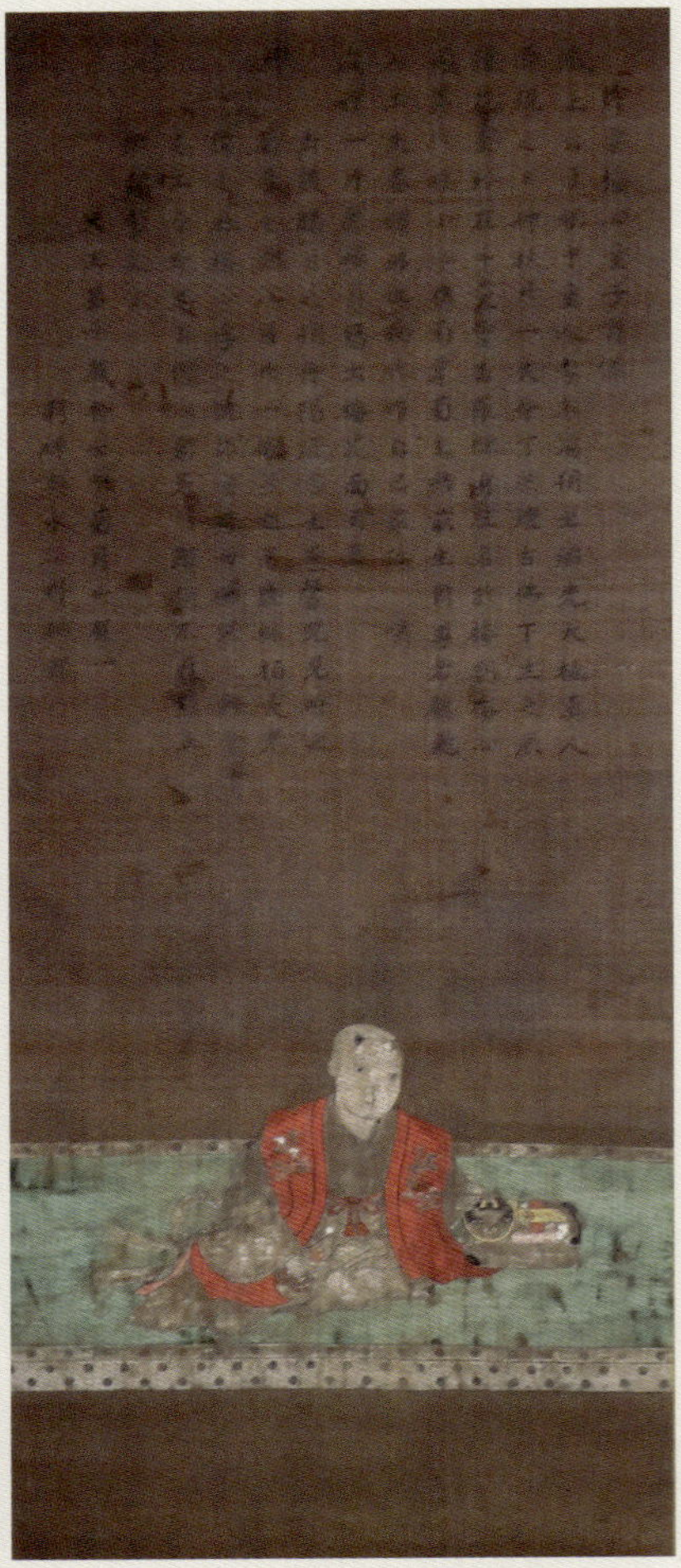

［写真2］ 即安梅心大禅童子（幽斎様子）肖像

彼は忠興の妹と婚姻した同盟者だったので、細川家はその鎮魂に取り組まねばならなくなった。暗殺現場とされる伝「米田屋敷跡」には、「一色稲荷社」と呼ばれる祠がいまも祀られている【写真3】。あきらかに怨霊封じの信仰である。

さて、盛林寺にある一色五郎＝「前一色賞雲源忠大禅定門」の位牌【写真4】をご覧いただきたい。なんとその右側には「前日州太守条銕光秀大居士」と記されているではないか。明智光秀である（ただし過去帳には記載なし）。**写真1**の天正十年没の幽斎子の位牌と比べても、その当時のものとみて不自然さは感じない。藤孝と忠興は、細川家存続のために現世から抹殺した光秀と一色五郎の二人が怨霊となることを怖れて、盛林寺で二人一緒の供養をつづけたのであろう。また、境内にある「光秀の首塚」とされる供養塔（宝篋印塔【写真5】）の基壇には、「条鉄光秀居士 天正壬午年六月十三日」と刻まれており、光秀の首が娘の玉（ガラシャ）がいる宮津に届けられて葬られたと伝承されている。光秀供養所としての盛林寺の象徴である。

このように、天正十年以降の盛林寺は、いわば細川家の歴史の影に消えた人々を鎮魂する寺院となり、慶長五年（一六〇〇）に細川家が丹後を離れてからも、供養はつづけられた。盛林寺の紋は、いまも肥後細川家のそれと同じ九曜紋である。

（稲葉継陽）

細川家に伝わった織田信長の木像

熊本市中央区黒髪の泰勝寺跡に細川家「御祠堂」と呼ばれる堂舎がある。ここに二躯の木像がまつられていて、それぞれ織田信長像【写真6】と細川三斎（忠興）像【写真7】と伝えられている。この二像はいつ頃造られて、どのような経緯でここにまつられるようになったのだろうか。

まず、この二像の概要をみてみよう。織田信長像は巾子冠をかぶり袍と袴を着けた衣冠束帯像である。像高は四五・〇cm。材質は不明だが頭体部別材製の寄木造で、両眼には玉眼を嵌入している。像の表面は胡粉下地に彩色を施す。細川三斎像は像高四四・五cm、ヒノキ材製で寄木造、玉眼を嵌入。

織田信長の肖像彫刻のなかでは、京都・大徳寺総見院像が有名である。この像は天正十一年（一五八三）信長の一周忌のために造られたもので、両肩を怒らせ両袖先を吊り上げた体型と精悍な顔貌表現は、この時代通例の作風である。これに比べると御祠堂の信長像は、顔貌も体型も穏やか

［写真3］　一色稲荷社（宮津市鶴賀）

［写真4］　明智光秀・一色五郎位牌

［写真5］　「光秀の首塚」

な造形であり制作時代の下降を示している。三斎像も信長像と作風が近く、同時代の制作とみられる。長谷洋一氏はこの信長像の坐法に注目して、足裏を合わせるか楽坐が通例なのに対して本像は安坐しており、作者が武家の礼法に通暁しておらず、制作年代が下降することを示すと指摘している【1】。

信長七回忌に際して天正十六年（一五八八）丹後宮津城に泰巌（岩）寺が創建され、後に細川三斎によって小倉から八代へと移転した。同寺は延宝三年（一六七五）雷火で焼失したが、同五、六年頃再建。この泰巌寺に信長・三斎像がまつられていたと伝えられているのである（『綿考輯録』第二巻）。これらの木像は明治時代初期までは確実に存在しており、廃寺に際して細川家では「御宝蔵」に収納した（永青文庫蔵「祠堂祭式」）。以上のような経緯を考え合わせると、現在御祠堂にある木像こそ、かつて泰巌寺にまつられていた二像なのではないだろうか。

［写真6］　織田信長像

［写真7］　細川三斎像

ただ、現存の信長像を泰巌寺創建当初のものとするには作風から年代が合わない。一方、御祠堂の三斎像台座には正徳五年（一七一五）六月本像を「装飾」し、宝暦九年（一七五九）にも「装飾」したと記されている（**写真8**、信長像台座は取り出せず未見）。ならば延宝三年（一六七五）罹災の際に当初の像は失われ、寺再建から正徳五年までの間に新造されて、同年と宝暦に彩色（「装飾」）したと考えられるのではないか。度重なる転変を越えて護持再造されてきた本像の存在は、細川家に脈々と流れる信長敬慕の念を示しているのだろう。

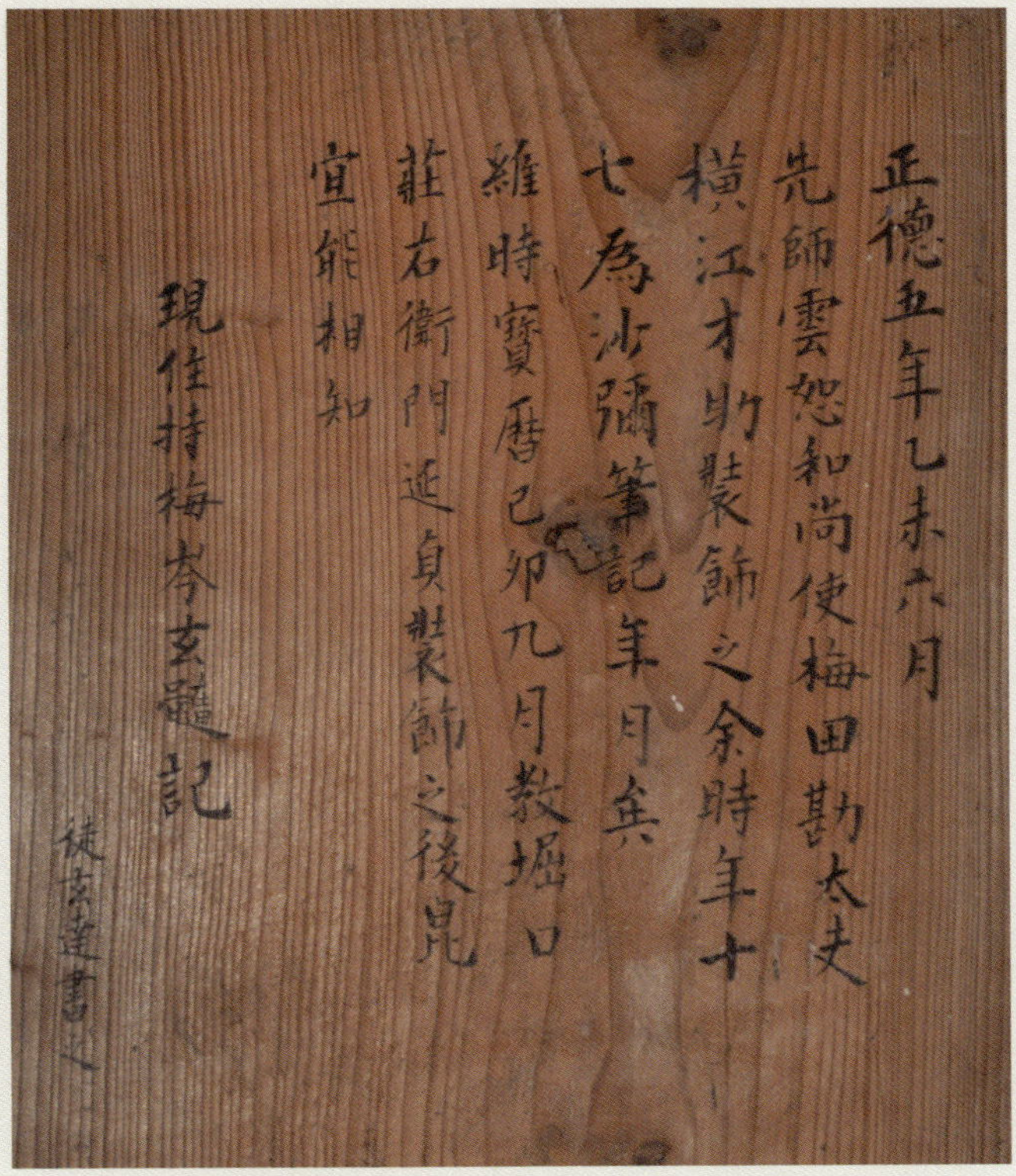

［写真8］　三斎像台座裏墨書銘

注

［1］平成二十七年（二〇一五）三月、細川家、永青文庫の依頼により二像の調査撮影を行った。調査には、室町～江戸時代彫刻史を専門とされている関西大学文学部教授長谷洋一氏に参加していただき制作年代等の所見をいただいた。記して感謝申し上げる。

（有木芳隆）

参考文献

・山田貴司「細川家における信長の記憶」（金子拓編『長篠合戦の史料学』勉誠出版、二〇一八年）

・『宮津市史 通史編 上巻』（宮津市史編さん委員会、二〇〇二年）

論説

織田信長が文書に使用していた「紙」について

髙島晶彦

はじめに

織田信長はどのような紙を文書料紙として使用したのか。本稿では、いわゆる「天下布武」印のある朱印状・黒印状を中心に原本調査を軸に検討した。対象史料については、永青文庫所蔵細川家文書のうち信長自筆感状を含む朱印状・黒印状を中心に、京都府歴彩館所蔵東寺百合文書、同革嶋家文書、米沢市上杉博物館所蔵上杉家文書、加賀本多博物館所蔵青地文書、中京大学所蔵日野烏丸家文書、伊藤宗十郎文書、仙台市博物館所蔵伊達家文書、國學院大學所蔵久我家文書、陽明文庫所蔵一般文書、京都大学文学部所蔵勧修寺文書、東京大学文学部所蔵文書、萩原子爵家文書、穴水市歴史民俗資料館蔵長家文書、東京大学史料編纂所島津家文書、同益田家文書、安土城考古博物館所蔵文書、神戸大学所蔵九鬼家文書であり二〇一三年から二〇二三年に科学研究費による研究および東京大学史料編纂所一般共同研究、史料編纂所所内研究プロジェクトでの調査研究の機会を得た[1]。ここでの調査対象文書は、調査の性格上、未装丁（裏打ちの施されていないもの）とし、現状で裏打ち等の修理が施されているもの、巻子や掛軸に仕立てられているもの、所蔵者と調査方法を協議したものについては調査項目を絞って限定的に行い、参考データとしている。また富田正弘氏より、氏が代表の料紙科研調査で得たデータを提供していただいた。

信長の発給文書の料紙を考える上で、先駆的な研究として髙木叙子氏の研究が挙げられる。氏は、平成四年（一九九二）から八年間におよび滋賀県外の織田信長文書調査に関わり、原本約八〇〇点を調査している。その成果として平成十二年（二〇〇〇）特別展「信長文書の世界」を開催、関連論文を発表している。時期・対象者別に発給された様々な文書料紙の特徴や使い分けを分類しており、信長文書の料紙を考える上で指標となる成果である[2]。本稿では氏の分析結果も参考に論じたいと思う。

調査方法は、①繊維の同定、填料（米粉）・非繊維物質の有無を目的とした一〇〇倍率レンズのデジタル顕微鏡での反射光（上からのライティング）による表面観察、および一〇〇倍率レンズの小型顕微鏡とバックライト（白色LEDライトボードまたは有機ELパネル）を用いた透過光による観察。②料紙の縦・横寸法の計測とその比率計算および厚さ・重さの計測とその密度計算[3]。③紙面に見受けられる繊維処理の状況（繊維束・繊維溜りの有無（叩解の度合い）、樹皮片・非繊維物質（表皮細胞・柔細胞）の有無（塵取り・水洗いの精度））、透過光・通常光での紙漉き（抄紙）の痕跡（簀の目・糸目・紗目）の観察、斜光による板目・刷毛目の有無（乾燥法）の観察、紙面の状態（色合い、光沢・漉皺の有無）の観察、風合い（料紙の触感―硬さ・平滑性）・地合い（紙面の斑の度合い）の観察である[4]。これらのデータをもとに信長が発給した文書料紙について考察する。

朱印状・黒印状・書状に用いられた紙

ここでは、足利義昭を擁して上洛後の永禄十二年（一五六九）から本能寺で没する天正十年（一五八二）に発給された折紙形式の朱印状・黒印状の料紙を対象とする。

とくに時期については金子拓氏が述べられている通り、天正三年（一五七五）は信長の周囲争乱状況がある程度解消すると共に、朝廷の政治基盤整備に尽力し、従三位権大納言兼右近衛大将に叙任され、家督を嫡男信忠に譲るという信長にとって節目の年となる[5]。よって、この年を境にして考察を試みようと思う。

永禄十二年から天正三年のものは、繊維は楮で、墨のついた繊維・縺れ絡んだ繊維といった漉き返し繊維【6】や青または赤に染まった繊維を含むものがある。繊維表面や繊維間に微細である程度大きさの揃った粒状物（米粉・澱粉粒子）が散在して見える【7】。量は大量に含んだものが多い。よって繊維の結合が緩められるため、擦れに弱い。したがって、表面に繊維の毛羽立ち（ももけ）・毛玉を生じさせる傾向にある。

反射光での顕微鏡観察では、繊維と繊維が交差する箇所に黄味のある粒子の塊が見受けられる。これは柔細胞という非繊維物質のひとつで、本来この細胞は栄養分を蓄積する貯蔵細胞である。ヘミセルロースに富み、乾燥により潰れ、繊維の交差した箇所で乾燥すると接着剤の働きをして、繊維結合が増加し紙力が強くなる。一般的に柔細胞の少ない紙は白くて柔らかい。反対に多く含む紙は未晒色（黄茶色）が濃く硬い。中量のものはやや黄味を帯びた色に見える【8】。

料紙の縦・横（高・幅）寸法および比率、厚さ、重さ、密度、坪量（容積）の数値を見ると、その平均は縦二七・八、横四三・八センチ、比率一：一・五五、厚さ〇・一九ミリ、重さ五・七八グラム、密度〇・二六g／㎤、坪量（容積）五二・〇四g／㎡である【9】。富田正弘氏の料紙研究グループが示した基準でみるとその多くは普通の紙、つまり日常にある料紙を用いていると考えられる。中でも元亀二年（一五七一）正月二日付木下藤吉郎宛朱印状（東大史料）と元亀四年二月二十六日付細川兵部大輔（藤孝）宛朱印状（細川家文書No.08）は重さ三・七グラム、坪量三五前後と軽く低い。内容を見ると前者は北陸から大坂へ向かう商人等を近江で阻止する命令、後者は信長と義昭の対立の中で、和平交渉内容や畿内の味方衆との交渉継続、寝返りの情報や情勢変化の報告依頼といった、藤孝と具体的な情報交換を記したものであり、他見されたくない内容である。いざとなれば廃棄（焼却）しやすいものであると言える。

また次に示す二点の文書、元亀三年十二月二日付伊藤宗十郎宛朱印状（中京大学）は縦二九・二、横四五・七センチ、厚さ〇・三八ミリ、重さ一六・八グラム、密度〇・三三g／㎤、坪量一二五・八九四g／㎡である。元亀四年七月十日付細川兵部大輔（藤孝）宛朱印状（細川家文書No.11【写真1・2】）は縦二九・六、横四六・〇センチ、厚さ〇・二七ミリ、重さ一〇・四五グラム、密度〇・二八g／㎤、坪量七六・七四四g／㎡である。前述の平均値に比べやや大きく、厚みがあり重い。特に坪量に大きな差があり、高い数値を示す。内容を見ると前者は尾張美濃両国「唐人方」「呉服方」商売の総括命令及び夷子講（同業者組合）の裁許、後者は信長が藤

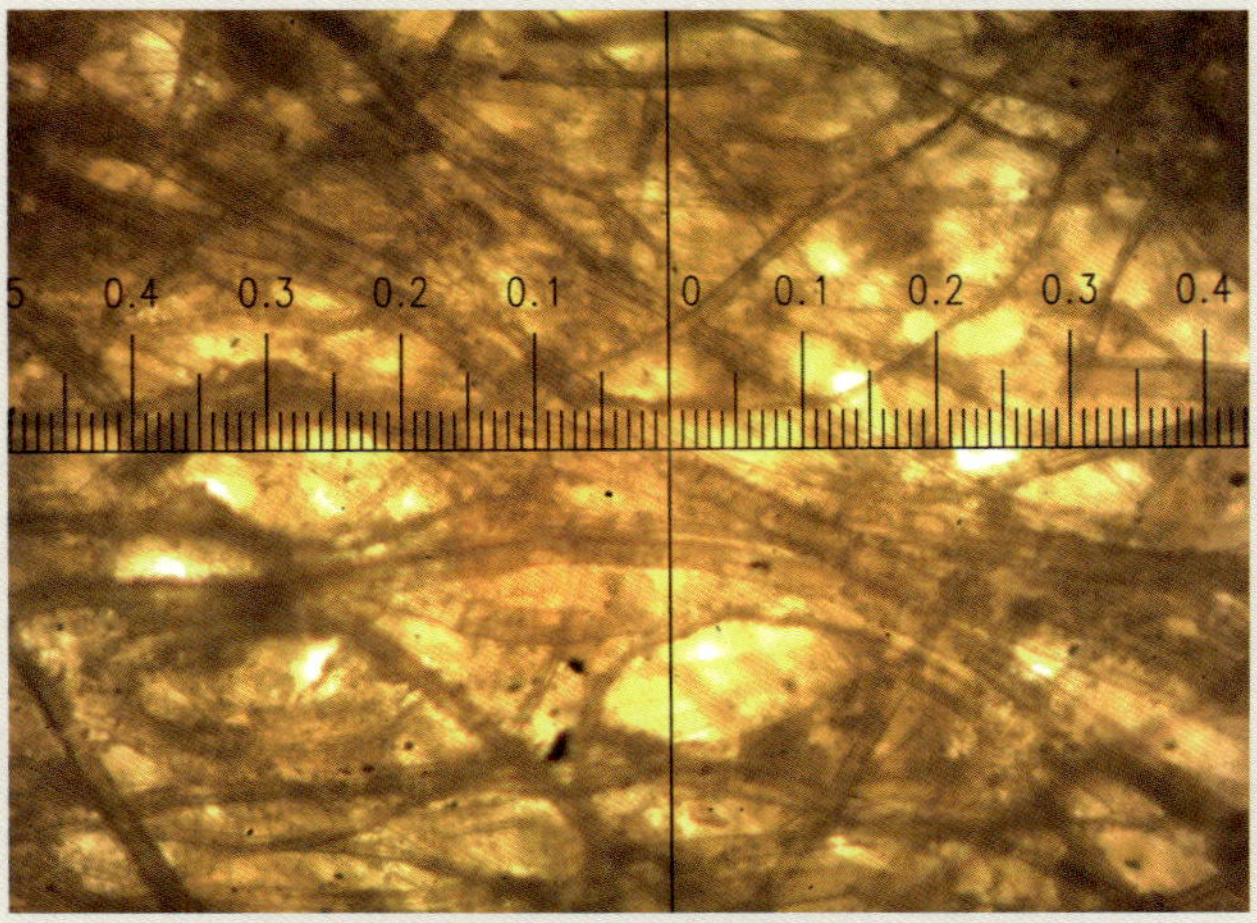

［写真1］ 織田信長朱印状 元亀4年7月10日（細川家文書 No.11）透過

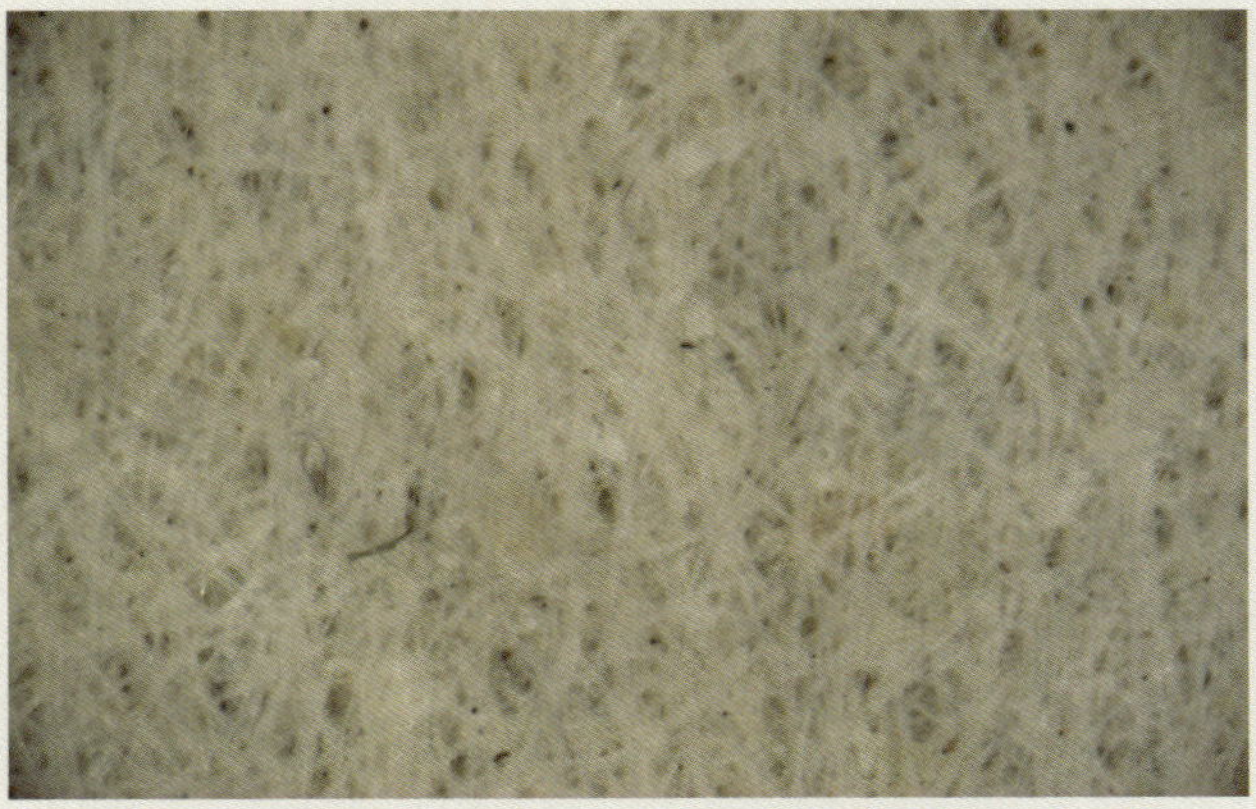
［写真2］ 織田信長朱印状 元亀4年7月10日（細川家文書 No.11）反射

孝の忠節を評価し、山城国のうち桂川から西の地域における領主権を保障したものである。紙からみても特別な感じを受ける。

繊維束や繊維溜といった繊維の塊は、元亀元年（一五七〇）から天正二年（一五七四）頃まで中量から少量含むものが多く見受けられ、天正三年に微量に残るようになる傾向にある。樹皮片は多少の差はあるものの含んでいる。

一寸（三・〇三センチ）当たりの簀の目の本数（漉き簀のひごの数）と簀を編んでいる糸の幅は、平均で一七本、二三ミリ間隔である。前述の伊藤宗十郎宛朱印状のみ二四本と細かい【10】。

細川家文書については所蔵者の了解を得て表面の光沢度の計測を行った。光沢度は平均三・〇から三・四あたりの数値である。上杉家文書のうち永禄十二年から元亀元年の後北条氏発給文書の文書料紙が楮のものは平均四・一から四・八、雁皮紙は平均六・一から六・七であり【11】、低い数値を示している。これは漉き返し繊維の不透明度と米粉によるものと思われる。

色は古色を付けたものを除けば、白ないし黄味がかった白で、触感は総じて柔らかい（**表1**参照）。

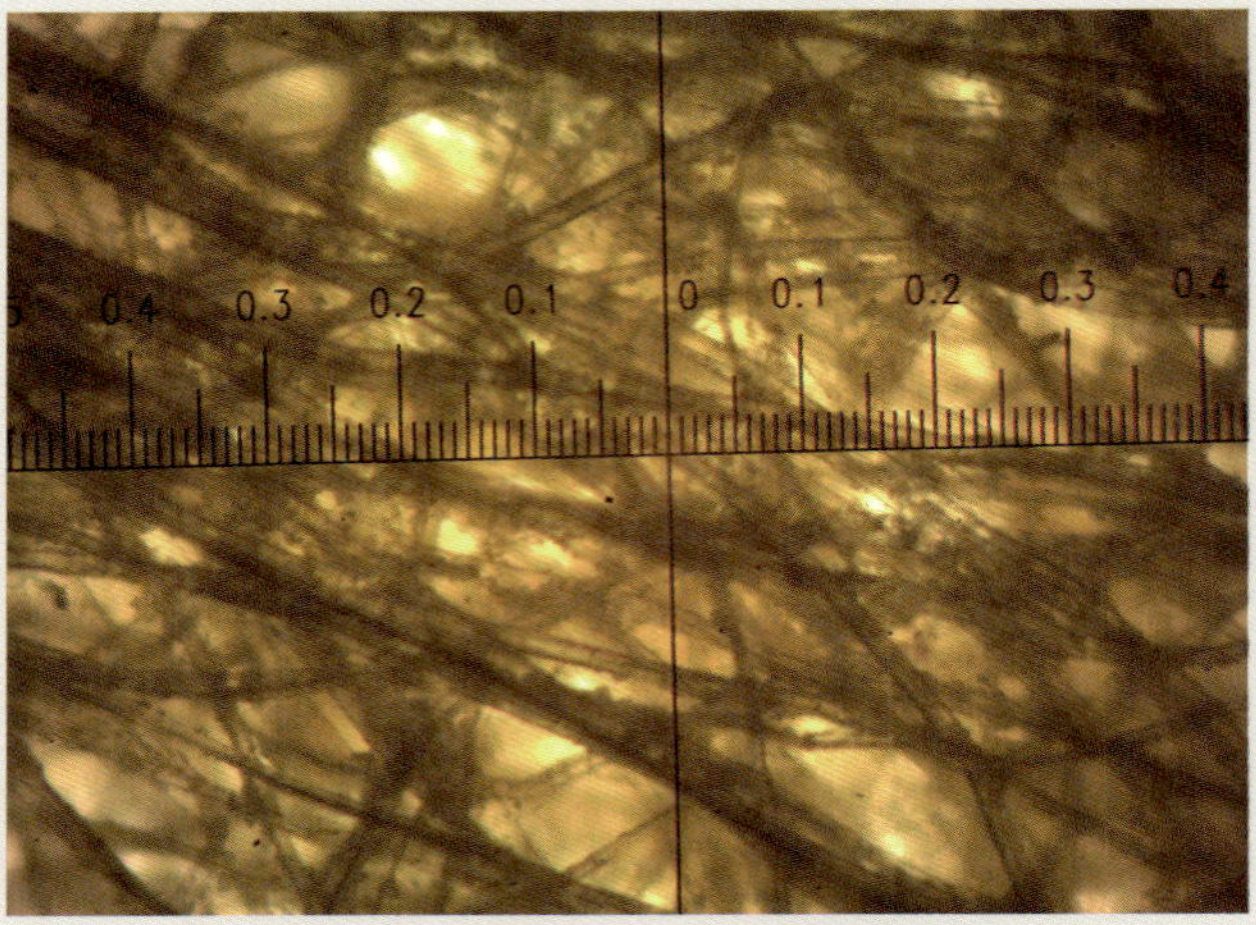

[写真3]　織田信長黒印状(天正9年ヵ)2月17日(細川家文書 No.44)透過

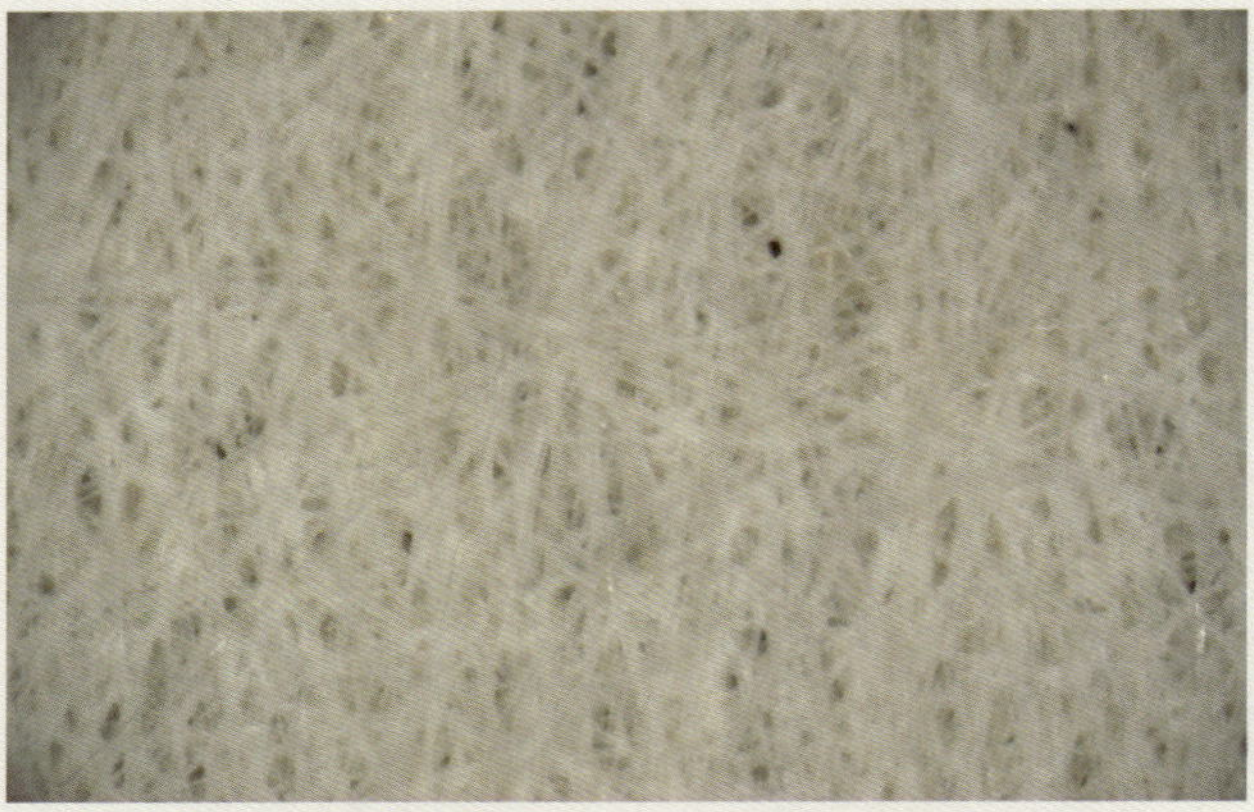
[写真4]　織田信長黒印状(天正9年ヵ)2月17日(細川家文書 No.44)反射

天正四年から十年（一五八二）のもの【写真3・4】は、楮で、墨のついた繊維を含むものがある。米粉は中量から多量に添加され、非繊維物質も中量から微量のものが見受けられる。

料紙の縦・横（高・幅）寸法および比率、厚さ、重さ、密度、坪量（容積）の数値を見ると、その平均は縦三〇・四、横四七・五センチ、比率一：一・五六、厚さ〇・二八ミリ、重さ一〇・一二グラム、密度〇・二六g／㎤、坪量七二・四五g／㎡である。前述のものと比較すると縦寸法が三〇センチに近づき、天正七年以降三〇センチを超え、天正九・十年で三一センチとなる。比率も一：一・五七から一・六一のものが多く見受けられる。

厚さは最低でも〇・二四ミリ、〇・二六から二八のものが多く厚みがある。重さは一〇グラム越えのものが頻出し、密度は〇・二六を超えるものが増え、坪量も七〇台・八〇台のものが目立つ。

繊維束や繊維溜、樹皮片は殆ど取り除かれて極めて少なく残る傾向にある。

簀の目・糸目幅は平均一八本・二五ミリ幅であるが、天正九年では一九から二一本とより細かい簀の目、糸目幅は三〇から三三ミリのものが見受けられる傾向にある。若干ではあるが天正九年のものに簀の目の凹凸のような痕跡が認められる。

光沢度は三・一から三・七で低い数値を示している。

色は前述と同様に白ないし黄味がかった白で、触感は総じて柔らかい。地合いは均一で平滑なものが多い。

次に自筆の書状と裏紙を伴う重紙の形式をとる文書料紙について見る。まず、織田信長自筆書状として確認の取れる（天正五年）十月二日付細川与一郎（忠興）宛織田信長感状（細川家文書 No.03）がある【12】【写真5】。文書の形式は折紙である。署名はない。現状は台紙に張られているため、通常の調査より限定的なものとなった。この料紙の繊維は楮で、その繊維に黒いライン上の付着物（墨）のある漉返し繊維を含むものもある。この文書料紙にも米粉が添加され、非繊維物質も残留している。縦二九・三、横四六・四センチ、比率一：一・五八、樹皮片・繊維束・繊維溜を含み、簀の目の本数は一八本、色は白く、紙面は均一な地合いである。光沢度は三・五と朱印状・黒印状料紙と同様に低い数値を示している。また表面には繊維の毛羽立ちが見受けられる。特別な料紙ではなく、通常の朱印状・黒印状の料紙と変わりはない。

[写真5]織田信長自筆感状(天正5年)10月2日(細川家文書 No.03)反射

[写真6]織田信長書状(益田家文書 番外)反射

東京大学史料編纂所所蔵益田家文書に荒木村重・村次宛織田信長書状がある【写真6】。金子拓氏によると、天正六年（一五七八）荒木村重が信長を裏切ったことを知った信長はすぐにそのことを信用せず、本人に確認する対応をとった。内容は素っ気ない文面で、「そちらの様子は言語道断で、考えも及ばないことである。まことに天下の面目を失うこととなった。自分の考えは使者の二人に申し含めておいた。早々に出頭されたい。待っている」というものである。また筆跡や筆使いから、細川家文書の自筆感状と共通し、自筆書状の可能性が高いとされる【13】。

この文書は竪紙形式で、縦二八・五、横四五・五センチ、比率一：一・六〇、厚さ〇・二ミリ、重さ八・三グラム、密度〇・三二g／㎤、坪量六四・〇g／㎡である。繊維は楮で、墨のついた繊維・縺れ絡んだ繊維といった漉き返し繊維を含む。米粉を多量、非繊維物質を微量含む。樹皮片・繊維束・繊維溜を含み、簀の目・糸目幅は平均一八本・二五ミリである。色は白く、光沢はない。紙面は均一な地合いである。細川家文書の自筆感状と比較すると、多くの共通点が見受けられる料紙である。

裏紙を伴う重紙の形式をとる文書料紙に東京大学史料編纂所所蔵島津家文書歴代亀鑑（其二）所収の（天正八年）八月十二日付近衛前久宛織田信長書状がある【14】。

この文書は二紙にわたる文書で、日下に「信長」と署名があるのみから案文とされている。形式は竪紙で、第一紙目は縦二四・二、横三八・二センチ、比率一：一・五八、厚さ〇・一四ミリ、重さ三グラム、密度〇・二三g／㎤、坪量三二・四五g／㎡である。繊維は楮で縺れ絡んだ繊維を含む。米粉を多量、非繊維物質を少量含む。樹皮片・繊維束は少なく、繊維溜も見受けられる。簀の目・糸目幅は一六本・二〇ミリである。色は白く、少し斑のあるもので、触感は柔らかい。板目は文字面に微弱ながら見え、刷毛目は非文字面にはっきりみえる。第二紙目は縦二四・四、横三八・三センチ、比率一：一・五七、厚さ〇・一六ミリ、重さ三・四グラム、密度〇・二三g／㎤、坪量三六・三八g／㎡である。繊維は楮で縺れ絡んだ繊維を含む。米粉を多量、非繊維物質を少量含む。樹皮片・繊維束は少なく、繊維溜も見受けられる。簀の目・糸目幅は一六本・二五ミリである。色は白く、若干斑のあるもので、触感は柔らかい。板目は非文字面に微弱ながら見え、刷毛目は文字面にみえる。このように板目・刷毛目の関係から二枚重ねていたことがわかる［15］。第二紙目の奥に「近衛殿　信長」と宛名・差出があり、汚れや擦れによる毛羽立ちが見受けられること、奥から端にかけて織り目があり徐々に折幅が狭くなっていることからも二枚重ねて機能していたことがわかる。

　内容も「たびたび対面で申していますように大友と島津が戦っているのは良くないと考えます。であるので、（あなたの計らいで）和睦させるのが良いでしょう。私（信長）は大坂が落ち着いたので（四月本願寺顕如退去、八月接収）、来年は出馬し毛利を攻めます。その時、大友・島津の双方が（信長に味方して）粉骨したら天下に対して大いなる忠義です。そのようにお心得いただいて、伊勢因幡守貞知にあなたから仰せ含めて九州に下向させるのが一番です。失礼します」というもので［16］、前久との親密さ、今後の軍事行動、大友・島津との和睦要請という機密性が高い内容である。

　以上のことから、近衛より伊勢貞知を通じて島津に齎《もたら》された正文と考える（表2参照）。

公家へ一斉発給された知行宛行朱印状の料紙

　ここでは、天正三年十一月に従三位権大納言・右近衛大将という公卿の官位叙任を受けるのにあわせて行われた新地の知行宛行の朱印状の料紙についてみる。

　陽明文庫所蔵近衛前久宛織田信長朱印状（一般文書四五四六）・入江殿雑掌宛織田信長朱印状（同四六一九）、京都大学文学部所蔵勧修寺文書のうち一四一一号文書勧修寺弁殿（晴豊）宛織田信長朱印状、一四一二号文書勧修寺大納言殿（晴右）宛織田信長朱印状である。

　近衛前久宛織田信長朱印状は竪紙形式で、縦三六・一、横五二・八センチ、比率一：一・四六、厚さ〇・一三ミリ、重さ一一・四グラム、密度〇・二六g／㎤、坪量五九・八一g／㎡である。入江殿雑掌宛織田信長朱印状は折紙で、縦三一・八、横四六・五センチ、比率一：一・四六、厚さ〇・一三ミリ、重さ六・三六グラム、密度〇・三三g／㎤、坪量四三・〇一g／㎡である。勧修寺弁殿（晴豊）宛織田信長朱印状は折紙で、縦三一・六、横四五・八センチ、比率一：一・四五、厚さ〇・一五ミリ、重さ六・一二グラム、密度〇・二八g／㎤、坪量四二・二九g／㎡である。勧修寺大納言殿（晴右）宛織田信長朱印状は折紙で、縦三一・七、横四五・五センチ、比率一：一・四四、厚さ〇・一四ミリ、重さ六・一グラム、密度〇・三g／㎤、坪量四二・二九g／㎡である。数値に差はあるが、これらは、繊維の裁断のない楮繊維で米粉を含まず、非繊維物質・樹皮片を残留させることによりやや堅い触感に仕上げていて、色も黄味を帯びている。また繊維束・繊維溜を含む。簀の目は一三から一五本と太いため、微少に漉き斑がある。糸目幅は二五から三〇ミリで、紙面にその凹凸の痕跡がやや目立つものが多い。「吊り干し痕」と呼ばれる料紙の隅を引っ張って生じた皺とこれを平らにするための板干しの痕跡があるという特徴を持つ。

　これらの紙は富田正弘氏がいう「強杉原紙」で、室町将軍御判安堵御教書に用いられた武家の公文書（公験）料紙である［17］。

　この料紙に同類のものが永禄十一年の四座中宛織田信長朱印状（思文閣

蔵・諸役諸公事免除）と天正五年十一月二十七日付織田信長朱印状（松尾大社九〇号文書・安堵状）である【18】（表3参照）。

禁制の料紙

ここでは、京都府歴彩館所蔵東寺百合文書のうち永禄十一年九月付織田信長禁制（せ函武八六）・同年月付國學院大學所蔵吉田家文書のうち織田信長禁制（吉六〇）・天正六年十一月付中京大学所蔵日野烏丸家文書のうち織田信長禁制（乙巻六六号）の料紙についてみる。

形式は三点とも竪紙である。永禄十一年九月付織田信長禁制（せ函武八六）は、掛幅装で裏打ちが施されているため限定的な観察ではあるが、縦三五・八、横五三・一センチ、比率一：一・四八である。楮繊維で米粉を含まず、非繊維物質・樹皮片を残留させている。簀の目は一三本と太く目立つ。糸目幅は二五ミリである。同年月の織田信長禁制（吉六〇）は、縦三四・二、横五一・七センチ、比率一：一・五一、厚さ〇・〇九ミリ、重さ八・四グラム、密度〇・五三g／㎤、坪量五二・三〇g／㎡である。雁皮繊維で非繊維物質を多く、樹皮片をわずかに残留させている。よってやや堅い触感となっている。赤に染められた繊維が混入されており、漉き返し繊維が含まれていると思われる。よって通常の雁皮より光沢がやや落ち、漉き皺や斑が生じている。簀の目・糸目は見えないため、紗漉きによるものと考えられる。板目・刷毛目の痕跡があり板干しによる乾燥法をとっている。天正六年十一月付織田信長禁制（日野烏丸家文書乙巻六六号）は巻子装で裏打ちが施されているため限定的な観察ではあるが、縦三四・三、横五〇・三センチ、比率一：一・四七である。雁皮繊維で米粉を少量含む。この料紙も簀の目・糸目は見えないため、紗漉きによるものと考える【19】（表4参照）。

遠方への書状料紙

ここでは、永禄八年（一五六五）から天正七年（一五七九）に発給された細川（幕臣）・直江（越後上杉）・大友・伊達・小山（下野）・安宅・長（能登）といった遠方（分国外）への書状についてみる。

その多くは雁皮【20】の切紙で、贈答・見舞いに対する礼状、軍事・外交に関するものに使われる。平均で、縦一六・八、横四七・五センチ、比率一：二・六九、厚さ〇・〇九ミリ、重さ四・二二グラム、密度〇・五八g／㎤、坪量五六・〇二g／㎡である。填料の有無はあるものの、非繊維物質や樹皮片は多く含まれているものが多い。よって、パリパリした音と触感に硬さを感じる。地合いは微少な斑または均一な紙面で光沢がある。簀の目・糸目は見えず、紗目が見受けられることから紗漉きと考える。板目・刷毛目の痕跡があり板干しによる乾燥法をとる。

天正五年閏七月二十三日付伊達輝宗宛朱印状（仙台市博物館所蔵伊達家文書）は、縦一一・七、横一八・八センチ、比率一：一・六一と小さい。厚さ〇・〇八ミリ、重さ一・一グラムと薄く軽いが密度〇・六三g／㎤あり、しっかりとした感じを受ける。内容が上杉謙信の討伐を要請したものであるから密書とみてよい【21】。また、天正元年十二月二十八日付伊達輝宗宛朱印状は輝宗より贈られた鷹への返礼と翌年の甲州・関東攻略の協力要請というように内容が多い場合、料紙を継いで用いることもある。

近衛家には僅かではあるが、折紙形式の前久宛信長書状が三通ある（陽明文庫一般文書三七二八〇号、三七二八一号、三七二八三号）。うち三七二八一号文書と三七二八三号文書はいわゆる「散らし書き」で執筆していて珍しい。内容は漠然としたものでそこから年代比定などの考察をすることは難しい。ただ文面に「先頃お送りした鷹を嵯峨にて飼っておられるご様子」（三七二八〇号）「とは言いましても、遥々御使いをいただき、かえってよそよそしいかのようです」（三七二八一号）「今度はいつと申しながら、お心静かにお話しできたこと忘れがたく存じます。ふと上洛致しますので、やはりお会いしてお話したいです」（三七二八三号）とあるように前久とはかなり親しい関係にあると思われる〔22〕（表5参照）。

おわりに

以上、一般的にみられる朱印状・黒印状・自筆を含む書状料紙、公家へ一斉発給された知行宛行朱印状の料紙、禁制の料紙、遠方への書状料紙について検討した。結果、一般的にみられる朱印状・黒印状・自筆を含む書状料紙は米粉を多く含んだ楮紙で、光沢がなく白く不透明な紙であること、墨のついた繊維・縺れ絡んだ繊維といった漉き返し繊維があること、縦の寸法・厚さ・重さ・密度から室町時代の杉原紙であると考える。縦の寸法・厚さ・重さ・密度を見ると天正四年以降、信長の地位向上に伴って徐々に増加する傾向にある。特に天正九年の料紙は高さが三一センチ前後、厚さが〇・二七から〇・三ミリ超のもの、重さが九・五から一〇グラム超のものが目立つようになる。また繊維束や不純物が取り除かれて紙面が平滑で、きめの細かい料紙となるが、江戸時代の奉書の縦寸法三三センチを超えることはなかった。洞院公賢の『園太暦』康永三年（一三四四）二月二十一日条に自身の左大臣辞表の料紙を高檀紙とし、二紙切り整えて継ぎ、清書したもので、その紙の寸法は一尺二寸（三六・三六センチ）であるという。近衛前久筆『武蔵大納言官位昇進被献禁中院中目録』（陽明文庫所蔵）は徳川家康が天正十五年（一五八七）八月に大納言叙任の際、各所への御礼目録の書き方を説明したもので、「料紙は小高檀紙が良いでしょう。または引合紙。大高檀紙は使ってはいけない。（大高檀紙は）禁裏で使われる紙であるから」とあり、大高檀紙は天皇の紙であるから人臣は使用してはいけないと言う〔23〕。一般的な折紙形式の朱印状・黒印状、自筆を含む書状料紙は、この「一尺二寸」という寸法を逸脱しなかったのである。唯一、これを超えたのが「安土上下町中掟書」であり、寸法は縦四二・三、横六〇・四センチと最大で、簀の目が粗く太いこと、吊り干し痕が見られることが知られる〔24〕。大きさは異なるが、秀吉が使用した「大高檀紙」と共通点が見受けられ、大高檀紙の祖型と考えても良いと思われる。

簀の目・糸目を見ると、永禄十二年から天正三年は一七・一八本、二〇から二五ミリ幅のものが多い。そして天正三年以降は簀の目が一九から二一本、糸目幅が三〇から三三ミリのものが多く見受けられる傾向にある。

この料紙の縦横比率をみると一：一・五五から六〇程のものが多く、平均一・五六である。高木叙子氏の研究によると多く使われた楮紙の寸法は、縦二九・〇、横四五・〇であるから〔25〕、これから比率を算出すると一：一・五五となり一致をみる。

天正三年十一月に従三位権大納言・右近衛大将の官位叙任に合わせて行われた知行宛行朱印状の料紙は、厚さ・重さ・密度は前述の料紙とあまり差はない。しかし填料（米粉）を含まず、非繊維物質などを残溜させて黄味のあるやや硬い触感を持たせた紙である。簀の目は一三から一五本と太く紙面にその凹凸の痕跡を残すものが多い。これらの紙は、「強杉原紙」という、室町将軍御判安堵御教書に用いられた武家の公文書（公験）料紙である。この知行宛行の料紙の他に、永禄十一年九月付東寺への織田信長禁制（せ函武八六）、同年月の吉田郷への織田信長禁制（吉六〇）、永禄十一年の四座中宛織田信長朱印状（諸役諸公事免除、思文閣所蔵）と天正五年十一月二十七日付松尾社宛織田信長朱印状（安堵状、思文閣所蔵）も同様である。

これらの料紙の縦横比率をみると平均一：一・四七であり、一般的にみられる朱印状の料紙を下回っている。富田正弘氏によれば、日本における古文書料紙の縦横の比率は、奈良期が中国に倣った一：二・〇から、平安期の過渡期を経て、中世には黄金比に近い一：一・六へ、さらに近世では白銀比に近い一：一・四へと変化していくという〔26〕。これを基にみると、一般的にみられる朱印状・黒印状・自筆を含む書状料紙は黄金比に近い数値であり、公家へ一斉発給された知行宛行朱印状の料紙や禁制の料紙は、白銀比に近い数値を示している。

これらの料紙と観応元年（一三五〇）から永禄八年（一五六五）の室町将軍及び幕府の御教書、幕府奉行人奉書、守護・守護代の遵行状、三好氏の禁制、六角氏関連発給の書状・禁制の料紙データと比較するとほぼ同質の料紙であり、信長文書の料紙はこれらの系譜をひく料紙として位置付けられるのである（**表6**参照［27］）。

分国外（遠方）に対する書状料紙は雁皮で、切紙の形式をとる。縦一六・八、横四七・五センチ、比率一：二・六九、厚さ〇・〇九ミリ、重さ四・二二グラム、密度〇・五八g／㎤、坪量五六・〇二g／㎡（平均値）である。非繊維物質や樹皮片は多く含まれているものが多く、パリパリ感と硬さを持っている。地合いは微少な斑または均一な紙面で光沢がある。紗漉きであるため簀の目・糸目が見えにくいという特徴を持つ。

内容によっては小切紙、続紙の形式をとる場合や、公家に対しては折紙形式の散らし書きの書状料紙として使用する場合がある。

上杉家文書のうち、永禄十年八月、越後・甲斐・相模の調停をした足利義昭御内書に対しての細川藤孝宛の返書（『北条氏政請状』九五二号）は厚さ〇・一三ミリ、重さ九・四グラム、密度一・二g／㎤、坪量一六一・三g／㎡という良質な鳥の子紙［28］で、それと比較すると薄手の雁皮紙であることがわかる。

雁皮紙の特徴を備えた紙について髙木叙子氏は、透過光観察で長さ一〇ミリ以上の扁平な繊維が散見されること、紙面が平滑だが文字に僅かな滲みやカスレが認められること、明瞭に簀の目が見受けられることを指摘しており、これらと同様の特色を持つ永禄九年（一五六六）四月付織田信長判物を修理の際に検査をしている。結果、「楮一〇〇％」と判明したため、「楮打紙」が含まれている可能性を念頭に置くようになったと言う。さらに氏は、「楮紙とは全く風合いの異なる、艶やかで平滑で美しい料紙を用いるべきところで用いることこそが重要視されていた」と理解し、この一群の料紙を「斐紙風料紙」と称して分類している［29］。

しかし、楮打紙ついて、湯山賢一氏が、「我が国の古文書料紙は、原則として素紙を用い、加工紙を用いない。これは文書料紙としてのありのままの姿がその信用性の基本的な性格を示す」ものであり、「加工の手が加えられない素紙は、文書自身が改ざんされていないということの証明となった」と述べられている［30］。よって中世における古文書料紙に「楮打紙」が使用されることは極めて低いと言える。

雁皮は成長が遅く栽培が困難であること、生息地も中部から西日本の温暖地域に限定される。よって、一枚当たりのコストを抑えるため、本来は除去する外皮に近い繊維を含めて漉いているものが多い。時々、紙の表面にやや長繊維のものが見られるのはこのことが要因であると考える。

また雁皮紙は室町後期に将軍御内書やその添状などに用いられ、その利用は有力守護大名から戦国大名に至るまで切紙書状の典型的料紙として全国的展開をみせるもので［31］、楮よりも格上の料紙と言える。

このように信長は、一般の紙と公験（公的）の紙、遠方への紙といった文書料紙の機能性を考慮して使い分けしていたことがわかる。

注

［1］　細川家文書については、熊本県立美術館と公益財団法人永青文庫と熊本大学文学部附属永青文庫研究センター（当時）との共同調査によるものである。

その他、科学研究費補助金　基盤研究（B）「近世文書料紙の形態・紙質に関する系譜論的研究」（研究代表者：本多俊彦）、基盤研究（A）「摂関家伝来史料群の研究資源化と伝統的公家文化の総合的研究」（研究代表者：尾上陽介）、基盤研究（A）「『国際古文書料紙学』の確立」（研究代表者：渋谷綾子）、挑戦的研究（萌芽）「前近代の和紙の混入物分析にもとづく「古文書科学」の可能性探索」（研究代表者：渋谷綾子）、史料編纂所共同利用・共同研究拠点一般共同研究「古文書料紙の物理的手法による調査研究」（研究代表者：藤田励夫）、同「織豊期の文書料紙の形態・紙質について——前田家関係史料を中心に」（研究代表者：本多俊彦）、同「松尾大社所蔵史料の調査・研究」（研究代表者：野村朋弘）、同「松尾大社所蔵史料の研究資源化」（研究代表者：角田朋彦）、同「中近世古文書料紙に関する総合的研究」（研究代表者：貫井裕恵）、公益財団法人サントリー文化財団人文科学・社会科学に関する学際的グループ研究助成（研究代表者：本多俊彦）、東京大学史料編纂所画像解析センタープロジェクト「東寺百合文書料紙分析プロジェクト」（研究代表者：高橋敏子）、東京大学プロジェクト研究『原本史料情報解析』の方法による南九州関係文書の保全と研究」（研究代表者：本郷恵子）による研究成果の一部である。

［2］　高木叙子「「信長文書の世界」展補遺——紙・形態・印判」（『安土城考古博物館紀要』一〇号、二〇〇二年）、および「織田信長文書論」（藤田達生編『織田政権と本能寺の変』塙書房、二〇二一年）。氏の料紙研究法は、顕微鏡での観察や修理時の料紙の分析を踏まえているが、縦・横寸法、紙の薄厚、簀の目の粗密と強弱、白味の強弱、粉気の強弱（触感）、板目・刷毛目の有無、吊り干し痕の有無に注目する点で上島有氏の料紙研究に近い。また製法では乾燥法のみに止まり、繊維束・繊維溜りの有無（叩解の度合い）、樹皮片・非繊維物質（表皮細胞・柔細胞）の有無（塵取り・水洗いの精度）、繊維の配向（ネリの問題）がない。これらは素材論だけでなく、作業工程等のデータ収集が料紙を考える上で必要となる（湯山賢一『古文書の研究　料紙論・筆跡論』青史出版、二〇一七年）。しかし、感覚的調査項目を全面的に否定するのではない。池田寿氏が、「日本独自の感覚的な所産である風合い、色合い、地合いなど審美的要素も紙を考える上では重要な要件である」と述べているように（「大徳寺文書にみえる料紙とその利用」科研費助成金（課題番号14201031）研究成果報告書（研究代表者：保立道久）、二〇〇五年）、一方に偏ることなく、数値データとの両立を図ることが重要と考える。したがって高木氏の指摘は信長文書の料紙を考える上で重要な情報であり、普段目にできない史料を分析した結果については見過ごすことはできない。

［3］　富田正弘氏が指摘するように、文書料紙の質量も重要で、その指標として、縦寸法（高）・横寸法（幅）・高幅比率・厚さ・重さ・密度が挙げられる。政治文書において、その質量感により権威を示すことが可能であり、発給者の身分階梯と文書料紙の質量とをリンクさせれば、文書の発給自体が階層支配の手段にもなる（富田正弘「中世文書の料紙形態の歴史的変遷を考える」国立歴史民俗博物館編『歴博』一八四号、二〇一四年）。

［4］　本多俊彦「文書料紙調査の観点と方法」（小島浩之編『東アジア古文書学の構築——現状と課題』東京大学経済学部資料室、二〇一八年）、この方法は湯山賢一・富田正弘らの料紙研究グループによる文書料紙調査方法を基本に検討を加えて構築したものである。

［5］　金子拓『織田信長〈天下人〉の実像』（講談社現代新書、二〇一四年）。

［6］　前近代日本料紙研究者の大川昭典氏のご教示による。

［7］　澱粉粒子の分析を専門とする渋谷綾子氏が、国立歴史民俗博物館所蔵織田信長朱印状（館蔵番号H—一〇三一—一—一七）にある全体に満遍なく且つ大量に見受けられる粒状物質はイネの澱粉つまり米粉であることを明らかにしている（渋谷綾子「顕微鏡を用いた古文書料紙の自然科学分析の試み」（国立歴史民俗博物館編『歴史研究と〈総合資料学〉』吉川弘文館、二〇一八年））。

［8］　大川昭典「文書紙の繊維組成及び填料の観察」（湯山賢一編『古文書料紙論叢』勉誠出版、二〇一七年）。

［9］　富田正弘『古文書料紙原本にみる材質の地域的特質・時代的変遷に関する基礎的研究』（『平成六年度科研費助成金（総合研究A）研究成果報告書』研究代表者：富田正弘、一九九五年）に収集データの基準が示されており、重さ五グラム以下を軽、五から八グラムを普通、八グラム以上を重、密度〇・二五未満を低、〇・二五から〇・三四を中、〇・三五以上を高、坪量三五以下を低、三五から五四を中、五五以上を高としている。

[10]　高木氏の調査見解によると、永禄十年十一月付埴原次右衛門宛朱印状（個人蔵）が縦二五・二、横四二・四センチ、永禄十一年二月付藤八宛朱印状（市立長浜城歴史博物館所蔵）が縦二五・八、横四〇・七センチで、ともに楮の折紙形式で、厚さは薄い。簀の目は二四本程度、糸目幅は三〇ミリ程であるという（高木前掲論文2「「信長文書の世界」展補遺――紙・形態・印判」）。この時期に二四本は若干見受けられるものと考える。

[11]　拙稿「国宝上杉家文書による戦国期料紙の再検討」（米沢市上杉博物館図録『上杉家文書国宝への道――修復と紙の世界』二〇一三年）。

[12]　山田貴司「細川家伝来文書にみる信長文書論の現在地」（中京大学文化科学研究所『文化科学研究』二七、二〇一六年）に同日付堀秀政添状（No.04）に自筆であると記されているとの指摘がある。『信長公記』巻一〇天正五年十月一日条に松永久秀が裏切り松永方の片岡城を攻めた時、一五歳の忠興は弟とともに城へ一番乗りしたと言われ、この働きぶりに対して信長が感動して感状を送ったとある。

[13]　金子拓『織田信長　不器用すぎた天下人』（河出書房新社、二〇一七年）。

[14]　二〇二三年に文化庁国庫事業による根本修理により、台紙から外し、料紙調査を行った成果である。

[15]　韓允熙・江前敏晴・髙島晶彦・保立道久ら「中世大徳寺文書に見る和紙の表裏と書状の関係」（『日本史研究』五七九号、二〇一〇年）。

[16]　東京大学史料編纂所の遠藤珠紀氏のご教示による。

[17]　富田正弘「神仏の紙と人の紙」（『古文書研究』七九号、二〇一五年）。

[18]　髙木氏によれば、東寺百合文書のうち永禄十一年九月付東寺境内宛織田信長禁制（朱印）、前田育徳会所蔵の同年十月十二日付周悦首座宛織田信長朱印状（首座跡職を将軍の下知の通りに承認したもの）、宮内庁書陵部所蔵天正五年十一月二十三日付鷹司宛織田信長朱印状（知行宛行）がこの料紙と同様であるとしている（髙木前掲論文2「「信長文書の世界」展補遺――紙・形態・印判」）。

[19]　髙木氏によれば永禄十一年上洛に際して美濃・近江の路次と京都周辺に発給された禁制の料紙は、「斐紙風」もしくは簀の目の粗く比較的大きな楮紙が用いられたとしている（髙木前掲論文2「織田信長文書論」）。

[20]　一〇〇倍率レンズの顕微鏡観察により「細く平らな繊維が密に重なり合って隙間なく見える」ことから判断した。大川氏の見解と一致するものである（前掲大川論文8）。中には樹皮に近い甘皮の太目の繊維を含む場合がある。

[21]　富田正弘氏によれば、南北朝期に小切紙形式の軍勢催促状が雁皮紙に書かれて、密使により運ばれていたという（富田前掲論文17）。

[22]　東京大学史料編纂所の遠藤珠紀氏のご教示による。

[23]　拙稿「龍野神社旧蔵史料の修理について」（『東京大学史料編纂所画像史料解析センター通信』七四号、二〇一六年）。

[24]　髙木前掲論文2。この文書の高精細画像（https://adeac.jp/omihachiman-city）が公開されており、簀の目や吊り干し痕を確認することができる。

[25]　髙木前掲論文2。

[26]　富田前掲論文3。

[27]　金子拓氏は室町幕府の系統というより、それを模倣した守護・大名文書の中から派生したものと捉えている（「戦国大名の文書と天下人の文書」小島道裕編『古文書の様式と国際比較』勉誠出版、二〇二〇年）。

[28]　拙稿前掲論文11。

[29]　髙木前掲論文2。

[30]　湯山賢一『古文書の研究　料紙論・筆跡論』（青史出版、二〇一七年）。

[31]　湯山前掲論文30。

厚さ（平均）	重量（g）	密度（g/㎤）	坪量（g/㎡）	繊維の種類	米粉	非繊維物質	混入物	樹皮片	繊維束	繊維溜	地合	硬さ	地色	簀の目（本数）	糸目幅（mm）	板目	刷毛目	備考
–	–	–	–	楮	多	中	漉き返し（墨付き繊維）							17	22	–	–	巻子装。裏打ちあり
.18	6.9	0.28	49.68	楮	多	少		多	普通	有	斑・普通	柔	白	18	21	表・顕	裏・顕	
–	–	–	–	楮	多	中	漉き返し（墨付き繊維）				–	–		16	21	–	–	巻子装。裏打ちあり
–	–	–	–	楮	多	少	漉き返し（縺れた繊維）・青繊維	微			–	–	白茶	18	30	表・微	–	巻子装。裏打ちあり
.17	5.5	0.26	43.80	楮	中	少		普通		有	斑・普通	柔	白	18	22	表・顕	裏・顕	
0.1	3.7	0.34	33.84	楮	多	中	漉き返し（縺れた繊維）	普通	普通	有	斑・微	柔	–	17	17〜22	表・微	裏・微	漉き皺あり。古色付け（茶）。もと掛軸
–	–	–	–	楮	中	中	漉き返し（墨付き繊維）				–	–		16	22	–	–	巻子装。裏打ちあり
–	–	–	–	楮	多	多	青繊維	微	少		–	–	白	15	20	–	–	
–	–	–	–	楮	多	少	漉き返し（縺れた繊維）	普通	少	有	–	–	白茶	17	22	表・微	–	巻子装。裏打ちあり
.38	16.8	0.33	125.89	楮	多	多		微	少	有	普通	やや硬	白黄	24	27	表・普	裏・普	全体的に擦れによる毛羽立ちが見受けられる
.16	3.7	0.22	35.13	楮	多	微		普通	多	有	普通	柔	白	17	23	表・微	裏・瞭	切封跡あり
.27	10.45	0.28	76.74	楮	多	中		微	微		均一	柔	白黄	17	21	表・顕	裏・瞭	
–	–	–	–	楮	-	-		少	多		–	–	白	17	22	–	–	掛軸装。裏打ちあり
–	–	–	–	楮	少	多	漉き返し（墨付き繊維）		普通		–	–	–	18	25	–	–	掛軸装。裏打ちあり
.25	7.5	0.25	63.13	楮	多	微		微	普通	有	斑・微	柔	白	18	33	表・瞭	裏・顕	
.19	6.65	0.27	50.41	楮	多	微	漉き返し（墨付き繊維）	普通	普通	有	斑・微	柔	白	17	20〜25	表・顕	裏・顕	折返しあり
0.2	7.0	0.27	53.96	楮	多	微	漉き返し（墨付き繊維）	普通	少	有	均一	柔	白	17	22〜25	表・顕	裏・顕	
0.2	5.8	0.22	44.94	楮	多	微	漉き返し（墨付き繊維）	微	少		均一	柔	白	17	21〜25	表・顕	裏・顕	
-	-	-	-	楮	-	-		微	普通		-	-	白	17	25	-	-	裏打ちあり
0.2	7.02	0.25	52.30	楮	多	微	漉き返し（墨付き繊維）・青繊維・赤繊維	少		有	均一	柔	白	15	21〜27	表・普	裏・普	
0.2	6.8	0.27	54.53	楮	多	微	漉き返し（墨付き繊維）	微	少	有	斑・微	柔	茶	17	20〜25	不可視	裏・普	
-	-	-	-	楮	-	-		微	少		-	-	白	-	-	-	-	裏打ちあり

［表1］ 朱印状・黒印状料紙データ 永禄12年〜天正3年

	文書群	文書名	和暦年月日	形状	差出・作成	宛所	法量（縦）	法量（横）	縦横比 1：
1	中京大 日野烏丸家文書　乙巻62	織田信長朱印状 （所領安堵）	永禄12年 正月21日	折紙	信長（朱印「天下布武」） 楕円	当地（摂州上牧）名主百姓中	28.0	43.5	1.55
2	加賀本多博物館 青地文書	織田信長朱印状 （所領等安堵）	（永禄12年） 4月9日	折紙	信長（朱印「天下布武」） 楕円	青地駿河守殿	30.0	46.3	1.54
3	中京大 日野烏丸家文書　乙巻63	織田信長朱印状 （不知行分領知宛行）	（永禄12年） 4月19日	折紙	信長（朱印「天下布武」） 楕円	烏丸殿雑掌	28.5	43.5	1.55
4	京都府立京都学歴彩館 革嶋家文書	織田信長朱印状 （所領安堵）	元亀元年 4月23日	折紙 （下側反転）	信長（朱印「天下布武」） 馬蹄形	革嶋越前守殿（一宣）	26.5	41.7	1.57
5	加賀本多博物館 青地文書	織田信長朱印状 （相続承認）	元亀元年 10月6日	折紙	信長（朱印「天下布武」） 馬蹄形	青地千世寿殿	27.6	45.5	1.65
6	東大史料　貴2-7	織田信長朱印状	元亀2年 正月2日	折紙	信長（朱印「天下布武」） 馬蹄形	木下藤吉郎とのへ	26.8	40.8	1.52
7	中京大 日野烏丸家文書　乙巻64	織田信長朱印状	元亀2年 9月17日	折紙	信長（朱印「天下布武」） 馬蹄形	烏丸殿雑掌	28.8	46.1	1.60
8	岐阜歴史資料館	織田信長朱印状	元亀2年 12月13日	折紙 （下側反転）	信長（朱印「天下布武」） 馬蹄形	根尾右京亮殿 根尾市介殿 根尾内膳亮殿	28.0	44.7	1.60
9	京都府立京都学歴彩館 革嶋家文書	織田信長朱印状	元亀3年 9月3日	折紙	信長（朱印「天下布武」） 馬蹄形	革嶋越前守殿（一宣）	27.6	42.1	1.53
10	中京大 伊藤宗十郎家文書1	織田信長朱印状 （尾張美濃両国「唐人方」「呉服方」商売の総括命令）、夷子講の裁許	元亀3年 12月2日	折紙	信長（朱印「天下布武」） 馬蹄形	惣十郎へ	29.2	45.7	1.57
11	細川家文書　No.08	織田信長朱印状	（元亀4年） 2月26日	折紙	信長（朱印「天下布武」） 馬蹄形	（細川兵部大輔殿）上書	26.0	40.5	1.56
12	細川家文書　No.11	織田信長朱印状 （所領安堵）	元亀4年 7月10日	折紙	信長（朱印「天下布武」） 馬蹄形	細川兵部太輔殿	29.6	46.0	1.55
13	国立歴史民俗博物館 水木栗太郎旧蔵コレクション	織田信長黒印状	天正元年 9月	折紙	信長（黒印「天下布武」） 馬蹄形	東大寺	29.4	45.6	1.55
14	岐阜歴史資料館	織田信長朱印状 （知行宛行）	天正元年 10月8日	折紙	信長（朱印「天下布武」） 馬蹄形	小武弥三郎とのへ	29.5	46.0	1.56
15	細川家文書　No.12	織田信長黒印状	（天正2年） 8月3日	折紙	信長（黒印「天下布武」） 馬蹄形	長岡兵部太輔殿	27.0	44.0	1.63
16	細川家文書　No.15	織田信長黒印状	（天正2年） 9月22日	折紙	信長（黒印「天下布武」） 馬蹄形	長岡兵部大輔殿	28.8	45.8	1.59
17	細川家文書　No.16	織田信長黒印状	（天正2年） 9月24日	折紙	信長（黒印「天下布武」） 馬蹄形	長岡兵部大輔殿	28.2	46.0	1.63
18	細川家文書　No.47	織田信長朱印状	天正3年 3月22日	折紙	信長（朱印「天下布武」） 馬蹄形	長岡兵部太輔殿	29.0	44.5	1.53
19	細川家文書　No.26	織田信長黒印状	（天正3年） 5月26日	折紙	信長（黒印「天下布武」） 馬蹄形	長岡兵部太輔殿	28.6	45.0	1.57
20	國學院大 久我家文書118-690-118	織田信長朱印状	天正3年 7月12日	折紙	信長（朱印「天下布武」） 馬蹄形	村井長門守殿（貞勝）	29.5	45.5	1.54
21	細川家文書　No.18	織田信長黒印状	（天正3年） 8月29日	折紙	信長（黒印「天下布武」） 馬蹄形	瀧川左近殿	29.0	43.0	1.48
22	細川家文書　No.49	織田信長黒印状	（天正3年） 10月9日	折紙	信長（黒印「天下布武」） 馬蹄形	長岡兵部大輔殿	28.8	45.6	1.58

重量(g)	密度(g/cm³)	坪量(g/m²)	繊維の種類	米粉	非繊維物質	混入物	樹皮片	繊維束	繊維溜	地合	硬さ	地色	簀の目(本数)	糸目幅(mm)	板目	刷毛目	備考
-	-	-	楮	-	-		微	少		-	-	白	17	23	-	-	裏打ちあり
1.3	0.23	84.63	楮	多	微	漉き返し(墨付き繊維・繊維折れ)	微	微	有	均一	柔	白	21	33	表・微	裏・顕	引き皺あり。八朔の祝儀(帷)への返礼・石山一揆の戦果に対する賞讃
8.4	0.25	61.96	楮	中	少				有(多)	普通	柔	白黄	17	23	表・瞭	裏・瞭	
7.3	0.26	54.37	楮	多	微	漉き返し(墨付き繊維)	普通	普通	有	均一	柔	白	18	21～23	不可視	裏・顕	重紙
0.6	0.24	79.96	楮	中	中		普通	普通		普通	柔	白黄	19	21	表・普	裏・普	
3.8	0.25	88.18	楮	中	少		普通		有	普通	柔	白黄	14	24	表・普	裏・普	
9.0	0.25	65.72	楮	中	中		普通			普通	柔	白黄	16	21	表・普	裏・普	
7.4	0.26	63.38	楮	中	中		普通			斑・普通	硬い	黄	16	23	表・顕	裏・顕	擦れによる毛羽立ちが見受けられる。富田科研調査データより
0.05	0.26	70.97	楮	多	微	漉き返し(墨付き繊維)	微	微		均一	柔	白	20	32	表・普	裏・顕	「唐錦一巻」の礼状『綿考輯録』巻九の記載により年代比定
5.6	0.27	98.26	楮	多	微		微	微	有	均一	柔	白	17	22～24	不可視	裏・顕	
7.2	0.23	53.69	楮	中	中		普通	普通		普通	柔	白黄	17	22	表・微	裏・普	
0.0	0.27	70.07	楮	中	中		少	少		普通	柔	白黄	19	30	表・普	裏・普	
9.4	0.28	66.08	楮	中	中		少	少		普通	柔	白黄	18	33	表・普	裏・普	
0.6	0.26	73.72	楮	中	中		少	少		普通	柔	白黄	19	27～30	表・微	裏・普	
9.5	0.26	66.22	楮	多	微	漉き返し(墨付き繊維)	微			均一	柔	白	21	32	表・微	裏・顕	しぼ(簀目凹凸)やや目立つ
.65	0.28	67.71	楮	多	微	漉き返し(墨付き繊維)	微	微		均一	柔	白	21	25～30	表・瞭	裏・顕	
9.9	0.28	69.07	楮	多	微	漉き返し(墨付き繊維)	微	微		均一	柔	白	21	30～33	表・微	裏・顕	
9.4	0.25	66.38	楮	多	微	漉き返し(墨付き繊維)	微	微		均一	柔	白	21	30～32	表・顕	裏・顕	
1.85	0.24	74.40	楮	多	微	漉き返し(墨付き繊維)	普通	少		普通	柔	白	17	20～23	不可視	裏・普	しぼ(簀目凹凸)のようなものあり
4.1	0.24	89.09	楮	多	微	漉き返し(墨付き繊維)	普通	少	有	普通	柔	白	17	20～23	不可視	裏・微	しぼ(簀目凹凸)のようなものあり
3.0	0.24	82.97	楮	中	中		微	少		均一	柔	白	18	23	不可視	裏・普	
2.6	0.24	80.48	楮	中	中		普通	普通		普通	柔	白黄	16	20	表・普	裏・普	
0.8	0.27	68.46	楮	多	中		普通	少		普通	柔	白黄	17	24	表・普	裏・普	
-	-	-	楮	有	-	漉き返し(墨付き繊維)	微	有	有	均一	-	白	18	不可視	不可視	不可視	台紙貼り。漉き皺あり
8.3	0.32	64.00	楮	多	微	漉き返し(縺れた繊維・墨付繊維)	普通	普通	有	均一	柔	白	18	25	不可視	不可視	
3.0	0.23	32.45	楮	多	少	漉き返し(縺れた繊維)	少	少	有	斑・少	柔	白	17	20	表・微	裏・普	重紙
3.4	0.23	36.38	楮	多	少	漉き返し(縺れた繊維)	少	少	有	斑・微	柔	白	17	25	裏・微	表・顕	

［表2］　朱印状・黒印状料紙データ　天正4年～10年

	文書群	文書名	和暦年月日	形状	差出・作成	宛所	法量（縦）	法量（横）	縦横比 1：	厚さ（平均
1	細川家文書　No.19	織田信長黒印状	（天正4年）6月28日	折紙	（黒印「寶」）	長岡兵部大輔殿	28.5	45.7	1.60	-
2	細川家文書　No.20	織田信長黒印状	（天正4年）7月29日	折紙	（黒印「天下布武」）馬蹄形	長岡兵部大輔殿	28.9	46.2	1.60	0.37
3	穴水市歴史民俗資料館 長家文書1	織田信長朱印状	（天正6年）11月11日	折紙	信長（朱印「天下布武」）馬蹄形	佐々権左衛門尉殿（長樋）	29.6	45.8	1.55	0.25
4	細川家文書　No.35	織田信長黒印状	（天正7年）正月12日	折紙	信長（黒印「天下布武」）馬蹄形	長岡与一郎殿	29.7	45.2	1.52	0.21
5	穴水市歴史民俗資料館 長家文書5	織田信長黒印状	（天正7年）6月23日	折紙	信長（黒印「天下布武」）馬蹄形	長孝恩寺	29.2	45.4	1.55	0.33
6	穴水市歴史民俗資料館 長家文書6	織田信長黒印状	（天正7年）10月20日	折紙	信長（黒印「天下布武」）馬蹄形	長九郎左衛門尉とのへ（連龍）	31.3	50.0	1.60	0.36
7	穴水市歴史民俗資料館 長家文書9	織田信長朱印状	（天正8年）9月1日	折紙	信長（朱印「天下布武」）馬蹄形	長九郎左衛門尉とのへ	30.5	44.9	1.47	0.26
8	神戸大　中川家文書1	織田信長朱印状	（天正8年）9月17日	折紙	信長（朱印「天下布武」）馬蹄形	中川瀬兵衛とのへ（清秀）	27.8	42.0	1.51	0.24
9	細川家文書　No.44	織田信長黒印状	（天正9年ヵ）2月17日	折紙	信長（黒印「天下布武」）馬蹄形	長岡与一郎殿	30.0	47.2	1.57	0.27
10	細川家文書　No.55	織田信長朱印状	天正9年 3月5日	折紙	信長（朱印「天下布武」）馬蹄形	長岡兵部太輔殿	31.5	50.4	1.60	0.36
11	穴水市歴史民俗資料館 長家文書10	織田信長黒印状	（天正9年）3月27日	折紙	信長（黒印「天下布武」）馬蹄形	長九郎左衛門尉とのへ	29.8	45.0	1.51	0.23
12	穴水市歴史民俗資料館 長家文書11	織田信長黒印状	（天正9年）7月18日	折紙	信長（黒印「天下布武」）馬蹄形	長九郎左衛門尉とのへ	30.3	47.1	1.55	0.26
13	穴水市歴史民俗資料館 長家文書12	織田信長黒印状	（天正9年）7月18日	折紙	信長（黒印「天下布武」）馬蹄形	菅屋九右衛門尉殿（長頼）	30.2	47.1	1.56	0.24
14	穴水市歴史民俗資料館 長家文書14	織田信長黒印状	（天正9年）8月13日	折紙	信長（黒印「天下布武」）馬蹄形	長九郎左衛門尉殿	30.4	47.3	1.56	0.28
15	細川家文書　No.57	織田信長朱印状	（天正9年）9月4日	折紙	信長（朱印「天下布武」）馬蹄形	長岡兵部大輔殿	30.2	47.5	1.57	0.25
16	細川家文書　No.56	織田信長朱印状	天正9年 9月4日	折紙	信長（朱印「天下布武」）馬蹄形	長岡兵部大輔殿	30.0	47.5	1.58	0.24
17	細川家文書　No.58	織田信長朱印状	天正9年 9月7日	折紙	信長（朱印「天下布武」）馬蹄形	惟任日向守殿	30.3	47.3	1.56	0.25
18	細川家文書　No.59	織田信長朱印状	（天正9年）9月10日	折紙	信長（朱印「天下布武」）馬蹄形	長岡兵部大輔殿 惟任日向守殿	30.0	47.2	1.57	0.27
19	細川家文書　No.66	織田信長黒印状	（天正9年）9月16日	折紙	信長（黒印「天下布武」）馬蹄形	長岡与一郎殿	31.6	50.4	1.59	0.31
20	細川家文書　No.65	織田信長黒印状	（天正9年）9月16日	折紙	信長（黒印「天下布武」）馬蹄形	長岡兵部大輔殿	31.4	50.4	1.60	0.37
21	安土城考古博物館所蔵文書	織田信長黒印状	（天正10年）4月4日	折紙	信長（黒印「天下布武」）馬蹄形	理性院	31.4	49.9	1.59	0.35
22	穴水市歴史民俗資料館 長家文書15	織田信長黒印状	（天正10年）5月20日	折紙	信長（黒印「天下布武」）馬蹄形	長九郎左衛門尉殿	31.2	50.2	1.61	0.33
23	穴水市歴史民俗資料館 長家文書16	織田信長黒印状	（天正10年）5月27日	折紙	信長（黒印「天下布武」）馬蹄形	長九郎左衛門尉殿	31.3	50.4	1.61	0.25
24	細川家文書　No.03	織田信長自筆感状	（天正5年）10月2日	折紙	署名なし	与一郎殿	29.3	46.4	1.58	-
25	東大史料 益田家文書　番外	織田信長書状	日付なし・天正6年ヵ	竪紙	信長（端裏書）	つのかみ殿（荒木村重）新五郎殿（荒木村次）	28.5	45.5	1.60	0.2
26	東大史料 島津家文書1-2-46（歴代亀鑑）	織田信長書状	天正8年 8月12日	竪紙（本紙）	信長（署名のみ）	近衛殿（前久）	24.2	38.2	1.58	0.14
				竪紙（裏紙）			24.4	38.3	1.57	0.16

坪量(g/㎡)	繊維の種類	米粉	非繊維物質	混入物	樹皮片	繊維束	繊維溜	地合	硬さ	地色	簀の目(本数)	糸目幅(mm)	板目	刷毛目	備考
9.81	楮	無	少		少	多		斑・少	やや硬	白黄	13	25〜28	裏・微	表・微	しぼ(簀目凹凸)やや目立つ。引き皺あり。
3.01	楮	無	多		普通	多		斑・微	やや硬	白黄	15	25〜30	不可視	表・微	漉き皺あり。
2.29	楮	無	中		少	少	有	斑・微	やや硬	白黄	14	25〜30	表・微	裏・普	しぼ(簀目凹凸)やや目立つ。
2.29	楮	無	中		少	少	有	斑・微	やや硬	白黄	14	27〜28	表・微	裏・普	しぼ(簀目凹凸)やや目立つ。
2.09	楮	無	多	漉き返し(縺れた繊維)・青繊維	普通	多	有	斑・少	硬	白黄	13	24〜30	不可視	裏・普	しぼ(簀目凹凸)やや目立つ。漉き皺あり。
5.51	楮	無	多	漉き返し(墨付き繊維)	多	少		斑・少	やや硬	白黄	12	27〜30	表・微	裏・微	しぼ(簀目凹凸)やや目立つ。奥天地角に引き皺あり。

坪量(g/㎡)	繊維の種類	米粉	非繊維物質	混入物	樹皮片	繊維束	繊維溜	地合	硬さ	地色	簀の目(本数)	糸目幅(mm)	板目	刷毛目	備考
-	楮	無	中		普通	-	-	-	-	白	13	25	-	-	掛軸装。裏打ちあり。簀目目立つ。
52.30	雁皮	微	多	赤繊維	微			斑・少	やや硬	白茶	不可視	不可視	裏・普	表・微	漉き皺あり。やや光沢あり。
-	雁皮	少	-					-	-		不可視	不可視	-	-	巻子装。裏打ちあり。

量(g)	密度(g/㎤)	坪量(g/㎡)	繊維の種類	米粉	非繊維物質	混入物	樹皮片	繊維束	繊維溜	地合	硬さ	地色	簀の目(本数)	糸目幅(mm)	板目	刷毛目	備考
.1	0.57	51.05	雁皮	-	多		少			斑・微	硬	白茶	-	-	表・微	裏・微	光沢ややあり。もと巻子
.6	0.57	62.97	雁皮	-	多	青繊維				斑・微	硬	白茶	-	-	不可視	不可視	光沢あり。足利義昭御内書の添状。
05	0.52	36.30	雁皮	-	多	青繊維				斑・微	硬	白茶	-	-	不可視	不可視	光沢あり。足利義昭御内書の添状。
.9	0.79	49.80	雁皮				普通			斑・微	硬	白黄	不可視	不可視	表・顕	裏・顕	富田科研調査データより
-	-	-	雁皮	-	多		普通			-	-	白茶	-	-	表・微	-	巻子装。裏打ちあり。光沢あり。
.48	0.63	68.92	雁皮	無	中		普通			均一	硬	白黄	不可視	不可視	表・普	裏・普	
.5	0.51	50.46	雁皮	無	中			普通		均一	硬	黄	不可視	不可視	表・瞭	裏・普	
.9	0.59	53.19	雁皮	多	少		微			斑・少	やや硬	茶	微	25〜30	表・微	不可視	紗目・微
.0	0.58	52.27	雁皮				微			均一	硬	茶	不可視	不可視	表・微	裏・微	紗目・微
.8	0.52	56.88	雁皮	少	-					均一	硬	白茶	-	-	表・微	裏・微	樹皮に近い太い繊維(甘皮の繊維)が混じる。裏側に紗目あり。
.2	0.52	52.38	雁皮	少	-					均一	硬	白茶	-	-	表・普	裏・普	樹皮に近い太い繊維(甘皮の繊維)が混じる。端裏切封。裏側に紗目あり。
-	-	-	雁皮	(有)	多	青繊維	微	-	-	均一	-	白茶	不可視	不可視	表・微	-	光沢あり。裏打ちあり。
-	-	-	雁皮	(有)	多		微	-	-	均一	-	白茶	不可視	不可視	不可視	不可視	光沢あり。裏打ちあり。散らし書き。
-	-	-	雁皮	(有)	多	青繊維	微	-	-	均一	-	白茶	不可視	不可視	表・微	不可視	裏打ちあり。散らし書き。
3.3	0.60	53.78	雁皮	無	中		微			均一	硬	白茶	不可視	不可視	表・微	不可視	紗目あり。
.1	0.63	50.01	雁皮	無	微		微			均一	硬	白黄	不可視	不可視	不可視	裏・微	

[表3]　公家・神社宛朱印状料紙データ

	文書群	文書名	和暦年月日	形状	差出・作成	宛所	法量(縦)	法量(横)	縦横比 1：	厚さ(平均)	重量(g)	密度(g/cm³)
1	陽明文庫　4546	織田信長朱印状(知行宛行)	天正3年11月6日	竪紙	信長(朱印「天下布武」)馬蹄形	近衛殿(前久)	36.1	52.8	1.46	0.23	11.4	0.26
2	陽明文庫　4619	織田信長朱印状(知行宛行)	天正3年11月6日	折紙	信長(朱印「天下布武」)馬蹄形	入江殿雑掌	31.8	46.5	1.46	0.13	6.36	0.33
3	京都大文学部 勧修寺文書1411	織田信長朱印状(知行宛行)	天正3年11月6日	折紙	信長(朱印「天下布武」)馬蹄形	勧修寺弁殿(晴豊)	31.6	45.8	1.45	0.15	6.12	0.28
4	京都大文学部 勧修寺文書1412	織田信長朱印状(知行宛行)	天正3年11月6日	折紙	信長(朱印「天下布武」)馬蹄形	勧修寺大納言殿(晴右)	31.7	45.5	1.44	0.14	6.1	0.30
5	松尾大社文書　90号	織田信長朱印状(安堵)	天正5年11月27日	竪紙	右大臣兼右近衛大将平朝臣(朱印・双龍「天下布武」)	なし	35.0	52.0	1.49	0.21	11.3	0.30
6	思文閣	織田信長朱印状(諸役・諸公事免除)	永禄11年10月	折紙	信長(朱印「天下布武」)楕円	四座中	32.0	44.7	1.40	0.22	7.94	0.25

[表4]　禁制料紙データ

	文書群	文書名	和暦年月日	形状	差出・作成	宛所	法量(縦)	法量(横)	縦横比 1：	厚さ(平均)	重量(g)	密度(g/cm³)
1	東寺百合文書　せ函武86	織田信長禁制	永禄11年9月	竪紙	弾正忠(朱印「天下布武」)楕円	東寺	35.8	53.1	1.48	-	-	-
2	國學院大　吉田家文書　吉60	織田信長禁制	永禄11年9月	竪紙	弾正忠(朱印「天下布武」)楕円	吉田郷	34.2	51.7	1.51	0.09	8.4	0.53
3	中京大　日野烏丸家文書　乙巻66	織田信長禁制	天正6年11月	竪紙	信長(朱印「天下布武」)馬蹄形	上牧郷	34.3	50.3	1.47	-	-	-

[表5]　分国外への書状料紙データ

	文書群	文書名	和暦年月日	形状	差出・作成	宛所	法量(縦)	法量(横)	縦横比 1：	厚さ(平均
1	戦国武将文書(東大史料　0071-24)	織田信長書状	(永禄8年)12月5日	切紙	信長(花押)	細川兵部太輔殿	16.8	44.1	2.61	0.09
2	上杉家文書　448	織田信長書状	(永禄12年)2月10日	切紙	信長(花押)	直江景綱殿	18.0	49.4	2.74	0.11
3	上杉家文書　445	織田信長書状	(永禄12年)4月7日	切紙	信長(花押)	直江景綱殿	16.8	50.0	2.98	0.07
4	立花家史料館 大友家文書192	織田信長書状	(元亀2年)2月28日	切紙	信長(花押)	謹上　大友左衛門入道殿(宗麟)	18.1	54.4	3.01	0.06
5	京都府立京都学歴彩館 革嶋家文書	織田信長書状	(元亀2年ヵ)8月14日	切紙	信長(花押)	細川兵部太輔殿	17.4	42.0	2.41	-
6	仙台市博物館 伊達家文書1-193-1	織田信長書状	天正2年9月2日	切紙	信長(花押)	謹上　伊達次郎殿(輝宗)	18.4	51.1	2.78	0.11
7	仙台市博物館 伊達家文書1-193-2	織田信長音物目録	天正2年9月2日	切紙	信長(朱印「天下布武」)馬蹄形	伊達殿(輝宗)	18.3	37.9	2.07	0.1
8	雑文書9-9-3(東京大学文学部)	織田信長朱印状	(天正3年)11月28日	切紙	信長(朱印「天下布武」)馬蹄形	小山殿(下野小山秀綱)	15.7	46.7	2.97	0.09
9	萩原子爵家文書	織田信長朱印状	(天正4年)5月23日	(現切紙、もと表具)	信長(朱印「天下布武」)馬蹄形	安宅甚五郎殿	16.6	46.1	2.78	0.09
10	宍水市歴史民俗資料館 長家文書3	織田信長黒印状	(天正7年)正月19日	切紙	信長(黒印「天下布武」)馬蹄形	長九郎左衛門尉とのへ(好連、後連龍)	17.0	39.3	2.31	0.11
11	宍水市歴史民俗資料館 長家文書4	織田信長黒印状	(天正7年)5月12日	切紙	信長(黒印「天下布武」)馬蹄形	長孝恩寺	16.5	48.6	2.95	0.1
12	陽明文庫　37280	織田信長書状(返事)	(年未詳)日付なし	折紙	信長(切封ウハ書)	近衛殿(前久)	35.9	50.2	1.40	-
13	陽明文庫　37281	織田信長書状(返事)	(年未詳)日付なし	折紙	信長(切封ウハ書)・(黒印「天下布武」)馬蹄形	御報	35.1	49.0	1.40	-
14	陽明文庫　37283	織田信長書状(返事)	(年未詳)日付なし	折紙	信長(切封ウハ書)	御報	35.9	50.3	1.40	-
15	仙台市博物館 伊達家文書1-183	織田信長朱印状	天正元年12月28日	続紙(切紙)	信長(朱印「天下布武」)馬蹄形	謹上　伊達殿(輝宗)	18.4	134.4	-	0.09
16	仙台市博物館 伊達家文書1-195	織田信長朱印状	天正5年閏7月23日	小切紙	信長(朱印・双龍「天下布武」)	伊達左京大夫殿(輝宗)	11.7	18.8	1.61	0.08

米粉	非繊維物質	混入物	樹皮片	繊維束	繊維溜	地合	硬さ	地色	簀の目（本数）	糸目幅（mm）	板目	刷毛目	備考
多	中		少	普通		斑・微	柔	白	17	22～25	不可視	不可視	
多	中		少	普通	有	斑・微	柔	白	18	22～26	不可視	裏・顕著	
多	中		少	普通		斑・微	柔	白	19	25	不可視	不可視	
少	中		普通	多	有	斑・普通	柔	白黄	17	20～22	不可視	裏・微	
中	微	漉返繊維				斑・微	柔	白	18	20	表・微	裏・微	
中	微		有			斑・微	柔	白	不可視	不可視	不可視	不可視	
無	微	漉返繊維				斑・普通	硬	黄	10	不可視	表・微	裏・顕	
多	中		少	多		斑・普通	柔	白黄	17	24	表・微	裏・微	
中	中	漉返繊維	微	多	有	斑・微	柔	黄	17	20	表・微	裏・普通	
微	中		普通	多	有	斑・普通	柔	白黄	16	21	表・微	裏・微	
少	少		微	中（短）	有	斑・無	やや堅	白黄	17	23	表・微	裏・普通	
中	中	未叩解紙料（塊）	顕著	多	有	斑・顕著	柔	白黄	17	22～24	表・微	裏・微	
多	中		顕著	多	有	斑・顕著	柔	白黄	15	23	表・顕著	裏・微	
多	中		普通	中	有	斑・普通	柔	白黄	17	23	表・明瞭	裏・明瞭	
微	中		普通	微		斑・少	堅	白黄	17	23	表・明瞭	裏・微	
中	中	青繊維	微			斑・微	柔	白	17	23	表・微	裏・微	
中	中		微			斑・微	柔	白	17	24	表・微	裏・微	
中	中		微			斑・微	柔	白	17	24	表・微	裏・微	
多	中		普通	少		斑・普通	柔	白	15	25	表・明瞭	裏・微	
多	少	漉返繊維	微	微	有	均一	柔	白	17	23	表・微	裏・微	
中	少		少	少		斑・微	柔	白	18	23	表・顕著	裏・微	
少	少		微	多	有	斑・微	柔	白	18	22	表・微	裏・微	
中	少	漉返繊維	少	多		斑・普通	柔	白	16	23	表・微	裏・微	
多	少	漉返繊維（繊維折れ曲がり・もつれ）・裁断繊維	少	少	有	斑・微	柔	白	18	27	表・微	裏・普通	
中	中		少	少	有	斑・微	柔	白	14	21	表・微	裏・微	
多	少		普通	少	有	斑・微	柔	白	17	22～26	表・明瞭	裏・明瞭	
中	中		微	少		斑・普通	柔	白	18	25	表・微	裏・明瞭	
多	微	漉返繊維	有			斑・微	柔	白	21	22	表・微	裏・顕	
多	僅		有			斑・微	柔	白	16	不可視	表・顕	裏・顕	
無	微		有			斑・顕	硬	黄	13	31	表・微	裏・微	
無	多		有			斑・顕	硬	黄	13	30	不可視	裏・微	
無	多	青繊維	普通			均一	硬	白茶	不可視	不可視	表・普通	裏・普通	
無	微	漉返繊維	有			斑・微	硬	黄	13	26	表・微	不可視	
無	中	漉返繊維	有			斑・微	硬	黄	13	不可視	不可視	不可視	
無	多	青繊維	普通			均一	硬	白茶	不可視	不可視	表・微	裏・普通	紗目あり

[表6]　信長文書比較検討データ

文書群	文書名	和暦年月日	形状	法量(縦)	法量(横)	縦横比 1：	厚さ(平均)	重量(g)	密度(g/cm³)	坪量(g/m²)	繊維の種類
東寺百合文書せ函足利4	足利尊氏御判御教書	観応元年７月28日	竪紙	32.5	49	1.51	0.19	6.8	0.23	42.76	楮
東寺百合文書せ函足利15	足利尊氏御判御教書	文和3年10月21日	竪紙	32.1	50.4	1.57	0.22	7.3	0.21	45	楮
東寺百合文書せ函足利18	足利尊氏御判御教書	文和4年７月18日	竪紙	32.2	49.5	1.54	0.19	6.3	0.21	39.4	楮
東寺百合文書ヤ函27	足利義詮御判御教書	延文2年3月26日	竪紙	31.7	49.4	1.56	0.18	5.1	0.18	32.69	楮
大徳寺文書甲190	足利義詮御判御教書	貞治4年正月25日	竪紙	31.6	50.8	1.61	0.16	7.3	0.29	45.47	楮
大徳寺文書甲191	足利義詮書状	貞治4年7月24日	竪紙	31.3	48.8	1.56	0.13	5.3	0.27	34.69	楮
大徳寺文書甲192	足利義詮安堵御判御教書	貞治5年10月2日	竪紙	35	55.3	1.58	0.24	13.5	0.29	69.75	楮
東寺百合文書み函39	室町幕府両使松田貞秀安威左衛門尉連署打渡状	貞治5年11月10日	竪紙	31.2	48.8	1.56	0.18	5.3	0.19	34.81	楮
東寺百合文書マ函73	室町幕府御教書	康応元年11月25日	竪紙	31.2	49.6	1.59	0.15	5.6	0.24	36.32	楮
東寺百合文書マ函80	遠江国守護今川法橋(泰範)書下	応永8年4月20日	竪紙	30.2	46.2	1.53	0.13	3.5	0.19	25.09	楮
東寺百合文書マ函81	室町幕府御教書	応永10年6月3日	竪紙	31.2	49.5	1.59	0.2	7.1	0.23	46.23	楮
東寺百合文書み函55	山城国守護代遊佐美作守遵行状	応永10年12月11日	竪紙	29.4	44.2	1.5	0.11	2.6	0.18	20.01	楮
東寺百合文書み函56	山城国守護高祥全(師英)遵行状	応永12年2月19日	竪紙	29.5	46.9	1.59	0.12	3.6	0.22	26.02	楮
東寺百合文書せ函武75	室町幕府御教書	文安元年12月19日	竪紙	29.3	47.9	1.63	0.17	4.8	0.2	33.92	楮
東寺百合文書マ函86	管領畠山徳本(持国)施行状	宝徳2年3月29日	竪紙	31	49.6	1.6	0.22	7.2	0.21	46.83	楮
東寺百合文書マ函88(1)	室町幕府奉行人連署奉書	享徳3年4月14日	折紙	27.6	46.3	1.68	0.11	2.7	0.19	21.13	楮
東寺百合文書マ函88(2)	山城国紀伊郡守護代遊佐国助遵行状	享徳3年4月16日	折紙	28.1	47.4	1.69	0.15	4.1	0.21	30.78	楮
東寺百合文書マ函88(3)	山城国紀伊郡代馬伏忠吉打渡状	享徳3年4月27日	折紙	28	47.6	1.7	0.14	3.8	0.2	28.51	楮
東寺百合文書せ函武78	室町幕府禁制	享徳3年9月6日	竪紙	30.7	49.7	1.62	0.22	7	0.21	45.75	楮
東寺百合文書り函88	管領細川勝元奉書	長禄2年12月23日	竪紙	30.4	49	1.61	0.22	7.5	0.23	50.35	楮
東寺百合文書り函89	山城国守護畠山義就遵行状	長禄3年3月29日	竪紙	28.2	47.8	1.7	0.18	5	0.21	37.09	楮
東寺百合文書り函90	山城国守護代誉田祥栄遵行状	長禄3年4月14日	折紙	27.8	47	1.69	0.11	3.3	0.23	25.26	楮
東寺百合文書り函91	使節原観養打渡状	長禄3年4月26日	折紙	27.4	45.4	1.66	0.1	2.8	0.23	22.51	楮
東寺百合文書の函42	室町幕府奉行人連署奉書	寛正2年9月2日	竪紙	29.1	47.4	1.63	0.17	5.7	0.24	41.32	楮
東寺百合文書ホ函61	室町幕府奉行人奉書	文明14年7月4日	折紙	28.6	47.5	1.66	0.19	5.6	0.22	42.22	楮
東寺百合文書マ函96	室町幕府奉行人連署奉書	明応元年11月14日	竪紙	28.8	47.4	1.65	0.18	5.3	0.22	38.97	楮
東寺百合文書ニ函157	室町幕府奉行人連署奉書	永正7年6月3日	折紙	27.2	43.6	1.6	0.14	3.6	0.21	29.93	楮
大徳寺文書甲229	室町幕府奉行人連署奉書	大永2年5月16日	竪紙	28.2	46.7	1.66	0.19	6.9	0.27	52.39	楮
大徳寺文書乙570	佐々木〈六角〉定頼書状	天文2年9月22日	重紙	27.8	45.8	1.65	0.25	7.5	0.23	58.9	楮
大徳寺文書甲248	佐々木〈六角〉氏年寄連署禁制	天文5年7月16日	竪紙	32.5	45.8	1.41	0.2	9.7	0.32	65.17	楮
大徳寺文書甲249	佐々木〈六角〉定頼禁制	天文5年7月19日	竪紙	32.7	46.2	1.41	0.21	9.8	0.31	64.87	楮
東寺百合文書せ函武81	三好長慶禁制	天文18年3月日	竪紙	31.9	43	1.35	0.08	4.39	0.4	32	雁皮
大徳寺文書甲257	佐々木〈六角〉定頼奉行人連署禁制	天文20年3月16日	竪紙	32.2	46.2	1.43	0.18	7.1	0.27	47.73	楮
大徳寺文書甲258	佐々木〈六角〉定頼奉行人某禁制	天文20年7月20日	竪紙	32.3	45.8	1.42	0.2	8	0.27	54.08	楮
東寺百合文書せ函武84	三好義継禁制	永禄8年7月日	竪紙	34	47.8	1.41	0.11	9.3	0.52	57.22	雁皮

［収録文書・美術工芸品目録］

※「指定」項に記した◉は国宝、◎は国指定重要文化財、○は熊本県指定重要文化財を指す。

No.	指定	文書・作品名	年代	宛所	体裁・形状等	筆者・作者等	法量	所蔵	所蔵番号
I		**永青文庫細川家の新発見文書と自筆文書**							
01		織田信長書状	（元亀三年〈一五七二〉）八月十五日	細川兵部大輔（藤孝）宛	紙本墨書 もと折紙 掛幅装	武井夕庵筆	縦一三・七 横八四・四	永青文庫蔵	6420
02		細川藤孝自筆書状	（天正二年〈一五七四〉カ）八月八日	的甚（的場甚左衛門）・岡□宛	紙本墨書 もと折紙 掛幅装	細川藤孝自筆	縦一一・五 横五七・四	永青文庫蔵	3462
03	◎	織田信長自筆感状	（天正五年〈一五七七〉）十月二日	与一郎（忠興）宛	紙本墨書 折紙	織田信長自筆	縦二九・三 横四六・四	永青文庫蔵	1075 信長101
04	◎	堀秀政添状	（天正五年〈一五七七〉）十月二日	長岡与一郎（忠興）宛	紙本墨書 折紙	楠長諳筆	縦二七・七 横四四・六	永青文庫蔵	1075 信長101付
05	◎	明智光秀覚条々	（天正十年〈一五八二〉）六月九日	（細川藤孝・忠興宛）	紙本墨書 竪紙	明智光秀自筆	縦三二・〇 横四九・五	永青文庫蔵	1077
		細川幽斎（藤孝）像	江戸時代（一七世紀）		絹本著色 掛幅装	［絵］伝 田代等有筆 ［和歌］細川幽斎筆	縦九七・七 横五〇・五	永青文庫蔵	3910
		細川忠興像	江戸時代（一七世紀）		絹本著色 掛幅装		縦一一〇・〇 横五〇・〇	永青文庫蔵	3294
	◉	柏木菟螺鈿鞍	鎌倉時代（一三世紀）		木製漆塗 螺鈿		前輪高三一・〇 後輪高三〇・〇 居木長四二・〇	永青文庫蔵	1769
II		**「室町幕府」をどうする？――信長・藤孝・義昭**							
06	◎	細川藤孝書状	（元亀元年〈一五七〇〉）十月二十二日	三和（三淵藤英）・曽兵（曽我助乗）宛	紙本墨書 折紙		縦二四・三 横三九・〇	永青文庫蔵（熊本大学附属図書館寄託）	107・37・6・2 藤孝12
07	◎	織田信長黒印状	（元亀四年〈一五七三〉）二月二十三日	細川兵部太輔（藤孝）宛	紙本墨書 継紙四紙	武井夕庵筆	縦一三・二 横一六六・〇	永青文庫蔵（熊本大学附属図書館寄託）	207・仁・2 信長20
08	◎	織田信長朱印状	（元亀四年〈一五七三〉）二月二十六日	細□兵部大□（藤孝）宛	紙本墨書 折紙	武井夕庵筆	縦二六・〇 横四〇・五	永青文庫蔵（熊本大学附属図書館寄託）	207・仁・2 信長6
09	◎	織田信長書状	（元亀四年〈一五七三〉）二月二十九日	細川兵部太輔（藤孝）宛	紙本墨書 継紙二紙	武井夕庵筆	縦一二・九 横八一・六	永青文庫蔵（熊本大学附属図書館寄託）	207・仁・2 信長37
10	◎	織田信長黒印状	（元亀四年〈一五七三〉）三月七日	細兵（細川藤孝）宛	紙本墨書 継紙八紙	武井夕庵筆	縦一三・一 横三一六・三	永青文庫蔵（熊本大学附属図書館寄託）	207・仁・2 信長10
11	◎	織田信長朱印状	元亀四年（一五七三）七月十日	細川兵部太輔（藤孝）宛	紙本墨書 折紙	武井夕庵筆	縦二九・六 横四六・〇	永青文庫蔵（熊本大学附属図書館寄託）	207・仁・2 信長42
	○	紅糸威腹巻	安土桃山時代（一六世紀）			伝 細川藤孝所用	兜高一五・五 胴高三〇・一 胴廻九四・三	永青文庫蔵（熊本県立美術館寄託）	4083

III 一揆との戦と「長篠合戦」――信長の戦争と諸将

No.	指定	文書・作品名	年代	宛所	体裁・形状等	筆者・作者等	法量	所蔵	所蔵番号
12	◎	織田信長黒印状	(天正二年〈一五七四〉)八月三日	長岡兵部太輔(藤孝)宛	紙本墨書 折紙	武井夕庵筆	縦二七・〇 横四四・〇	永青文庫蔵(熊本大学附属図書館寄託)	207・仁・2 信長46
13	◎	織田信長朱印状	(天正二年〈一五七四〉)八月五日	長岡兵部大輔(藤孝)宛	紙本墨書 折紙	武井夕庵筆	縦二六・四 横四三・七	永青文庫蔵(熊本大学附属図書館寄託)	207・仁・2 信長18
14	◎	織田信長黒印状	(天正二年〈一五七四〉)八月十七日	長岡兵部大輔(藤孝)宛	紙本墨書 折紙	武井夕庵筆	縦二八・〇 横四六・二	永青文庫蔵(熊本大学附属図書館寄託)	207・仁・2 信長13
15	◎	織田信長黒印状	(天正二年〈一五七四〉)九月二十二日	長岡兵部大輔(藤孝)宛	紙本墨書 折紙	楠長諳筆	縦二八・八 横四五・八	永青文庫蔵(熊本大学附属図書館寄託)	207・仁・2 信長43
16	◎	織田信長黒印状	(天正二年〈一五七四〉)九月二十四日	長岡兵部大輔(藤孝)宛	紙本墨書 折紙	楠長諳筆	縦二八・二 横四六・〇	永青文庫蔵(熊本大学附属図書館寄託)	207・仁・2 信長44
17		細川藤孝自筆書状	(天正二年〈一五七四〉)九月二十九日	宛所不明	紙本墨書 もと折紙 巻子装	細川藤孝自筆	縦一二・九 横九三・三	永青文庫蔵(熊本大学附属図書館寄託)	108・5・32 藤孝19
18	◎	織田信長黒印状	(天正三年〈一五七五〉)八月二十九日	瀧川左近(一益)宛	紙本墨書 折紙	楠長諳筆	縦二九・〇 横四三・〇	永青文庫蔵(熊本大学附属図書館寄託)	207・義・六番・1 信長57
19	◎	織田信長黒印状	(天正四年〈一五七六〉)六月二十八日	長岡兵部大輔(藤孝)宛	紙本墨書 折紙	楠長諳筆	縦二八・五 横四五・七	永青文庫蔵(熊本大学附属図書館寄託)	207・仁・2 信長55
20	◎	織田信長黒印状	(天正四年〈一五七六〉)七月二十九日	長岡兵部大輔(藤孝)宛	紙本墨書 折紙	楠長諳筆	縦二八・九 横四六・二	永青文庫蔵(熊本大学附属図書館寄託)	207・仁・2 信長40
21	◎	織田信長黒印状	(天正四年〈一五七六〉)八月二十二日	長岡兵部大輔(藤孝)宛	紙本墨書 折紙	楠長諳筆	縦二九・二 横四六・〇	永青文庫蔵(熊本大学附属図書館寄託)	207・仁・2 信長24
22	◎	織田信長朱印状	(天正六年〈一五七八〉)四月三日	惟任日向守(光秀)・長岡兵部大輔(藤孝)宛	紙本墨書 折紙	楠長諳筆	縦二九・二 横四六・〇	永青文庫蔵(熊本大学附属図書館寄託)	207・仁・2 信長50
23	◎	織田信長黒印状	(天正三年〈一五七五〉)五月十五日	長岡兵部太輔(藤孝)宛	紙本墨書 折紙	武井夕庵筆	縦二七・九 横四六・一	永青文庫蔵(熊本大学附属図書館寄託)	207・仁・2 信長8
24	◎	織田信長黒印状	(天正三年〈一五七五〉)五月二十日	長岡兵部太輔(藤孝)宛	紙本墨書 折紙	武井夕庵筆	縦二七・九 横四六・二	永青文庫蔵(熊本大学附属図書館寄託)	207・仁・2 信長7
25	◎	織田信長朱印状	(天正三年〈一五七五〉)(五月)二十一日	長岡兵部太輔(藤孝)宛	紙本墨書 折紙	武井夕庵筆	縦二七・二 横四四・二	永青文庫蔵(熊本大学附属図書館寄託)	207・仁・2 信長11
26	◎	織田信長黒印状	(天正三年〈一五七五〉)五月二十六日	長岡兵部太輔(藤孝)宛	紙本墨書 折紙	武井夕庵筆	縦二八・六 横四五・〇	永青文庫蔵(熊本大学附属図書館寄託)	207・仁・2 信長14
27	◎	織田信長黒印状	(天正十年〈一五八二〉)四月十五日	長岡兵部大輔(藤孝)宛	紙本墨書 折紙	楠長諳筆	縦三一・五 横四九・七	永青文庫蔵(熊本大学附属図書館寄託)	207・仁・2 信長32
28	◎	織田信長朱印状	(天正五年〈一五七七〉)二月十日	長岡兵部大輔(藤孝)宛	紙本墨書 折紙	楠長諳筆	縦二八・五 横四六・〇	永青文庫蔵(熊本大学附属図書館寄託)	207・仁・2 信長22
29	◎	織田信長朱印状	(天正五年〈一五七七〉)二月十一日	長岡兵部大輔(藤孝)宛	紙本墨書 折紙	楠長諳筆	縦二九・五 横四五・八	永青文庫蔵(熊本大学附属図書館寄託)	207・仁・2 信長28
30	◎	織田信長黒印状	(天正五年〈一五七七〉)二月二十三日	長岡兵部大輔(藤孝)宛	紙本墨書 もと折紙 掛幅装	楠長諳筆	縦一五・〇 横三九・二	永青文庫蔵	3675 信長59
31	◎	堀秀政添状	(天正五年〈一五七七〉)二月二十三日	長岡兵部太輔(藤孝)宛	紙本墨書 折紙	楠長諳筆	縦二七・二 横四二・三	永青文庫蔵	3675 信長59付

	唐草九曜紋象嵌火縄銃 銘 肥州住林清三郎重吉作	江戸時代（一七世紀）		鉄鍛造 金銀象嵌	林又七作	全長一三〇・二 銃身長一〇〇・九 口径一・三五	永青文庫蔵	7516
	蘭奢待			香木		長二・六	永青文庫蔵	1281

IV……信長と藤孝、そして村重——奉仕と謀反のあいだ

32	◎織田信長黒印状	（天正五年〈一五七七〉）十月三日	長岡兵部大輔（藤孝）宛	紙本墨書 切紙	楠長諳筆	縦一四・三 横四二・三	永青文庫蔵 （熊本大学附属図書館寄託）	207・仁・2 信長38
33	◎織田信長黒印状	（天正六年〈一五七八〉）十月二十五日	長岡兵部大輔（藤孝）宛	紙本墨書 折紙	楠長諳筆	縦二八・八 横四五・〇	永青文庫蔵 （熊本大学附属図書館寄託）	207・仁・2 信長12
34	◎織田信長黒印状	（天正七年〈一五七九〉）正月十二日	長岡兵部大輔（藤孝）宛	紙本墨書 折紙	楠長諳筆	縦二九・二 横四六・二	永青文庫蔵 （熊本大学附属図書館寄託）	207・仁・2 信長33
35	◎織田信長黒印状	（天正七年〈一五七九〉）正月十二日	長岡与一郎（忠興）宛	紙本墨書 折紙	楠長諳筆	縦二九・二 横四五・九	永青文庫蔵 （熊本大学附属図書館寄託）	207・仁・2 信長39
36	◎織田信長黒印状	（天正七年〈一五七九〉）十一月二十日	長岡兵部大輔（藤孝）宛	紙本墨書 折紙	楠長諳筆	縦二八・九 横四五・三	永青文庫蔵 （熊本大学附属図書館寄託）	207・仁・2 信長35
37	◎織田信長黒印状	（天正七年〈一五七九〉）十一月二十日	長岡兵部大輔（藤孝）宛	紙本墨書 折紙	楠長諳筆	縦二九・三 横四五・九	永青文庫蔵 （熊本大学附属図書館寄託）	207・仁・2 信長3
38	◎織田信長朱印状	（天正七年〈一五七九〉）十二月十六日	長岡兵部大輔（藤孝）・ 長岡与一郎（忠興）宛	紙本墨書 折紙	楠長諳筆	縦二八・七 横四五・六	永青文庫蔵 （熊本大学附属図書館寄託）	207・仁・2 信長26
39	◎織田信長黒印状	（天正五年〈一五七七〉ヵ）六月五日	長岡兵部大輔（藤孝）宛	紙本墨書 折紙	楠長諳筆	縦二八・八 横四六・〇	永青文庫蔵 （熊本大学附属図書館寄託）	207・仁・2 信長52
40	◎織田信長黒印状	（年未詳）九月九日	長岡兵部大輔（藤孝）宛	紙本墨書 折紙	楠長諳筆	縦二八・八 横四五・六	永青文庫蔵 （熊本大学附属図書館寄託）	207・仁・2 信長48
41	◎織田信長黒印状	（年未詳）五月四日	長岡兵部大輔（藤孝）宛	紙本墨書 折紙	楠長諳筆	縦二八・五 横四六・〇	永青文庫蔵 （熊本大学附属図書館寄託）	207・仁・2 信長53
42	◎織田信長黒印状	（年未詳）七月六日	長岡兵部大輔（藤孝）宛	紙本墨書 折紙	楠長諳筆	縦二九・四 横四六・九	永青文庫蔵 （熊本大学附属図書館寄託）	207・仁・2 信長47
43	◎織田信長黒印状	（年未詳）十一月十六日	長岡兵部大輔（藤孝）宛	紙本墨書 折紙	楠長諳筆	縦二八・七 横四五・七	永青文庫蔵 （熊本大学附属図書館寄託）	207・仁・2 信長54
44	◎織田信長黒印状	（天正九年〈一五八一〉ヵ）二月十七日	長岡与一郎（忠興）宛	紙本墨書 折紙	楠長諳筆	縦三〇・〇 横四七・二	永青文庫蔵 （熊本大学附属図書館寄託）	207・仁・2 信長36
45	◎織田信長黒印状	（年未詳）五月三日	長岡兵部大輔（藤孝）宛	紙本墨書 折紙	楠長諳筆	縦二九・五 横四四・四	永青文庫蔵 （熊本大学附属図書館寄託）	207・仁・2 信長51
46	◎織田信長黒印状	（年未詳）五月四日	長岡兵部大輔（藤孝）宛	紙本墨書 折紙	楠長諳筆	縦二九・三 横四六・四	永青文庫蔵 （熊本大学附属図書館寄託）	207・仁・2 信長49
	露払	安土桃山時代（一六世紀）		麻 染	伝 細川ガラシャ作 細川忠興所用	前丈一〇二・五 後丈九六・七 裄六一・五	永青文庫蔵	3120

No.	指定	文書・作品名	年代	宛所	体裁・形状等	筆者・作者等	法量	所蔵	所蔵番号
V		**光秀の台頭から「本能寺の変」へ――信長・光秀・藤孝**							
47	◎	織田信長朱印状	天正三年（一五七五）三月二十二日	長岡兵部太輔（藤孝）宛	紙本墨書　折紙	武井夕庵筆	縦二九・〇 横四四・五	永青文庫蔵（熊本大学附属図書館寄託）	207・仁・2 信長25
48	◎	織田信長黒印状	（天正三年〈一五七五〉）十月八日	長岡兵部大輔（藤孝）宛	紙本墨書　折紙	楠長諳筆	縦二八・九 横四五・五	永青文庫蔵（熊本大学附属図書館寄託）	207・仁・2 信長9
49	◎	織田信長黒印状	（天正三年〈一五七五〉）十月九日	長岡兵部大輔（藤孝）宛	紙本墨書　折紙	楠長諳筆	縦二八・八 横四五・六	永青文庫蔵（熊本大学附属図書館寄託）	207・仁・2 信長19
50	◎	織田信長朱印状	（天正四年〈一五七六〉ヵ）三月四日	長岡兵部大輔（藤孝）宛	紙本墨書　折紙	楠長諳筆	縦二八・七 横四六・〇	永青文庫蔵（熊本大学附属図書館寄託）	207・仁・2 信長29
51	◎	織田信長黒印状	（天正八年〈一五八〇〉）八月十三日	長岡兵部大輔（藤孝）宛	紙本墨書　折紙	楠長諳筆	縦二九・一 横四六・〇	永青文庫蔵（熊本大学附属図書館寄託）	207・仁・2 信長5
52	◎	織田信長黒印状	（天正八年〈一五八〇〉）八月二十一日	長岡兵部太輔（藤孝）宛	紙本墨書　折紙	楠長諳筆	縦二九・四 横四四・七	永青文庫蔵（熊本大学附属図書館寄託）	207・仁・2 信長1
53	◎	織田信長黒印状	（天正八年〈一五八〇〉）八月二十二日	長岡兵部大輔（藤孝）・惟任日向守（光秀）宛	紙本墨書　折紙	楠長諳筆	縦二九・一 横四五・七	永青文庫蔵（熊本大学附属図書館寄託）	207・仁・2 信長15
54	◎	織田信長黒印状	（天正二年〈一五七四〉）七月二十九日	明智（光秀）宛	紙本墨書　継紙四紙	武井夕庵筆	縦一三・四 横一四五・二	永青文庫蔵（熊本大学附属図書館寄託）	207・仁・2 信長17
55	◎	織田信長朱印状	天正九年（一五八一）三月五日	長岡兵部太輔（藤孝）宛	紙本墨書　折紙	武井夕庵筆	縦三一・五 横五〇・四	永青文庫蔵（熊本大学附属図書館寄託）	207・仁・2 信長23
56	◎	織田信長朱印状	天正九年（一五八一）九月四日	長岡兵部大輔（藤孝）宛	紙本墨書　折紙	楠長諳筆	縦三〇・〇 横四七・五	永青文庫蔵（熊本大学附属図書館寄託）	207・仁・2 信長4
57	◎	織田信長朱印状	（天正九年〈一五八一〉）九月四日	長岡兵部大輔（藤孝）宛	紙本墨書　折紙	楠長諳筆	縦三〇・二 横四七・五	永青文庫蔵（熊本大学附属図書館寄託）	207・仁・2 信長2
58	◎	織田信長朱印状	天正九年（一五八一）九月七日	惟任日向守（光秀）宛	紙本墨書　折紙	楠長諳筆	縦三〇・三 横四七・三	永青文庫蔵（熊本大学附属図書館寄託）	207・仁・2 信長30
59	◎	織田信長朱印状	（天正九年〈一五八一〉）九月十日	長岡兵部大輔（藤孝）・惟任日向守（光秀）宛	紙本墨書　折紙	楠長諳筆	縦三〇・〇 横四七・二	永青文庫蔵（熊本大学附属図書館寄託）	207・仁・2 信長21
60	◎	織田信長朱印状	（天正十年〈一五八二〉）四月二十四日	一色五郎（義有）・長岡兵部大輔（藤孝）宛	紙本墨書　折紙	楠長諳筆	縦三〇・八 横五一・一	永青文庫蔵（熊本大学附属図書館寄託）	207・仁・2 信長27
		梅鶯図・月下松図袱紗	安土桃山時代（一六世紀）		絹本墨画	伝 細川ガラシャ作	縦四四・〇 横四〇・五	永青文庫蔵	3121
VI		**未完の「天下」を引き継ぐ者――秀吉と細川家**							
61	◎	織田信長黒印状	（天正五年〈一五七七〉）三月十五日	長岡兵部大輔（藤孝）・惟住五郎左衛門尉（長秀）・瀧川左近（一益）・惟任日向守（光秀）宛	紙本墨書　折紙	楠長諳筆	縦二九・四 横四六・一	永青文庫蔵（熊本大学附属図書館寄託）	207・仁・2 信長34
62	◎	織田信長黒印状	（天正八年〈一五八〇〉）六月一日	羽柴藤吉郎（秀吉）宛	紙本墨書　継紙三紙	楠長諳筆	縦一四・三 横一三二・四	永青文庫蔵（熊本大学附属図書館寄託）	207・義・六番・2 信長58
63	◎	織田信長黒印状	（天正九年〈一五八一〉）七月二十八日	長岡兵部大輔（藤孝）宛	紙本墨書　折紙	楠長諳筆	縦二九・四 横四七・二	永青文庫蔵（熊本大学附属図書館寄託）	207・仁・2 信長31

64	◎	織田信長黒印状	(天正九年〈一五八一〉)八月二十三日	長岡兵部大輔(藤孝)宛	紙本墨書　折紙	楠長諳筆	縦二九・七 横四七・二	永青文庫蔵(熊本大学附属図書館寄託)	207・仁・2 信長16
65	◎	織田信長黒印状	(天正九年〈一五八一〉)九月十六日	長岡兵部大輔(藤孝)宛	紙本墨書　折紙	楠長諳筆	縦三一・四 横五〇・四	永青文庫蔵(熊本大学附属図書館寄託)	207・仁・2 信長45
66	◎	織田信長黒印状	(天正九年〈一五八一〉)九月十六日	長岡与一郎(忠興)宛	紙本墨書　折紙	楠長諳筆	縦三一・六 横五〇・四	永青文庫蔵(熊本大学附属図書館寄託)	207・仁・2 信長41
67		織田信長朱印状写	(天正九年〈一五八一〉)九月七日	蜂須賀彦右衛門尉(正勝)宛	紙本墨書　巻子装		(総寸)縦一七・〇 横一〇八四・〇	永青文庫蔵(熊本大学附属図書館寄託)	十一番(「信長公御状写」)
68		杉若藤七書状写	(天正十年〈一五八二〉)六月八日	松井猪助(康之)宛	紙本墨書　冊子装		縦二五・二 横一八・二	個人蔵(八代市立博物館未来の森ミュージアム寄託『松井家先祖由来附』)	
69	◎	羽柴秀吉血判起請文	天正十年(一五八二)七月十一日	長岡兵部大輔(藤孝)・長岡与一郎(忠興)宛	紙本墨書　続紙	楠長諳筆	(前書)縦三一・五 横三七・〇 (牛王紙)縦二二・三 横二九・七	永青文庫蔵	7873 秀吉18
70	◎	羽柴秀吉書状	(天正十年〈一五八二〉)七月十一日	長岡与一郎(忠興)宛	紙本墨書　もと折紙　巻子装		縦一五・三 横九四・〇	永青文庫蔵(熊本大学附属図書館寄託)	二〇七・信・1 秀吉5
71	◎	羽柴秀吉書状	(天正十年〈一五八二〉)八月八日	長岡兵部大輔(藤孝)宛	紙本墨書　もと折紙　掛幅装		縦三〇・〇 横四八・三	永青文庫蔵	3676 秀吉9
	○	黒糸威横矧二枚胴具足	安土桃山時代(一六世紀)			細川忠興所用	兜高一八・三 胴高三七・八 胴廻一〇三・〇	永青文庫蔵(熊本県立美術館寄託)	4084
		細川忠利像	寛永十八年(一六四一)		絹本著色　掛幅装	矢野三郎兵衛吉重筆 沢庵宗彭賛	縦九三・四 横五一・一	永青文庫蔵	3296—1

VII 肥後細川家と信長文書——熊本への収集

72		麝香消息	(慶長十四年〈一六〇九〉)十二月七日	内記(細川忠利)宛	紙本墨書　もと折紙　折本装		一紙目:縦一七・〇 横五〇・七 二紙目:縦一六・七 横五〇・五	永青文庫蔵	1020
73	○	細川忠利書状案	(寛永十六年〈一六三九〉)三月八日	魚住与介宛	紙本墨書　冊子装		縦二七・五 横二〇・九	永青文庫蔵(熊本大学附属図書館寄託)	8・1・34・4(『三斎様御書案文』)
74		沢村大学助披露状写	(寛永十六年〈一六三九〉ヵ)五月九日	住江元馬宛	紙本墨書　切継紙		(総寸)縦一六・五 横三五八・〇	永青文庫蔵(熊本大学附属図書館寄託)	十八番1(「従信長様幽斎様へ御感状之写」)
75	○	細川三斎書状	(寛永十八年〈一六四一〉)三月九日	越中(細川忠利)宛	紙本墨書　折紙		縦三一・八 横四六・〇	永青文庫蔵(熊本大学附属図書館寄託)	二十一印63
76		細川光尚書状写	(寛永十八年〈一六四一〉)十二月五日	細川中務太輔(立孝)宛	紙本墨書　冊子装		縦二七・一 横一八・八	永青文庫蔵(熊本大学附属図書館寄託)	10・23・18(「公儀御書案文」)

［参考文献］

収録文書・美術工芸品の個別解説には、紙幅の関係上、参照した先行研究を注記していないため、ここに一括掲載する。

《史料集等》

石田晴男・今谷明・土田將雄編『綿考輯録　第一〜三巻』（汲古書院、一九八八〜一九八九年）
土田將雄編『綿考輯録　第四巻、第六巻』（汲古書院、一九八九〜一九九〇年）
奥野高廣『増訂織田信長文書の研究　上巻』（吉川弘文館、一九八八年）
奥野高廣『増訂織田信長文書の研究　下巻』（吉川弘文館、一九八八年）
奥野高廣『増訂織田信長文書の研究　補遺・索引』（吉川弘文館、一九八八年）
奥野高広・岩沢愿彦校注『信長公記』（角川書店、一九六九年）
熊本大学文学部附属永青文庫研究センター編『永青文庫叢書　細川家文書　中世編』（吉川弘文館、二〇一〇年）
多治見貞賢「四条流庖丁書」（塙保己一編『群書類従　第十九輯』続群書類従完成会、一九七九年）
長岡京市教育委員会『長岡京市歴史資料集成1　勝龍寺城関係資料集』（二〇二〇年）
橋本政宣・岸本眞実・金子拓・遠藤珠紀増補校訂『史料纂集　新訂増補　兼見卿記』（八木書店、二〇一四〜二〇一九年）
藤田達生・福島克彦『明智光秀　史料で読む戦国史』（八木書店、二〇一五年）

《著書・論文・史料紹介等》※執筆者氏名で五〇音順

天野忠幸『荒木村重』（戎光祥出版、二〇一七年）
池上裕子『人物叢書　織田信長』（吉川弘文館、二〇一二年）
稲田和彦「細川家伝来の甲冑」（『九州新幹線全線開業記念　細川コレクション永青文庫の至宝展』熊本県立美術館、二〇一一年）
稲田和彦「永青文庫所蔵の甲冑調査概略」（『永青文庫所蔵資料調査報告書　第一集――武器と武具――』熊本県立美術館、二〇一二年）
稲葉継陽「明智領国の形成と歴史的位置」（同『近世領国社会形成史論』吉川弘文館、二〇二四年）

大橋一章・松原智美・片岡直樹編著『正倉院宝物の輝き』（里文出版、二〇二〇年）
奥野高廣『増訂　織田信長文書の研究』の正誤と補遺」（『日本歴史』五三六号、一九九三年）
尾下成敏「織田信長発給文書の基礎的研究――織田信長「御内書」の年次比定を中心に――」（『富山史壇』一三〇号、一九九九年）
尾下成敏「織田信長発給文書の基礎的研究　その二」（『富山史壇』一三一号、二〇〇〇年）
尾下成敏「織田信長書札礼の研究」（『ヒストリア』一八五号、二〇〇三年）
金子拓『長篠合戦　鉄砲戦の虚像と実像』（中央公論新社、二〇二三年）
小松大秀「柏木菟螺鈿鞍」（『國華』第一四八五号、二〇一九年）
小松大秀「古典文学に描かれた日本の鞍」（『季刊永青文庫』一一四号、二〇二一年）
鈴木敬三『武器と武具の有識故実』（吉川弘文館、二〇一四年）
久野雅司「織田信長発給文書の基礎的考察――武家宛書状・直書の検討による一試論――」（大野瑞男編『史料が語る日本の近世』吉川弘文館、二〇〇二年）
久野雅司『足利義昭と織田信長　傀儡政権の虚像』（戎光祥出版、二〇一七年）
柴裕之『織田信長　戦国時代の「正義」を貫く』（平凡社、二〇二〇年）
染谷光廣「研究余滴　信長と秀吉の血判起請文を書いた楠長諳」（『古文書研究』三六号、一九九二年）
髙木叙子「「信長文書の世界」展補遺――紙・形態・印判――」（滋賀県立安土城考古博物館『紀要』一〇号、二〇〇二年）
谷口克広「織田信長文書の年次について」（『日本歴史』五二九号、一九九二年）
谷口克広『織田信長家臣人名辞典　第2版』（吉川弘文館、二〇一〇年）
谷口克広『信長と将軍義昭　連携から追放、包囲網へ』（中央公論新社、二〇一四年）
林千寿『家老の忠義　大名細川家存続の秘訣』（吉川弘文館、二〇二一年）
播磨良紀「織豊期の生活文化」（池享編『日本の時代史13　天下統一と朝鮮侵略』吉川弘文館、二〇〇三年）
福島克彦『明智光秀　織田政権の司令塔』（中央公論新社、二〇二〇年）
藤井譲治編『織豊期主要人物居所集成【第2版】』（思文閣出版、二〇一六年）
三宅秀和「永青文庫　美の扉（20）追想の細川幽斎像」（『茶道の研究』六四五号、二〇〇九年）
三宅秀和「永青文庫 美の扉（28）細川忠興（三斎）の、実用と美」（『茶道の研究』六五三号、二〇一〇年）
森正人・鈴木元編『細川幽斎　戦塵の中の学芸』（笠間書院、二〇一〇年）

山田貴司「細川家伝来文書にみる信長文書論の現在地」（中京大学文化科学研究所『文化科学研究』二七巻、二〇一六年）
山田康弘『足利義輝・義昭　天下諸侍、御主に候』（ミネルヴァ書房、二〇一九年）

《展覧会図録・調査報告書等》※編者名で五〇音順

稲葉継陽・後藤典子『第三七回熊本大学附属図書館貴重資料展解説目録　悲劇の藩主 細川光尚』（熊本大学附属図書館、二〇二二年）
熊本県立美術館編『没後四〇〇年・古今伝授の間修復記念　細川幽斎展』（熊本県立美術館、二〇一〇年）
熊本県立美術館編『重要文化財指定記念　信長からの手紙』（熊本県立美術館・公益財団法人永青文庫、二〇一四年）
熊本県立美術館編『永青文庫展示室開設一〇周年記念　細川ガラシャ』（細川ガラシャ展実行委員会、二〇一八年）
熊本県立美術館編『熊本城大天守外観復旧記念　熊本城と武の世界』（熊本城と武の世界展実行委員会、二〇一九年）
滋賀県立安土城考古博物館編集・発行『平成十二年度秋季特別展　信長文書の世界』（二〇〇〇年）
滋賀県教育委員会編・発行『織豊期城郭基礎調査報告書一』（一九九六年）
滋賀県教育委員会編・発行『織豊期城郭基礎調査報告書二』（一九九九年）
滋賀県教育委員会編・発行『織豊期城郭基礎調査報告書三』（二〇〇二年）
滋賀県教育委員会編・発行『織豊期城郭基礎調査報告書四』（二〇一〇年）
東京国立博物館・京都国立博物館・九州国立博物館・永青文庫・NHK・NHKプロモーション編『細川家の至宝——珠玉の永青文庫コレクション』（NHK・NHKプロモーション、二〇一〇年）
東京国立博物館・読売新聞社・NHK・NHKプロモーション編『御即位記念特別展　正倉院の世界　皇室がまもり伝えた美』（読売新聞社、二〇一九年）
八代市立博物館未来の森ミュージアム編・発行『大名細川家——文と武の軌跡——』（二〇〇五年）
八代市立博物館未来の森ミュージアム編・発行『ザ・家老　松井康之と興長〜細川家を支え続けた「忠義」〜』（二〇一八年）

関連地図

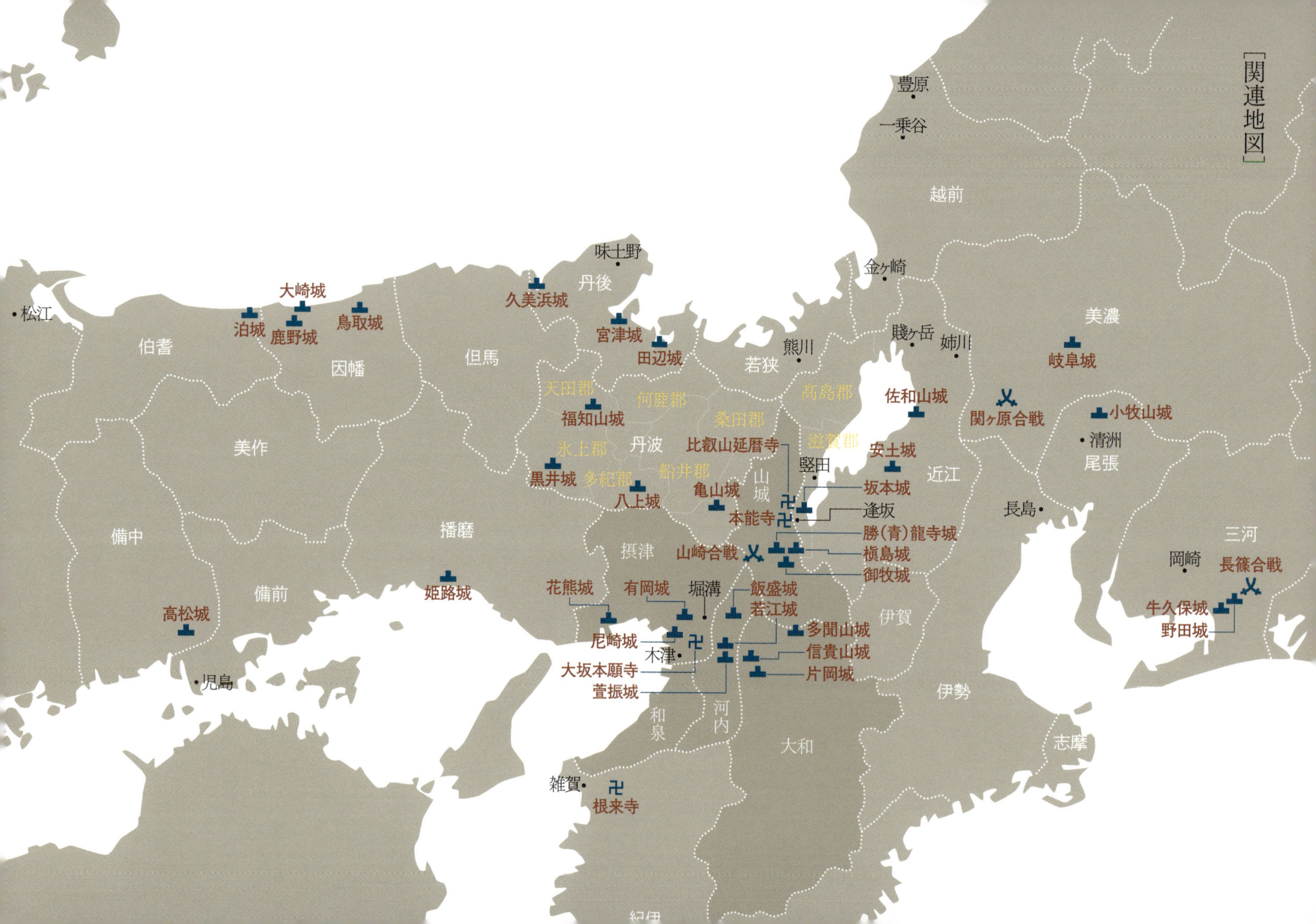

松江
伯耆
泊城
大崎城
鹿野城
鳥取城
因幡
久美浜城
丹後
味土野
宮津城
田辺城
但馬
美作
備中
備前
高松城
児島
播磨
姫路城
天田郡
福知山城
何鹿郡
桑田郡
氷上郡
丹波
多紀郡
船井郡
黒井城
八上城
亀山城
比叡山延暦寺
本能寺
山城
若狭
熊川
高島郡
滋賀郡
堅田
坂本城
逢坂
勝(青)龍寺城
槇島城
御牧城
山崎合戦
摂津
花熊城
有岡城
堀溝
飯盛城
若江城
尼崎城
木津
大坂本願寺
萱振城
多聞山城
信貴山城
片岡城
和泉
河内
大和
伊賀
雑賀
根来寺
紀伊
伊勢
志摩
近江
安土城
佐和山城
賤ヶ岳
姉川
金ヶ崎
豊原
一乗谷
越前
美濃
岐阜城
関ヶ原合戦
小牧山城
清洲
尾張
長島
三河
岡崎
長篠合戦
牛久保城
野田城

#［本書収録文書による略年表］

※和暦下の（　）は、織田信長・細川藤孝の年齢（数え）を示す。
※事柄項の［　］は、収録文書の通番号を示す。

年	月	事柄
永禄八年（32）一五六五	五月	三好三人衆が将軍足利義輝を殺害。細川藤孝ら、幽閉されていた義輝の弟足利義秋（義昭）を救出。
	九月	織田信長、麒麟の「麟」の文字をモチーフとした花押を使い始める。
	十二月	藤孝、義昭の側近として、義昭と信長を結び付ける。
永禄九年（33）一五六六	八月	信長、足利義昭を奉じて上洛せんと計画するも断念。
永禄十年（34）一五六七	八月	信長、美濃稲葉山城を攻略し、美濃をほぼ平定。岐阜城と改称し、居城とする。
	十一月	信長、「天下布武」の印判を使い始める。
永禄十一年（35）一五六八	二月	信長、伊勢へ侵攻、伊勢北部を押さえる。
	七月	足利義昭を岐阜に迎える。
	十月	信長、義昭を推戴して上洛し幕府体制を樹立。義昭、一五代将軍に就任。
永禄十二年（36）一五六九	正月	三好三人衆が足利義昭を京都本圀寺に襲撃。信長、救援に駆けつける。
	同月	信長、幕府の殿中掟九ヵ条、ついで追加七ヵ条を定める。
	十月	信長、伊勢南部を平定。

元亀元年（37）
一五七〇

正月　信長、五ヵ条の条書で足利義昭と自分の権限分掌を確認。

四月　信長、越前へ出陣するも、背後の近江浅井長政の挙兵を知り、撤退。

八月　信長、摂津へ攻め入った三好勢撃退のため、出陣。

九月　大坂本願寺が挙兵。同時期、近江の浅井・朝倉勢に動きあり、信長は摂津から帰洛し、近江へ出陣。

十月　藤孝、三好三人衆から山城御牧城を奪還［06］。

十一月　伊勢長島の一向一揆勢が蜂起。信長弟の織田信興、攻められて自刃。

十二月　信長、義昭らの仲介により、浅井・朝倉氏と一時和睦。

元亀二年（38）
一五七一

九月　信長、比叡山を焼き討ち。

十月　信長、藤孝に山城勝龍寺城普請の夫役賦課権を与える。

元亀三年（39）
一五七二

一月　藤孝以外の足利義昭奉公衆が信長と絶交［01］。

四月　信長、柴田勝家・佐久間信盛らを派遣し、河内・大和の三好・松永勢を攻める。

五月　三好義継と松永久秀が義昭・信長から離反。

七月　信長、浅井長政を攻撃。浅井・朝倉・本願寺・比叡山による反信長連合が顕在化。

八月　義昭、武田信玄に信長と本願寺との調停を依頼。信長、藤孝に京都以南の畿内領主層の組織化を内密に依頼［01］。

十月　信玄、朝倉義景・本願寺の要請によって出陣。

十二月頃　信玄、義昭を擁立。信長、義昭に一七ヵ条の意見書（諫言）を提出。

天正元年（40）
一五七三

二月　足利義昭、信長に「御逆心」［07］して挙兵。信長は藤孝から畿内情勢の報告を受けつつ、義昭との和睦を画策［07～10］。

三月　信長と義昭の和議破れる。信長、上洛。藤孝と荒木村重、信長を逢坂の関に出迎える。

四月　武田信玄死去。

七月　義昭、再度挙兵するも畿内の領主層を結集できずに没落（「室町幕府の滅亡」）。
同月　信長、藤孝に山城西岡の領知を保障する［11］。以降、藤孝は長岡姓を名乗り、信長に仕える。
同月　「天正」と改元。
八月　信長、近江から撤退する朝倉軍を追撃。朝倉義景自刃し、朝倉氏滅亡。
九月　信長、近江の浅井長政を攻撃。浅井氏滅亡。
十一月　信長、河内の三好義継を攻撃し、これを滅ぼす。
十二月　大和の松永久秀父子、降伏。信長に服属。

天正二年（41）一五七四

正月～二月　越前で一向一揆勃発。信長の支配を覆す。
三月　信長、東大寺正倉院の名香蘭奢待を切り取る。
四月　本願寺顕如、挙兵。三好康長も呼応し、河内高屋城に籠もる。
六月　藤孝、三条西実枝からの古今伝受を完了する（参考［02］）。
七月～九月　信長、長島一向一揆を掃討。同時期、藤孝・明智光秀は摂津・河内の一向一揆勢と戦う［12～17・54］。
十一月　荒木村重、摂津の伊丹城を攻略。信長、同城を有岡城と改称し、村重に与える。

天正三年（42）一五七五

三月　秋の本願寺攻めに備え、藤孝に丹波二郡（船井・桑田）の国衆（「諸侍」）動員権を与える［47］。
五月　信長・徳川家康連合軍、長篠合戦で武田勝頼軍に大勝。合戦に先立ち、藤孝、弾薬や鉄砲の調達にあたる［23～26］。
八月　信長、越前の一向一揆を掃討［18］。
九月　信長、明智光秀に丹波平定を、荒木村重に播磨調略を命じる。
十月　本願寺と一時的に和睦。
同月　信長、藤孝の頻繁な播磨・丹後・丹波の情勢報告を称賛［48・49］。
十一月　信長、従三位権大納言、ついで右近衛大将に任じられる。

同月　信長、嫡男の織田信忠に織田家家督および尾張・美濃両国、岐阜城などを譲る。

天正四年（43）
一五七六

正月　信長、近江安土城築城に着手。

二月　信長、岐阜から安土へ移る。

四月　信長、藤孝・明智光秀・荒木村重らに本願寺攻めを命じる。

六月　信長、本願寺の援軍勢力について、藤孝から報告を受け、返書を送る（現存唯一の「寳」黒印）［19］。

七月　信長、摂津木津川口で毛利水軍に大敗を喫す。毛利勢、本願寺へ兵粮米を入れる。

十一月　信長、正三位内大臣に任じられる。

天正五年（44）
一五七七

二月　信長、紀伊の雑賀一揆平定のため出陣。藤孝も参戦［28〜31・61］。

六月　信長、安土城下に一三ヵ条の定書（楽市令）を出す。

同月　信長、藤孝に大工派遣を依頼［39］。

八月　松永久秀父子、信長に背いて大和信貴山城に籠城。

十月　藤孝・忠興父子ら、松永方の片岡城を攻略［32］。信長、忠興の軍功を賞す［03・04］。

同月　久秀父子、自刃。

同月　羽柴秀吉、播磨平定のために出陣。

十一月　信長、従二位右大臣に任じられる。

天正六年（45）
一五七八

正月　信長、正二位に任じられる。

二月　播磨三木城主の別所長治、信長に背く。

三月　上杉謙信死去。

同月　信長、丹波攻略のため、藤孝に軍路の整備を命じる［50］。

四月　信長、右大臣・右大将の官職を辞す。

同月　信長、本願寺攻めにあたる藤孝・明智光秀に、麦薙と籠城男女の赦免を指示［22］。
八月　忠興、光秀の娘・玉と結婚。
十月　摂津有岡城主の荒木村重、本願寺と結び、信長に背く。藤孝、畿内情報を信長に逐一報告［33］。
十一月　信長勢、毛利水軍を木津川口で破る。

天正七年（46）
一五七九

正月　信長、有岡城攻めにつき、藤孝父子の付城在番を労い、交替であたるように指示［34・35］。
五月　信長、完成した安土城天主へ移る。
同月　信長、安土城にて浄土宗と法華宗に宗派論を戦わせる（安土宗論）。
十月　信長、安土城で明智光秀から丹波・丹後平定の報告を受ける。
十一月　藤孝、荒木村重方の動静を信長に報告［36・37］。
十二月　信長、村重の家臣および家族ら大勢を処刑。

天正八年（47）
一五八〇

正月　播磨三木城主の別所長治、自刃。三木城開城。
五月　羽柴秀吉、因幡鳥取城攻めを開始［62］。
八月　本願寺教如らが大坂から退去。本願寺焼失。
同月　藤孝、丹後に入国［51］、明智光秀とともに宮津城を普請［52］。また、信長は大坂で大半の城を破却［同前］。
同月　信長、藤孝・光秀から丹後の抵抗勢力討伐の報告を受けて追認［53］。
九月　信長、光秀・滝川一益に、大和の所領指出を提出させる。
この年、羽柴秀吉、播磨で検地を行う。

天正九年（48）
一五八一

二月　信長、明智光秀の肝いりで京都にて馬揃（軍事パレード）を盛大に行う。
三月　信長、藤孝に丹後における指出徴収と検地、それに基づく知行配分の権限を委任［55］。
八月　信長、毛利の備えとして、藤孝に出陣の準備を指示［64］。

この頃、藤孝と光秀、丹後で検地と知行配分に取り組む［56〜59］。

天正十年（49）
一五八二

九月	信長、山陰海上における松井康之の戦功を賞す［65・66］。
三月	織田信忠、信濃高遠城を攻略。甲斐へ侵攻。武田勝頼父子、自刃。武田氏滅亡［27］。
四月	信長、毛利攻めのため、藤孝に備中出陣の準備を指示［60］。
五月	織田信孝に四国出兵を指示。この頃、羽柴秀吉は備中高松城攻めにあたる。
六月	二日、本能寺の変。信長、明智光秀の奇襲を受け、自刃。信忠も二条御所で自刃。
同月	三日、藤孝・忠興父子、光秀謀反の報に接す。髻を払い、信長に哀悼の意を表し、丹後から動かず［05］。
同月	八日、松井康之の奔走によって細川・羽柴同盟が成立［68］。
同月	九日、光秀、京都にて丹後の細川父子を勧誘する三ヵ条の誓約書を書き、使者に持たせるも［05］、細川父子拒絶。
同月	十三日、秀吉、山崎合戦で光秀を破る。光秀、敗死。
同月	二十七日、清洲会議。信長死後の政治的主導権を秀吉が握る。
七月	十一日、細川父子、秀吉との同盟を固める血判起請文を交換し、丹後一国の支配体制を確立［69・70］。

慶長十五年（77）
一六一〇

八月	二十日、細川幽斎（藤孝）死去。

寛永十六〜十八年
一六三九〜一六四一

細川忠利・光尚、幽斎家を継いだ長岡休斎らから本書収録の信長文書を提出させ、熊本に集約する［73〜76］。

［細川家略系図］

本書に登場する人物を中心に掲載する

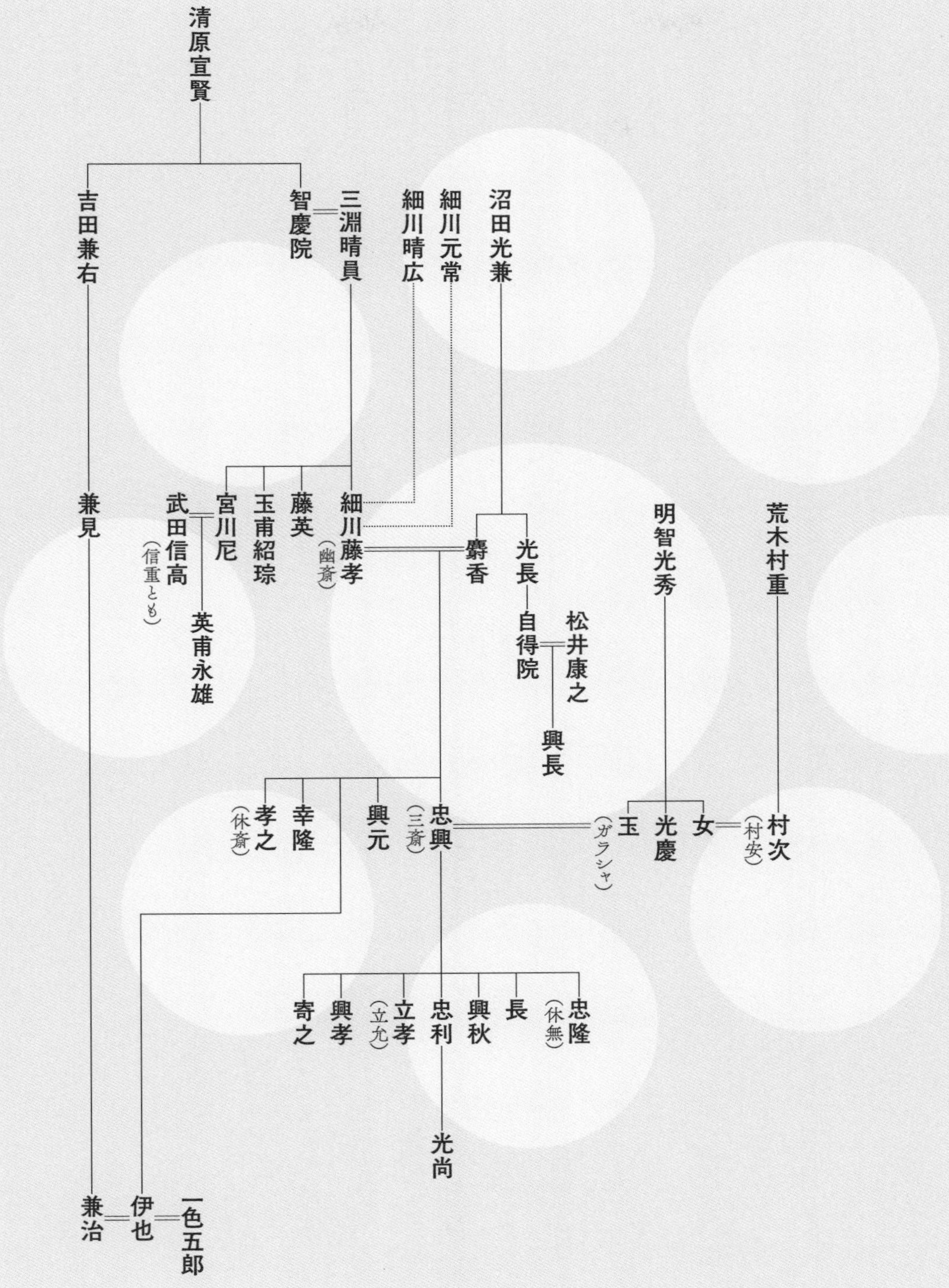

＝婚姻
……養子

あとがき

熊本大学永青文庫研究センターは、二〇〇九年四月の設置以来、公益財団法人永青文庫や熊本県立美術館とともに、永青文庫所蔵の織田信長発給文書（以下、信長文書）の研究に取り組んできた。本書は、永青文庫の二〇二四年秋季展「熊本大学永青文庫研究センター設立一五周年記念 信長の手紙 珠玉の六〇通大公開」の開催に合わせて、この間の研究で得られた知見を総合的に示すために出版された。

「細川家文書」をはじめとする永青文庫所蔵資料群の寄託を受けている熊本大学が、基礎研究の推進のために、文学部附属永青文庫研究センター（当時）を設置し、最初に刊行した史料集は、永青文庫の中世文書等二六〇点を収録した『永青文庫叢書 細川家文書 中世編』（吉川弘文館、二〇一〇年）であった。同書は信長文書五九通を含む全点の図版を初めて掲載・公開した点で画期的な出版となった。そして二〇一三年六月には、同書に掲載された信長文書をはじめとする永青文庫の中世文書二六六通が、国重要文化財に指定された。

この指定は、翌二〇一四年秋の熊本県立美術館「重要文化財指定記念 信長からの手紙」展の開催へとつながった。同展には永青文庫の信長文書全点が出品されただけではなく、図録には、全点のカラー図版とともに個別解説が収録され、信長文書の永青文庫細川家への伝来事情や、文書の紙質分析、書札礼までが検討された。現在につながる永青文庫の信長文書の研究のベースは、ここで確立されたのだった。

次いで二〇二〇年の永青文庫冬季展では、明智光秀がNHK大河ドラマの主人公となったのを期に、「新・明智光秀論――細川と明智 信長を支えた武将たち――」が開催され、永青文庫の多くの信長文書が展示された。コロナ禍と重なったことは残念だったが、光秀の謀反人としての評価を絶対視せず、実像に迫るために、光秀に関係する信長文書の再検討にいどんだ。

その後、永青文庫と永青文庫研究センターは、東京都文京区目白台の永青文庫（美術館）収蔵庫にある古文書群の共同調査をすすめる過程で、二〇二二年に、六〇通目の信長文書を発見するに至った。この出来事によって、新たな展覧会とともに本書出版への流れが加速されることになった。

『永青文庫叢書 細川家文書 中世編』が刊行されて以来、ここ一五年間ほどの織田信長研究の進展はめざましく、信長や織田政権の古典的評価は大きく書き換えられようとしている。本書には、そうした研究の最前線に立つ多くの先生方のご協力を得ることができた。研究成果を惜しげもなく公開する論説を寄せていただいた皆様に、厚くお礼申し上げたい。

以上、永青文庫の信長文書にかかる直近の研究史を概観したが、本書の「Ⅶ 肥後細川家と信長文書――熊本への収集」でも示したように、細川家における信長文書の保全と研究の歴史は、じつに一六三〇年代にまでさかのぼる。その後も、江戸時代中期に細川家記『綿考輯録』の編纂に携わった人々の調査研究、さらには幕末維新期の混乱や、第二次世界大戦の惨禍、そして戦後の社会的困迷に直面して、史料保全に奔走した多くの人々の努力があったことを、忘れてはならない。私たちは先人たちの悠久の営為を引き継ぎ、歴史資料の真の価値を多くの市民と共有することによって、守ってゆかねばならないのである。本書が、その役に立つことを願うばかりである。

本書の編集・執筆には、特に次の方々にご尽力いただいた。最初の史料集以来、永青文庫の信長文書について多くの仕事をともにしてきた畏友・山田貴司さん。永青文庫と本センターの共同事業の推進役である伊藤千尋さん。本センターの設置以来、屋台骨を支えている後藤典子さん。記して深く感謝申し上げる。

二〇二四年九月

熊本大学永青文庫研究センター長 **稲葉継陽**

執筆者一覧（掲載順）
稲葉継陽（いなば・つぐはる　熊本大学永青文庫研究センター教授）
山田貴司（やまだ・たかし　福岡大学人文学部准教授）
伊藤千尋（いとう・ちひろ　公益財団法人永青文庫学芸員）
増田　孝（ますだ・たかし　公益財団法人永青文庫評議員）
水野　嶺（みずの・れい　地震予知総合研究振興会副主任研究員）
金子　拓（かねこ・ひらく　東京大学史料編纂所教授）
天野忠幸（あまの・ただゆき　天理大学人文学部教授）
村井祐樹（むらい・ゆうき　東京大学史料編纂所准教授）
林　千寿（はやし・ちず　八代市立博物館未来の森ミュージアム学芸員）
福島克彦（ふくしま・かつひこ　京都府乙訓郡大山崎町歴史資料館館長）
林　晃弘（はやし・あきひろ　東京大学史料編纂所准教授）
有木芳隆（ありき・よしたか　公益財団法人永青文庫副館長）
髙島晶彦（たかしま・あきひこ　東京大学史料編纂所技術専門職員）

織《お》田《だ》信《のぶ》長《なが》文《もん》書《じょ》の世《せ》界《かい》
——永青文庫 珠玉の六〇通

編者　公益財団法人 永青文庫
　　　熊本大学永青文庫研究センター

発行者　吉田祐輔
発行所　㈱勉誠社
〒101-0061 東京都千代田区神田三崎町二-一八-四
電話 〇三-五二一五-九〇二一㈹

二〇二四年十月五日　初版発行

印刷製本　中央精版印刷

ISBN978-4-585-32054-8　C1021

『信長記』と信長・秀吉の時代

織豊期の根本史料『信長記』の自筆本や『大かうさまくんきのうち』など、牛一著作の調査・比較検討を通じて、通説とされてきた事件・事象に新たな光を当てる。

金子拓 編・本体三八〇〇円（+税）

秀吉の天下統一
奥羽再仕置

関東・東北地方への戦後処理、その後に勃発した各地の一揆への対応等波乱に満ちた実情を、対象となった各地域それぞれの視点から仔細に描きだし、秀吉の天下統一の道程を改めて問い直す画期的成果。

江田郁夫 編・本体三二〇〇円（+税）

長篠合戦の史料学
いくさの記憶

古文書や軍記・家譜等の分析を通じて、後世の人々が合戦をどのように認識し、語り伝えたのかを明らかにする。また、「長篠合戦図屏風」諸本を読み解き、新解釈を提示する。

金子拓 編・本体五〇〇〇円（+税）

戦国合戦図屏風の歴史学

「川中島合戦図屏風」「関ヶ原合戦図屏風」など主要作品二十数点を、歴史学の視点から丹念に読み解き、図像的特徴や成立背景、写本の普及と合戦像の定着、後世の評価について明らかにする。

高橋修 著・本体九〇〇〇円（+税）

資料論がひらく軍記・合戦図の世界
理文融合型資料論と史学・文学の交差

理工学的手法を利用した研究、文学・史学・美学の枠組みを越える新たな資料論など、諸学の交差領域である合戦図・軍記を中心に、最先端の研究状況とこれからの課題を指し示す画期的成果。

井上泰至 編・本体三二〇〇円（+税）

村と民衆の戦国時代史
藤木久志の歴史学

諸学との交差のなかで展開した藤木史学の軌跡を多角的に検討。藤木久志が見据えようとした歴史像とその学的視座の継承のためのバトンをつなぐ。

稲葉継陽・清水克行 編・本体三〇〇〇円（＋税）

日本中世社会と村住人

残された史料を丁寧に読み込むことにより、地に足をつけ、働き廻る、活きるためには戦もいとわない普通の住民たちの動態的な歴史社会像を描き出す。

蔵持重裕 編・本体九五〇〇円（＋税）

書物学　第20巻
追憶のサムライ
中世武士のイメージとリアル

剛勇・清廉・潔白…現代に伝わる「サムライ」のイメージは、どのように創られ、語り継がれてきたのか？　中世武士のイメージの変遷を、様々な史資料から丹念に読み解く。

横浜市歴史博物館 編・本体一八〇〇円（＋税）

増補改訂版
室町時代の将軍家と天皇家

足利将軍家の実態の具体像および、足利家と天皇家の一体化の過程を再検討した補論六本を新たに加え、最新の研究成果をふまえて加筆・修正した待望の増補改訂版。

石原比伊呂 著・本体九〇〇〇円（＋税）

合戦図　描かれた〈武〉

中世から近世における主要な合戦図三十八作品をフルカラーで紹介。多数の図版を盛り込んだ論考十二本も収載し、最先端の研究成果を具備した必備の決定版！

中根千絵・薄田大輔 編・本体一六〇〇〇円（＋税）

中世地下文書の世界
史料論のフロンティア

中世において、朝廷・幕府や荘園領主の側ではなく、「地下」の側＝地域社会において作成され、機能した文書群である地下文書の実態を明らかにする。

春田直紀 編・本体二八〇〇円（＋税）

列島の中世地下文書
諏訪・四国山地・肥後

中世地下文書の多様性を列島規模で把握しつつ、文書群がタテ・ヨコの関係で集積され伝来していった様相を原本調査の成果をふまえて描き出す。

春田直紀 編・本体三〇〇〇円（＋税）

日本の中世貨幣と東アジア

貨幣というものの性質を考えるうえで興味深い問題を多数孕む日本の中世貨幣を、文献・考古資料を博捜し、東アジア的視点からも捉えなおす画期的成果。

中島圭一 編・本体三二〇〇円（＋税）

日本中世の課税制度
段銭の成立と展開

国家中枢から在地社会に至るまでの諸階層が、深く関与していた段銭徴収の実態を探り、日本中世の収取構造、と税制を通じた支配秩序の形成過程を明らかにする。

志賀節子・三枝暁子 編・本体二八〇〇円（＋税）

中世武家領主の世界
現地と文献・モノから探る

なぜ武士は地域社会の中核となれたのか？　文献史料、出土遺物そしてフィールドワークによる分析という、多様な研究手法を駆使し、中世日本の特質を明らかにする画期的な一冊。

田中大喜 編・本体三八〇〇円（＋税）

増補改訂新版 日本中世史入門
論文を書こう

歴史学の基本である論文執筆のためのメソッドと観点を日本中世史研究の最新の知見とともにわかりやすく紹介、歴史を学び、考えることの醍醐味を伝授する。

秋山哲雄・田中大喜・野口華世 編・本体三八〇〇円（+税）

日本近世史入門
ようこそ研究の世界へ！

残された史料と対話し、時代をこえて多様な生き方や考え方に向き合うための方法論を伝授する。近世への扉を開くカギはここに用意されている！

上野大輔・清水光明・三ツ松誠・吉村雅美 編・本体三八〇〇円（+税）

鷹狩の日本史

権力と深く結びつきながら連綿と続けられてきた鷹狩。日本史を貫く重要な要素でありながら、等閑視されてきたその歴史を紐解き、新たな知の沃野を拓く刺激的な一冊。

福田千鶴・武井弘一 編・本体三八〇〇円（+税）

料理の日本史

縄文時代から現代に至るまで、それぞれの時期の社会との関わりに注目し、通史的に料理の変遷が学べる。身近でありながら詳しくは知らない料理の歴史を、多数の図版とともに楽しく紹介！

五味文彦 著・本体二四〇〇円（+税）

日本中世史論集

鎌倉時代から南北朝期、さらには室町時代にいたる日本中世の政治と文化の諸相を、新史料を含む多様な史料を駆使し考究。中世史を考えるうえでの基盤を提示する。

森茂暁 著・本体一二〇〇〇円（+税）

古文書の様式と国際比較

古代から近世日本の古文書の様式と機能の変遷を通史的・総合的に論じ、文書体系を共有するアジア諸国の古文書と比較。東アジア古文書学の構築のための基盤を提供する画期的成果。

小島道裕・田中大喜・荒木和憲 編／国立歴史民俗博物館 監修
本体七八〇〇円（＋税）

古文書への招待

古代から近代にわたる全四十五点の古文書を丹念に読み解く。カラー図版をふんだんに配し、全点に翻刻・現代語訳・詳細な解説を付した恰好の古文書入門！

日本古文書学会 編・本体三〇〇〇円（＋税）

古文書修復講座
歴史資料の継承のために

古文書・古記録は虫損・破損・水損など、様々なリスクに囲まれている。傷んでしまった紙資料にはどのように対処、整理するのか。博物館・資料館・図書館等、古文書を取り扱う方々に必携の書。

神奈川大学日本常民文化研究所 監修／関口博巨 編
本体三八〇〇円（＋税）

アーカイブズ学入門

アーカイブズの定義、意義、原則、基本用語、組織やアーキビストなどについての基本知識を、多数の図版・写真とともにわかりやすく解説。これからアーカイブズ学を学ぶ人のための必携書！

国文学研究資料館 編・体二八〇〇円（＋税）

和紙を科学する
製紙技術・繊維分析・文化財修復

四十数年に及び、先駆的に「紙」の研究に尽力してきた著者の知見を初めて集成。現在、大きな展開を見せている研究の基盤と歩みを提示する画期的な一冊。

大川昭典 著・本体四二〇〇円（＋税）